# Okkultes Brevier

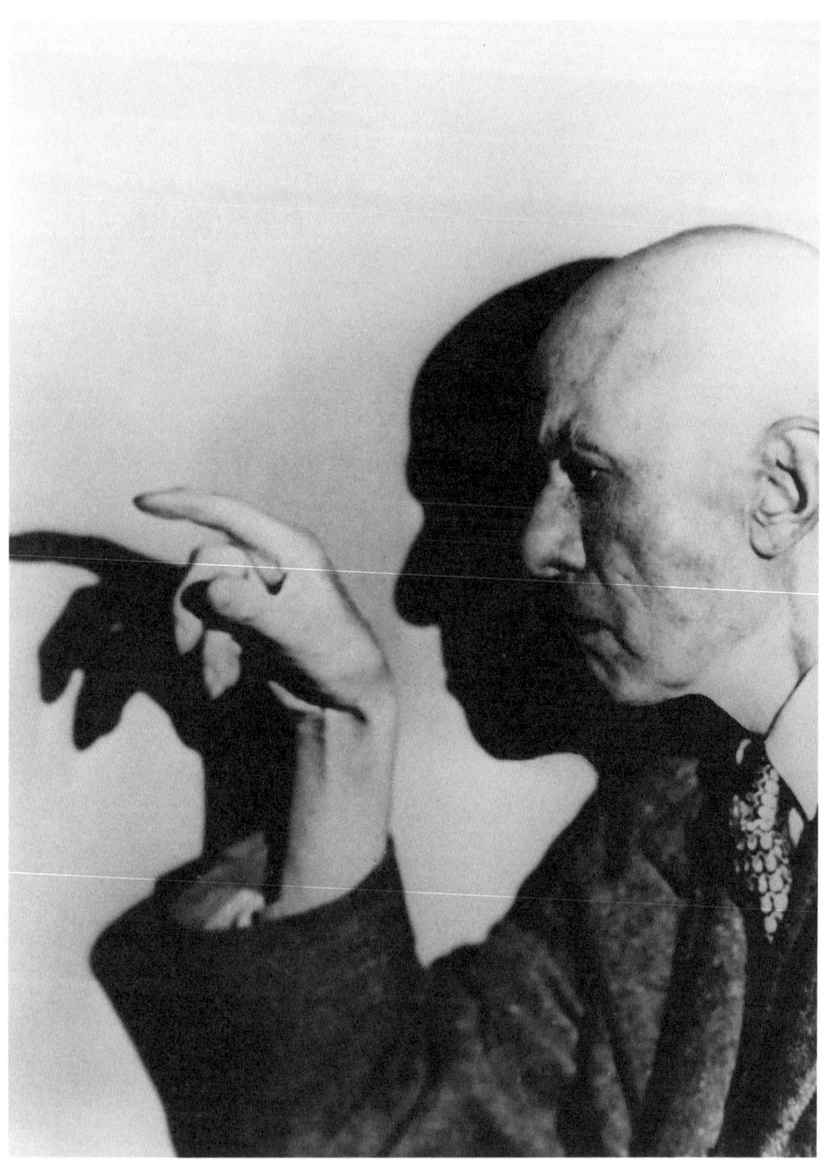

Aleister Crowley, circa 1938.

Thomas Knoefel

# Okkultes Brevier

Ein Versuch über das Medium Mensch

Matthes & Seitz Berlin

# Die Lebenden und die Toten

*Some are Born to sweet delight*
*Some are Born to Endless Night*

WILLIAM BLAKE

Die immer energischer werdenden Trommeln vermischen sich mit einzelnen Rufen und Schreien. Die Augen einer Frau verdrehen sich, bis nur mehr das Weiß der Skleren zu sehen ist. Es scheint, als wäre ihr junges Gesicht in nur wenigen Minuten in das eines alten Menschen verwandelt – von einer unsichtbaren Kraft bewegt, schleudern ihre Arme nach allen Seiten. Zwei Priesterinnen umarmen, halten die Besessene von hinten, als sie zu »schütteln« beginnt, sich überstreckt und nach vorne fällt, zusammensackt. Schweiß steht auf ihrer Stirn; mit leerem Blick starrt sie in den Himmel der anbrechenden Nacht. Andere Tänzer bilden einen Kreis um die Frau; wie auf einen verborgenen Faden gereiht, pulsieren sie und verschmelzen zu einer einzigen organischen Masse.

John, der oberste Priester, ein kleiner, zierlicher Mann, erlaubt einer Horde von Kindern, am Rand des Heiligtums Platz zu nehmen. Es ist eine der Nächte, in welchen Ayelala gefeiert wird – eine Gottheit aus dem Süden Nigerias, ebenso gefürchtet wie verehrt. John hält mich für würdig, mit dabei zu sein, wenn für Ayelala den ganzen Abend über Ziegen und Hühner sterben: Er behauptet, ich hätte ein »schwarzes« Herz – das Herz eines Afrikaners. Es fällt mir schwer, die Augen offen zu halten. Feine elektrische Schläge laufen über meine Arme. Und ich fühle mich seltsam aufgelöst, als würde ich mich ausdehnen, als würden meine Konturen verschwimmen. Vielleicht ist die trübbraune Flüssigkeit, welche ich am Morgen zur Begrüßung trinken musste, der Grund. Oder das Medikament gegen Malaria, das ich seit Tagen einnehme und mir einen bösen Ausschlag beschert, den ich mit Cortison zu behandeln versuche. Mehr und mehr werde ich gleichgültig dem gegenüber, was mir hier widerfahren könnte.

Seit Tagen schon wechseln meine Stimmungen so schnell, dass es mir selbst unheimlich wird. Bei jeder Gelegenheit suche ich Streit, um im nächsten Moment Geschenke zu verteilen. Als hätte etwas Fremdes in mir angefangen, mit meinen Empfindungen zu spielen; etwas, das mir kaum mehr ähnlich ist: mehr einem Tier gleich, das Beute sucht, das Hunger hat und fressen will, das gierig ist auf rohes Fleisch. Den ganzen Abend über meine ich, das Blut der Opfertiere riechen zu können, fühle ich, wie mich ihre Panik erregt, wenn das Messer der Priester ihre Adern öffnet…

John hat das Veve, das Symbol Ayelalas, mit Maismehl auf die rote Erde malen lassen, die bei Regen zu einem ätzenden, sauren Schlamm aufweicht, welcher die Haut, Haare und Nägel angreift, selbst Eisen zersetzt. Der Legende nach soll Ayelala eine Sklavin gewesen sein, die, als Sühneopfer für den Ehebruch eines Mannes lebendig begraben, mit dem Ausruf: »Die Welt ist schrecklich«, gestorben ist. Später zur Gottheit erklärt, wird sie angerufen, wenn Streitigkeiten zu schlichten sind oder ein Pakt zwischen zwei Parteien geschlossen werden soll. Als strafende Göttin aber verfolgt sie Ehebruch und Diebstahl und vor allem sakrale Vergehen, Inzest und Mord, das Schlachten von heiligen Tieren. Ayelala infiziert die Täter mit Krankheiten, nimmt ihnen den Schlaf und bringt sie um den Verstand.

John gehört zu jenen Priestern, die einen »magischen Abdruck« – Haare, Nägel und Blut – jener Frauen nehmen und aufbewahren, die von ihren Familien für ein »Preisgeld« von Menschenhändlern zur Prostitution nach Europa geflogen werden. Weigert sich eine von ihnen, sich weiter anzubieten, ihren Körper zu verkaufen, wird ein Schadenzauber in Gang gesetzt, um sie willenlos, wieder gefügig zu machen. Mit solcher Magie, argwöhnen fast alle Westafrikaner, kann man untreuen Männern einen Priapismus, eine furchtbare Dauererektion, verpassen oder das Vieh krank machen, kann man Menschen mit falschen Visionen durcheinanderbringen, blenden. Als ein Schrecken geistert Chakuta, die »Afrikanische Pistole« über den Kontinent: Mit ihr schickt man aus der Ferne Scherben, Nadeln und Knochen in die Körper der Opfer.

Einer von Johns Assistenten erzählt mir, dass in der Woche zuvor, im Fundament einer Kirche in Lagos, die Leichname schwangerer Frauen gefunden wurden – auch abgetrennte Haare, Brüste und Schamlippen werden beim Bau der Gotteshäuser mit eingemauert, um eine Art magisches Kraftfeld zu erzeugen. Pfarrer, wohl ehemalige Voodoo-Männer, sollen hier weiter der Magie anhängen, um Spenden einzutreiben und ihre Gläubigen beisammenzuhalten. Die Führer der Erweckungskirchen sagen auch Unfälle und Krankheiten voraus, treiben Geister aus und lassen sich für diese Dienste teuer bezahlen.

Und sie schüren die Angst vor dem Bösen. Viele Väter fürchten sich vor ihren »Zuckerpüppchen«, den süßen kleinen Töchtern, die in der Nacht zu Furien werden, um ihnen die Männlichkeit zu stehlen, Penis und Hoden wegzuzaubern, die sich in Tiere verwandeln und Menschen anfallen. Unruhige, launische Kinder, auch Zwillinge und Albinos werden häufig der Hexerei beschuldigt, sollen besessen sein; man lässt sie Zement trinken, quält sie mit Laugen und Säuren oder schlägt ihnen einige Nägel in den Kopf.

Am Vormittag erzählte mir einer der JuJu-Priester, dass wenige Straßen weiter ein Mann verwirrt und nackt an der Kreuzung stehen würde, der Stunden zuvor den Zorn Johns auf sich gezogen hatte und nun, von unsichtbaren Mächten attackiert, in eine schmerzhafte Starre gefallen ist. Man wird ihn dort zur Strafe einige Stunden stehen lassen. Ein anderer Mann, der sich mit John angelegt hatte, bekam hohes Fieber, fing an zu husten und war wenige Tage später tot.

Das Fest hat seinen Höhepunkt erreicht: Einige weibliche Voodoosi haben mich in die Mitte des Kreises gezogen, reizen mich mit erotischen Gesten – stoßen ihr Becken nach vorne, als würden sie einen Mann beim Koitus nachahmen. Meine Beine sind schwer, aber auch ich beginne, von den Rufen der Menge angetrieben, zu tanzen. Zwei weitere Frauen sind nun »besessen«, werden von ihren »Loas« in Besitz genommen. Man nimmt ihnen Ketten, Armreifen und Ringe ab. Von ihren Göttern »geritten«, springen sie umher, biegen ihren Kopf nach hinten, bäumen sich auf. Zieren sich diese und wollen nicht herabsteigen, nicht reiten, steigern die Trommler ihr Spiel, bis Gott und Menschen verschmelzen. Ich sehe alte, arthritische Frauen, die, leicht wie Mädchen und ohne müde zu werden, über den Platz toben. Wenn sich die Götter vergnügen, sprengen sie jedes menschliche Maß.

Am späten Abend erlaubt mir John, das Haus von Ayelala zu betreten; zwei kahlrasierte Priester öffnen einen düsterroten Vorhang, hinter dem die Gottheit sechsarmig und übermannshoch auf einem Altar thront. Im Raum stapeln sich leere Coladosen, ausgehöhlte Kürbisse, Kalebassen aus Ton; Fettreste schwimmen auf Tellern mit uringelbem Sirup. Neben verblassten Fotos hängen getrocknete Pflanzen und kaputtes Kinderspielzeug, an den weißgestrichenen Wänden blättert die Farbe ab. Bunte Dreiecksfähnchen aus Papier schmücken die hölzernen Balken dicht unter der Decke.

Der ältere Priester spricht ein Gebet. Er schreibt einige Zeichen in die Luft, bevor zwei schwarz-roten Hähnen mit einer schnellen, drehenden Bewegung der Kopf abgerissen wird; sie flattern noch minutenlang über den lehmigen Boden. Bald darauf zerrt man, an einem Strick um den Hals, eine Ziege, einen Bock zu Füßen Ayelalas; das Tier ist panisch, als könnte es seinen bevorstehenden Tod schon riechen, mit einem schrillen Meckern und Schreien versucht es, sich loszumachen. Manche Böcke, so heißt es, sollen vor ihrer Opferung wie Kinder anfangen zu weinen. An den Hörnern, an Vorder- und Hinterläufen festgehalten, enthaupten die Priester den Bock mit einem langen, machetenartigen Messer, trennen dann Zunge und Hoden ab – und schwenken den noch blutenden kopflosen Körper über den Altar. Schichten von altem, geronnenem Blut bedecken den Bauch der Gottheit.

Die Stimmung auf dem Vorhof ist ausgelassen, die Priesterinnen und jungen Mädchen scherzen, brechen alle Minuten in Gelächter aus,

Gin-Flaschen und riesige Joints machen die Runde. John stellt mir eine elegant gekleidete Frau vor, die lange in Brasilien gelebt hat und ein gutes Portugiesisch spricht. Ihre schiefen Zähne und zwei Lücken im Gebiss sehen irgendwie komisch aus. Sie trägt spitz gefeilte, dunkelrot lackierte Fingernägel und einen großen, in Silber gefassten Mondstein. Die Schminke um ihre Augen ist in der Hitze zerlaufen und auch der Alkohol hat ihr zugesetzt. Als sie zum Urinieren in die Büsche verschwindet, kann sie sich kaum auf den Beinen halten. Die Frau ist gekommen, um Ayelala zu bitten, einen schon lange schwelenden Streit zwischen Vater und Sohn zu beenden. Wie alle hier ist sie sicher, dass die Magie ihr helfen wird. Sie stammt aus einem Dorf einige Kilometer nördlich von Benin; ihre Mutter, sagt sie mir, sei eine Priesterin Xangós gewesen und erst im Alter von einhundertundvier Jahren gestorben. Die Frau ist schon sehr betrunken, als sie mir von Ritualen, von einer schwarzen Zauberei erzählt, bei der man Leichen die Kleidung von Lebenden anzieht, damit auch sie bald danach schwach und krank werden. Ich erfahre, dass man die Seile, an denen ein Sarg in die Erde gelassen wird, später zu magischen Mustern verknüpft, um Verwünschungen in die Welt zu setzen.

Johns Lächeln wirkt auch immer etwas bedrohlich; von der Schläfe zur Stirn zieht sich eine dahinschlängelnde Arterie, die gespannte, dünne Haut gibt ihm das Gesicht eines zu schnell gealterten Kindes. Am Tag zuvor habe ich John das Parfüm Eros von Versace für eine seiner Frauen geschenkt und bin nicht wenig erstaunt, dass sich der Priester den Duft überaus reichlich selbst aufgetragen hat: Jasmin und Granatapfel, mit einer Spur von Pfingstrose und Moschus, spenden dem zierlichen Priester ein verwirrend weibliches Flair. Dass John hier mit harter Hand regiert, erlebe ich, als er einige Männer zusammenbrüllt und einen der Trommler ohrfeigt; sie hatten sich über ihren geringen Lohn beklagt. Schlagartig ist es still – dann gibt John ein Zeichen und das Fest geht weiter.

Eine der Priesterinnen, in einem scharlachroten Umhang, mit zwei weißen Kreuzen auf Bauchhöhe, bringt einen Brei aus Yamswurzel und gekochtes Huhn; man reicht mir hochprozentigen billigen Gin. Meine

Gier nach Alkohol wächst und ich möchte nicht mehr aufhören zu trinken. Inzwischen habe ich jedes Gefühl für Zeit verloren. Als hinge ich an von fremder Hand gezogenen Fäden, bewegt sich mein Körper, wie mir scheint, ohne mein Zutun über den Platz. Ein alter benzinbetriebener Generator produziert Strom, um die über den Baracken gespannten Ketten von Glühbirnen zu versorgen. Auch die Feuerstellen, auf denen gekocht wird, geben etwas Licht. Schwankende, flatternde Schatten kommen aus der Nacht und verschwinden. Ich spüre, wie die Wärme meinen Körper verlässt ... Es ist, als wäre ich schon mehr ein Gespenst, unter den Toten, fernab von den Lebenden unterwegs. Als würde ich in einem Traum versuchen aufzuwachen ...

Schwärme von Fledermäusen ziehen mit der einsetzenden Dämmerung zum Königspalast von Benin City, verdunkeln den Himmel. Noch ist die Hitze kaum erträglich. Einige Priester sitzen mit nackten Oberkörpern auf dem Vorplatz des Voodoo-Hauses und rauchen Zigaretten, während sich die Frauen in den Hinterhof zurückgezogen haben und am offenen Feuer beginnen, die Abendmahlzeit vorzubereiten. Ich bin nervös, fühle mich etwas zittrig, habe schon drei Nächte kaum geschlafen, wegen der Schwüle und des lärmenden Generators; in meinen Träumen verfolgen mich Kreaturen, die nur aus Zähnen zu bestehen scheinen. Heute soll mein Kopf für Ogum »geöffnet« werden. Ogum ist ein »heißer« Gott, »Krieg und Eisen« sind sein Geschäft. Menschen, die Ogum gehören, sind mit einer herablassenden Männlichkeit unterwegs und bis zur Unhöflichkeit aufrichtig. Die Krieger Ogums werden in der Nähe zum Tod erst ganz lebendig, an vorderster Front, wo die Handgemenge am heftigsten sind.

Immer wieder kommen Kinder vorbei, starren mich an: sie haben noch nie zuvor einen »Ebo«, einen weißen Mann gesehen. Ich gebe ihnen etwas Kleingeld für Süßigkeiten, mit dem sie schnell davonlaufen. Meine wachsende Erregung versuche ich mit Zigaretten zu dämpfen, bis mir leicht schwindlig wird. Mir brennt die Haut und das Hemd klebt am Rücken.

Auf der anderen Seite des nach dem letzten Regenguss aufgeweichten Lehmweges liegt eines der unzähligen protestantischen Gotteshäuser, deren Lautsprecher vom Morgengrauen bis Mitternacht die »frohe Botschaft«, ihre Bibelwahrheiten verkünden. Ihre über die ganze Stadt verteilten Plakate versprechen »Showers of Blessing« – Offenbarungen und Wunder! Wie in einem schlechten Film erscheint ein Prediger mit schwarzem Hut auf dem Kopf und der Heiligen Schrift in der Hand vor dem Haus und will die Priester, die Voodoo-Gläubigen mit seinem missionarischen Eifer auf den rechten Weg bringen. Seine Unterschenkel sind von einem flammend roten Ekzem mit schwarz verkrusteten Rändern befallen, an denen er gelegentlich kratzt. Der Prediger wird von einer fettleibigen Frau mit fleischigen, hängenden Wangen begleitet, die ihre enormen Brüste wie ein Bollwerk nach vorne schiebt. Mit einem weißen Tuch wischt sie sich den Schweiß von der Stirn. Was als leises Geplänkel, als lockeres Wortgefecht beginnt, endet in einem hysterischen Ausbruch: Jeder in diesem Haus, schreit der Prediger, alle, die den alten Göttern folgen, seien bis in alle Ewigkeit verdammt. Der Prediger, von seiner eigenen Rede ergriffen, speichelt ein wenig, spuckt die Worte aus, wirft seinen Kopf in den Nacken und schließt die Augen. Er wird lauter und lauter, während die Voodoosi, die solches Spektakel schon kennen, über ihn lachen und seine ekstatischen Zuckungen nachäffen. Nach einer halben Stunde wird das »Mundstück Gottes« dann müde und zieht wieder ab.

Inzwischen ist es fast dunkel. Ein schwacher, wechselnder Wind bringt etwas Abkühlung. In der Ecke neben der Eingangstür liegt eine kleine magische Ladung für Exú, den heiligen Narren, den Trickster unter den Göttern; er, der wild und lärmend unterwegs ist, für den an Kreuzungen geopfert wird, der Politik macht, Bewegungen in Schwung bringt, die Wege öffnen soll, darf nur außerhalb des Hauses seinen Altar haben. Exú, der Götterbote, vermittelt zwischen den Menschen und Loas, zwischen den Lebenden und Toten. Und selbst die anderen Gottheiten, so heißt es, fürchten ihn. Nach Lust und Laune stellt er die Welt auf den Kopf, spielt mit den Wünschen und Wahrheiten der Menschen.

Wer mit ihm paktiert, riskiert seine Seele, tanzt, wie die ersten Missionare glaubten, mit dem Teufel persönlich. Exú war für die frommen Männer der große Verführer, das Böse. (John, der Priester Ayelalas, hatte mir erlaubt, Exús Refugium zu fotografieren – für mich unbegreiflich: Jedes der drei Bilder war, wie ich später feststellte, unscharf. Während man im Candomblé, in Brasilien, Exú Cachaça, Zuckerrohrschnaps opfert, hüten sich die Afrikaner, ihm Alkohol anzubieten: Ein »trunkener« Gott würde durch Rauschmittel für die Menschen noch unberechenbarer werden.)

Ganz in der Nähe hat man einen Berg Müll angezündet, der sich nun als giftiger, stinkender Rauch über die Gegend legt. Während ich mit einigen der herumstreunenden Kinder spiele – wir treten einen zerbeulten Plastikball über die Straße –, gibt man mir ein Zeichen, dass die Zeremonie, meine Einweihung für Ogum nun anfangen kann. Ich werde in einen abgelegenen kleinen Raum geführt, in dem noch alter Tabakrauch hängt und dessen einziges Fenster mit Säcken verdunkelt ist. Unter unseren Füßen liegen, wie hier traditionell üblich, die Toten der Familie begraben.

Dr. Aba, ein zierlicher, hohlwangiger Mann mit etwas Basedow'schen, glasigen Augen, dessen Züge etwas Kindliches und Unbeholfenes haben, vermeidet es, mich länger anzusehen, und spricht über mich, als wäre ich nicht anwesend. Dr. Aba beginnt das »Ifa«-Orakel zu befragen, will wissen, was Ogum verlangt, um seinen Hunger, seinen Durst zu stillen. Die an der fast einen Meter langen Divinationskette befestigten, nach außen oder innen gewölbten Kapseln ergeben bei jedem Wurf ein Muster, in dem sich die Antwort dann zeigt. Die Männer sprechen Edo, und einer übersetzt für mich ins Englische, auch wenn ich sein Kreol nicht immer verstehe. Die Priester einigen sich darauf, dass meine Probleme schwerwiegend sind und ich zudem durch die unerlaubte Liebe zu einer Frau den Zorn einiger Geister auf mich gezogen habe, die glauben, eigene Rechte an ihr zu besitzen. Das Orakel erinnert an meinen verstorbenen Vater, der zuletzt, mit steifen Lähmungen und Erstickungsanfällen, über Jahre im Bett gelegen und entsetzlich gelitten hat, weil ganze Areale von Hirnzellen einfach verschwanden, und mit dem ich in Unfrieden, ohne Abschied auseinandergegangen bin. Mein Vater, ein geradezu unmusikalischer Mensch, glaubte Wochen vor seinem Tod, ein vielleicht virtuoser Geiger zu sein, und fragte unruhig und verstört, oft mehrmals am Tag, nach seinem Instrument. Wir waren einander so fremd geworden, dass ich ihm beim Sterben nicht länger zuschauen wollte. Nun würde der Vater, sagt das Orakel, nach mir rufen. Was aber noch mehr mein Leben blockiere: Ich sei, wenn ich es richtig verstehe, in der Mutter »stecken« geblieben und nie ganz zur Welt gekommen.

Ein junger Mann mit erstem flaumigem Bartansatz, der mich schon den ganzen Abend über scheu beobachtet, mich nicht aus den Augen lässt, wird losgeschickt, um Materialien und Tiere zu besorgen. Dr. Aba beginnt, auf der Igede-Trommel zu spielen, ein zweiter Spieler setzt ein und wenig später bringen zwei Frauen, die den Raum nicht betreten, auf der Schwelle stehen bleiben, eine riesige eiserne Pfanne mit Hühnerfleisch und Innereien, aus der alle mit den Fingern essen. Dass Ogum Hunde bevorzugt, erfahre ich wenig später, als man einen verängstigten, schwarzbraunen Mischlingswelpen ins Zimmer schiebt: Dr. Aba greift das Tier an den Hinterläufen und schleudert es mit einer weit ausholenden Bewegung auf den Boden. Dann presst er den Kopf des toten Tieres lange an meine Stirn ... und wirft den Kadaver in eine Ecke. Dr. Aba streut mir ein Aschepulver, welches mit menschlichem Knochenmehl versetzt ist, in die Handflächen, das ich, mit meinen Wünschen aufgeladen, in die Nacht blasen soll. Dann schneidet er mit einer zerbrochenen Rasierklinge neunmal oberhalb der rechten Ellenbeuge in meinen Arm, wischt das Blut ab und reibt die verkohlte Rinde eines heiligen Baumes unter meine Haut – mit dieser Tätowierung sei sein Geist nun für immer ein Teil von mir und soll mich begleiten, wenn ich mich in der Welt verlaufe. Die Priester beten für Axé, das Lebenselixier.

Kurz kommt Panik in mir auf: Wie von einer durchscheinenden, feinstofflichen Membran getrennt, scheint meine Umgebung mir unerreichbar zu sein. Schwache Vibrationen laufen mir über den Körper, erzeugen einen Ton im Innern, als könnte ich mit meiner Haut hören. Ein Wirbel, eine Krone aus kühlem Wind legt sich auf meinen Scheitel. Zarte leuchtende Flocken taumeln wie ein von Laternen angeleuchteter fallender Schnee durch das Zimmer. Ich möchte weinen, ohne zu wissen, warum. Ich höre die Stimme meiner Mutter, wie sie unter Wehen, den Schmerzen meiner Geburt mit der Hebamme spricht, wie sie schreit. Ich möchte das Licht der Welt für immer vergessen, ich falle ins Dunkel …

Ein Theosoph und Heiler, der in seiner Jugend einige Jahre zur See gefahren ist, erzählt mir vom Wachsfigurenzauber, der Behexung von Gegenständen, den Nachbildungen lebender Menschen, die mit Nadeln traktiert, angezündet oder mit Giften und Säuren eingerieben werden. Diese Atzmänner, sagt er, dienen aber auch der Behandlung von Liebeskummerkranken und Geschlechtsschwäche, man setzt sie ein zur Steigerung der Fruchtbarkeit. Auch vom »Mortpetten«, dem Zu-Tode-Beten unliebsamer Personen, ist er ohne jeden Zweifel überzeugt.

Ich möchte nicht wirklich glauben, dass es möglich ist, einen Menschen mittels Magie sterben zu lassen, wenn er nicht weiß, dass jemand seinen Tod wünscht. Von einem Priester des Palo Mayombe erfahre ich, dass in Berlin in den letzten Jahren nicht wenige Menschen am schwarzen Zauber gestorben sind. Ein Sufi-Meister erzählt mir, dass er Zeuge war, wie einige Schüler Gurdjieffs in Prieuré des Basses Loges in komplizierten Ritualen ein »astrales« Geschöpf herzustellen versuchten; ein überlebensgroßer Schatten sei den Männer erschienen, die es bei dessen Anblick zu Boden gerissen haben soll.

Ich besuche den Heiler einmal in der Woche, fahre in ein Dorf am Rand von Berlin. Nach meinen Behandlungen reden wir immer noch ein, zwei Stunden. Das Zimmer, in dem wir sitzen, ist voll von Kruzifixen, Rosenkränzen, von Shiva- und Buddhafiguren; Schädel von Schafen und Ziegen liegen in kleinen Glasvitrinen, an den Wänden hängen ausgestopfte Vögel und seltsame Peitschen aus Rosshaar. Ich erfahre, dass schon in seiner Kindheit die Toten um ihn herum waren und kleine, kaum einen Meter große, geisterhafte Männchen erschienen, stets mit einer glimmenden Zigarette im Mundwinkel, um einen Sterbefall anzukündigen. Wer an einem Johannistag oder zu Fronfasten geboren ist, hätte oft diese besonderen »Gesichte«, sie hören, wie der Volksmund sagt, »das Gras wachsen«. Wenn die Kranken in sein Haus kommen, weiß dieser Mann immer schon, ob er ihnen helfen kann oder sie wieder fortschicken muss. Einmal erschreckt ihn auf der Straße der Schrei eines Kindes – das Minuten später, von einem Auto erfasst und in die Luft geschleudert, auf der Stelle tot ist.

Bereits sein Vater und Großvater hielten Séancen ab, experimentierten mit Tischen, die wie beseelt, schwankend, aber im Takt durch die Stube tanzten. Bilder fielen von den Wänden, kleine, zerbrechliche Madonnenfiguren wechselten ihre Farbe und wanderten in der Wohnung umher. Kindskopfgroße, kreisrunde Lichter, bläulich oder weiß, hingen wie Lampions unter der Decke, wurden größer und heller, lösten sich auf. Oder ein schimmernder, um die Köpfe spielender Glanz zeigte sich auf den Fotos zweier im Krieg gefallener Brüder. Die Geister in diesem Haus gehörten zum Alltag, waren stets mit am Tisch und hielten sich auch mit Ratschlägen nicht zurück. Einige Jahre nach dem Krieg fand man beide Männer in einer Hinterhaus-Altbauwohnung im Wedding, erschlagen, unter dem Bett versteckt – der Mörder wurde nie gefunden.

Inzwischen ist es Herbst geworden und noch immer besuche ich den Heiler, wenn möglich, jede Woche. Den ganzen Tag über, bis in die Nacht, kommen die Menschen: Krebskranke, Trinker, Lebensmüde, an einer verlorenen Liebe Zerbrochene. Sie sitzen im Vorzimmer, im Garten, im Auto, stehen vor der Tür – und warten. Alte Leute kommen, lange verheiratete Ehepaare, bei denen einer den anderen beim Laufen stützen muss, aber auch junge schüchterne Mädchen, die noch zur Schule gehen; sie warten mit Lerntabellen und Grammatikheften auf dem Schoß auf ihre Behandlung. Gelegentlich sehe ich Geschäftsmänner in Anzügen und türkische Frauen mit Kopftuch, die meist zu zweit aus Berlin angereist sind.

Noch auf dem Flur höre ich Frauen, deren Männer eine Affäre haben, Rotlichtviertel und Massagesalons besuchen, weinen und schimpfen – sie wollen den anderen leiden lassen oder ihre Liebe zurück. Und dafür sind sie bereit, jeden, wirklich jeden Preis zu zahlen. Der Aberglaube weiß für diese Unglücklichen von vielen Zaubern: das Verbrennen der Zähne und Haare von Toten soll helfen, oder man schreibt den Namen des Geliebten mit Menstrualblut auf. Mischungen aus Gewürznelken und Geranienessenz werden in die Haut gerieben, Kaneel, mit Wein, Muskat und einigen Tropfen Mandragora heimlich ins Essen gemischt.

Ich erfahre viel über Magie, über die »Techniken der leeren Hand«, bei denen es keine Fetische, Spiegel und Pendel, keine Düfte, keine Räucherungen von Myrrhe, Ambra und Balsam braucht, ein Leben wieder leicht zu machen. Aber es gäbe auch Wünsche, sagt mein Heiler, die sollten sich besser nie erfüllen; sie seien wie hübsche Aufmerksamkeiten, fröhliche Tage, die der Tod uns schenke, die sich schnell verdunkeln, ins Gegenteil wenden, aus anfänglicher Euphorie eine Schwermut werden lässt.

In Berlin gibt es dunkle Orte mit noch dunkleren Geheimnissen, wo sich Bruderschaften im Geheimen treffen und Abramelin-Dämonen auf schlechte Menschen losgelassen, an denen Sigillen durch Orgasmen geladen werden. Orte, die voller Geschichten sind von Dibbuks und Wiedergängern, Orte, welche von geflügelten Göttern mit Stundenglas und Sichel, von Frauen mit Schwertern in goldenen Rüstungen erzählen. Wo Magier in langen, mittelalterlich aussehenden Roben mit Pentagrammen und den Namen der Engel hantieren. Orte, an denen moderne Alchemisten an den Atomen ihres Körpers arbeiten, um jede einzelne ihrer Zellen in Licht zu verwandeln.

Freunde erzählten mir höchst seltsame Geschichten über Bethanien, eine ehemalige Krankenanstalt der Diakonie auf dem Marienplatz in Kreuzberg und später ein Lazarett für die im Krieg Erblindeten, in dem vielleicht die Geister Quartier bezogen haben; hier starben einst hunderte Menschen an Gasbrand und Sepsis. In dem von einem Schüler

Schinkels in Hufeisenform entworfenen Gebäude hörten sie in vielen Nächten leise Gesänge und Schritte auf den verlassenen Fluren … Ein Stöhnen und Weinen aus leeren Zimmern. Sie sahen gläserne Kinder in den Sälen des Westflügels Ball spielen und auf unsichtbaren Hickel-Diagrammen kichernd über »Himmel und Hölle« hüpfen. Alte Männer und Frauen in Schlafanzügen schwebten durch die Korridore und verschwanden in den Wänden. In Bethanien, im »Haus des Elends«, am Osthang des Ölbergs, unter Aussätzigen und Bettlern, soll der »Herr« auferstanden sein.

Auch in der verfallenen Lungenheilanstalt Beelitz hören die Besucher Schreie und Schritte, aus den Tunneln unterhalb des Gebäudes, aus den von Schutt und Scherben, von rostenden Lazarettbetten und Müll verstopften Krankensälen. Geisterjäger verbringen hier Nächte, um die Stimmen der Toten auf Tonbändern einzufangen.

Fast auf jedem Friedhof der Stadt kann man an gewissen Tagen, zu besonderen Planetenständen schwarz gekleidete Menschen treffen, die nicht gesehen werden wollen, wenn sie mit Pulvern, kleinen Glocken, mit Wein, Feuer und Metallen und den Anrufungen von Geistern glauben, ihr eigenes Paradies zu erschaffen. Man führt Rituale aus, wo in Berlin über Jahrhunderte Mörder, Brandstifter und Diebe öffentlich gefoltert und angezündet wurden. Wo man im Mittelalter Juden köpfte, welche, mit dem Leibhaftigen im Bund, Zauberformeln ins Ohr der Mächtigen geflüstert haben sollen. Die in den Zwanzigerjahren in Berlin gegründete Loge *Fraternitas Saturni* und ihr Großmeister Gregor A. Gregorius, die Alchemie betreiben und die Kabbala lehren, spekulieren über einen »astralen Kobold«, den Egregor, ein von Gedanken geformtes, aufgeladenes Kraftfeld, das auf die Lebenden ausstrahlen soll. Anhänger der Bruderschaft finden sich noch heute zusammen.

Ich bin sechzehn Jahre alt, als ich an einem kalten Februartag, im Kofferraum eines alten Mercedes-Benz, die Segnungen des Sozialismus für immer hinter mir lasse. Überwältigt von den Reklamen, den (für mich) pornografischen Zeitschriften in den Schaufenstern der Kioske, eingefangen von den grellbunten Farben des Westens – als hätte man die trüben Linsen meiner Augen durch neue, kristallklare ersetzt – beginnt die Welt um mich herum zu leuchten.

Ein Freund der Familie, ein bekannter Arzt aus Charlottenburg, lässt mich einige Monate bei sich wohnen. Seine geschiedene Frau verbreitet, dass ein winzig kleiner Schrapnellsplitter in seinem Kopf stecken soll, ein Andenken, das er sich als Sanitäter bei einem der letzten Gefechte an der Oder eingefangen habe, was neben Kopfschmerzen zu unkontrollierten Ausbrüchen führe, bei denen er schon mal mit Messern auf unausstehliche, ihn störende Leute losgehe und durch die Gegend schreie. Im Krieg begannen die Freunde, ihn zu fürchten: Man munkelte, er wisse immer genau, wer lebend von der Front zurückkehren würde. Die Soldaten fingen an, ihn zu meiden, ihm aus dem Weg zu gehen.

Schon bald fällt mir auf, dass die Gespräche mit diesem hageren, hochgewachsenen Mann, der Fleisch und Wurstwaren verachtet und Unmengen durch Milchsäuregärung haltbar gemachtes Gemüse verzehrt, von kurzen Absencen überschattet werden. Aber erst nach Wochen bemerke ich, dass mein Gastgeber sich wohl nicht weniger für die Toten als für die Lebenden interessiert. Er sitzt Stunden in seinem von einer riesigen Platane verdunkelten Arbeitszimmer und ist für niemanden zu sprechen. Bücher stapeln sich auf dem Schreibtisch, den Stühlen, in den Ecken, stehen in Regalen. An den Wänden hängen Masken aus Afrika und Asien; manche haben Augen aus Glas und wirken verstörend lebendig; von allen Seiten starren sie mich an, ich fühle ihre Blicke wie lange Strahlen aus Hitze. Hier liest er die Ephemeriden, sucht nach astrologischen Konjunktionen, berechnet Katastrophen, die kommen, will wissen, wann seine Kranken, denen nicht mehr zu helfen ist, sterben. Er erinnert mich an die Alten, an die Priester der Vorzeit, mit ihren Prophezeiungen von kleinen und großen Kriegen, der Vernichtung von Völkern, von zukünftigen Überschwemmungen und Dürren. Einmal vertraut der Arzt mir an, dass er schon seit Jahren auch Willy Brandt behandle, und zeigt mir dessen Horoskop. Dabei gerät er in Aufregung, ein Tick spielt um sein linkes Auge:

Es sieht aus, als würde er mir zuzwinkern, ein Geheimnis mit mir teilen. Er weiß mit absoluter Gewissheit, sagt er mit leiser, beschlagener Stimme, dass Brandt in Norwegen, vor seiner Flucht nach Schweden, einen Mann erschlagen habe. Die Planeten hätten ihm das Verbrechen verraten: Brandt sei ein Mörder. An mehr Einzelheiten kann ich mich nicht erinnern, aber ich bin beeindruckt. Später klärt er mich auf, dass, nach seinen Berechnungen, bei meiner Geburt der Pluto drei Grad vor dem Aszendenten steht, im »Haus der Unsichtbarkeit«, damit werde ich den Toten immer näher sein als mir lieb ist, um sie, formuliert er kryptisch, »ans Licht zu bringen«. Und darüber hinaus würde Plutos Opposition zur Sonne einen explosiven Zug in meinen Charakter legen, der mir alles andere als ein einfaches, leichtes Leben beschere. Mond und Saturn, dicht beieinander, erzeugen ein Gemisch aus Schwermut und Ekstasen, dem ich niemals entkommen werde. Und er nennt mir die Umstände, das Jahr, den genauen Tag meines Todes. Für einen pubertären Jungen ist das eine ganz schöne Packung, die ich verkraften muss.

Die Kluft zwischen seinen Themen und die Leichtigkeit, mit der er sie überwindet, ist enorm: Kaum hat er sich über das mythische Shambhala und einige tibetische Dämonen ausgelassen, beginnt er gleich darauf, von Injektionen aus Zellaufschwemmungen ungeborener Lämmer zu schwärmen, die er wohlhabenden Patienten gegen das Altern verabreicht, oder von geheimen Mixturen, die selbst harte Krebsgeschwüre und Zirrhosen heilen. Von einigen Leuten wird er der »Zauberdoktor«, der »Mann mit den wissenden Händen« genannt. Später gibt er mir okkulte Bücher zu lesen; eines davon habe ich nie vergessen: *Dreissig Jahre unter den Toten*, geschrieben von Carl Wickland, einem Irrenarzt aus Chicago. Für Wickland sind es Verstorbene, die sich in seine Kranken einnisten, sie zu Alkohol und Notzucht verleiten, in den Wahnsinn treiben. Am unerfreulichsten seien die Selbstmörder unter den Toten. Sie wollen in den Körper zurück – in den eines anderen Menschen. Diese Toten sind also nicht im Geringsten nett. Hat man sie erst einmal am Hals, ist das Leben ein Albtraum! Wickland, von seiner Idee besessen, konstruiert einen Apparat, der den Opfern die astralen Parasiten mit einigen tausend Volt austreiben soll.

Nach einigen Monaten nimmt mich mein »okkulter« Ziehvater dann mit auf seine nächtlichen Streifzüge; wir besuchen alte abgelegene Villen in Dahlem, im Grunewald, treffen Nekromanten, Gesundbeter und Ordensbrüder, die mich ein wenig an die Vermummten des Ku-Klux-Klan erinnern. Bei einem dieser Rituale wird, im Namen von Aratron, Zaphkiel und Adonai, die Urmutter Nahema angerufen, und nach einigen Stunden meine ich, Gestalten zu sehen, die durchscheinend und schwerelos auf mich zu schweben. Kleine, hellgelbe Rauchwolken steigen auf, die nach Phosphor riechen. Ich bin überwältigt, als vor meinen Augen ein ritueller Beischlaf vollzogen wird; es ist das erste Mal, dass ich außer meiner Mutter eine Frau nackt sehe und die Erektion eines anderen Mannes. Ich bin erregt, wenn junge Frauen in langen weißen Gewändern alten Männern zu Seite stehen, die das Schicksal drehen, unsichtbare Kräfte dirigieren, die Gott spielen wollen. Und ich sehe Dinge, vor denen ich mich nie mehr aufgehört habe zu fürchten.

Wir gehen zweimal in der Woche in den Leichensaal der alten Pathologie; in den Räumen liegt der unverwechselbare, beißende Geruch von Formalin, welches die Verwesung, die Fäulnis der toten Gewebe aufhält. Über Wochen präpariere ich den Körper einer alten, ausgemergelten Frau, deren Brustdrüsen der Krebs zersetzt, später Leber und Hirn befallen hat. Schicht für Schicht, von Muskel zu Muskel, arbeite ich mich durch: bis zu den Knochen ... Das Formalin hängt in Kleidung und Haaren, selbst auf meiner Haut kann ich es nach Stunden noch riechen. An manchen Tagen tränen meine Augen, der Hals brennt und mir ist schwindelig. Noch heute wird mir übel, wenn ich an die alte, in Formalin getränkte Frau und all die anderen Leichen, unter Neonlicht, auf den polierten, chromglänzenden Tischen liegend, zurückdenke.

An einem tristen Novembertag in Heidelberg laufe ich mit einem Freund, nachdem wir die Toten hinter uns gelassen haben, durch die engen Gassen der Altstadt nahe am Neckar. Angezogen von einem Plakat, auf dem, wenn ich mich richtig erinnere, ein grotesk anmutendes, zwitterhaftes Wesen mit einer breitklaffenden Vulva und nach oben gekrümmtem Phallus zu sehen ist, stehen wir mit einem Mal in einer Ausstellung: Prinzhorn – Bildnerei der Geisteskranken.

*Ideenkreis eines Mannes, auf die Außenwelt projiziert* heißt eine Zeichnung, auf der Metallstreifen mit Nägeln den Kopf eines steinernen Gottes zusammenhalten, aus dem zarte Frauen, Cherubinen und riesige Raubtiere über die Dächer der Stadt, in den Äther gewirbelt werden. Heinrich Welz, Baron und Doktor der Juristerei, erfahre ich, ist ein Irrenhäusler, der, von Katatonie und Vergiftungswahn geplagt, die Anstalt Neufriedenheim nie mehr lebend verlassen hat. Mit Paraden – wohl eher Parodien – von Purzelbäumen will der ehemalige Jurist den gestörten Magnetismus, die Polarisation seines Körpers korrigieren oder mit Luftsprüngen (immer ostwärts) und wildem Kreiseln gegen die Schwerkraft senkrecht hoch in den Himmel fahren. Welz findet nicht die Kraft, um diese Energien und Motorik in ihm zu bändigen, zu bremsen. Er glaubt, Gedanken zu übertragen, indem er sich auf die Nasenwurzel seines Gegenübers konzentriert, und vollzieht Energietransfers in die Ferne. Welz gewöhnt sich das Reden ab, verstummt mit dem Hinweis, dass er von jetzt an mit der Welt nur noch telepathisch verkehre. Er hört die Stimmen Verstorbener in seinem Innern und auch eine schöne, im fernen Weltraum gespielte Musik. Aus seiner sexuellen Sphäre kommen Erregungen, mit denen er sich verlebendigen, die Starre des Körpers lösen will, um in Schwingung zu kommen und abzuheben. »Vorsicht für andere Gefährlich zu betrachten«: In seinen Zeichnungen geraten Gedankenströme zu Wellen und Kraftlinien formen sich zu komplexen Geometrien, die sich ins Hirn der anderen einbrennen sollen. Welz meint, in Zukunft nicht mehr zeichnen zu müssen: »wird nur das Papier mit Graphit bestreuen und, mit dem Blick darüberfahrend, die Körner zu Linien und Formen zwingen«.[1]

Ich laufe von Bild zu Bild: *gepanzerte Vögel, Gräber, Würgengel, urinierende Nonnen, Monstranzen, Jungfrauen beim lüsternen Schwärmen,*

*Gottes Geist in den Wolken, die Zerstörung Jerusalems, Muttertiere mit ausgefahrenen Flügeln, Harnröhrenöffnungshelme, Frauen im Bett, Frauen mit Elephantenfüßen, Wunderhirten, Weltachsen und Hasen, Meteore, Trunksüchtige in Zwangsjacken, Castrations-Untensilien, Liebesumarmungen, Leichenkarren, Adam und Eva, eine Nacht ohne Morgen* ... Wie in einer dickwandigen Blase unter Wasser fühle ich mich von der Welt, von allen anderen entfernt. Die Geräusche um mich herum werden dumpf und blass, verlieren ihre Farben und das Atmen fällt mir schwer; meine Beklemmung wird so stark, dass ich wieder raus auf die Straße, ins Freie will.

Ein Künstler, den ich in der Ausstellung treffe, sagt mir, dass Kirchner, Ernst und Kubin, aber auch Arp, Klee und Schlemmer, Picasso und viele andere sich von Prinzhorns Sammlung haben verzaubern lassen. Die Bilder dieser meist, wie es damals hieß, an *Dementia praecox* leidenden Psychonauten erinnern nicht selten an Offenbarungen, an das Leuchten einer sternenlosen Leere vor dem Anfang von Raum und Zeit. In den nächsten Wochen fange ich an, Krankengeschichten zu lesen. Einer der vermeintlich Irren wird mit der Diagnose *Melancholia daemonomaniaca occulta* für viele Jahre weggesperrt. Seine Ärzte lässt er wissen, dass unbekannte Agenten ihm magnetische Gifte verabreichen, die sich ausbreiten, als würde »ein elektrisches Seil vom Zenith durch den Leib, bis zum Nadir aufgespannt«.[2] Ihm sei, als werde er als »Batterie« missbraucht, um Feindseliges auf die Körper anderer Menschen auszuströmen. Und eine entsetzliche Hitze gehe von ihm aus. Goldgelbe Strahlen schießen aus seiner Fontanelle in den Himmel ... Er kann hören, wie seine Ohren zu sprechen anfangen, wie aus ihnen über Stunden, Tage Prophezeiungen oder Schmähreden tönen. Aus dem Wasser steigen Stimmen auf, das Gewächs in den Gärten fängt an zu fluchen, verbreitet Obszönitäten; Tiere sprechen in Rätseln und verkünden Nachrichten. Die Dinge sind nicht mehr, wie sie sein sollen: Rosen riechen nach Fleisch und Blut, der Honig schmeckt bitter und die Vögel in der Luft fangen an zu husten, Menschen zerreißen, Engel werden von Löwen gefressen und die Welt fliegt in Fetzen umher ...

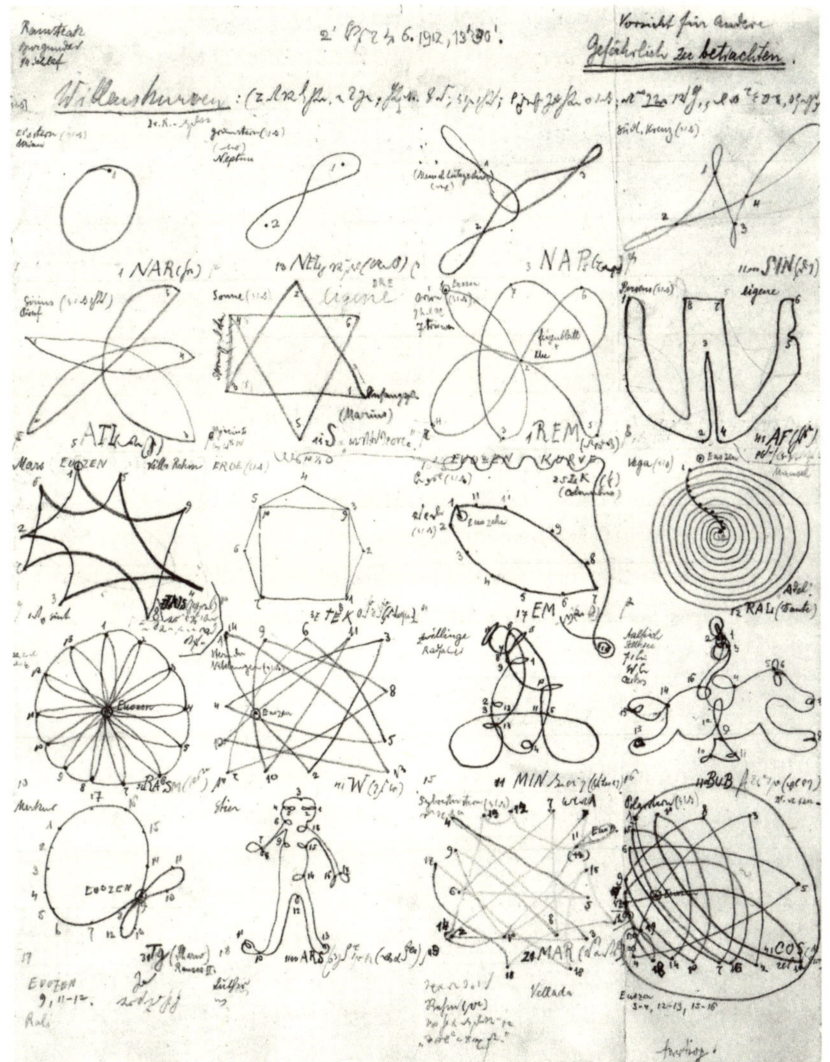


Hyacinth Freiherr von Wieser (Heinrich Welz), *Willenskurven.*

Ein anderer Kranker, Friedrich Krauß, fühlt sich hypnotisch vergiftet, fühlt, wie in der Nacht unbekannte Mächte mittels ferngesteuerter Maschinen in seinem Hirn »herumwühlen«, glaubt, dass ihm böse Kräfte sein »Od« abziehen ... spricht von einer »Entlebensgeisterung«. Sein »Fluidum« werde wie eine Dampfwolke aus dem Organismus getrieben. Er würde, berichtet Krauß, langsam »verdunsen« ... Wie eine »Schnurpuppe« lasse man ihn gegen seinen Willen hüpfen und zappeln. Er meint, eine »Magnetisirbande« sei hinter ihm her und zwinge ihn, sich lüsternen »Schlampen« anzudienern.[3]

Ich schlafe nur noch wenige Stunden, bleibe für Tage in meinem Studentenzimmer, rauche Haschisch und schreibe Gedichte. Eine Nesselsucht mit brennender Haut und hochroten Schwellungen quälen mich. Und immer wiederkehrende Gedanken: Ich fürchte, ich könnte, ohne es zu wollen, meine Freundin mit einem Messer attackieren, verletzen. Ich möchte mein Gesicht zerschlagen, mir in die Fingerspitzen und Lippen beißen. Ich habe Angst, verrückt zu werden. Die Bilder aus Prinzhorns Sammlung haben die Tür zu einem kalten, dunklen Raum geöffnet, in dem ich nun gefangen bin.

Meine Großmutter, eine harte Frau, hat viele Kinder geboren und großgezogen, und einige davon sind gestorben. Jüdin war sie nur auf dem Papier, und obwohl mit einem »Arier« verheiratet, lebte sie während des Krieges immer in der Angst, deportiert und vergast zu werden. Ich kann nicht sagen, dass ich sie besonders gemocht habe. Sie schlug mich gelegentlich oder bestrafte mich mit Stubenarrest, wenn sie schlechter Laune war. Und ich ängstigte mich vor ihr, wenn ihr Blick manchmal leer wurde und sie durch mich hindurchsah. Während dieser meist kurzen Abwesenheiten schien sie nicht ansprechbar zu sein oder antwortete sehr zögerlich, mit langen Pausen zwischen den Sätzen, stoppte plötzlich bei einem Wort und begann von Neuem. Als Kind konnte ich mir keinen Reim darauf machen, warum die Großmutter mir mit einem Mal so fremd war, dass ich mit ihr nicht allein sein wollte.

Meine Mutter, eine glühende Atheistin, erzählte mir später von unheimlichen Begebenheiten während ihrer Kindheit in Breslau, in der Hitlerzeit, in der die ersten Verwandten sich zum Transport in die Lager melden mussten. Die Familie war arm und betrieb eine Schankwirtschaft. Meine Großmutter, eine schöne, aber nahezu ungebildete Frau, fing mit zwölf Jahren schon an, als Dienstmädchen zu arbeiten. Ich glaube kaum, dass sie jemals Kontakt zu okkulten Kreisen oder in Büchern über das Übersinnliche gelesen hatte. Ich bin mir nicht einmal sicher, ob sie die körperlosen Stimmen, die ihr zuflüsterten, für den Zuspruch der Toten hielt. Sie nahm, was ihr widerfuhr, wohl gleichmütig hin, ohne viel darüber zu reden. Dabei mochte sich niemand aus der Familie mit ihren »Gesichten« abgeben; die schwere Arbeit, die Sorge, auch alle Kinder satt zu kriegen, ließ wenig Zeit für Tagträumereien.

Als man verzweifelt den Schmuck einer verstorbenen Großtante suchte, wusste sie zum Erstaunen aller, in welchem Fach einer Kommode mit doppeltem Boden er versteckt und vergessen worden war. Und sie träumte den Tod ihr nahestehender Menschen meist in der Nacht zuvor, hatte Visionen von Leichenzügen, die stumm und langsam an ihr vorbeigingen. Obwohl nicht sonderlich religiös, hörte sie einen Kirchenchor singen und das Läuten von Glocken. Frauen mit gelöstem Haar, schwarzen Klagetüchern aus Seide und Rosmarinsträußen in den Händen zogen an ihr vorüber. Und Kinder mit Kronen aus Draht, in denen Perlen und Flittergold glänzten. Sie lächelten und sagten sinnlose Reime auf. Die Großmutter erzählte von einer Stadt, durch deren Straßen sie lief, in der nur Blinde, Menschen ohne Augen wohnten. Die Tiere dort waren knochenlose Geschöpfe, die sich in alle Richtungen verbiegen konnten; wenn sie sich bewegten, waren sie bald zu schnell für das Auge. Und alle Wege aus dieser Stadt führten in Wüsten aus schwarzem Sand, über die ein kalter stetiger Wind ging. Das Dunkle, Unheimliche folgte ihr wie ein Schatten. Sie wurde sehr krank, nachdem ein fremder Mann sie bedrohte, sich vor ihr aufbaute, größer und größer wurde, dessen Pupillen riesig und wie glimmende Kohlen waren.

Etwas später bekam sie wässrige, schwarzblaue Male auf der Stirn und ihre linke Hand wurde heiß und fleckig. Blieb die Großmutter allein im Haus, klopfte es in den Wänden, von der Decke, aus dem Spültisch, der Kommode. Einmal fand der Friedhofsgärtner sie bewusstlos am Grab ihres bei einem Unfall ums Leben gekommenen Cousins; später erinnerte sie sich, ihn im Traum in der Dachkammer eines Hauses, das ganz ohne Fenster war, gesehen zu haben. Der junge Mann hätte, in einer Endlosschleife, mit monotoner Stimme, immer nur einen Satz wiederholt, in einer Sprache, die sie nicht verstand.

Obwohl »Halbjuden«, mussten zwei ihrer Söhne an die russische Front. Oft gab es von ihnen wochenlang keine Nachrichten und niemand konnte wissen, ob sie noch am Leben waren. Als Alfred, der ältere von beiden, auf einen kurzen Heimaturlaub nach Hause kommen sollte, gingen Mutter und Tochter frühzeitig los, um den einfachen Gefreiten Siewczynski abzuholen. Im Fernbahnhof von Breslau, ein im neugotischen Stil erbauter Komplex mit einer hundert Meter langen verglasten Halle, an dessen nördlichem Ende sich ein aufgegebener jüdischer Friedhof befand, liefen die wichtigsten Verkehrslinien der Stadt zusammen. Es war der zentrale Umschlagplatz für Menschen und Material. Die Bahnsteige waren in diesen Tagen von Soldaten, von Verwundeten und Zivilisten überfüllt, es gab kaum ein Durchkommen. Später, als der Kanonendonner der russischen Front schon hörbar war, wurden hier die Kinder und verheirateten Frauen in Viehwaggons gepfercht, in Richtung Schlesien und Sudetengau abtransportiert. Mutter und Tochter warteten einige Stunden, bis über Lautsprecher durchgegeben wurde, dass der Zug des Heimkehrers wegen Tieffliegerbeschuss viele Kilometer vor Breslau liegengeblieben sei, und keiner könne sagen, ob er an diesem Tag noch ankommen würde. Trotz dieser Nachricht war meine Großmutter sich absolut sicher, dass ihr Sohn ganz in der Nähe sei, und weigerte sich, nach Hause zu gehen. Eine halbe Stunde später stand Alfred dann vor ihr und umarmte die beiden – man hatte ihn mit einem anderen Zug Soldaten nach Breslau verfrachtet. Und es war Alfred, der ihr ein Jahr später in einer kalten Dezembernacht erschien:

Der Sohn stand neben ihrem Bett, sprach kein Wort und lächelte. Ihm fehlten ein Auge und drei Finger der rechten Hand, und die Großmutter erzählte, dass es nach feuchter Erde roch, nach schmelzendem Schnee und Kiefern. Und sie meinte, ein Akkordeon zu hören, das ein altes Wolgalied spielte. Die Post der Wehrmacht kam einige Wochen später: Alfred Siewczynski, Soldat der 3. Kompanie des Infanterieregimentes 189 sei im Raum Toropez, siebzig Kilometer ostwärts von Welikije Luki gefallen.

In den letzten Kriegstagen, als die Überlebenden der Familie auf dem langen Marsch nach Westen waren, überkamen meine Großmutter abermals ihre »Gesichte«.

Die Fenster sind durch schwarze Plastikfolien verdunkelt, eine Handvoll Geistergläubige sitzt im Kreis um das Medium. Aus der Ferne werden Kinderlärm und das Läuten einer nahen Kirche ins Zimmer getragen. Mir ist leicht übel und ich erschrecke etwas, als ein flimmerndes Skotom von einem Quellpunkt meines rechten Auges in gezackten Rändern langsam von der Mitte zum Rand meines Sehens läuft. Das Parfüm meiner Nachbarin – ich rieche den schweren Duft von Patschuli – weckt kurz Erinnerungen an frühe Hippie-Tage mit afghanischem Haschisch und dem Leben in einer Kommune am Ende der Stadt.

Stewart Alexander, ein schon etwas älterer, großer und hagerer Mann, mit grauweißem Bart und tiefen Falten von den Nasenflügeln zum Mund, soll den Geist Walter Stinsons verkörpern, einen in den Zwanzigerjahren bei einem Eisenbahnunglück verstorbenen Bruder Margery Crandons, im Boston jener Zeit selbst ein bekanntes Medium mit vielen Verehrern.

Ein hauchzartes, melodisches Glockenspiel wandert durch den Raum ... Zwei, wie es mir scheint, leicht überdrehte, mädchenhafte Frauen, mit malvenfarbenen Kleidern huschen durch das immer nur für Sekunden von Rotlicht erhellte Dunkel. (Viele Okkultisten glauben, dass die Wellenlängen des weißen Lichtes, im Gegensatz zum roten und violetten, manche der übersinnlichen Phänomene verhindern.)

Sie schauen ein wenig verklärt, hantieren betont leise, als wären sie in der Kirche und nicht in einem Basler Hinterhof; sie sollen, nehme ich an, Alexander zur Hand gehen.

Eine der beiden »Trompeten«, trichterförmige Pappschallrohre, denen man Leuchtringe angelegt hat und die zu Füßen des Mediums stehen, schwebt, begleitet von lang gezogenen Seufzern der erwartungsfrohen Runde, in einer schrägen Bewegung langsam hoch zur Decke. Der zweite Trichter zur Verstärkung der Geisterstimmen (?) holpert über den Boden, ohne sich auch nur einen Zentimeter zu erheben, und rollt ein wenig über das Parkett. Wir warten ... Ich höre merkwürdige Geräusche. Ist es die Frau neben mir, die abwechselnd ein Klickern und knurrendes Zischen von sich gibt, wie ein gestrandeter, an Land geworfener Kiemenatmer? Gleich darauf entsteht ein tiefes Brummen, wie von einem riesigen, überdimensionalen Käfer, der auf der Suche nach Pollen und Säften von Blüte zu Blüte schwärmt. Für einen Moment glaube ich, es würde nach Eau de Cologne und Mottenpulver riechen. Ein Gesicht erscheint dicht vor mir, dessen Augen hellglänzend wie die einer Porzellanpuppe sind. An der Decke sehe ich wolkenartige Strukturen, die zu Glas erstarrt scheinen, die, würde ich mit einem Stock gegen sie schlagen, in Scherben zerspringen könnten. Im nächsten Augenblick wird das Zimmer zu einer großen Halle, an deren Wänden sich leblose Menschen wie Maschinenteile stapeln, die hier vor Jahren ausrangiert und vergessen wurden. Eine riesige Bahnhofsuhr über meinem Kopf ist kurz nach Zwölf stehengeblieben. Dann wieder laufe ich durch verschneite Straßen. Mir ist kalt. Fange ich vielleicht an zu halluzinieren? Spielen meine Sinne verrückt? Doch ich bin nüchtern, die letzten Joints und »Pilzreisen« liegen lange zurück, und nach einem schweren Entzug von Tranquilizern, bei dem ich fast gestorben bin, verzichte ich schon seit Monaten auf Alkohol.

Ein absurder Satz verfolgt mich: »Der Tod kommt als schönes Mädchen mit langen Wimpern ... der Tod ist der Kuss meiner Mutter nach der Geburt ...«; das ist nicht einmal poetisch und klingt irgendwie dumm. Ich müsste jetzt pinkeln und rauchen und beginne zu schwitzen. Wie unter einem Brennglas erhitzt sich die Haut über den Nierenbecken und entlang meiner Wirbelsäule. Jemand spricht ein Gebet auf Englisch. Eine ältere Frau stimmt *Lustig ist das Zigeunerleben* an; das gemeinsame Singen soll wohl die Geister erfreuen und einladen. Die Dame links neben mir trägt eine weiße hochgeschlossene Gouvernantenbluse und streng nach hinten gekämmtes Haar; ihre Armkettchen klimpern bei jeder Bewegung. Sie scheint nervös, nestelt an ihrem Seidenschal und strömt den Geruch von Kölnischwasser aus. Ihre Hände, die auf den Beinen liegen, zittern ein wenig – ihr festgefrorenes Lächeln irritiert mich und beim Sprechen verschluckt sie einige Silben und die Enden längerer Wörter; vielleicht leidet sie, vermute ich, an der Parkinson'schen Krankheit? Nachdem die Beleuchtung wieder einmal kurz angeht, flüstert sie mir zu, etwas Unsichtbares habe sie am Bein berührt.

Ein Klirren (in meinem Kopf?), als würde in der oberen Etage ein Fenster zerbrechen, schreckt mich auf. Die Luft im Zimmer fühlt sich irgendwie dick an. Wie manche Menschen auf Beerdigungen spüre ich, ohne zu wissen warum, das ungeheure Bedürfnis zu lachen. Ich höre ein schweres, tiefes Atmen, das an der Decke zu hängen scheint. Auf meiner Netzhaut entladen sich Zellen zu einem bogenförmigen Kometen, der im rechten inneren Augenwinkel erlischt. Sind uns die Toten schon nah und bereit, Zeichen zu geben? Eine kindliche Stimme, etwa einen Meter über mir, beginnt leise und etwas verwaschen auf Englisch zu sprechen, wird langsam lauter und klarer, dennoch verstehe ich kaum ein Wort; aber die anderen scheinen sich zu amüsieren und lachen. Aus der gegenüberliegenden Ecke des Zimmers beschwert sich der Geist einer verstorbenen Frau – ihr Name ist Freda –, dass er durch einen männlichen Körper sprechen muss, und scheint etwas ungehalten, gereizt zu sein. Ich fühle den Hauch einer Berührung, als würde eine winzige Seifenblase an meiner Wange zerplatzen. Wenig später meldet sich eine feine, dünne Stimme, die etwas »Erbauliches« zum Besten und sich als ein Dr. Barnett zu erkennen gibt. Der Tote lässt uns wissen, dass er seine Sätze mithilfe einer »ektoplasmatischen Stimmbox«

erzeugt, die sich wenige Zentimeter oberhalb der linken Schulter Alexanders gebildet haben soll.

Ich werde müde, erinnere mich an einen Traum der letzten Nacht, der mir schon den ganzen Tag über folgt: Als ein bereits alter Mann besuche ich den Ort meiner Kindheit, eine sozialistische Plattenbausiedlung im Osten Berlins. Ich stehe im Treppenhaus vor der Tür meiner ersten, vorpubertären Liebe. Nach mehrmaligem Klingeln öffnet Cordula, mein zauberhaftes Mädchen, auf die ich manchmal Stunden wartete, in der Hoffnung, sie würde sich vielleicht am Fenster zeigen. Der ich heimlich folgte, wenn sie zur Schule oder zum Einkaufen ging. Sie ist noch immer dreizehn Jahre alt, wie an dem Tag, als ich sie zuletzt gesehen habe. Lange schaut sie mich an und versucht, in meinen Augen zu lesen, und bittet mich dann zu gehen. Ich weine, als ich mich umdrehe und zum Ausgang laufe. Vor einigen Jahren habe ich gehört, sie sei jung gestorben.

Von Zeit zu Zeit wird die rote Glühlampe angeschaltet. Alexander, das Medium, sitzt auf einem mit Blumendekor bespannten Sessel; man hat ihn mit harten Plastikkabeln an die Armstützen gefesselt; er kann sich kaum rühren, nur Beine und Kopf bewegen, während sein Gesicht seltsame Grimassen wirft. Ich bin mir nicht sicher: Rollen seine Augen unter den Lidern, bewegt sich sein Mund, als würde er kauen?

Wieder sind wir im Dunkel und warten ... warten auf den Star des Abends, der, kündigt eine der Assistentinnen an, nun mit etwas Glück erscheinen wird: Walter Stinson. In okkulten Kreisen legendär, soll Stinson, ein wahrer Entertainer unter den Toten, während der Séancen seiner Schwester Margery singend und pfeifend aufgetreten, den lebenden Damen gegenüber, wenig Kavalier, mit tiefer Stimme und schwerem Slang anzüglich geworden sein. Wenn Walter erschien, fielen reihenweise Stühle um, flatterten eilige Vögel durch den Raum. Verschiedene Male hing ein plazentaähnliches Gebilde samt Nabelschnur in der Luft, zeigten sich feuchte schwarz-rote Lungenflügel direkt vor dem Fenster ... während das Flexaton mit hellen zarten Tönen wie ein fliegendes, monströs großes Insekt anhob, durch die Luft zu gleiten. Walter hinterließ seine Fingerabdrücke in Dentalwachs und merkwürdige, zylinderförmige Objekte, deren Funktion niemand kannte. Ein Foto zeigt Margery, wie ihr die ektoplasmatische Hand des älteren Bruders aus dem Unterleib, der Vagina wächst. Nun, fast hundert Jahre später, meldet sich Walter zurück.

Mit einem Mal ist seine sehr maskuline Stimme neben dem Medium zu hören; Walter, so nehme ich an, begrüßt die beiden Schönheiten unserer Runde, Beate und Sabine, zwei junge Frauen aus Basel, und beginnt ungeniert, mit ihnen zu flirten, beschreibt die körperlichen Vorzüge der beiden bis ins Detail. Um gleich darauf zu versprechen, dass wir alle an diesem Abend zu Gläubigen werden, wenn uns die Hand eines Toten berührt.

Ein quadratischer, von innen beleuchteter und mit roter, durchsichtiger Folie bespannter Glaskasten steht direkt vor dem Medium. Beate und Sabine sitzen links und rechts davon. Das Dämmerlicht ist stark genug, dass ich die Gesichter unterscheiden kann. Wie von einer brennenden Pechfackel zieht ein tiefschwarzer Rauch über den Leuchtschirm und löst sich, von einem feinen Luftzug weggeweht, wieder auf… Das Schauspiel beginnt von Neuem. Der Rauch bewegt sich in schmalen, wellenartigen Fäden und breitet sich zu größeren, lückenhaften Flächen aus. Dann, als wäre ein unsichtbarer Schöpfer am Werk, als hätten sich ganze Partikelschwärme, Wolken von Atomen zu einem stofflichen Etwas verdichtet, bilden sich die Umrisse einer Hand. Ich kann, ich möchte nicht glauben, was hier vor meinen Augen geschieht. Beate und Sabine sind entzückt und streicheln Walters materialisierten Auswuchs. Ich erinnere mich an okkulte Geschichten, in denen Phantome zu den Lebenden kamen, um Liebe zu machen, ihre Lust zu stillen. Auch Mr Stinson würde wohl, vermute ich, so wie er redet, sich den beiden Verehrerinnen gerne als Liebhaber anbieten. Nach einer halben Stunde scheinen sich aber seine Kräfte zu erschöpfen – er macht den polnischen Abgang und ist, als hätte ihn eine Falltür geschluckt, verschwunden.

Es gab Zeiten, in denen mochte ich von der Welt der Toten, wie sie mir nahegebracht wurde, nichts mehr wissen und ich versuchte, mir mit der Philosophie zu helfen, ein wenig Halt zu geben; ich besuchte die »großen« Männer, deren Bücher mir wichtig waren – Derrida, Sloterdijk, Žižek, Baudrillard –, arbeitete mit Albert Hofmann an den *Erinnerungen eines Psychonauten.* Eine dieser Begegnungen, ich treffe den Prager Juden Vilém Flusser wenige Wochen vor seinem Tod, halte ich in einem Stück Prosa fest, das ich heute zwei Jahrzehnte später als etwas pathetisch empfinde, mich aber nicht dafür schäme, weil es mir zeigt, in welcher Not ich war:

> Das Gesicht des anderen ist unerschlossen, fremd, ein ferner Kontinent, mit unbekannten Linien, Faltungen, Flecken, Tiefen. Nichts wissen wir voneinander. Keine Erinnerung, die uns verbindet, keine gemeinsame Geschichte. Das Licht wird schwächer, die Farben werden blass, die Konturen weich. Alle Dinge scheinen durchsichtig zu werden, an Substanz zu verlieren, an Dichte und Schwere, als wollten sie sich von selbst bewegen und schweben. Wir reden. Nur wir allein im Zimmer; ein alter und ein noch junger Mann. Jugend und Alter berühren sich. Wir reden und haben darüber die Zeit vergessen. Vergessen, was die Lebenden am Leben hält und die heftige Sehnsucht nach Nikotin. Vergessen den Stoff, aus dem die Träume sind, das Bromazepam, welches mir Nacht für Nacht den Schlaf besorgt. Ich vergesse den Regen, den bedeckten, bleiernen Himmel, mein stetig lärmendes Innenohr, das scharf einschießende Reißen im Unterbauch. Vergesse die Frau, die den Rock für mich hebt, um mir eine Freude zu machen; das Fieber des Sohnes ist vergessen und das Lachen der Tochter. Wir reden und reden. Von vielem ist die Rede: dass die Welt im Hirn ist und das Hirn in der Welt und dass diese graue, gefurchte Masse diesen Haufen Zellen: sich selbst bedenkt. Dass wir ausbrechen könnten, aufgehen im Nichts. Denn das Ich, sagt der alte Mann, ist eine Zwiebel – Schale und Schale und weiter dann: nichts. Und die ins Nichts zerfallenden Teilchen, Partikel, Schwärme …

Rede weiter, ich höre dich, höre dir zu. Wir sind die Affen, die einst vom Baum fielen und nun Mensch sein müssen für lange Zeit. Ließe sich, fragt er, ein Fötus lieber abtreiben, wenn er wüsste, was ihn in der Welt erwartet? Über den Selbstmord reden wir, als das unzähmbare Verlangen, nicht mehr »denkende«, sondern »ausgedehnte Sache zu sein«. Über *Taenia solium*, den gemeinen Schweinebandwurm, doppelgeschlechtlich, mit 50000 Eiern, Spermien, Rostellum und zweifachem Hakenkranz, seinen 1500 Gliedern, diesen Superbegatter und göttlichen Parasiten, der sich in Muskeln und Zwerchfell frisst und auch noch ins Hirn; der von der Arbeit erlöst nur verdaut und genießt, die reine Liebe lebt. Vom *Vampyroteuthis infernalis* ist die Rede, vom Kannibalen, dem Anarchen, einem Tier aus dem Abgrund. Dies »schleimige, weiche, langsame Tier« aus den Tiefen des Meeres, des Kambriums, mit seinen Antennen, Tentakeln und Saugorganen, mit Eingeweidesack und Mantel, mit Zähnen wie Zangen, angetrieben von kaltem Blut: Ein Tier, an dem alles Geschlecht ist, Kopulation und Ejakulat: der Gegenentwurf, die andere Seite des Menschen. »Seine Hölle ist unser Himmel, sein Himmel unsere Hölle.« Beide, sagt der alte Mann, sind schlecht programmierte Wesen und voller Defekte. Über das Scheitern reden wir, weil wir den Tod nicht abschaffen, nicht aufhalten können. Und darüber, dass, was zu entscheiden, auf Maschinen abgeschoben, uns wieder in Würde Mensch sein lässt. »Ein einziger, riesiger Sabbath wird sich wölben über die künftige Menschheit ...« zur reinen Muße und Kontemplation: die ist – *Nunc stans* – »immer jetzt« und »überall hier«. Dunkelheit senkt sich ins Zimmer. Rede, alter Mann, ich höre dich, höre dir zu. Jeder von uns wird morgen ein anderer sein – verwandelt: In den frischen Schweiß verschmelzender Körper, einen Schlaf, der nicht aufhören will, in den schlecht heilenden Schenkelhalsbruch, eine nutzlose Erektion, verwandelt in das Kichern des Mädchens, dem kürzlich erst Brüste gewachsen sind. In die Hand, die mir schnell einen runterholt, ins helle Orange des schönsten Himmels. Verwandelt in Zysten, Abszesse, in Säuren und Gase. Wir reden, während irgendwo an der Börse die Kurse einbrechen und irgendein Fleisch zu faulen beginnt und ein Herz noch immer das Blut durch zu enge Gefäße treibt und die Nachbarin ihren Geliebten verlässt; wir reden, während ein Weibchen der Goldaugenbremse am Hals eines Warmblüters saugt. Während Kastanienduft aus frisch gewaschenen Haaren strömt und Millionen Viren die Macht übernehmen in einem zu alten Körper. Wir altern und danken ab. Während die Blase nicht den Urin, der Darm kaum noch die Scheiße hält. Während die Knorpel spärlicher werden, die Knochen entkalken und die Zunge noch immer einen Mund zum Küssen sucht. Wir werden uns nicht wiedersehen, unsere gemeinsame Geschichte dauert nur Stunden. Von »Kadosch« redet der alte Mann, der Jude aus Prag: Das Nutzlose und das Heilige – die heilige Nutzlosigkeit und das Elend der Sinnstifterei. Alles ist absurd: Kinder zu machen oder Geld, sich umzubringen ist absurd. So absurd wie das Lächeln stummer Sirenen, wie Hämorrhoiden, die zu bluten beginnen, und eine tote Sprache, die keiner mehr spricht. Absurd, wie ein Automobil ohne Räder, der defekte Buchstabe einer Leuchtreklame, wie kosmetisch gestraffte Schamlippen, ein weggeworfenes Kondom.

Der alte Jude spricht von den schwarzen Engeln; die kamen mit Peitschen und trieben die Herden zusammen, zu den Rampen, den Öfen, weil ein Mensch dann so luftig und leicht durch die Schornsteine geht: Feuer und Asche. Was bleibt? Was bleibt von den Kindern, der Schwester, vom Vater, der Mutter? Was bleibt vom Menschen? Hier sitzen wir und reden, dies eine Mal nur und dann nie wieder. Reden in die anbrechende Nacht hinein. Wie lange wachsen die Zellen und teilen sich, wie kurz sind schon ihre Telomere und was kostet am Ende der Liebe die Lust? Wer lebt noch vom Fett seiner Jugend und wann schließt sich für immer, für immer dein Mund? Wer bestellt mir einen Bus voll mit Klageweibern ans Grab und dazu einen Stein aus rotem Granit? Rede mit mir, höre nicht auf zu reden. Ich höre dich, höre dir zu. Rede weiter, rede immerfort. Rede weiter, als wären auch wir schon vergessen. Und doch: Wie zärtlich kann eine Stimme sein in der Verlassenheit farbloser Tage, in einer schlaflosen, zu lange dauernden Nacht. Wie zärtlich diese Stimme ist ...

Man wird seinen Stallgeruch nicht los, und es heißt, die Dämonen der Kindheit sind ein boshaftes, nachtragendes Volk ... Die Not und das Elend, aber auch die Freuden einer Mutter, über die Nabelschnur verabreicht, wirken lange ...

Als meine eigene Mutter, noch ein kleines Mädchen, bei Kriegsende mit tausenden anderer Flüchtlinge in Berlin eintrifft, musste sie auf dem langen Weg dorthin mit ansehen, wie man reihenweise Männer zu Tode prügelte oder einfach erschoss und Frauen mit kochendem Wasser übergossen wurden, wie Soldaten Schwangeren mit einem Bajonett den Fötus aus dem Bauch schnitten. Ihr Leben lang wird sie sich von dem Entsetzlichen dieser Tage nicht erholen.

Meine Kindheit in Friedrichsfelde, im grauen, sozialistischen Osten Berlins, war schwierig; ich finde keine Freunde, spiele viel allein, bin häufig krank. Und ich hasse es, ohne Geschwister aufzuwachsen. Manchmal hört die Mutter auf zu sprechen, für Stunden oder ganze Tage. Ich lese die Vorboten ihrer Anfälle in ihrem Gesicht, halte ihr die Hand, wenn die Sprache versagt und sie anfängt zu wimmern. Ich bringe sie ins Bett und decke sie zu, bleibe bei ihr, bis sie eingeschlafen ist. Während mir in der Schule die Lehren von Marx und Engels eingetrichtert werden, habe ich Angst, nach Hause zu kommen, der Mutter könnte es wieder schlechter gehen.

Mein kleines, heimliches Glück suche ich in einem der märkischen Dörfer, wo der Großvater wohnt. In den von Birken durchsetzten rotbraunen Kiefernwäldern, die von außen so dunkel erscheinen, aber so licht sind im Innern. Hier werfe ich die Angel aus in versteckte Teiche und warte, dass Zander und Karpfen den Köder nehmen, hoffe, dass sich vielleicht die Wildgänse am Himmel zeigen, wenn sie, wie ein Keil in der Luft, Richtung Süden fliegen. Der Friedhof am Dorfausgang ist mein liebster Ort; ich kenne jedes Grab, jede Inschrift, weiß, wo der ertrunkene Spielkamerad begraben liegt, eine Tante, welche ihre

Schwermut nicht mehr ausgehalten und sich an einem frühen Morgen im Hochsommer in der Scheune erhängt hat. Auch die Toten können einsam sein. Ich spreche hier mit meiner frühverstorbenen Großmutter, die das kranke Vieh mit den Händen heilte, als der Veterinär nicht mehr helfen konnte, und sie wusste den bösen Blick zu kurieren, von dem die Bauern glaubten, er mache Menschen und Tiere krank. Wenn das scheue Wild nach Sonnenuntergang auf die Lichtungen kommt und mit großen Augen zu den Feldwegen, Ställen und Bauernhäusern schaut, warte ich auf die Stille, auf die Nacht, und fühle den leichten, warmen Wind, der über die abgeernteten Felder geht …

Noch immer bin ich der kleine, verlorene Junge aus Ostberlin; bin und bleibe »Thomas der Ungläubige«, und doch möchte ich in keiner Welt leben, die nicht zumindest die Möglichkeit eines Wunders offenhält. Der verstörende Zauber des »Okkulten« folgt mir seit meiner Kindheit – viele Jahre habe ich mich gewehrt, mich geweigert, darüber zu schreiben. Fast gegen meinen Willen entstanden dann erste Skizzen, kleinere Fragmente über eine andere, eine magische Welt, in die ich mich immer wieder einmal verlaufen habe. Manchmal fühlte ich mich wie einer dieser medialen »Zwangsarbeiter«, die in meinem Buch zu Wort kommen, im Dienst einer Sache, die sich mir aufgedrängt, mich für sich hat arbeiten lassen.

Mein *Okkultes Brevier* spielt in der Hochzeit, einer neuen Blütenperiode des Okkultismus, die etwa von Achtzehnhundertachtundvierzig bis zum Ende der Zwanzigerjahre reicht. Ein besonderes Augenmerk liegt auf dem Menschen als Medium, der meint, sich als das »Mundstück«, der Botschafter einer fremden Macht anzubieten, ohne dass festzustellen wäre, ob er nicht doch nur für sich, aus eigenem Antrieb, in eigenem Namen spricht. Darunter sind auch die »Automatisten« und Kulturarbeiter der modernen Avantgarde, die mit »träumender Hand«, wie entrückt und ferngesteuert, zu malen und zu schreiben beginnen. Unter den Künstlern dieser Tage ist das Okkulte – Trancereden, Telepathie, Exorzismen, Visionen – in Mode, äußerst beliebt. In den Ektoplasmen der Séancen, den sich verstofflichenden, zu »Fleisch« werdenden Traumbildern, erkennen viele eine Mobilmachung der Materie durch den Geist. Hier ist das Wunderbare zum Anfassen nah und bleibt doch so unbegreiflich wie abweisend: subtil, spukhaft, spektakulär.

Zugleich möchte ich das Atmosphärische, das Klima, in dem die somnambulen Medien und ihre Phänomene groß wurden, zu Hause waren, noch einmal heraufbeschwören, nachglühen lassen. Den hypnotischen Sog, mit dem das Okkulte in den bürgerlichen Salons und Hinterzimmern, in den Laboratorien, den Experimenten der Avantgardisten auftaucht: das Vertraute verfremdet, den Blick festhält, nicht mehr loslässt. Die Frage, was davon Betrug oder echt gewesen sein könnte oder einfach nur Illusion, spielt sich nicht in den Vordergrund – die Zeichen bleiben in der Schwebe …

# 1

# Unendliche Wirbel der Liebe

—

# Die Invasion der Toten

Ist eine Welt ohne Wunder nur ein öder Ort? Ohne dieses Staunen vor dem Unbegreiflichen, allen natürlichen Abläufen Überlegenen, wie es das Gewöhnliche so leicht beiseiteschieben und ausblenden kann. Ohne diese Erregung, wenn Furcht und Faszination zusammenlaufen, sich überlagern, verstärken. Wird die Stimmung für das Fantastische, das Ungeheure, ganz Andere wieder großzügiger, günstig, wo Analysen und Logik zu weit gehen – in die Menschenferne? Für viele unwiderstehlich, bedient eine neue Bewegung Heilserwartungen, chiliastische Hoffnungen, gibt Halt und befriedigt die ekstatischen Bedürfnisse. Bietet ihren Anhängern wahre Offenbarungsorgien, einen rasant wachsenden Jenseitsverkehr: Man redet mit den Toten, als wären sie in Reichweite, im selben Zimmer, ruft nach ihnen, als stünden sie auf der anderen Straßenseite.

Die Geister teilen sich via Medien mit, ergehen sich in Bibelsprüchen, pietistischen Frömmeleien, praktischen Ratschlägen, Weltanschauungskonstrukten, Kosmologien, Visionen … Verklärte, entrückte, verhangene Blicke: Während der spiritistischen Soireen ist das Medium außer sich, beflügelt, in fernen Räumen: rastlose Sonnen rollen durch die Nacht, in schneller Folge überblenden sich Bilder, Szenen, himmlische Fiktionen, purpurne Sphären, Fallsterne, Feuersäulen, Glutmeere, Flammenwesen, Seelenlichter, Infernos, die Wiederkehr Christi, Dämonen, Madonnen, Nachtfrauen, deformierte Engel, Wundergärten, Vogelgezwitscher, das Jüngste Gericht. Eine Wüste aus Goldstaub verfliegt in leuchtenden Wirbeln …

Seit am letzten Märzabend des Jahres Achtzehnhundertachtundvierzig, wie in einem verfrühten Aprilscherz, zwei vielleicht überspannte Teenager im Okkultismus Karriere machen und einer Invasion von Geistern die Türen öffnen, wird es nicht mehr ruhig in den Wohnzimmern der Bürger.[1] In Gegenwart der Schwestern Fox, Margaretta und Catherine, aus Hydesville, New York, verschafft sich über Klopfgeräusche der Geist eines – so wird übermittelt – Jahre zuvor im Haus der Familie ermordeten fahrenden Händlers Gehör. Explosionsartig, mit einem Schlag, beginnt eine lange wie erfolgreiche Geschichte: Es ist der Big Bang des modernen Okkultismus, fortgeführt in endlosen Debatten um Betrug, Entlarvungen, in Anklagen und Dementis. Doch das Klopfen, einmal in der Welt, hört nicht mehr auf, breitet sich aus, die Geister teilen sich mit, Nachrichten gehen hin und her, reißen nicht ab. Die Farmerstöchter Fox (auch Leah, die älteste Schwester, hält sich für ein mediumistisches Werkzeug) werden zu öffentlichen Figuren. Man stellt sie barfuß auf Kissen, bindet die Knöchel zusammen, hält ihnen beide Hände fest – der Verkehr mit den Geistern geht weiter. (Nicht weniger dramatisch: Auch der Hund der Familie ist außer sich und nicht zu beruhigen, heult nächtelang durch.) Berichte über ihre Séancen erobern die Titelseiten der Gazetten. Zusammen mit einem Zirkusdirektor als Promoter und bald als Berufsmedien unterwegs, sind die beiden Mädchen »master copies« für viele andere, die folgen. Nur Wochen später klopft es bei den Söhnen eines presbyterianischen Geistlichen im Bezirk Rochester – wieder suchen die Verstorbenen Kontakt. Man tauscht sich aus, ist im Gespräch. »Spirit rapping« wird zur Bewegung, kommt in Mode: Als wollten alle Toten auf einmal anfangen zu reden.

Sind die Wunderkammern des Liebes- und Schadenzaubers, der Verhexungen, Fluchgesänge, des zweiten Gesichtes auch nie ganz verschlossen, beschwören schon viel früher die Kabbalisten Dee und Kelley die Sphären der Engel, lassen Visionäre wie Swedenborg Himmel und Höllen aufeinanderprallen, schauen in Geisterwelten, wird das Verhältnis zwischen Lebenden und Toten nun dialogisch!

Zur selben Zeit wie die Fox-Schwestern publiziert noch ein anderer seine Visionen: Andrew Jackson Davis, der »Seher von Poughkeepsie«, wird zum führenden Theoretiker des Spiritismus[2] – mit wöchentlichen trance-lectures und der Zeitschrift *Spiritual Philosopher* bedient er professionell die Medien, füttert sie mit Nachrichten aus dem Jenseits. Und die sind immer nur gut: Aufsteigend von den natürlichen zu den überhimmlischen Höhen des Lebens, zieht es den Menschen in einen »unendlichen Wirbel der Liebe«, in dem sich alle vereinen. Die Lebenden und die Toten bilden einen Organismus, ein von der alles durchdringenden göttlichen Gegenwart zusammengehaltenes Ganzes. Davis' Jenseits ist wie das Diesseits, nur strahlender, vollkommener. Das Reich der Geister ist kein anderer Ort, vielmehr eine andere Qualität, wie sie Hellsichtige erfahren. (Hier klingen die antiken hermetischen Lehren nach, über die Natur als ein heilig-hierarchisches System, von über dem Menschen stehenden Geistern und Engeln.) Die aufgeklärten Skeptiker diagnostizieren »Wurmbefall« als Ursache seiner Visionen. Andere wollen wissen, dass Davis, dieses Werkzeug einer neuen Offenbarung, hirnkrank ist.[3] Dass die Auskünfte, die Berichte des Jenseits sich oft widersprechen, eher banal und vage bleiben, schreibt der »Seher«, liege in den technisch noch nicht ausgereiften, von den Toten verwendeten »elektrischen Vibrationen«. Davis spekuliert über Zivilisationen auf Jupiter und Mars; eine übermenschliche Rasse soll den Saturn bevölkern. Und alle sind irgendwie miteinander im Gespräch, schicken sich Botschaften über den Äther.

Der Spiritismus[4] breitet sich aus – begünstigt von der wachsenden Wirtschaft, neuen Technologien, dem stetigen Mehr an Menschen in den entstehenden Metropolen. Fehlt der Druck von kulturellen Normen und Tradition, kann auch das Abseitige mit einem Mal ins Zentrum geraten. An der »unruhigen«, von Masseneinwanderungen bevölkerten Ostküste finden religiöse Erregungen besonders gute Resonanz.[5] In Zeiten des Wandels braucht es neue Angebote an Glauben. Während Umbrüchen und Krisen beginnt der Mensch wieder, vermehrt in religiösen Bildern zu denken.

Schon bald überqueren die spiritistischen Lehren den Atlantik, werden auf der anderen Seite als schick und neu gehandelt. Nur wenige Jahre später sind »Tee und Tischrücken« vieler Briten und Franzosen liebstes Entertainment – Amüsement; man erlebt die Séancen wie eine Mischung aus Schauergeschichten und Märchen. Nirgendwo arbeiten mehr Berufsmedien als in London. Queen Victoria verkehrt gerüchteweise mit dem gehimmelten Prinz Albert und holt sich das Medium William »Willie« Eglinton an den Hof, bei dessen Open-Air-Events Phantome ähnlich lebendigen Menschen durch die Gegend laufen. In Paris, im Palais des Tuileries, veranstaltet man okkulte Abende, sitzt regelmäßig mit den Toten an einem Tisch; Eugénie ist entzückt und der Monarch inspiriert, eine Lehre à la Allan Kardec[6] mit der Politik seines bonarpartischen Sozialismus kurzzuschließen. Kardec, Pseudonym des französischen Arztes Hippolyte Léon Denizard Rivail, ein Schüler Pestalozzis, entwirft in *Le Livre des Esprits* Jenseits-Welten, in denen Läuterung und sittliche Reife den evolutionären Motor in Gang bringen; immer seien die Geister anwesend, nur meistens eben unsichtbar. (Im Begriff der »Geister«, wie er in diesen Tagen verwendet wird, ist das griechische *pneuma* mit seinen verschiedenen Bedeutungen aufgehoben: als körperloses Zwischenwesen, Feinstoffliches, Leib und Seele Verbindendes, als ein kosmisches Prinzip, das die Materie belebt.) Wird Kardecs Evangelium verkündet, spüre man die Nähe der Toten. Nächstenliebe schließt die Verstorbenen mit ein; mit ihnen soll man nun lernen zu leben. Gegen alles Materielle, Verdunkelnde heißt es sich durchzuarbeiten, das Übermaß an Stofflichem abzubauen, geläutert zu werden, und dieser Fortschritt, sagen die Geister Kardecs, sei nicht aufzuhalten. Immer schneller schießen die Seelen wie Funken ins große All, um am Ende in Gott, dem »Prinzip aller Dinge, der höchsten Vernunft« einzugehen. Seit den Tagen von Mose, weiß Kardec, kommen außermenschliche Mitteilungen zu den Berufenen, um die Gesetze Gottes zu verbreiten und einzustimmen auf das Paradies beständiger Freuden, wo die Seele, von Wonnen umschlossen, in einem »Strom unschätzbarer Genüsse« schwimmt. Kardec wird (in der Tradition Descartes') nicht müde zu predigen, der Körper sei nur das Medium, welches die Seelen durch die Welt transportiert. An solchen Vorstellungen richten sich Moral und Glaube auf, sättigen die metaphysischen Bedürfnisse. Kardec verdient mit seinen Schriften – es ist die erste systematische Befragung der Geister, mit über tausend Antworten und Lektionen – ein Vermögen: Die Jenseitigen, auch »Kommunikatoren« genannt, machen eben keine Autorenrechte geltend. In diese »Bibeln« des Spiritismus gehen auch die Theorien Henri de Saint-Simons, Charles Fouriers und anderer Frühsozialisten ein; mit der Kritik an Kirche und Erbsünde, Kreditwesen und Banken werden Kardecs Lehren weiter populär. In der Wandlung des Sozialisten Alphonse Louis Constant zum Okkultisten Éliphas Lévi lässt sich die Vermischung beider Anschauungen gut nachvollziehen. Der ehemalige Diakon, berühmt geworden mit seiner gleich nach dem Erscheinen verbotenen *Bible de la liberté*, predigt einen »communisme néo-catholique«, ruft sich zum Rebellen und Häretiker aus. Desillusioniert durch das Scheitern der Zweiten Republik, versucht er seinen Katholizismus in einer Uroffenbarung, mit Kabbala und Tarot als dem Schlüssel einer universellen Religion, zu retten.[7]

Nach ersten Séancen bereits Anfang der Fünfzigerjahre im badischen Raum wird sich die in Wellen fortlaufende Bewegung hierzulande zunächst in den industrialisierten Bezirken Sachsens verbreiten, in einschlägigen Vereinen und spiritistischen Blättern ihre Anhänger werben, sich kommerzialisieren und auf andere Städte ausweiten. Viele mischen hier mit, wollen verdienen oder Bekenntnis ablegen. Allein die Berliner Szene,[8] neben München der größte Brandherd dieser Art, erscheint bald unüberschaubar: Es konkurrieren die Konventikel der Offenbarungsspiritisten mit den Anhängern Allan Kardecs und der französischen Schule; Davisianer, Theosophen, Pfingstler, Adventisten, Animisten, Gnostiker, Jehovas Zeugen, Anhänger der Vedanta-Lehre und zahllose okkulte Zirkel sind im Wettstreit um höchste Ziele. Die Bewegung bleibt bürgerlich, geht am Proletariat dieser Jahre, an den Gettos und Elendsvierteln der Städte meist vorbei. Folgen einige Gruppen den Lehren von Davis, welcher seine Geisterkunde mit sozialistischem Gedankengut anreichert, kommt der »plebeian spiritualism« hier nicht – wie etwa in England – zur kritischen Masse, um sich auch in der Unterschicht breitzumachen.

In Haushalten, Hinterzimmern und kleinen Vereinen organisiert, geben sich die Suchenden familiär und intim, pflegen Gemeinschaft. Die

Totengeister ihrer Séancen sprechen von fließenden klingenden Lichtern, von wuchernden Sonnen, von Düften aus Myrrhe und Zeder. Was das Jenseits bereithält, sind frohe Botschaften, ein fast schon militanter Optimismus. Es geht zurück an die Quellen des Lichts. Sterbefälle unter Spiritisten sind kein Drama; Beerdigungen werden zum Fest: mit Trancereden und weißer Kleidung, viel Blumen, Gesängen und heiterer, ausgelassener Stimmung. (Ältere gnostische Motive sind hier weiter aktiv: Dass der Mensch einen Funken der Gottheit in sich trägt und frei ist, sein eigener Herr und Schöpfer.) Antiklerikale Momente machen sich breit; man ignoriert die priesterlichen Diktate und Dienste – jeder darf Medium sein, die Verstorbenen rufen, um mehr zu erfahren über das Nachher des Todes. Für die Zweifelnden, Glaubensschwachen scheint es einfacher, mit Geistern zu reden als mit einem vielleicht noch ferneren Gott.

Entgegen aller Annahmen: Der Spiritismus ist auch modern – gerade in Nordamerika klassenlos und weltoffen, ohne die Neigung, sich zu verhärten oder dogmatisch zu werden. Und man sage nicht, die Geister seien altmodisch, von gestern. Sie dozieren über Technik, Ökonomie und Teilchenphysik, über politische Großwetterlagen genauso wie über Frisuren. Der Sozialist Robert Dale Owen[9] ist überzeugt, dass die Lebenden und die Toten die Welt zusammen umbauen werden, zu einem »Sommerland«, einem Paradies auf Erden. Sozialutopien sind mit im Programm und selbst ein wenig Anarchie: Medien verkörpern nicht zuletzt das Verdrängte, die Verrücktheiten, die das zivile Leben nicht duldet, sprechen für das Abseitige, im Namen der abgeschnittenen Affekte, für das Andere der Vernunft. Sie arbeiten als Agenten einer Wahrheit, der man nicht einfach den Mund verbieten kann. Plaudern aus, was sonst nur hinter vorgehaltener Hand gesagt werden darf, fallen aus der Ordnung des Genehmigten, Normalen, glauben sich autorisiert durch eine höhere Instanz. Es ist wie ein Wegbrechen von Hemmungen auf höhere Weisung. Dabei füllt die Frau als Medium (jenseits ihrer »Bestimmung« als Mutter, Hausfrau und Geliebte) Rollen aus, welche sonst allein den Männern erlaubt sind. Aber auch die Verlässlichkeit der Selbstbilder steht auf dem Spiel: Übernehmen, wie spekuliert wird, verschiedene Geister einen Körper, beherbergen verschiedene Körper ein und denselben Geist? Ein Gedanke, den manche lieber nicht zu Ende denken wollen.

Ist jede Religion nur so wahr, so weit sie sich durchsetzen kann? Um sich zu verbreiten, die Massen zu erreichen, müssen ältere, okkulte Lehren zu Light-Versionen abgebaut, vereinfacht werden. Für einige lohnt sich die Investition in die neue Bewegung: Begabt für die Geister, kommen ihre Medien gut ins Geschäft – Sinnangebote sind eine Ware, die begehrt und hoch gehandelt wird. Um das Jenseits und seine Geister unter Beweis zu stellen, steht ein reiches Repertoire zur Auswahl: Hellsehen, Telepathie, Zungenreden, Materialisationen, Apporte, Levitationen, Leuchterscheinungen, Wunderheilungen, Fernbewegungen. Séancen sind immer auch Spektakel, Show; gefragt ist Entertainment *at its best.*

Schon bald aber gibt es für klopfende Geister Konkurrenz: Der Verdacht, dass hochgeputschte nervöse Energien, gesteigerte »Nervenkräfte«, abgeleitet aus den seelischen Unterströmungen der Medien, solch spukhafte Effekte auf obskure, noch wenig verständliche Weise auslösen.[10]

11

# »A whitish vapory substance like smoke«

—

# Experimentelle Metaphysik

Die urbanen Rhythmen sind schnell, hart und metallisch geworden. In einem beschleunigten Leben, im Lärm und Gestank der Städte verlieren sich immer mehr Menschen. Fehlgeschlagene Hoffnungen sind nicht zu beruhigen, Sinnverluste nicht zu füllen, nicht auszugleichen mit den Zahlen und Statistiken der abstrakten Wissenschaftsmodelle; die Sehnsucht sucht auch nach anderen Wahrheiten. Gegen eine Welt, die mechanisch, »im toten Gang der Maschine« (Oskar Panizza) vor sich hin funktioniert, die nur leblose Materie bewegt, ohne Sinn für Magie, Schauspiel, Illusion, werden jetzt feinstoffliche Kräfte – Fluida, Od, Psychoide – auf den Plan gerufen, die allem Lebendigen Form und Antrieb zu geben scheinen.

Psychologische Gesellschaft[1] München: Hier will man dem wachsenden Materialismus die Übermacht nehmen, das Seelische jenseits nervöser Prozesse wieder aufwerten. Tischrücken und Hypnose stehen auf dem Programm, es geht um Telepathie, übersinnliche Eingebungen und Materialisationen. Während das Medium Lina M. somnambul, mit geschlossenen Augen im Lehnstuhl liegt, werden ihr in »magnetischem Transfer« Geschmack, Geruch und Schmerzen zugespielt – auch Gedankenbefehle gibt man ein. Und: Es funktioniert. Lina verkörpert, was die Herren ihr vorher soufflieren. Diese laufen zur Höchstform auf, übertreffen sich in immer neuen Experimenten. Was sie der Welt an Ergebnissen mitzuteilen haben, scheint enorm, geradezu epochal. (Der Physiologe Preyer aus Jena hält dagegen: Telepathie sei Muskellesen, eine Technik und sonst weiter nichts.) Aber sie kennen auch die Strafe aller Vorauseilenden: Als Wegbereiter einer Sache kommt die Anerkennung oft spät, wenn überhaupt.

Einer der Männer dieser Runde ist »Spezialist für Nervenkrankheiten und Sexual-Pathologe«, ein Autosportler und Kunstsammler, der als Bonvivant in Paris, im Lido feiert, die Sommermonate in Palermo residiert und den Winter in Nizza verbringt. Albert Freiherr von Schrenck-Notzing – von ihm ist die Rede – ist nicht nur im Forensischen und Kriminalpsychologischen, sondern auch darüber hinaus ein geläufiger Name. Gegen alle Vorurteile und wohl mit Erfolgen wendet er im Krankenhaus links der Isar die Suggestionstherapie an; erprobt wird die Heilung von Neurasthenie und hysterischen Anfällen meist reizbarer, sehr absonderlicher Frauen mittels Hypnose.

Auch die Münchner Maler Gabriel von Max und Albert von Keller studieren die »Nervenrätsel« der Frauen in Katalepsie und Ekstase, machen sie zu Modellen für ihre Bilder. Man veranstaltet okkulte Abende, lädt die Presse ein, formuliert Hypothesen. Carl du Prel, Privatgelehrter, ist das Zentrum der Gruppe. Schrenck bewundert das »tiefe metaphysische Bedürfnis« des Älteren, den »glänzenden Dialektiker«. Du Prels Entdeckung, für die er viele Jahre und unermüdlich Propaganda macht, nennt sich »transcendentales Subjekt«: Im Schlafwachen, in Traum und Trance aktiv, sei dieses Träger aller höheren, übernatürlichen Funktionen und zugleich auch schon im Jenseits präsent. Was du Prel postuliert, ist schlicht gesprochen die gute alte Seele. Einzigartig, eigentümlich in ihren Neigungen und Fähigkeiten. Und eine Seele zu haben, heißt fortzudauern bis ans Ende aller Tage; hier bekommt sie, nach dem Willen du Prels, ihre Würde zurück und braucht sich nicht aus einem Haufen Nervenzellen erst herstellen, nicht länger nur Anhängsel eines Gehirns sein. (Von einigen Mechanisten wird die Seele mit der Harnausscheidung, dem Urin verglichen; sie meinen, dass durch Diäten die Körperatome zu verändern, Denken und Glauben zu steuern seien.)

In manchen okkulten Phänomenen vermutet du Prel aber »jenseitige Kräfte«, den Einfluss von Verstorbenen, die sich mitteilen wollen. Als hätten sie von einem Leben nicht genug und wollten wieder zurück ins Fleisch – Odverdichtungen, während der Séancen als Phantomkörper entbundene Materie, sollen es möglich machen. (Jenseitiger Neid: Einen Körper zu haben ist das Privileg der Lebenden.) Oder sie besetzen das Medium, sprechen durch seinen Mund. Medien, sagt du Prel, sind Öffnungen zwischen Diesseits und Jenseits, die sich durch allmählich verfeinernde »Empfindungsschwellen« wie getrennte Kontinente aufeinander

*Mr William Jeffrey & daughter showing ectoplasmatic bag* (a).
*The ectoplasmic veiling now contains an excellent likeness* (*slightly distorted*) *of Mr Jeffrey's deceased wife* (b).

zubewegen und am Ende zu nur einer Welt werden. Diesen Optimismus muss man erstmal teilen, und der ist für Schrenck schon zu viel.

Bereit zur überstürzten Flucht ins Wundersame, Numinose, immer nah am Fantastischen, Skurrilen, poetisch, eifernd, bald missionarisch, nimmt es der Philosoph mit den Protokollen und Methoden nicht so genau. Schrenck aber will »diesseitig« sein – alles andere ist für ihn Spekulation –, sucht schon früh das Präzise, Zwingende: das Experiment. Ein Zerwürfnis bahnt sich an; auf Dauer funktionieren hier Strenge und Schwärmerei zusammen nicht. Du Prels Hypothesen, dieser Hang zum Jenseits und die etwas naive, enthemmte Begeisterung, mit der der Mann seine Sinnstiftereien betreibt, werden für Schrenck untragbar: Die Beziehung zwischen beiden kühlt ab.

Das Okkulte kann in dem Maße aufgehellt und veröffentlicht werden, wie es sich wissenschaftlich fassen und ausbeuten lässt.[2] Man muss es nur freilegen, ans Licht bringen und allmählich abbauen, bis es ganz ins Offensichtliche, Erklärbare übergegangen ist. Nichts verdirbt Schrenck und seinen Anhängern mehr die Laune als ein Abend unter Amateuren; schon gar nicht darf man das Feld der »Willkür des Laienpublikums«, einer »laienhaften Nekromantie«[3] überlassen. Nicht »Gesindestuben-Metaphysik, Köchinnensonntagnachmittagsausgehvergnügen« (Thomas Mann) ist angesagt, sondern klare, strenge Methodik.

Abschaffung des Okkulten im Experiment: Zuallererst hat man das Dunkel, aus dem die Phänomene sich melden, hervortun, Form annehmen, auszuleuchten. (Meist geht es um's Ektoplasma[4], eine von den Medien entäußerte, »feinstoffliche« Materie.) Und daher heißt es hier umso heller, umso besser. Schrenck kämpft um jede »Kerze«, um jedes Quäntchen Licht, setzt elektrische Handlaternen ein und hofft auf Sternstunden wie diese: Materialisationen mit Eva C. finden in gedämpftem Weißlicht statt. Oder: Die Sensitive Eusapia Palladino lässt bei vollem Licht einer Stehlampe mit Doppelbrenner die Zither in groben Zupf-Disharmonien erklingen. Sechsflammige Lüster von mehr als hundert Kerzenstärken sind am Ende Standard. Das Ziffernblatt der Taschenuhr und das Kleingedruckte einer Zeitung sind, notiert Schrenck begeistert, noch auf einen Meter zu lesen. Und auch die Medien – wie später Willi und Rudi Schneider[5], seine »psychophysikalischen« Stars der letzten Jahre – sollen, von fluoreszierenden Nadeln und Ringen, mit Mesothoriumschnüren an Fußgelenken und Armen markiert, leuchten.

Dieses Spiel zwischen Licht und Dunkelheit ist allerdings höchst problematisch und nicht ohne Folgen: Das »grelle Bogen-Licht für den Kinematographen« schwächt, schreibt Schrenck, die Kräfte der Stanislawa P. über mehr als ein halbes Jahr.[6] Auch das Medium Eva C. fängt an zu schreien, als man sie anstrahlen und filmen will. Zudem: Mit dem Zünden und Abbrennen des Magnesiums, der aufflammenden blendenden Helle, findet jeder mediale Akt sein Ende. Der Blitz durchs Dunkel macht die Szene sichtbar und zerstört sie zugleich. Nichts, sagen die Untersucher, vernichtet die fluidalen Objekte schneller und leichter als helles, weißes Licht. Man versucht es mit Reihen aus roten und gelben elektrischen Lampen, Lichtschirmen aus Schwefelzink. Crookes und Eglinton halten Sitzungen bei Vollmond ab, Graf de Bullet arbeitet in Paris im Leuchtfeld der Geißler'schen Röhre; in Brasilien nutzen Okkultisten das Luciferin, die Lumineszenz der Leuchtkäfer (*Lampyridae*) und anderer Insekten. Noch zu entwickeln wären Bakterienkulturen als lebende Lampen, oder man überlegt, den Raum mit monochromatischem Violettlicht zu beleuchten, um während der Séancen besser sehen zu können.

Das Plötzliche, Unerwartete auf ihrer Seite, sind die »Plasmen« der Medien vor allem irritierend und wenig greifbar – auf der Schwelle, in der Schwebe, kaum erschienen, schon wieder vorbei. Aber allein das Wiederholbare wird Wissenschaft. Das Experiment an die Macht! Gebetsmühlenhafte Wiederholung, immer gleiches Prozedere ... ein Versuch folgt auf den anderen, Schrenck starrt Stunden ins Dunkel, wartet, beobachtet, ermüdet, bricht ab, beginnt neu, wartet wieder und so weiter. Vor allem also Warten und Langeweile. Er geht in der Eintönigkeit der Experimente so gründlich auf wie kein anderer. Schrenck ist ein Virtuose, Meister des Repetierens, ein von Details Besessener – seine Obsession arbeitet mit der Präzision eines Chirurgen. Unmittelbar und mit minutengenauen Zeitangaben diktiert er das Geschehen einer bei Rotlicht schreibenden Stenotypistin oder spricht direkt in den elektrisch betriebenen Parlografen.

Für das Unbekannte, Neue, sind die experimentellen Szenarien erst noch zu entwickeln; mit jeder Sitzung heißt es hier, den Sprung ins Ungewisse zu wagen. Das Medium wird für zu leicht oder zu schwer befunden, falls es zu Gewichtsänderungen während des Ektoplasmierens kommt. Hypothese: Das Medium soll an Masse verlieren, was die Materialisation wiegt, und bei Elevationen eines Tisches wiederum um dessen Gewicht zunehmen. Mittels Elektrometer ließen sich, so die Vermutung, starke Ionisierungen, eine hohe elektrische Leitfähigkeit der gasartigen Leuchtmassen, die dem dichteren Ektoplasma vorausgehen, feststellen. Und mikroskopisch: weißfleckige Reste der abgesonderten, flüchtigen Substanz auf der Kleidung des Mediums, isoliert und eingefärbt mit Jodkali, Methylenblaulösung und Karbolfuchsin, zeigen Zelldetritus, kernlose Epithelien, Pilzsporen – was immer man daraus folgern möchte? Das Fehlen von Leukozyten im »Teleplasmasekret« spricht gegen eine vaginale Herkunft – ist das Geschlechtsorgan (als Versteck) also nicht involviert? Plasmareste, auf Platinblech erhitzt, riechen nach verbranntem Horn. Und veraschtes Material lässt Stickstoff zurück – die organische Herkunft scheint zweifelsfrei. Als Eva C., Schrencks wichtigstes Medium, den Kopf einer jungen Frau materialisiert, schmal, mit schlanker Nase, hohen Wangenknochen und irgendwie frischen, gut durchbluteten Lippen, darf er ihr einige Zentimeter Haare abschneiden und lässt davon Mikrofotogramme in Glyzeringelatine anfertigen, behandelt die Proben mit warmer Schwefelsäure. Ergebnis: »Estelle« (so nennt sich das Phantom) und Eva haben wenig Gemeinsamkeiten, sind also, was die Haare angeht, zwei Personen.

Schrenck beauftragt Labore und Spezialisten, improvisiert, versucht manches und hat mit dem Berliner Ingenieur Fritz Grunewald für die Zukunft viel auf dem Plan – die apparative Aufrüstung der Séancen, durch die das Okkulte sich zeigen, Spuren hinterlassen soll: Phantomwagen zur Gewichtsbestimmung des Ektoplasmas, fotografische Registrierapparate mit diversen Papiergeschwindigkeiten, empfindlichste Platten (Hauff-Ultra-Rapid), lichtstarke Kinoobjektive, Quecksilberdampflampen für Spektraluntersuchungen, Drahtspulen zum Nachweis magnetischer Effekte, Rotationsmagnetometer, Temperaturmesser, Glas-Spektrografen, Quarz-Prismen-Apparate. Beide Ideoplastik-Enthusiasten sterben kurz nacheinander, noch bevor die Verfahren ausgereift sind.

Schrenck will an Technik, was nur geht: das Unbestechliche – bis zu neun Kameras, darunter zwei stereoskopische, auch eine an der Decke, auf verschiedene Entfernung zum Dunkel-Kabinett montiert, sind gleichzeitig im Einsatz. Elektronische Apparate kontrollieren seine Versuchsobjekte: verdrahtet, in Stromkreise eingeschlossen, sind Hände und Füße nicht ohne sichtbare Impulse zu bewegen. Dennoch – nichts wird den Verdacht ausräumen, dass Illusionen und Täuschung immer mit dabei sind.

Schreck verschärft die Bedingungen der Experimente von Mal zu Mal, bis selbst die angeblichen Geister streiken. Das Boudoir ist versiegelt, die Türen sind von innen versperrt. Eingenäht in ein speziell gefertigtes schwarzes Sitzungstrikot, mit am Rücken vernähten, am Ende plombierten Schnüren und einem Tüllschleier über Kopf und Händen, setzt Schrenck seine Medien schon mal in quadratmetergroße Käfige. Er überprüft Mund, Gehörgänge und Nasenlöcher, inspiziert Achselhöhlen und Haare, fährt mit dem Federmesser zwischen Nägel und Fleisch. Hände und Vorderarme werden mit Lupe und Elektroskop untersucht. Er sticht die Versuchspersonen an, um vielleicht Atypien, Verschiebungen im Blutbild zu finden. In seiner Durchleuchtungsmanie lässt Schrenck Magen und Speiseröhre seines Mediums Eva C. röntgen (normale anatomische und funktionelle Verhältnisse) und verordnet Brechmittel, um den Vorwurf der Rumination, das Herauswürgen von vor der Sitzung verschluckten Stoffen, zu entkräften. Akribisch notiert er: »1 Gramm Ipecacuanha mit 0,05 Gramm Tartar. stibiat.« Der Mageninhalt wird zur Analyse ins Labor gebracht; angedaute, aufgeweichte Textilien oder Papier (die als »Ektoplasma« durchgehen könnten) finden sich aber nicht. Dass man solche Mengen an Stoff erbrechen könnte, möchte Schrenck einfach nicht glauben. Ein anderes Mal muss das Medium der Färbung wegen Heidelbeerkonfekt essen – doch die Ektoplasmen (das dem Körper entbundene, sich verdichtende Fluidum) passieren mühelos die das Gesicht bedeckenden millimetergroßen Schleiermaschen und kommen, triumphiert Schrenck, wiederum »jungfräulich« weiß ans Licht. Und selbst Nacktsitzungen finden statt; auf einigen Fotos ist Eva C. mit züchtig retuschierten Genitalien zu sehen. Die Hände des Mediums bleiben in späteren Jahren vor dem Vorhang oder auf der Tischplatte sichtbar, von Anfang bis zum Ende der Sitzung, und inzwischen kann die

Beleuchtung von schwachem Rotlicht zu gedämpftem Weißlicht hochgedreht werden.

Was tun, um den Beschränkungen einer Vernunft, die dem Fantastischen kaum mehr Raum geben will, zu entkommen? Ist die Lust am Okkulten stets größer als die an einer Realität, in der man die Dinge sieht, wie sie offensichtlich sind: vergänglich, gefährdet, unvollkommen?

Joseph Grasset, ein Schüler Pierre Janets, findet für den Glauben an Okkultes eine einzige Ursache: die Pathologie. Man müsse, sagt er, die Psyche der Okkultisten studieren, um das Okkulte zu verstehen – denn das Okkulte existiert nicht – oder genauer: nur in der Vorstellung. Nichts von dem, was sich in den Séancen zeigt, die Medien so von sich geben, sei von Bedeutung, außer man sucht vielleicht nach Beispielen für ein krankhaft verändertes Denken, für eine Entgleisung im Nervensystem.[7] Menschen, die sich der Logik unterwerfen, brauchen keine Geister und fliegende Möbel zu fürchten, kein Schwanken und Schweben zwischen Wachen und Träumen.

Der Erlanger Irrenanstaltsdirektor Kolb attestiert allen Medien »moralische Minderwertigkeit« und ihren Untersuchern »Geistesschwäche«[8]. Sie seien wahnhaft und fabulieren, sehen, was sie zu sehen wünschen, erliegen ihren Wünschen, wie ein Patient seinem Leiden. Ernst Haeckel, philosophierender Zoologe, meint, der Hang zum Okkultismus sei eine Folge von Neurasthenie, diesem modernen Syndrom, als Antwort auf ein überfordertes Leben, wenn die Nerven den Ansprüchen der Welt nicht länger gehorchen. In seinen Augen sind Medien meist körperlich heruntergewirtschaftete Menschen, chronisch krank, oft auch debil. Albert Moll (ein Intimfeind Schrencks) hält jede Untersuchung okkulter Phänomene für Karikaturen oder Komödien der Wissenschaft und Spiritisten für erblich defekt. Hier feiere ein nicht mehr intaktes Hirn weiter, bis zum Abwinken, zur totalen Demenz. Im Wahn gefangen seien alle, die mit Engeln sprechen oder meinen, die Schattenseite des Himmels, die Hölle zu bereisen: Schon Swedenborgs Visionen[9], in denen er mit Geistern und Engeln verkehrt, werden von vielen als Dämonomanie infolge von *Dementia paranoides* deklariert; das heißt

Visionär zu sein, muss vor allem einer Krankheit genügen. Carl Ludwig von Reichenbach, dessen Sensitive für ihn die »Kundgebungen« eines alles durchdringenden »Dynamids« übersetzen, wird von Fachkreisen *Marasmus senilis* bescheinigt. Was »nervenschwache, morbide Personen« zu sehen glauben (»alles, alles leuchtet!«), kann höchstens deren Symptome, aber keine heimliche Naturkraft verraten. Superlativ der Denunziation: Sein »Od« (weiß wie Licht) komme aus der »traurigsten Verirrung eines menschlichen Gehirnes«[10].

William Crookes, der die Cook, einen sensitiven Teenager, untersucht, wird von Mitgliedern der Royal Society rüde zurechtgewiesen – der Mann sei durch das frühreife Medium sexuell verwirrt. Was passiert, wenn eine jenseitige Lolita und ihr Medium über Wochen fast täglich auf einen renommierten Gelehrten etwas fortgeschrittenen Alters treffen? Sir Crookes, Chemiker, Entdecker des Thalliums, macht mit Phantom »Katie King« über Stunden Small Talk, Konversation; ganze Tage dauern diese transzendentalen Flirts. Ort der Séancen ist das zum Kabinett umdekorierte Schlafzimmer der fünfzehnjährigen Florence Cook, genannt »Florrie«. Ob Fräulein Cook Herrn Crookes nicht nur wissenschaftlich, sondern auch anderweitig befriedigt, ist für viele bald eine offene Frage. Die strahlende, unverbrauchte Natur der Frühreifen, befürchten selbst Freunde, blende den Mann. Nicht weniger ihr Phantom Katie, das Fräulein aus dem Jenseits: Crookes umarmt sie gentlemanlike und stellt fest, dass ihre Weiblichkeit sich sehr stofflich anfühle. Er darf eine Locke des blonden Haares nehmen, ihr die Hand küssen und schreibt Gedichte auf das Mädchenhafte, den »Zauber ihrer Haltung, die brillante Reinheit ihrer Hautfarbe«.[11] Zwischen Lamentieren, Einknicken, Wegsinken, Kommen und Gehen posiert sie für Fotos (fünf Apparate arbeiten bei vollem elektrischen Licht), plaudert, schreibt Briefchen und verteilt Blumenbouquets, unterhält die Kinder Crookes mit Impressionen aus Indien. Einige Frauen entkleiden die Cook vor der Sitzung – es gibt die üblichen Fesselungen und mit Knoten verschlossenen Kostüme. Man sucht nach Falltüren, doppelten Wänden. Betrug

William Crookes, *Phantom Katie King*, 1874.

ist ausgeschlossen, natürlich. Undenkbar, dass ein »unschuldiges Schulmädchen«, ihn, Crookes, täuschen könnte. Er bürgt für ihren Charakter, auch öffentlich. Dass die Kindfrau sich über ihn lustig, ihn zum Narren macht, will er in keinem Moment glauben: »Every test that I have proposed she has at once agreed to submit to with the utmost willingness ... and I have never seen anything approaching the slightest symptom of a wish to deceive«.[12] Nicht einen Augenblick zweifelt er an der Realität des Phantoms, daran, dass Mrs Cook und Katie, soweit es den Körper betrifft, verschiedene Erscheinungen seien – beide auf *einem* Foto sind für ihn der Beweis. (Während der Séancen dominiert Katie Florence – als Letztere einmal nicht mitspielen will, weist ihr Phantom sie zurecht: »Du bist mein Medium, und solches ist nur eine Maschine!«[13]) Was sich vor seinen Augen abspielt, schreibt Crookes, sei unmöglich, aber wahr. Frank Podmore, Sekretär der Society for Psychical Research, Skeptiker und immer etwas kleinlich, spröde, wie die meisten britischen Untersucher, hält eine elegant drapierte Kleiderpuppe – mit Schal über dem Gesicht, Handschuhen und Stiefeln – für das Phantom. Während Katie – sie hat hellere Haut und Haare, ist größer als Florence – vor dem Kabinett umherläuft (»robed in flowing white drapery«), glauben alle anderen, das Medium liege schlafend auf dem Lehnstuhl, gut gefesselt und mit einem Galvanometer verdrahtet, welches jede Lageänderung anzeigt. Crookes hört Florence aus dem Dunkel seufzen und stöhnen, in der Zeit, als er mit dem Phantom durchs Zimmer spaziert.

Er ist nicht der einzige »Freier«. Die Minderjährige macht noch andere Männer mit ihren gekonnten Auftritten kirre. Prinz Emil zu Sayn-Wittgenstein wird wieder pubertär, wenn ihm Katie in den Séancen näherkommt, graziös, wie eine vom Sockel gestiegene Psyche, verführt von der vornehmen Blässe, den mandelförmigen Augen unter schweren Wimpern. Was den Prinzen aber stört: Das »Jenseits« spricht mit Sprachfehler – es lispelt. Und irritierend auch: das Phantom schwitzt. Der schon betagte Sozialist Robert Dale Owen, ein Spätbekehrter, ist ebenso hingerissen von Katies erotischem Charme, dass er ihr Schmuck anhängt, welchen das Fräulein hocherfreut mit auf die »andere Seite« nimmt. Mit nachlassender »fluidic force« kündigt sie ihr Hinwegschmelzen an – noch sieht man, bei schon fehlendem Unterleib, Kopf und Rumpf … zurück bleibt etwas Lavendelgeruch. Katie King (oder eben ihr Medium) zieht diese Show drei Jahre lang durch – ein Sponsor finanziert die Sitzungen. Nach ihr wird eine materialisierte »Marie« auftreten, tanzen und singen.

Was kann ein verwirrter Kopf nicht alles anstellen, sich ausdenken, für möglich halten? Als Crookes seinen Bericht über Katie & Co veröffentlicht, wollen ihn eifrige Kollegen gleich aus der Royal Society entfernen. Crookes müsse doch sklerotisch, verkalkt sein, um sich von einer Pubertierenden derart hinters Licht führen zu lassen. Vielleicht habe auch das Thallium, ein Nervengift, mit dem er schon lange Zeit arbeitet, sein Hirn etwas angegriffen, zersetzt. Friedrich Engels spottet, dass bei Herrn Crookes die Geister »wunderschöne junge Damen sind«[14], die bei Männern das Verlangen wecken, den Pulsschlag erhöhen. Wegen seiner Untersuchungen an einem anderen medialen Teenager, Mary Showers, wird man ihm erneut unzüchtiges sexuelles Interesse nachsagen. Und solch übler Ruf ist nie ganz aus der Welt zu schaffen. Der Brite, Pionier in Sachen Kathodenstrahlen und Lumineszenz, ist bald entnervt und verliert die Lust weiterzumachen. Aber auch zwei Jahrzehnte später noch gibt sich Crookes uneinsichtig, nimmt nichts zurück: die »psychische Kraft« der Medien existiert. Nach seinem Tod vernichtet die Familie, was sie an Fotos und Negativen findet, die ihn zusammen mit Katie, dem Phantom, zeigen.

Vom deutschen Astrophysiker Karl Friedrich Zöllner und seinen spiritistischen Eskapaden, sagen Kollegen, müsse man annehmen, er sei geisteskrank, leide vielleicht an Manie und einer »sehr an Ideenflucht grenzenden Stoffverwirrung«.[15] Nur ein über alle Maßen erregtes, ein gestörtes Seelenleben könne so fühlen und denken. Seine Weitschweifigkeit, die Neigung zum Skurrilen, zum Pathos und manche antisemitischen Ausfälle bringen den Mann noch weiter ins Abseits. (Zöllners Buch *Über die Natur der Cometen* ist eine Polemik, mit der er gleich mehrere Kollegen an der Akademie abzuwerten versucht.) Seine Streitsucht ist zum Fürchten und die meisten Menschen meiden ihn; selbst unter den Sonderlingen steht der Einzelgänger allein. Zöllners Zorn überzieht die anderen mit Schimpfreden, antwortet mit Beleidigungen, wie sie unter Akademikern selten sind, überbietet seine Gegner an Schärfe und Vorwürfen.

Zöllner weiß: Geht es nach den Gesetzen der Physik, muss, was er in seinen Séancen sieht, Illusion sein. Aber empfänglich für das

Unbekannte – und sei es noch so absurd –, will er offen bleiben für das, was ihm die Natur ungezwungen und ohne Nötigung zuspielt. Für andere eine Zumutung, sind die anormalen Prozesse für Zöllner zuallererst verheißungsvoll. Nach über vierzig Séancen mit dem Sensitiven Henry Slade (seine Spezialität sind »echte« Knoten, die Verschlingungen eines Fadens, dessen Enden geschlossen und versiegelt sind), spekuliert der Astronom, dass hier »nicht dreidimensional inkorporierte Intelligenzen« aus einer unsichtbaren vierten Dimension eingreifen, in unserer Realität operieren. Dem Umstand, dass im Fall Slade und seiner Effekte die Tatsachen der Beobachtung zu sehr im Widerspruch mit den »Prinzipien unserer Vernunft« stehen, will Zöllner mit der Annahme einer weiteren Raumdimension begegnen.[16] Wenn Bücher, Uhren und selbst Möbelstücke augenblicklich verschwinden und wieder erscheinen, müssen sie in dieser Zeit »doch irgendwo existiert haben«.

Andere stehen dem Astrophysiker bei, denken ähnlich. Lazar Baron von Hellenbach findet mit seinen Experimenten bestätigt, was auch Zöllner für möglich hält: Räume von mehr als drei Dimensionen. Auch Bernhard Riemann, den man durchaus ein Genie nennen darf, hält solche Spekulationen für legitim und wissenschaftswürdig. Einige Jahrzehnte später werden Künstler wie Apollinaire, Tzara, Lissitzky und Malewitsch Hyperräume, die aus einer nicht euklidischen Geometrie abgeleitet sind, propagieren.

An seiner Wahrnehmung möchte Zöllner nicht zweifeln. Und Evidenz braucht den Glauben nicht. Slade arbeitet bei Tageslicht. Dabei rotiert sein Kopf und Zöllner hört ein merkwürdiges Knacken der Hals- und Kiefergelenke. Das Medium selbst zeigt sich erstaunt über das Gelingen seiner Versuche, pflegt dabei das übliche spiritistische Drumherum: fällt in Verzückung, sieht Lichter, ein zartes Blau den Raum durchfließen. (Dass die Geister aus der vierten Dimension sich in schlechter Prosa offenbaren, an Pathos nicht sparen, stört Zöllner wenig. Ausgesucht höflich kommentieren sie die von ihnen angerichteten Schäden und Störungen: »Es war nicht unsere Absicht Euch zu kränken, entschuldigt das Vorgefallene«.) Seltsames reiht sich aneinander, manchmal im Minutentakt; Zöllner stürzt von einer Überraschung in die nächste, immer tiefer ins okkulte Spektakel: Metallnadeln drehen sich unter den Blicken Slades, sind mit einem Mal magnetisiert. Aus den Falten der schweren Vorhänge hinter dem Kanapee löst sich eine kleine, rotbraune Hand, läuft am Tischrand entlang und klopft, wie zum Spaß, ein wenig aufs Holz; Phantomglieder drücken sich auf berußtem Papier ab. Eine »halbkreisförmige, in phosphorischem Licht erglänzende Masse, von der Größe eines Kopfes«[17] schiebt sich am Fenster vorbei. Von der Decke fallen Steine. Und Sprühregen aus vier Fuß Höhe setzt das Zimmer unter Wasser. Licht wie vom Leuchten der Geißler'schen Röhre glimmt auf. Es riecht nach »schwefliger Säure«, nach Verbranntem, als wäre ein Teufel zugange. Feiner Dunst trübt die Luft und defekte Melodien eines rauschenden Grammofons schwirren umher ... Während einer Sitzung durchqueren kleine Druckwellen den Raum, bewegen Tische und Stühle, zerreißen zwei Bettschirme. Kurz zuvor ist ein Knall »von der Stärke der elektrischen Entladung einer großen Batterie Leydener Flaschen«[18] zu hören. Akribisch berechnet Zöllner, dass für die Zerstörung des Erlenholzgestells, für die dabei gleichzeitig und explosionsartig zerrissenen Zapfen, zwei Pferdestärken, also übermenschliche Anstrengungen, notwendig wären. Er hält es für wahrscheinlich, dass die in allen Körpern gespeicherten elektrischen Kräfte durch das Medium (als Katalysator) auf noch undenkbare Weise freigesetzt werden. (Oscar Simony, ein Mathematiker, der sich mit der nicht euklidischen Geometrie und den Experimenten Zöllners befasst, vermutet, dass nicht Geister, vielmehr eine abnorme Muskelphysiologie mit faszikulationsartigen Bewegungen Energien abgeben.[19])

Mal gelingen die Versuche mit Slade, Minuten später oft schon wieder nicht; mal bleiben die Phänomene über Wochen aus, um sich dann in schöner Regelmäßigkeit neu einzustellen. Auch wenn sich Zöllner als Opfer einer »Verleumdungsära« sieht, verfolgt von »philosophelnden« Professoren aus Berlin, irritiert ihn das alles so gut wie nicht, im Gegenteil – aus seinen Experimenten folgt Bekehrung: Der Mann empfindet wieder religiös. Gott und seine Geister werden für Zöllner zu festen, vertrauten Größen. Vorher eher lebensmüde, ein Suizid-Kandidat (stets hatte er ein Fläschchen Zyankali in der Hosentasche), wird der Leipziger von solchen Neigungen geheilt, die »Osterfreude« in ihm neu erweckt.

Wilhelm Wundt, Arzt und Philosoph, reicht schon eine halbe Stunde mit Slade und Zöllner, um das Klopfen der Geister und fliegende Tische genügend abstoßend zu finden. Störungen dieser Art sind in der Physik wenig willkommen. Eine auf den Kopf gestellte, völlig falsche Welt, in welcher Objekte derart verrückt spielen, verdrehe Sinn und Sinne, sei eine Zumutung, weil in ihr das Absurde zu viel Raum einnimmt. Wundts Argument: Egal, was wahr ist oder nicht – gegen solche Angriffe muss man sich schon vorsorglich, an den Grenzen dessen, was man für möglich oder wünschenswert halten möchte, bewaffnen. Die Wahrheit sei ja schön und gut, aber nur, wenn man mit ihr auch gut leben kann. Größere Anomalien, Launen und Zufälle der Natur, machen nur Ärger, beschädigen die Theoriegebäude. Solche Anschläge auf die Vernunft haben hier keinen Platz. Darüber hinaus: Was die vermeintlichen Geister als Schiefertafelschriften übermitteln, zum Besten geben, sei nichts weiter als höherer Blödsinn. (Eine Spur kühler argumentiert der Agnostiker Thomas Henry Huxley: Selbst wenn die Phänomene echt wären, interessierten sie ihn nicht; es lohne sich nicht, Zeit auf die Verrücktheiten anderer zu verschwenden.) Weiter wirft Wundt Slade vor, dass er Zöllner verführt – vorführt und nun umgekehrt, was nicht sein darf, mit ihm experimentiert. Das Zucken und Lamentieren des Mediums diene allein der Ablenkung, um seine Manipulationsmanöver dann leichter zu starten. Und überhaupt seien Medien allesamt hysterisch begabt – täuschen und lügen, wo sie nur können. Ein Jahrzehnt später möchte Wundt bei der Sitzung lieber nicht dabei gewesen sein, sich nicht mehr erinnern. Sein Resümee: Höhere Ordnungen, die solche Albernheiten aufführen, sind unerträglich, ihre billigen physikalischen Effekte »Cultur-Barberei«! Virchow und Helmholtz wollen erst gar nicht kommen, um zu sehen. Und dann noch die Versuche, Zöllner mittels Rufmord zu entmündigen. Schon Jahre vorher empfiehlt Helmholtz Zöllner dringend die Heilanstalt, unterstellt eine erbliche

Belastung für Psychosen, denunziert ihn als enthemmten Metaphysiker, der jeder Naturwissenschaft schade; er stehe jenseits aller vernünftigen Annahmen bereits mitten im Wahnsinn.

Die neue Wissenschaftsgemeinschaft stellt den Sonderling weiter ins Abseits, will den kulturbewahrenden Idealisten und die erzkonservative Schwingung, die sich um ihn verbreitet, nicht dabeihaben; er darf nicht länger dazugehören, wird zusehends gemieden, kaum mehr eingeladen. Zöllners Karriere bricht ab – zu sehr unterläuft der Eigenbrötler den Fortschrittsfrohsinn seiner Kollegen; einmal in solche Abwegigkeiten verrannt, sagen seine Kritiker, finde er nicht mehr zurück auf den Pfad wissenschaftlicher Tugend und störe nun den Betrieb.

Zöllner bedient die Feuilletons mit immer neuen Spekulationen; sollte er auch wie ein Kranker, als komische Figur zu behandeln sein, kommt gerade durch schlechte Presse und Skandale Schwung in den Streit über das Okkulte. (Selbst Bellachini, Berliner Hofprestidigitateur, der so ziemlich alle Tricks und Taschenspielereien kennt, findet keine Erklärung für die »phänomenalen Kräfte« Slades.) En passant: In seiner Polemik *Die Naturforschung in der Geisterwelt*[20] lässt sich Friedrich Engels herab, gegen die okkulte Manie Zöllners, seine vierte Dimension und die dort lebenden Toten anzuschreiben; die Beobachtungen der »Herrn Wallace, Crookes & Co« sind für Engels nicht Launen der Natur, sondern Mystizismus – oder mehr noch: »ödester Aberglaube«, »allerplatteste Empirie«.

William Crawford, Ingenieur und Professor an der Queens University Belfast, experimentiert mit dem Goligher-Zirkel; vor allem Levitationen stehen auf dem Programm. Wenig später nimmt er Gift ein und stirbt: Sofort ist von »tieferen Verrückungen der seelischen Struktur« und »geistiger Zerrüttung« die Rede, einer »wahnhaften Natur, die ohne kritische Einsicht in die wissenschaftliche Wertlosigkeit«[21] seiner Arbeit bleibt. Über sieben Jahre untersucht der Ire das Medium Kathleen im Kreis von Vater, drei Schwestern, Bruder und Schwager, die sich gegenseitig (!) kontrollieren. In dieser Spiritistenfamilie sind die Geister wie

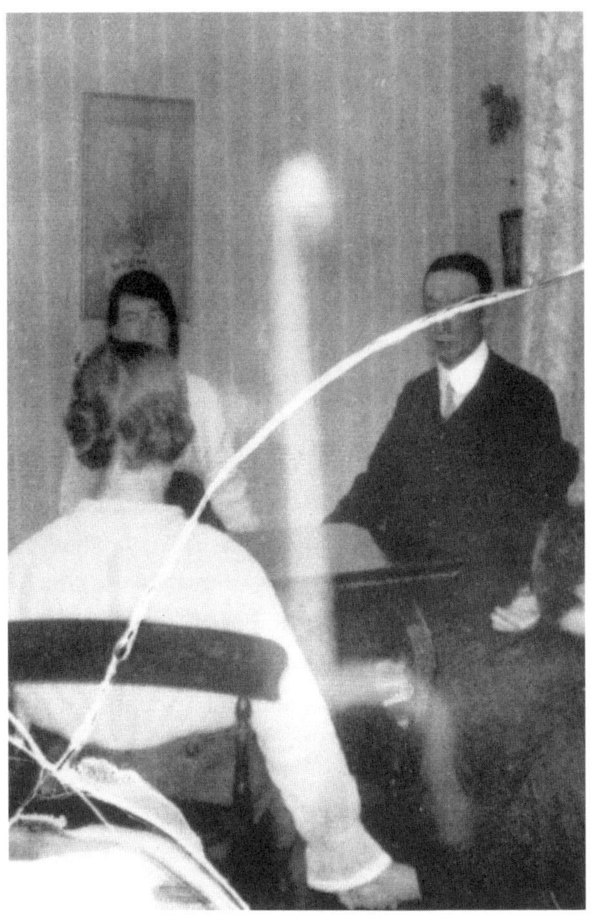

Mary Evans, *The Goligher Circle*, circa 1916.

selbstverständlich anwesend, bei jeder Familienfeier dabei. Phänomene: »psychic rods« materialisieren sich aus dem Unterkörper Kathleens und heben Tische, stellen sie in der Luft auf den Kopf. (Die, so heißt es, mit Adhäsionskräften arbeitenden »psychischen« Stäbe überbrücken dabei einen Radius von anderthalb Metern … fühlen sich reptilienartig, feucht an.) Für Crawfords Kritiker sind diese »Cantilever« – Hebebalken – sehr wahrscheinlich Besenstiele, die das Medium sich zwischen die Beine klemmt. Es braucht eben nur eine Portion Chuzpe und das Ganze funktioniert. Oder gibt es doch ein »telekinetisches Gesetz«: Nimmt das Medium um das Gewicht des Tisches zu, wenn dieser zu schweben anfängt? Verliert Kathleen tatsächlich die Hälfte ihres Körpergewichtes beim Ektoplasmieren? Erschlaffen dabei ihre Oberschenkelweichteile, weil sich von dort Substanz in die Produktion investiert? Der Ingenieur will wissen, dass gasförmige Materie (»a whitish vapory substance like smoke«) am Ende wie feste funktionieren, sich metallisch aushärten wird. Kann ein kluger, analytischer Kopf derart irren? Ist in der Nähe zum Wunderbaren jede Kritik schon zu schwach, um einzugreifen? Und dann noch zu glauben, die mittels Klopftönen kommunizierenden »Operatoren« wären Verstorbene! In Kadersitzungen von den Geistern erzogen, werden die Untersucher für die nächsten Séancen instruiert. Bei tiefem Rotlicht und vielen Schatten darf nur fotografiert werden, wenn alles Notwendige zuvor »arrangiert« ist. (Auch die Goligher zeigt dies typische Zusammenfahren im Blitzlicht, ein Zucken und Stöhnen, das inzwischen zur allgemeinen Grammatik medialer Arbeit gehört.) Der Raum zwischen Medium und Tisch aber ist tabu. Dafür ist Psalmsingen angesagt: Die Geister hören es gern. Crawford bekennt sich zum Spiritismus, unterwirft sich allen Befehlen aus dem Jenseits.[22]

Noch ein Beispiel: Cesare Lombroso, italienischer Kriminologe, erzieht sich, wie er selbst sagt, zum »Sklaven der Fakten« (»Dei fatti mi vanto di essere schiavo«[23]), besucht hunderte von Séancen. In einer »Geisterbiologie« lässt sich der Mann aus Turin schon mal über die Macht der Toten und die Lebensqualitäten im Jenseits aus. Er ist überzeugt, dass ihm das Medium Palladino die verstorbene Mutter materialisiert, die – ein Wunder zum Anfassen! – zärtlich sein Gesicht zwischen ihre Hände nimmt, ihn herzt und küsst. Dabei geht noch jeder Skeptiker in die Knie. Lombroso ist sicher: Als »alter Irren- und Gerichtsarzt bin ich wohl imstande, Simulation und Täuschung zu erkennen«.[24] Der Irrenarzt, sagen viele, muss verrückt geworden sein.

So gut wie immer gilt: Spiritisten stehen schnell im akademischen Abseits. Wer es mit den Geistern hält, ihnen Glauben schenkt, hat als Gelehrter verloren. So auch im Fall des Zoologen Alfred Russel Wallace[25], der Darwins Evolutionslehre die stärksten Argumente liefert. Durch Experimente mit dem Übernatürlichen will er zur wahren Natur des Menschen vordringen, verkündet, dass der Geist kein Gehirn braucht, vielmehr als eine übergeordnete Intelligenz in Erscheinung tritt. Werden seine Arbeiten zur natürlichen Auslese und »Zuchtwahl« nicht umfassend gewürdigt, weil Wallace Séancen besucht, öffentlich das Medium Henry Slade und den wegen Vortäuschung von Medialität angeklagten Reverend Francis Ward Monck verteidigt? Über den Physiker Sir Oliver Lodge geht das Gerücht, er hätte den Nobelpreis bekommen, wären da nicht seine spiritistischen Neigungen und Bekenntnisse ins Gewicht gefallen.

Bildung schützt vor Okkultismus nicht. Die Männer der Wissenschaft sind für die Einflüsterungen des Fantastischen so wenig immun wie das gewöhnliche Volk. Manche der Enthusiasten, die Hardcore-Fraktion des physikalischen Mediumismus, versteigen sich so weit, selbst die Auferstehung Jesu für ein Materialisationsereignis zu halten, ebenso die übernatürliche Entstehung »Adams«, während ein anderer Teil der Menschen vom Affen abstammen soll.[26]

III

# Von Möchtegern-magiern und Schwarzkünstlern

—

## Unter Verdacht

Flüchtige Phänomene im Halbdunkel, lösliche, luminöse Materie, wehende Kabinettvorhänge, das Stöhnen und Pressen des Mediums, Kälte, ein kühler Luftzug, ein Klopfen, Pochen von nirgendwoher werden zu einem Szenario, in dem auch Täuschung und Betrug zu Hause sind. Der Okkultismus hat Zulauf von einfachen Scharlatanen, Möchtegernmagiern, »Schwarzkünstlern«; auch in dieser Branche macht man Karriere und Geld, kann aufsteigen, zu Ansehen kommen.[1]

Nicht selten eskalieren die Beschuldigungen, weiten sich die Anfeindungen von Gegnern wie Anhängern des Okkulten zu Pressefehden und Prozessen aus, schaffen es mitunter bis in die Feuilletons. Öffentlich ausgebreitet wird der Fall Anna Rothe: Das Medium aus Berliner Okkultismus-Kreisen ist berühmt für seine üppigen Blumenapporte; bündel-, büschel-, bergeweise fallen Rhododendren, Tulpen, Hyazinthen, zudem Myrte, Weymouthskiefer, Farnkraut, aber auch Früchte, Konfekt, Glasherzen, Münzen, Rosenkranzperlen, Fingerhüte, Berlocken – allem Anschein nach – durch die Decke. Dabei predigt und moralisiert sie, geführt von Kontrolle Friedchen und ihrer dünnen, lispelnden Klein-Mädchen-Stimme, ereifert sich in christlichen Phrasen. Die ältlich aussehende Sächsin, groß und hager, protestantisch-streng, mit Haarknoten und grauem Kleid, ist zunächst im Raum Chemnitz aktiv. Das ehemalige Dienstmädchen, Frau eines Kesselschmieds, arbeitet sich aus ihrem Milieu, »medialisiert« sich nach ganz oben. Gräfinnen küssen und duzen sie, die große Gesellschaft lädt ein. Frau von Moltke und Mutter sind mit in der Runde, auch der »Reiseschriftsteller« Karl May gehört zu ihren Kunden. Rothe und die Geister: Sie ist *das* Medium für Politik und Religiöses – Kaiser Wilhelm I., Friedrich III., Luther und Zwingli sind bei ihr Stammgäste (als Tote, versteht sich). Ihre Sitzungen haben Stil, kommen gerade in gehobenen Kreisen gut an. Friedchen, Kosename »Medibumsel« (die kindlichen Konnotationen sind hier sehr passend), ist immer dabei, betet und segnet, ereifert sich aufs Salbungsvollste. Ohne viel zu sagen, leiert sie ihre Gebetsmühlen an, wiederholt sich von Sitzung zu Sitzung; Inhalte braucht es weniger – der Sound allein stimmt die Gläubigen ein. Anna und ihr Agent Jentsch, vormals Spirituosenhändler, fahren durch Europa (in Paris trifft das Paar Flammarion und Richet), geben Sitzungen en masse: über zweitausend in weniger als zehn Jahren! Jentsch macht fleißig Werbung, das Geschäft floriert. Es gibt vielleicht nicht das ganz große Geld, aber ein gutes Auskommen, beide können davon leben. (Die erste und wichtigste Anweisung ihres Impresarios an die Teilnehmer vor Beginn der Séance: Distanz zum Medium – die um den Körper der Rothe ausströmenden Fluide könnten zerreißen.)

Nach einer Anklage wegen arglistiger Täuschung, als sie in Hamburg eine Puppe mit Phosphor betupft und ins Publikum hält, im Dunkel leuchten lässt, verhaftet man sie kurz darauf in Berlin. Kriminalkommissare – als Landwirte eingeschleust – holen die Rothe direkt von der Bühne, mitten aus einer Séance. Filmreife Szenen: Alle sind in Aufruhr. Eine Saalschlacht, wie sie Marinetti sich hätte wünschen können, bricht aus, eine Schlägerei zwischen Spiritisten und Polizei. Es wird geschrien, gestoßen … im Tumult ist erlaubt, wozu Damen sich sonst nicht herablassen: Das Medium wirft sich zu Boden, kriecht auf allen vieren, kratzt, beißt, tritt um sich. Mehrere Männer können die schmächtige Frau nicht halten. Ganze zwanzig Minuten geht die Rangelei. Unter ihrem Rock werden sichergestellt: insgesamt 153 Levkojen und Goldlack, Dutzende Zitronen und Apfelsinen.

Die Rothe wird zur Diagnostik in die Irrenabteilung der Charité eingewiesen, später wegen Betruges in 61 vollendeten und 9 versuchten Fällen vor die Strafkammer des Landgerichts Moabit gestellt.[2] Die juristische Lage ist heikel und nicht wenig kompliziert: Das »Blumenmedium« – im Prozess später zu eineinhalb Jahren Haft verurteilt – behauptet, nur Werkzeug zu sein und außerdem eine ungebildete, einfache Frau. Gesegnet mit ihrer »Gabe« handle sie in gutem Glauben, in der Annahme, dass nicht sie selbst spreche, vielmehr die Verstorbenen sich ihrer bedienten. Auch bei der Rothe wird das Eigene eines Mediums vom Nichteigenen, Fremden der von ihm übermittelten Botschaft nicht zu trennen, nicht sicher auseinanderzuhalten sein. Spricht sie allein für sich oder im Namen eines anderen? Simuliert Anna? Oder ist es reine Pathologie, die sie treibt?

Bleiben diese Auszeiten vom Selbst ohne jede Erinnerung? Sind Taten in Trance strafrechtlich nicht zu verantworten, und wie häufig sind Fälle von »forensischer Ohnmacht mit völligem Verlust der Besonnenheit«, die Alfred Erich Hoche in seinem *Handbuch der gerichtlichen Psychiatrie* beschreibt? Für Auguste Forel schließen »traumhafte Einengung des Bewusstseins« und freier Wille einander aus (Paragraf 51 des Strafgesetzbuches). Aber, das ist die wohl wichtigste Frage: War Rothes weltferner Zustand womöglich nur gespielt? Oder wechseln sich Trance und Schauspiel bei ihr ab? Benötigt würden Kriterien zur Unterscheidung von Hypnose und Simulation, von leichter Schläfrigkeit und schwerem Somnambulismus.[3]

Das vermeintlich Übersinnliche ist den Ärzten, weil schwer zu fassen und religiös gefärbt, sichtlich unsympathisch, und Geister dulden sie schon gar nicht, es sei denn als Wahn. Von jeher halluzinieren die Propheten und Heiligen, haben Visionen.[4] Für den Amerikaner James Henry Leuba ist jedes Gotteserleben Ausdruck eines Krankseins, nicht immer zu heilen, aber zu behandeln, zu lindern. Karl Jaspers hält Swedenborgs »Schauungen« und Strindbergs Koitushalluzinationen für Zeichen eines schizophrenen Schubs. In seiner *Psychologie der Heiligkeit* diagnostiziert Friedrich Moerchen die meisten Visionäre als Neuropathen mit »paranoiden Zwangsantrieben«, auch eine *Dementia* und hysterisches Irresein lägen oft über diesen Biografien.[5] Ihre Ekstasen und prophetischen Blicke seien nur heftige Wallungen der Körpersäfte, chemische Fehlfunktionen. Was Mystiker in ihrem Wahn brauchen, ist Therapie!

Die Männer der Charité argumentieren im Fall Anna Rothe schlicht und pragmatisch: Weil ihre Apporte doch einige Planung und komplexe Abläufe voraussetzten, müsse die Frau trotz vielleicht eingestreuter deliranter oder stuporöser Zustände für ihren Blumenzauber überwiegend bei klarem Bewusstsein bleiben. Das »Wunder« sei bei ihr immer nur so gut, wie sie es vorbereite. Auch die Theatralik ihrer Trancereden, der prätentiöse Ton, ließen vorsätzliche Absichten vermuten. Berechnend und mit »kluger Überlegung« steuere das Medium seine Séancen. Und ihre Naivität sei nur die Tarnung, hinter der die Rothe ihre kriminelle Begabung verstecke.

Verschiedene Gutachten braucht es hier zur Feststellung der Zurechnungsfähigkeit, die, so sieht es das Gesetz vor, bei vielerlei abnormen Zuständen fraglich wird: »Krankheiten des Centralnervensystems, Idiotismus, Infantilität, Psychosen, perversem Sexualtrieb, Alkoholismus und anderen Intoxicationen, Manie, Moral Insanity, Melancholie, Deformitäten des Schädels, vorübergehende Störungen des Vernunftgebrauchs, Furor transitorius, Schlaftrunkenheit, Liebeswahn, Gefühlsinkontinenz und so weiter.«[6] (Bei der *Amentia occulta* fehlen alle Zeichen einer Geistesstörung, bis die Tat selbst den Täter ganz plötzlich außerhalb der »Normalität« stellt.) Auch die von Esquirol eingeführte »Monomanie«, die einem blinden Trieb, einem unwiderstehlichen Drang (zu lügen, zu töten, zu stehlen, Feuer zu legen) folgt, könnte den Willen eines Menschen aufweichen, außer Kraft setzen. Ähnlich stellt Philippe Pinel die Schuldfähigkeit bei »zweifelhaften Gemütszuständen« infrage, etwa bei der *Mania sine delirio*: dem wilden Antrieb zu gewalttätigen Handlungen, zur »blutdürstigen Wuth«, ohne dass eine Absicht, eine Ursache auszumachen wäre.[7]

Strafmildernd könnte also eine hysterische Veranlagung der Rothe sein, die ihr auch gleich »verordnet« und angehängt wird. Neben einer leichten Hypästhesie der linken Körperseite, druckempfindlichen Ovarien, einem abgeschwächten Conjunktivalreflex und seltenem Lidschlag soll der »exquisit neuropathische Blick«, eine anormale Weitung der Pupillen, die Hysterika verraten. (Und die, heißt es in Fachkreisen, spiele sich auf, betrüge und versuche es mit Intrigen, wenn sie nur die Gelegenheiten finde. Dass sie ihre Entrückungen vielleicht nur simuliert, ist schwer zu behaupten, sollen diese Schauspiele und Posen doch selbst Symptom und Ausdruck der Hysterie sein.) Allgemein konstruieren die Ärzte einen *Circulus vitiosus*: Seelische Abartigkeiten machten empfänglich für Séancen und Geister, die wiederum das Medium schwächen, weiter ins Kranke abdriften lassen. Auch das Psychografieren, das automatische, unwillkürliche Schreiben, begünstige, schreibt der Nervenarzt Richard Henneberg, gerade bei älteren alleinstehenden Frauen Dämmerzustände und Paranoia; selbst eine »progressive Paralyse« und *Dementia praecox* könnten ausgelöst werden. (Bereits Charcot sieht in überspannten religiösen und auch okkulten Praktiken einen Agent Provocateur des großen hysterischen Anfalls.) In manchen Fällen seien Ideen des Spiritismus pathoplastisch, formbildend für einen Wahn. Karl Bonhoeffer beobachtet bei verwahrlosten Psychopathen ein gesteigertes Interesse am Okkulten. Andere Ärzte setzen prämorbide Anlagen voraus, die überhaupt erst zum Mediumismus führten. »Krimineller Aberglaube« wird oft als Ausdruck geistiger Minderwertigkeit angenommen.[8]

Im Berliner Prozess gegen die Rothe werden Irrenärzte und Theologen gehört und eine Menge Zeugen, von denen sich aber keiner so richtig betrogen fühlt, als sie erfahren, dass die apportierten »transzendentalen« Blumen der Rothe aus dem Laden um die Ecke sind. Auch komisch: Luther und Zwingli, die Stars ihrer Séancen, sächseln. Vor Gericht dazu befragt, antwortet Anna: Das Übernatürliche ist eben unerklärbar. Und bei Gott sei nichts unmöglich. Ihre Logik ist einfach – der Allmächtige, spricht er wieder in Wundern, verlange vom Menschen das Unfassbare, das Unmögliche hinzunehmen. Und wer nicht glaube, für das Religiöse blind bleibe, wem nicht das innere Auge aufgehe, der könne auch die Geister nicht sehen. (Was die Rothe in ihren schlichten Worten vorbringt, wurde von Kierkegaard bereits verschärft formuliert: Das absolut Andere ist unbegreiflich – jenseits der Grenze und Differenzen, die der Mensch denken kann.)

Obwohl angeklagt und vor Gericht, verlassen ihre Anhänger die Rothe nicht. Getäuscht zu werden scheint weniger schmerzhaft, als den Glauben zu verlieren. Stürzen sich diese Leute ins kollektive Delir, wollen nicht zur Vernunft kommen? Im Gutachten heißt es: Wenn das Medium die Toten ruft, knien die Angehörigen vor der Rothe, küssen ihr die Hände, suchen ihre Nähe, beten und bekreuzigen sich, manche starren verzückt in den Himmel. (Else Lasker-Schüler will mit der Rothe als Medium die Dichterin Friederike Kempner aus dem Jenseits zum Sprechen bringen.[9] Thomas Mann schlägt eine private Einladung von Kurt Martens, die sensitive Sächsin und ihre Blumenwunder zu erleben, dagegen aus.) Ein wenig Farce ist schon dabei, als das Publikum die Verhandlung zur Bühne spiritistischer Bekenntnisse umfunktioniert. Selbst ihr Verteidiger Notar Meyer hält die Materialisationen seiner Mandantin für vollkommen echt. Und Hellsichtige aus Annas Kreisen bestätigen dem Gericht, dass die Geister von Zwingli & Co um die Rothe seien: Kaum ist das Medium in Trance, sind auch die Toten schon nah, stellen sich zwischen die Lebenden ... flackern und leuchten, als stünden sie in flüssigem, quecksilbrigem Licht. Vielleicht nicht weniger »anstaltsbedürftig« sehen die »psychisch abnormen Zeugen« (Gutachter Henneberg, Charité) Blumen aus dem Mund von »Schwester« Rothe wachsen, auf sich zu schweben, sehen Engelsköpfchen und leuchtende Kugeln aus den Wänden kommen, glänzend-durchsichtige Früchte emporsteigen.

Gerade die leeren Zeichen, die sinnentleerten Formeln ziehen an, sind verlockend, entwickeln einen Zauber. Rothes läppische Liturgien reichen aus, um einfache Gemüter zu beschenken, ihren Leiden am Leben die Spitze zu nehmen. Ob das Medium dabei betrügt oder an seinen Auftrag glaubt, ist wohl weniger wichtig: Auch falsche Propheten sehen in die Zukunft, geben Zuspruch, können zur Umkehr bewegen (in Anlehnung an die katholische Dogmatik: *ex opere operato* – die Sakramente, richtig vollzogen, wirken – auch wenn der Priester ein Sünder sein sollte. Oder vulgärpsychologisch gesprochen: Sein Segen, seine Ausstrahlung, überträgt sich auf alle, die an ihn glauben). In den Aktionen der Rothe finden sie eine Transzendenz, an der sie festhalten, die ihnen nicht auszureden ist. Ihre Séancen sind Feste, in denen das Wunderbare[10] eintreffen kann. Und das Verlangen nach Wundern trotzt jeder Vernunft. Mit enormem Schwung und Pathos hält die Rothe ihre Klientel bei Laune. Die Gläubigen sind bereit, in scheinbar noch so profanen Dingen eine Offenbarung des Sakralen, Himmlischen zu sehen – das religiöse Erleben kann eben alles verwandeln. Philosophischer formuliert: So etwa verbirgt die Figur eines einfachen Wanderpredigers, der sich äußerlich in nichts von anderen biblischen Botschaftern unterscheidet, das Göttliche in der Gestalt Christi. Während sich mit der Aufklärung und ihren Ernüchterungen alles Wunderbare zum Banalen und Offensichtlichen reduziert, führt Kierkegaard den Zweifel ein, dass sich hinter dem Banalen genauso das Außerordentliche verstecken kann – und umgekehrt.[11] Es handelt sich hier um eine Differenz, die ohne sichtbaren Unterschied und damit nicht zu begründen ist. Die Grenze zwischen dem »nur« Menschlichen und Göttlichen, dem absolut Anderen, verläuft jenseits dessen, was man erinnern oder entscheiden, man sich jemals sicher sein könnte. Der gewöhnliche Mensch und ein Gott, der Mensch geworden ist, sehen gleich aus; das ganz Andere, radikal Neue ist ohne Vorbilder. Die Erlöser, die Propheten sind durch keine äußeren Merkmale, keine Zeichen zu erkennen – nur indem man sich zu ihnen bekennt, werden sie wahr.

Bereits ein halbes Jahrhundert bevor der Rothe der Prozess gemacht wird, interniert man Patienten unter der (nicht seltenen) Diagnose *Monomania religiosa* mit dem Hinweis, spiritistische Praktiken seien wahnbildend und nur ärztliche Kunst helfe hier weiter. So im Fall des Bauern Joseph Baumgartner aus dem Badischen.[12] In dieser Region gibt es schon früh Tischrück-Epidemien, mit Séancen, Geisterklopfen und Gesängen. Die Jenseitigen verordnen den Gemeindemitgliedern Wallfahrten, predigen Buße und Erbauliches, schlichten Streit, sind immer munter bei der Sache und sei es mit ein paar Arme-Seelen-Gebeten. Kirchliche Instanzen müssen reagieren: Fremdgehende Katholiken füllen nicht nur die Sündenregister – vor allem könnten sie andere mit ihrem Irrglauben anstecken. Die Herde hat stets zusammenzulaufen – Abweichler sind wieder in die Reihe zu bringen oder auszusortieren.[13] Im erzbischöflichen Ordinariat von Freiburg werden die geistlichen Herren nervös und drohen mit Exkommunikation. Sie verlangen von den polizeilichen Organen einzuschreiten; in manchen Dörfern (Todtnau, Schönau, Oberbergen) patrouilliert die Gendarmerie, um weitere

Geisterseherei zu verhindern. Mit Häretikern macht man keinen Staat. Besessenheit ist nicht gesellschaftsfähig.

Baumgartner sieht sich als »Vatermedium«: jemand, der Gott selbst zum Sprachrohr wird. (Bei ihm scheint, wie bei manch anderen Erlösern, der Glaube an Gott und zu glauben, ein Gott zu sein, ineinander überzugehen.) Er legt sich mit einem Dutzend »Weiber« ins Bett, auch bei Tag, betet vor sich hin, will nicht mehr arbeiten, aber feiern und trinken. Baumgartner und seine Verehrerinnen, wird berichtet, sind sehr innig und froh und vergnügt miteinander. Niemand soll sich mehr plagen, sagt der Bauernprophet, denn bald werde die Erde verborgenes Gold und Geld hergeben, für ihn und seine Anhänger.[14] Sie träumen von Reichtum und Überfluss, aber ohne sich dafür abmühen und dienen zu müssen. Wer arbeitet, sagt der »Prophet«, sei ein Sklave des Lebens. Die Lehren der Theologen gehen nicht selten am Volk vorbei – Visionäre wie Baumgartner aber versprechen Wunder. Der Mann sieht den »letzten Allerseelentag«, das »neue Reich« anbrechen und macht gegen den Pfaffen des Dorfes Front. Was könnten Kleriker einem Ekstatiker noch beibringen? Wem sich das Absolute direkt im Licht der inneren Schau offenbart, der braucht keine Beichten und Messen, keine religiösen Gebote. Baumgartner will der »Erdengott« der Endzeit sein. Und das ist den Ordnungshütern zu viel, geht zu weit. Man wirft dem Bauern Unzucht und Schwelgerei vor, seine Sünde heißt »Geldsucht ohne Arbeit«. Diese Mischung aus Glaube und Aberglaube, sagen die Seelenhirten, sei nicht nur anormal, sondern vor allem auch ansteckend. Eingewiesen in die Badische Heil- und Pflegeanstalt Illenau, verweigert Baumgartner jede Behandlung, verspottet die Argumente seiner Ärzte und sperrt sich gegen den ersten Schritt zur Heilung: die Einsicht, krank zu sein. Er stellt sich stur und predigt weiter – welcher Maniker, im Paradies angekommen, möchte sich schon »kurieren«, wieder vertreiben lassen? Der »Prophet« (im Irrenhaus) will überhaupt nicht einsehen, Patient zu sein!

Staat und Kirche in Allianz gegen soziale Abweichler. Angst vor spiritistischem Anarchismus auf der einen Seite, die Sorge, in Sachen Seele an Exklusivrechten zu verlieren, auf der anderen. Aus christlicher Sicht ist das Sprechen mit Toten widernatürlich; nur die Schwäche des Glaubens verlange nach Zauberei und Magie. Wer zu Geisterbeschwörern und Chiromanten geht, gefährdet sein Seelenheil: rückt Gott in die Ferne, stürzt sich ins Chaos, ins Nichts.[15] Wenn die Toten gerufen, die Grenzen von Diesseits und Jenseits überschritten werden, geraten Ordnungen durcheinander, entstehen Verwirrung, Gefahr. Die Theologen argumentieren alttestamentarisch, zitieren einen Fall von Nekromantie: Um sich Rat zu holen, beschwört König Saul den toten Samuel vor der Schlacht gegen die militanten Philister und stirbt am Tag darauf mit seinen Söhnen im Kampf (1 Samuel 28).[16] Soll heißen: Zwischen Gott und Mensch dürfen nur die »wahren« Propheten vermitteln, jede Selbstermächtigung in Sachen Offenbarung durch andere Medien ist Anmaßung, Sakrileg. Die Gläubigen haben das Wort Gottes und brauchen nicht noch Auskünfte, die Meldungen der Toten.[17]

Prozesse wie »Der Staat gegen Rothe« sind eher selten, die Ausnahme, selbst wenn andere Medien zur selben Zeit, in Verleumdungsklagen verwickelt – »Erregung des Irrtums, sich im Besitze übernatürlicher Kräfte zu befinden« –, von der »falschen« Seite mehr Aufmerksamkeit bekommen, als ihnen angenehm ist. Ähnliches widerfährt der »Sendbotin Christi von Thiendorf«: Nach einer Haft wegen Sektiererei und Täuschung durch das Auftreten »Verstorbener«, wird Frau Ulbricht von den Anhängern ihrer Gemeinde Theokratischer Bruderbund als erstes Oberhaupt und Märtyrerin gefeiert. Sie lassen sich ihren Heilsbringer nicht schlechtmachen, verbieten. Auch Valeska Töpfer[18] aus Leipzig, vor der Jahrhundertwende eine der bekanntesten sächsischen Somnambulen, welcher man Bettlaken und Tücher aus dem Mieder zieht, mit denen sie für ihre zahlenden Zuschauer Geister modelliert, lebendig aussehen lässt, muss wegen Betruges vor Gericht. In München laufen über Jahre verschiedene Verfahren wegen eines über mehrere Städte gut organisierten Wahrsageschwindels. Skurrile Strafanträge werden verhandelt: Als im Verein Licht der Wahrheit in Reinerz die Geister durch das scheinbar somnambule Medium Winter den Gemeindevorsteher beleidigen, der Veruntreuung von Geldern beschuldigen, verurteilt der dortige Gerichtshof die Frau zu drei Monaten Arrest. In der Revision des Urteils stellen Gutachter aber »autohypnotische Zustände« und eine Schuldunfähigkeit des Mediums fest.[19] War das Medium, der Täter, in Trance, bei Sinnen oder nicht, lautet jedes Mal die juristisch entscheidende Frage. Gelegentlich werden Geldstrafen wegen »groben okkultistischen Unfugs«, »Ausbaldowerungskünsten« und inszenierten Spuks verhängt. Bayern, Baden und Hessen kennen im Polizeistrafgesetzbuch (Artikel 51) den Tatbestand der »Gaukelei«: der trickmäßigen Vortäuschung von Materialisationen, Geisterbotschaften, Fernbewegungen, medialen Diagnosen und so weiter.

Mit viel Presse findet ein Prozess der Aufklärer gegen den Aberglauben der Landbevölkerung vor dem Schöffengericht in Werder statt: Im Umfeld eines fünfzehnjährigen Stalljungen aus Resau »regnet« es Steine und Kartoffeln, spielt das Vieh verrückt, fliegen Messer, schwebt Nachtgeschirr, ein pfundschwerer Schinkenknochen durchs Zimmer. (Selbst für den Pfarrer ist die Bedrohung so greifbar und verstörend, dass er, mit Bibel und Kruzifix in der Hand, ins Gebet flüchtend, kapituliert. Dorfbewohner alarmieren die Polizei.) Für das Gericht wird allein schon die Annahme spukhafter Kräfte ordnungsgefährdend, einen Schritt in Richtung Anarchie zu weit gehen – der Junge muss wegen Sachbeschädigung in Haft. Zeugen, die zum übernatürlichen Charakter der Vorfälle aussagen wollen, werden nicht vorgeladen.[20] Der Versuch der Verteidigung, den »Störer« als Medium, als übersinnlich Begabten vorzustellen, wird abgewiesen. Alles Okkulte muss Schwindel sein oder eben religiöser Wahn. Entweder ist die Justiz dafür zuständig oder aber die Irrenabteilung. Die Ankläger lassen keine Zweifel: Da Spuk nicht existiert, bleibt nur grober Unfug zu verhandeln. Der bloße Gedanke an eine Beseelung von Dingen (die von einiger Bosheit sein könnten) ist nicht einfach hinzunehmen – darf nicht einmal ausgesprochen werden. Jede Anstiftung zur Volksverwirrung ist, bevor sie Kreise ziehen, sich ausbreiten kann, sofort zu ahnden. Disziplinierung muss her, wo der Alltag unruhestiftend unterbrochen, aus den

Fugen gerät. Immerhin wird Resau bald darauf zum Wallfahrtsort für Spukenthusiasten.

Ein ähnlicher Fall von Aberglaube, wie aus dem Mittelalter, kommt noch dreißig Jahre später in Basel vor Gericht. Ein Mann soll das »Mortbeten«, das zu Tode beten (*mortem petere*) mit dem Psalm 109 des Alten Testamentes (»Verwünschung grausamer Feinde«) als magisches Mittel eingesetzt haben, um einen Nebenbuhler, der dann plötzlich verstarb, aus der Welt zu schaffen.[21]

Was die Aufklärer gerne unterstellen: Auch Armut mache das Medium »medial« – so komme es vielleicht zu Vermögen und Ansehen. Medialität verkauft sich als Dienstleitung und Ware. Ein anstrengendes Business. Keine Seltenheit: Arbeit im Akkord, mit gleich mehreren Sitzungen am Tag. Was braucht es, um gut im Geschäft zu sein? Unbedarft-kindliches Auftreten, rhetorische Begabung und Bildung sind von Vorteil, ebenso die Neigung, sich öffentlich zu machen. Neurasthenie könnte sich als günstig erweisen und Veranlagung eine Rolle spielen, vor allem aber Weiblichkeit. Nach einer in diesen Tagen gängigen Vorstellung funktioniert das *Cerebrum* der Frauen weniger zusammenhängend als das männliche; gewisse Bereiche dissoziieren leichter und verselbstständigen sich – ein Prozess, so heißt es, der das weibliche Geschlecht gleichermaßen als Sensitive wie als Hysterika bevorzugt. Auch spekuliert man über ein besonderes, sehr aktives Gangliensystem im Kopf und ein dichtes Sonnengeflecht im Oberbauch (*Plexus coeliacus*), ein *Cerebrum abdominale*, welches die Hellsichtigkeit erst möglich machen könnte. Die Symptomliste dieser Frauen ist lang: In ihren Sitzungen zeigen sie partielle Kontrakturen, eine Überstreckung von Rumpf und Extremitäten (*Opisthotonus*) und aufwärts gerollte Augen. Sie imponieren mit klonischen Zuckungen an Armen und Beinen, einem kleinschlägigen Zittern und starker Transpiration, fallen in einen anormal tiefen, dornröschenhaften Schlaf.[22] Und mit den Blutverlusten während der Menstruation werden sie umso empfänglicher. Auf dem Boden einer schwachen Konstitution, von Krämpfen und Anämie geplagt, sehen und wissen diese Frauen (und insbesondere Jungfrauen[23]!) mehr, sind offen für Ahnungen und Visionen, vermitteln zwischen Himmel und Erde. Ihnen steht die Hinfälligkeit ins Gesicht geschrieben: Ihre blasse Haut, der flatternde, verhangene Blick. Dabei ist die Rede der Somnambulen oft stockend und tastend, ein kaum verständliches Flüstern. Schwindsüchtige Mädchen mit einem gewissen Lolita-Appeal sind am meisten gefragt. Medien etablieren sich als der magische Mittelpunkt für die religiösen Gefühle und Sehnsüchte vieler Menschen. Zugleich bieten sie Unterhaltung, Zerstreuung, ein tolles Theater. Den weniger feinfühligen Männern, ihren Magnetiseuren, bleibt die Verwaltung des Mediums: Sie schreiben auf, was geschieht, deuten die Visionen und Reden, regeln die Geschäfte.

Die Rolle der Sensitiven ist nicht ohne Vorbilder und kann geübt werden: *Die Seherin von Prevorst*, Kerners Bestseller über die Somnambule Friederike Hauffe,[24] wird zum Modell dafür, was es heißt, Medium zu sein. Wie unter elektrischen Schlägen fährt die Hauffe zusammen, wenn sie das Bild des »inneren Menschen«, seinen wahren Charakter erkennt. Im Schlafwachen spricht sie die von der Herzgrube ausgehende innere Sprache, wie sie zu Zeiten Jakobs gesprochen wird und jedem Menschen noch innewohnen soll, wenn er sich dem Göttlichen öffnet. In ihren Tranceanfällen beginnt die Hauffe zu dichten, leicht und fließend, manchmal summend, in einem flüsternden Singsang, in ungereimten, daktylischen Versen von oft ungeheurer Länge. Ihr Tonfall klingt in den Ohren ihrer Verehrer wie Musik. Wo sich Diesseits und Jenseits, die Lebenden und die Toten vereinen, in einer *coincidentia oppositorum* alle Gegensätze aufgehoben sind, erfährt die Hauffe ihr Seelenheil. Mit magnetischen Manipulationen und der verstorbenen Großmutter an ihrer Seite will sie aus der Ferne Kranke kurieren. Sie meint als »Nervengeist« über ihrem Körper zu schweben. Und Hauffe kann die Toten hören, wenn sie klopfen oder rauschen wie Papier, seufzen und mit den Türen schlagen. Sie wähnt sich von Geistern magnetisiert, die nur sie allein sehen kann. In ihren Absencen, ihrer Weltschmerzlichkeit, in ihrem Siechtum und Dahinschwinden, im Hang, ihrer Hingabe zum Mystischen, Himmelwärtsgewandten, schafft sie Masken und Szenen,

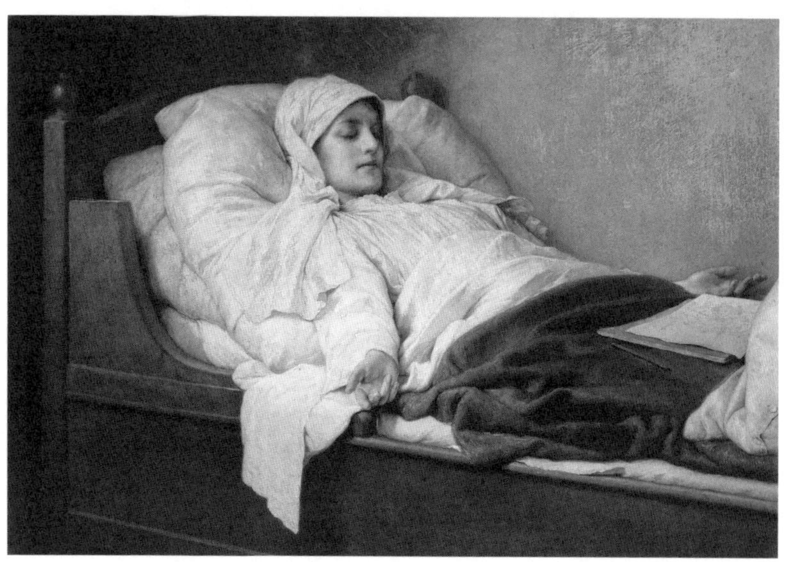

Gabriel von Max, *The Seeress of Prevorst in High Sleep (Friederike Hauffe)*, 1892.

die viele interpretieren und nachspielen werden oder nur geringfügig variieren. Im Hause Kerner geht der gehobene Adel ein und aus, um sich an Hauffes Visionen zu erbauen; Philosophen und Theologen kommen zu Besuch. Viele hören die Berichte der Seelenreisenden wie eine Offenbarung, eine Antwort Gottes. (Sozusagen als Anleitung zur Medialität schenkt C. G. Jung seiner Cousine Preiswerk Kerners Buch.) Auch das Leben des kataleptischen Fräulein Emmerick wird nach den Schilderungen Brentanos[25] von einigen »blutjungen« Nonnen und Nachahmern neu aufgeführt. Ihre Vision der Passion Christi ist so eindringlich, dass viele sie als ein volkstümliches Evangelium lesen.

Der paranormale Output ist so bizarr wie vielfältig, und jedes Medium hat seine Spezialitäten im Programm. Neben Levitationen[26] und Leuchtphänomenen liefert der Pole Jan Guzyk im jugendlichen Alter Elementargeister und später dann Tierphantome – lebendige Katzen, Marder, Wiesel huschen durch den Raum. Guzyk, ein einfacher Arbeiter, ehemaliger Gerber, der zum gefeierten Medium aufsteigt, lebt von seinen Sitzungen, macht bis zu vier Auftritte täglich. Polnische Soldatenlieder werden angestimmt, zur Zirkulation der Fluida halten sich die Beisitzer an den Händen. Mit geblähtem, wie zum Blasen angestrengten Mund müht sich Guzyk ab: Die Halsvenen treten hervor, seine Augen verdrehen sich, bis die Pupillen verschwinden. Dann erste Myoklonien des Mediums. Im Raum kreisen schwach glimmende Säulen, bläuliche Bogenlichter; es riecht nach Ozon. Blinkende Lichtpunkte tauchen auf, als würden Leuchtkäfer zur Paarung ausschwärmen, Signale senden. Ein silbriger Schimmer legt sich über die Einrichtung des Zimmers. An besonderen Tagen tropft gleißender Lichtstrom wie weißglühendes, flüssiges Metall vom Tisch auf den Boden, fließt zusammen, bildet schillernde Pfützen. Durch die Luft treiben kleine schwarze Wolken wie Flocken aus Ruß. Und die Damen fühlen, dass ihnen eine klamme Hand zart über den Mund fährt, die Wangen streichelt. Manche meinen, ein Flattern zu hören, das Schlagen unsichtbarer Flügel, und zucken zusammen, wenn ihnen ein leichter Windstoß durch die Haare geht. Sie glauben sich von Phantomen umgeben, die nur aus dem Duft eines Parfüms bestehen.[27] (Die Toten, davon sind viele überzeugt, kehren in verschiedenen Formen in unsere Welt zurück: als Wind, als Hauch, als Schatten und Stimme.) Indessen gibt sich das Medium apathisch, von seinen Effekten wenig beeindruckt und wird – könnte es anders sein? – wiederholt beim Tricksen erwischt. Um Fotos zu verhindern, sabotiert Guzyk den elektrischen Leitungsdraht zur Auslösung des Blitzes und lässt seine Phantome bauchrednerisch sprechen.

Und dann wäre noch der Auftritt Franek Kluskis – Pseudonym des Warschauer Bankbeamten Teofil Modrzejewski – auf der Bühne des Okkulten, ein weiterer paranormaler Pole und Amateur unter den medialen Athleten. Ein hagerer Typ, nervös bis zum Anschlag, schon als Kind an »Nervenfieber« leidend. Die Türen werden versiegelt, bei schwachem Rotlicht bilden die Damen und Herren Hand in Hand einen Kreis und warten. Manchmal werden Meeresgeräusche, die nach Stimmen klingen, ins Zimmer gespült. Hin und wieder durchquert ein kurzer, heftiger

Atemstoß die Stille des Raumes. Das Medium sitzt ruhig, fast reglos, ohne zu sprechen. Ein feines Zittern läuft durch seine Glieder. Proteusartige Lichter fließen zu Gesichtern zusammen, die sich schnell in Schatten verwandeln. Feiner Goldstaub flimmert, flirrt durch die Luft. Kugelblitze entladen sich mit Funkenschlag und Knall. Man sieht Kluski von einer flammenden Korona umgeben. Spezialität des Mediums sind »metaphysische Moulagen«, handschuhartige, millimeterdünne Hohlformen, die sich, spekuliert man, nach dem Eintauchen von materialisierten Gliedern in flüssigem Paraffin bilden. Mit Gips ausgegossen, zeigen sich fein modellierte Oberflächenstrukturen: Bandapparat, Venenzeichnung, Hautlinien, individuelle Muster.[28] Mal materialisiert der Mann (begleitet von Ozongeruch und diffusem Leuchten) einige Vögel, einen ausgewachsenen Löwen – das Publikum flieht! – oder etwas Hundeartiges, Hundsgemeines schiebt sich unter die Röcke der Damen. Und dann, unfassbar, lässt Kluski einen *Pithecanthropus* auftreten, ein Mischwesen aus Affe und Mensch, das, so heißt es in den Protokollen, nach nassem Hund riechen soll. Charles Richet denkt an Urmenschen, Gustave Geley eher an eine Art Orang-Utan, einen vom Baum gefallenen Riesen. (Manche argwöhnen, Kluski hätte solche Auftritte spiritistischen Szenen aus Johannes Vilhelm Jensens Roman *Madame d'Ora* nachgestellt.) Bald hundert Kilogramm schwer, am ganzen Körper behaart, mit massigem Schädel, Wülsten an Kopf und Nacken, mit langen Armen, klauenartigen Nägeln, bewegt sich dieses Vieh wie toll durch den Raum, stößt knurrende Laute aus und reibt sich (erotisch motiviert?) an den Damen des Zirkels, leckt ihre Hände und Füße. (Zur Jahrhundertwende kommen besonders aus Indien Berichte nach Europa, die von bizarren Gestalten erzählen, welche in den bekannten Gattungsgrenzen nicht einzuordnen sind und die Fantasie der Bildungsbürger anregen: Kynokephalen, Monopoden, Panotäer, Zynopiden, Blemier, Amykterter.)

Tief im Fantastischen bewegen sich diese Anekdoten; einige davon lohnen, erzählt zu werden, um sich ausmalen zu können, was die Wundertüten dieser Jahre alles so hergeben.

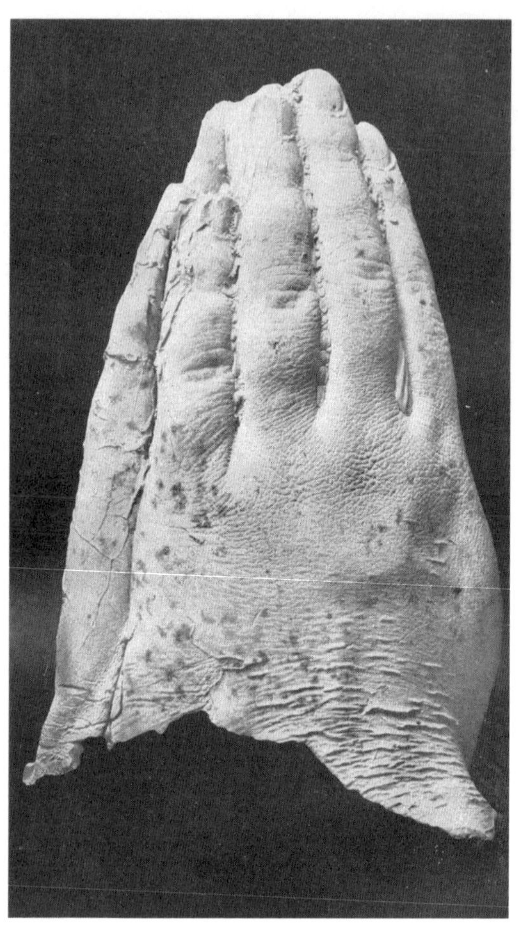

*Metaphysische Moulagen*, entstanden während einer Sitzung Franek Kluskis.

Musikalische Séancen sind eher selten, aber ergreifend, so etwa die okkulten Soireen Jesse Shepards, aus San Diego, Südkalifornien, bei denen, schreibt ein Kritiker, in himmelstürmenden Klängen Liszt und Thalberg gemeinsam eine Rhapsodie für vier Hände spielen, am gleichen Abend noch Beethoven, Chopin und Berlioz auftreten, das Medium dazu emphatisch singt. In Berlin bittet La femme masquée, die mit einer schwarzen Stoffmaske verhüllt auf der Bühne erscheint, in den Salon: Glöckchen klingeln, wie von kleinen Hämmerchen angeschlagen, und mittels Klopftönen wird eine Sonate Mozarts aufgeführt, in die sich die tiefe melodische Stimme ihres Kontrollgeistes Hubertus mischt. Ein klarer, strahlender Sopran ist zu hören ... der Saal dunkel, das Publikum exquisit.

Georg Friedrich Händel soll den Schlusschor für seinen *Messias* als träumerische Eingebung aus dem Zwischenreich empfangen haben. Robert Schumann wird von einer Vision überwältigt, in der ihm Schubert und Mendelssohn erscheinen und eine Melodie in Es-Dur vorsingen, wie sie ihm selbst nicht schöner gelingen könnte. Es ist seine letzte Komposition, bevor er in die Nervenheilanstalt Enderich eingeliefert wird.[29] Von Syphilis und Wahnsinn verfolgt – andere diagnostizieren »Hirnarteriosklerose bei Hochdruck« oder »konstitutive Psychasthenie in der Mischung von Schizoidem und Zykloidem« – geht der Komponist in Dunkelheit und Vergessen, begleitet von Musik aus »höheren Regionen«, in die sich für ihn alles Geräusch verwandelt. Die Welt wird zum Klang. Engel umschweben Schumann, wollen sich mit ihm vereinigen. Er liegt, schreibt seine Frau Clara, Nächte über wach, mit »offenen, zum Himmel aufgeschlagenen Blicken«. In jenseitigen Chören, die aus dem Nirgendwo zu kommen scheinen, wird die Einheit von Gesang und Zauber(n) laut, wie sie schon im römischen *cantare* und im davon abgeleiteten *cantamen* anklingt. Kurios: Brahms möchte das *Violinenkonzert in d-Moll*, Schumanns letztes Orchesterwerk, keinesfalls spielen lassen; des Komponisten syphilitisch aufgeweichtes Hirn, die beginnende Umnachtung hätten zu viel Klarheit und Kraft gekostet, die nun auch diesem Stück fehlten. Erst die Geigerinnen Jelly d'Arányi und Adila Fachiri werden die Komposition wieder in Erinnerung, ans Licht bringen, nachdem ihnen der Geist Schumanns in den frühen Dreißigerjahren bei einer Tischrück-Séance die Aufführung zum Auftrag macht.

Was die okkulten Schausteller auf die Bühne bringen, übersteigt oft das Begreifliche. Beim Medium Moore hüpft ein Mädchenphantom auf und

Miss d'Espérance,
Fotografie der sog. »goldenen Lilie«, 1901.

ab und doziert, um das Staunen noch zu steigern, wahlweise über Platos *Symposion*, Marc Aurels *Selbstbetrachtungen* und Kants *Kritik der reinen Vernunft* – nicht gerade wenig für ein Kind. Elizabeth d'Espérance, eigentlich Miss Hope, eine Engländerin, kann sich, so sieht es aus, teilweise dematerialisieren ... Als Dame ohne Unterleib fehlt ihr vom

Nabel an abwärts alles – dem sich verkörpernden Spirit soll so der Stoff geborgt werden, aus dem die Materialisationen sind. Regen Elizabeths feine magnetische Ausströmungen Schnittblumen an, innerhalb weniger Minuten Wurzeln und neue Bätter zu treiben? Bei einem Versuch *ad hoc* mischt man »Samen von *Ixora crocata*« in einer Karaffe mit Sand und Wasser und verlangt vom Medium, den Stoffwechsel zu beschleunigen: Vor den Augen einiger Zuschauer wächst die Pflanze »auf 22 Zoll, mit einer Blüte von 150 viersternigen Blumenkronen und 29 Blattsternen.«[30] Forcierte Zellteilung? Betrug? (Als Nietzsche zusammen mit Lou Andreas-Salomé das Medium besucht, findet er nur Albernheiten, nur Humbug und Langeweile, vermutet hier, wie in den alten orgiastischen Kulten, »Hallucinationen der Sinne«.) Bei Einer Nielsen, einem Totenbeschwörer aus Kopenhagen, flattern Tropenvögel durchs Zimmer und sterben. Im Haus von Mrs Agnes Nichol Guppy tauchen im Sommer pfundschwere Eisklumpen auf, im Winter seltene Insekten und Falter. Das isländische Medium Indriði Indriðason entzieht Blumen den Duft und veranstaltet kleine, lokale Erdbeben. Sanft, von Satz zu Satz schwebend, flüstert er, einem leisen Singen ähnlich, vor sich hin, in einer Sprache, die keiner kennt. Sopranstimmen im Duett mit einem Bassbariton verbreiten sich aus den Vorgärten der umliegenden Häuser. Wie lebendige Organismen, silbrig glänzende Medusen, wabern Lichter durchs Zimmer, dehnen sich aus, ziehen sich wieder zusammen. Unter Indriðasons Atem, so scheint es, verwandeln sich die Farben der Tapeten in flüssiges Gold. Flammen züngeln aus seinen Händen. Der britische Konsul und der Bischof der Insel sehen Männer mit langen weißen Roben durchs Zimmer schreiten und gleich wieder im Boden versinken. Als das Medium dann noch samt Sofa zur Decke schwebt, flüchtet sich auch Guðmundur Hannesson, Präsident der Universität von Island, mit seinen Erklärungen ins Unerklärliche. Während einer Séance fehlt Inriði Indriðason plötzlich der linke Arm und ist auch bei eingeschaltetem Licht nicht zu finden ... erst eine Stunde später wieder an seinem Platz. Hier wird Materie vermindert oder vermehrt, wird mit Formen gespielt, als wäre ein gelangweilter oder übellauniger Gott am

Werk. Vielleicht einer, der, wie David Hume mal vermutete, noch minderjährig oder schon senil ist.

Im Okkulten erweitert sich das Menschenmögliche auf nahezu undenkbare, groteske Weise, bis an die Grenzen des Vorstellbaren. Aber auch Ästhetik ist angesagt: Ingenieur Fritz Grunewald, sonst detailversessen und spröde, muss pathetisch werden, um wiederzugeben, was er sieht: Farben wirbeln durch die Luft, bilden Symmetrien, kleine abstrakte Figuren. »Phosphoreszierende, grünlich-weiße, wie von einer märchenhaften Lichtflut übergossene Marmorbilder erscheinen, zerfließen langsam in Dunst, verschwinden.«[31] Oder es zeigen sich auf Wunsch in perfekter Geometrie: Ellipsen, Kreise, Geraden, Quadrate, Dreiecke – »materialisierte Raumformen«.[32]

Unverkennbar eigen, einzigartig muss ein Medium sein, angesichts der Konkurrenz die Kunden mit seinen Auftritten stets neu beglücken und doch das Verlangte, Bekannte durchspielen, auffrischen, variieren – und das heißt auf Tour gehen, übers Land fahren, werben, sich anbieten. Die okkulten Artisten können über Spiritistenvereine gebucht werden. Und noch mal: Das Medium muss das Alte neu präsentieren, das Wunderbare in immer anderer und doch ähnlicher Weise aufführen. Wer selbst unter strengsten Bedingungen produziert, hat Starqualitäten, ist umworben, gefragt.

Manche Medien machen Politik, indem sie ins Ohr der Mächtigen flüstern und nicht zurückschrecken, den Verlauf militärischer Manöver zu prophezeien. Der Chef des Generalstabs von Moltke soll, wie vor Kriegsbeginn schon den Eingebungen Rudolf Steiners,[33] Suggestionen des Berliner Hellsehmediums Lisbeth Seidler, die »Heeressybille« genannt, erliegen, die einen ungünstigen Ausgang der Westoffensive vorhersieht. In den Zwanzigerjahren beschwört dann auch Himmler die Geister; Heinrich I., so glaubt er, stehe ihm mit seinem Segen politisch zur Seite. Der spätere Reichsführer sieht sich in seiner Rolle als Retter der »arischen Rasse« vom Schicksal beauftragt, nimmt teil an Spekulationen über ein okkultes Logentum, in dem »dunkle Mahatmas« die

Welt an sich reißen und eine »obskure transzendentale Wesenheit als den fleischwerdenden (aber falschen) Messias offerieren – einen Propheten schicken aus der teuflischen Welt«.[34] Andere Kreise verbreiten, dass Hitler selbst die Wiedergeburt des Bösen, eine Reinkarnation Landulfs II. sei (der, wird angenommen, für die Figur des Magiers Klingsor in Eschenbachs *Parzival* Vorbild war[35]).

Darf man Schrencks Opus magnum – seine *Materialisations-Phänomene*, erschienen kurz vor Ausbruch des Ersten Weltkrieges – ohne Übertreibung skandalös nennen? Das laute, oft unhöfliche öffentliche Echo wäre ein Hinweis. So monströs, wie sich die Phänomene darstellen, so heftig reagiert die Kritik. Eine erweiterte zweite Auflage, ein Jahrzehnt später, wird schon gelassener, günstiger aufgenommen. Die Nacht über Europa, der Krieg, die Krise einer erschütterten Weltordnung haben gezeigt, dass das Unvorstellbare, von den meisten nicht für möglich Gehaltene, eintreten, alle Befürchtungen noch übertreffen kann.

Liegt die Welt im Chaos, sind Metaphysik und Magie gefragt, um den Menschen Halt und Hoffnung zu geben. In diesen Tagen beginnt eine große Zeit für Kartenleger und Hellseher. Und auch der Geisterverkehr, zum Ende des Jahrhunderts etwas abgeflaut, nimmt zu – wohl wegen der Massen von noch nicht »richtig« begrabenen Toten, trauernder Mütter und Witwen.[36] In Zeiten, in denen besonders viel gestorben wird, braucht es umso mehr Zuspruch und Trost. Es braucht diese Séancen und feierlichen Runden, um die in der Fremde Gefallenen heimzuholen für einen letzten, und sei es nur imaginären, Besuch. Sie, die Untoten, sind zwar gestorben, aber eben »lebendig tot«, vielleicht weil noch Botschaften zu überbringen, Forderungen an die Lebenden zu stellen, Schulden zu begleichen, Versprechen einzulösen sind. Sie müssen ein zweites Mal, jetzt auf symbolische Weise, beerdigt und verabschiedet werden. Das Motiv des Menschen, der nicht tot sein kann und aus dem Jenseits zurückkehrt, um eine Schuld einzutreiben, etwa ein würdiges Begräbnis fordert, ist alt: Aus diesem Grund erscheint Hamlet der Geist seines Vaters, der zu früh sterben, zum falschen Zeitpunkt vor Gott treten musste. Bevor auch er »richtig« tot sein darf, muss es Gerechtigkeit geben, Wiedergutmachung. Das Gleichgewicht muss hergestellt, das Leben beruhigt, die Menschen möchten versöhnt werden.[37] In der Zeit zwischen den zwei Toden, dem körperlichen Ende und seiner Symbolisierung, den Abschieden, Begräbnisritualen, kehren die Toten zurück. Sie mahnen, fragen, bitten oder beschwören, bevor sie gehen, das Wiedersehen. Wohl um den Bruch mit der natürlichen Ordnung anzuzeigen, sind die Verstorbenen nicht selten ohne Kopf oder ohne Gesicht – an deren Stelle strahlt ein verdichtetes, weißes Licht. Oder sie zeigen sich »sonnenhaft, in strahlendem Gold, so durchsichtig wie Nebel«[38] und sprechen mit einem leisen Summen.

Zu allen Zeiten erscheinen nicht bestattete Tote, die Unbegrabenen (*insepulti*), Nichtbeweinten (*indeplorati*), solange sie eben nicht auf die für sie richtige Weise beerdigt sind, den Lebenden als Gespenster (*umbraticus*). Im Mythos des Wiedergängers findet ihre Rückkehr in die Welt der Lebenden meist unter dunklen Vorzeichen statt: um Rechnungen zu begleichen, um sich zu rächen.[39] (Kirchenglocken, Knallen, Schießen und anderer Lärm sollen seit jeher die Jenseitigen fernhalten, ebenso Bannsprüche, *incantationes*, Gebete, lautes Pfeifen und Fluchen.) In der Tragödie von Aischylos wird Orestes von den Erinnyen verfolgt, die im Namen der von ihm ermordeten Klytaimnestra die Blutschuld einfordern. Selbst Rousseau, immerhin ein Mann der Aufklärung, glaubt an Tote, welche die Lebenden heimsuchen, ihnen böswillig nachstellen. Verstorbene, der Zauberei verdächtigt, holt man (manchmal noch heute) in vielen Gegenden Europas aus ihren Gräbern, um ihnen mit scharfen Werkzeugen den Kopf abzutrennen und zwischen die Füße zu legen. Im Banat um Temesvár führt man einen Hengst, der noch keine Stute bestiegen hat, über die letzten Ruhestätten – dort, wo er zögert, nicht weiter geht, liegt ein »Unverwester« begraben; man wird ihn aus der Erde nehmen und unter Gebeten verbrennen.[40] Den Toten ist nie ganz zu trauen. Die Toten besuchen einander und verschwören sich gegen die Lebenden, folgen ihnen, horchen an ihren Türen. Die Eifersüchtigen, die Spionierenden, die Melancholischen, die Verlorenen, die

Peinigenden, die Blutleeren. Gerade auch Selbstmörder sind als Wiedergänger (»Nachzehrer«) gefürchtet, werden in fließendes Wasser geworfen, mit dem Gesicht nach unten in den Sarg gelegt; ihre Asche ist an der Flutgrenze am Strand zu verstreuen und ähnliches. Um die Ruhe der Lebenden zu sichern, »versiegelt« man das Grab mit Weihwasser oder trägt den Verstorbenen dreimal um die Kapelle, um ihn an den Friedhof zu binden. Im Aberglauben können die Toten auch in Tiergestalt über die Menschen Gericht halten.[41] In einigen Erzählungen und Mythen kehrt eine ermordete Mutter gegen Mitternacht für kurze Zeit zurück, um ihr Kind zu trösten und den Namen des Täters zu verraten. Jung-Stilling stellt sich vor, dass die Toten weiter von einer starken Sehnsucht getrieben werden, wenn sie sterben mussten, ohne ihre Bestimmung im Leben verwirklicht zu haben – das Unvollendete lässt sie nicht los ... sie wollen zurück in die Welt; als »arme, frierende Seelen« suchen sie die Nähe der Lebenden, um ihr Schicksal zu erfüllen. Carl Wickland, Direktor des National Psychopathic Institute von Chicago, schreibt in seinem Buch *Dreissig Jahre unter den Toten* ein Kapitel über Geister, die sich gewisser Menschen als Medien bedienen, um Vergeltung zu üben. (Dass Gott einige Seelen als Schreckmittel und mit der Mahnung, nicht zu sündigen, aus dem Fegefeuer zu den Lebenden schickt, halten manche Kirchenlehrer für möglich.)

Auch wenn die Stimmung für die Erscheinungen des Übersinnlichen, die dem großen Sterben im Krieg und dem Elend in den Jahren danach folgen, nun wieder zuträglicher wird, hören sich die ungehaltenen Stimmen, die Gegner des Okkultismus, über lange Zeiträume hinweg ähnlich an: Das Übersinnliche zeige sich meist banal und nichtssagend. »Es handele sich nur um eine geschickt angelegte Gaukelei [...], die aber auf unkritische Köpfe nicht ohne Eindruck bleiben und namentlich in halbwissenschaftlichen Kreisen nicht unbeträchtliche Verwirrung anrichten.«[42] Solche Anfeindungen wiederholen sich monoton; schon früh – bereits vor Schrencks Karriere – ereifert sich der Physiologe Wilhelm Wundt, dass die drauf los schwafelnden Geister viel absonderten, aber wenig zu sagen hätten, dass diese »angesehenen Werkzeuge der Vorsehung« nur öde daherredeten und die akademische Jugend verdürben. Cromwell Fleetwood Varley beschwert sich, dass die meisten Geister vulgär sind, wie die Mehrheit der Menschen auch.

Zu befürchten sei auch, dass Wahnideen der Okkultisten auf unreife, schwache Personen übertragen werden könnten: sie krankhaft erregen, mit einer *monomania spiritistica* anstecken; Gegner sprechen von »induziertem Irresein« (*contagio psychica*).[43] So sehr also sorgt man sich um die naiven Gemüter, die leicht zu Beeindruckenden, Empfänglichen, Verführbaren – andererseits: Die Unterstellungen dieser, von »Zwangsvorgängen« Getriebenen, wie Schrenck die vom Betrug Besessenen »Mediophobiker« gerne abkanzelt, muten oftmals noch fantastischer an als die »Wunder des Okkulten«.[44]

Seltsame Bilder sind im Umlauf, die dem nüchternen Denken dieser Tage nur allzu obskur erscheinen: Ektoplasma-Massen wuchern aus dem Mund des Mediums, passieren, durchfließen mühelos den mit dem Sitzungstrikot vernähten Schleier ... schwerelos schwebend und transparent. Manche sehen das Ektoplasma als eine hochgekochte, überschäumende Milch, leicht lumineszierend, wie eine Reflexion von Mondlicht im Schnee. Zäher, dickflüssiger Speichel begleitet das kautschukartige, gelatinöse Etwas, um dann irgendwie schlürfend, kauend, saugend wieder einverleibt zu werden. (Einmal, wie um den Kreislauf des Lebens zu zeigen, sekretiert das Medium Eva C. Materie aus ihrer Vagina und verschlingt sie kurz darauf durch den Mund.) Alle, die nicht glauben wollen, schauen weg oder sehen Betrug. Neben der Rumination – das Heraufgewürgte müsste dann säuerlich nach Angedautem, Erbrochenem riechen – soll ein hohler, im Mastdarm verborgener Pfropfen als Quelle der Erscheinungen herhalten. (Obwohl Schrenck erwidert, dass nie Kotspuren gefunden werden und kein aus der Analöffnung hängendes Fadenende auszumachen ist.) Katzendärme, Fischblasen, eine Plazenta mit Nabelschnur und tierisches Gekröse eignen sich hervorragend, um das Ektoplasma – feucht gehalten mittels Stärkekleister – echt aussehen zu lassen. Ebenso leicht ist es aus Gänsefett, Gaze, Putzwolle und Watte

Ada Deanes, *Reverend W. S. Irving mit sich ausbildendem Ektoplasma.*

zu fabrizieren. Dazu braucht es also nur ein paar Stoffe und Tücher, in Form gebracht mit Ölen, Leim und dickflüssigen Säften. Für die Fingerglieder, die materialisierten Hände, soll ein aufgeblasener Gummihandschuh die Sache fingieren, und in den Phantomen könne man lediglich übermalte Gips- und Gliederpuppen erkennen. Besteht das Okkulte also eben doch nur aus einem Haufen Textil, aus Tüll und Pappe?

Richet, der die Materialisationen schlicht Wunder nennt, sieht bei Eva C. aus leuchtenden Zellhaufen, aus Ulna, Radius und Handknochen, sich anatomisch korrekt einen Unterarm entfalten. Selten entstehen ganze Phantome, meist zerstückelte, deformierte Körper, abgetrennte, einsame Organe mit zerfließenden Rändern und einzelnen, austauschbaren Gliedern, die schon sehr an den heutigen Diskurs des Posthumanen erinnern: metastatisch, monströs, mutierend. Und überall sind da Fetzen, Fehlformen, Fragmente. Hier lädt das Horrorkabinett der Schöpfung zu Unfällen ein, die in der Natur nur selten gelingen. Anomalien, wohin das Auge schaut. Missgeburten, wie sie sonst, in Spiritus konserviert, in den Vitrinen anatomischer Sammlungen stehen. Zum Fürchten schön sieht manches aus, als wären sie von einem Gott gemacht, der zu scherzen liebt, sich langweilt oder mal einen schlechten Tag hat. Bizarre Anatomie: »Auf ihrer Schulter liegt ein flaches Handschema mit überlangem Daumen und um seine eigene Achse verdrehten kleinen Finger«[45] – ein dritter Vorderarm erscheint, ausgehend vom rechten Ellenbogengelenk. Plumpe, überzählige Glieder wachsen aus Evas Rumpf. Aus dem Plasma »schauen« entstellte Gesichter mit stumpfwinkligen Brauen, verstümmelten Lippen und einer Stirn: in der Mitte gespalten. Nicht selten sind die Nasenflügel zu riesigen Löchern geweitet. Ein schief verzogener Mund ist fast bis zum Hals verrutscht. Wangenpartien wirken eingedrückt, die Augenhöhlen vergrößert. Oder das rechte, viel zu kleine Auge verläuft im Gegensatz zum richtigen Sitz des linken etwas zusammengepresst, schief nach innen; die Unterkiefer sind auffallend kurz. Zum Schrei aufgerissene Gesichter mit entstellter unterer Partie leuchten für Sekunden im Raum. An aus dem Mund kommenden Schnüren, an netzförmigen Fäden und Bändern hängen Fragmente von Gliedmaßen, unfertige Organe. Man sieht »ein männliches Antlitz … von einer fetzenartigen Masse bedeckt«[46], sieht von Gasen (?) aufgedunsenes Fleisch und mit Körpersäften überzogene, glänzende wie umgestülpte, nach außen gekehrte Schleimhäute. Sofort fallen großflächige Substanzdefekte auf, und auf den zweiten Blick zarte Gewebe mit Löchern wie von Mottenfraß. Ins Auge springen teratomartige Geschwülste mit offensichtlich verschieden ausgereiften Geweben: Muskeln, Knochen, Zähnen, Haaren, Haut. Eine Menge

Innereien liegen bloß: Lappen, »Flügel«, ähnlich denen einer Lunge, fast schwarz; Schlingen aus Darm, überzogen von Kapillaren und kleinen Trauben von Fett und Tentakeln, mit Drüsen und Schleim. Hier und da finden sich gewundene, weite Gefäße (Venen?), in denen das Blut steht und gerinnt ... und Auswüchse, Wülste von Haut in mehrfachen Lagen übereinander geschoben.

Das Unheimliche tritt hervor, wo das Vertraute zu verfremden droht, den Blick festhält, nicht mehr loslässt. Doch bleibt, was zu sehen ist, beziehungslos, unwirklich. Hinzu kommt: Die Entstellungen, die Defekte der mediumistisch produzierten Gesichter, ihre aufdringlichen Mängel haben etwas Unmenschliches, Alarmierendes. Das möchte man nicht sehen und muss doch hinschauen, wieder und wieder: Das Unbehagen steigt, vertieft um das Faszinosum – einen Anflug von Magie.

Redet man von Ektoplasma, drängt sich noch heute ein Name auf: Eva C. (Carrière). Mit ihr, sagen Schrenck und Richet, beginnt eine Epoche, regiert nach der Palladino, lange Zeit die Hauptattraktion im physikalischen Mediumismus, eine neue Königin der Medien. Eva provoziert Ablehnung, Bewunderung, Begehren. Die Französin wird geradezu die Projektionsfläche für den Argwohn und Zweifel, dass hier, im Okkulten, rein gar nichts mit rechten Dingen zugehen könne. Fortwährend wird das Medium verdächtigt, in einer Mischung aus Kalkül und Unschuld, Raffinesse und Naivität sein Spiel zu treiben. Man liest Szenen wie diese: Ein gewisser Dr. Kafka, Privatdozent der Psychologie, greift grob nach der grau-porösen Masse auf Evas Schulter (bekommt aber nichts zu fassen) – diese schreit und bricht in Tränen aus; Nervenkrisen und Krankenlager folgen. Der französische Offizier und Okkultist Albert de Rochas spricht von einer »Exteriorisation der Sensibilität« (*sensibilité à distance*), dem Ausscheiden von Empfindungen eines vom Körper abströmenden und übertragbaren Fluidums (als Pendant zur *l'extériorisation de la motricité*). Gleich mehrere losgelöste Empfindungsschichten, ist zu lesen, wandern dabei durch den Raum und dehnen sich bis zu einigen Metern aus. An anderen Stellen ist von

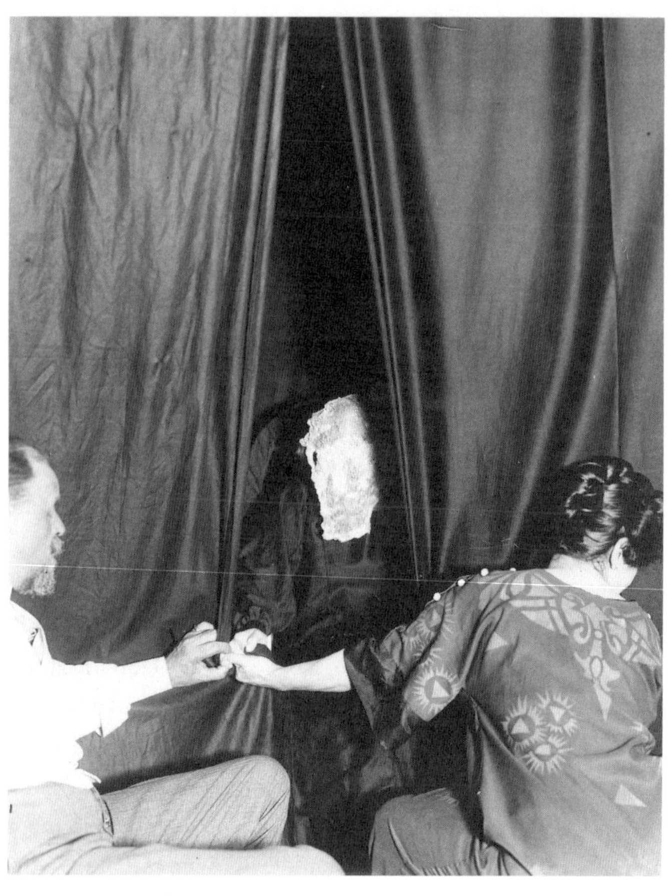

Albert von Schrenck-Notzing, Materialisation-Phänomen des Mediums Eva C., St. Jean de Luz, 1911.

Strahlen und »glänzenden, dünnen Nebeln«[47] die Rede, die sich wie Sensoren in ihre Umgebung hineinfühlen. Der ehemalige *militaire* glaubt, dass auch Substanzen mit Sensibilität aufgeladen werden können, ein Vorgang, welcher bei der Herstellung von in der Magie verabreichten »Sympathie-Pulvern« wirksam sein soll. (In seiner Trilogie *Die Heilung durch den Geist: Mesmer – Mary Baker-Eddy – Freud* greift auch Stefan Zweig die Idee der Absonderung eines »körperlichen Nervenstoffes« auf, welcher Kräfte übertragen, sensibel sein kann.[48]) Und überhaupt: Jeder Griff nach der Materialisation legt das Medium lahm. Daher: Anfassen verboten. (*Cave! Hämorrhagien!*) Bedrängt man Eva, »antwortet« sie mit Ohnmachten oder schläft ein.

Während der Sitzungen zeigen sich bei Eva blasende Mundbewegungen, Kauen, vermehrtes Speicheln, Tremor und ihr Puls steigt gefährlich hoch. Das Medium beginnt mit etwa hundert Atemzügen pro Minute zu hyperventilieren. Perioden langsamer, tiefer Seufzeratmung wechseln sich ab mit angestrengter, stoßweiser Exspiration. Vereinzelt eingestreute Tetanien. Und Klagen über Übelkeit, ein Spannungsgefühl in den Brüsten. (»Prise par les forces« nennt die Bisson, Evas Beschützerin, dieses brisante Stadium.) Eva stöhnt und wimmert dabei wie eine Frau im Gebärakt. Dickflüssiger Speichel rinnt, tropft aus dem Mund und ihre Hände werden kalt, die Muskulatur versteift sich. Der Körper arbeitet, kämpft, kollabiert.

Über Jahre wird man Eva C. nachsagen, eine der besten Illusionskünstlerinnen von Paris zu sein. Sind Evas überzählige Arme und Hände vielleicht nur Wachsattrappen? Bewegt sie ihre Objekte mit an Kopf oder Ellenbogen gehefteten, auch als Schwungleine verwendbaren Schnüren aus Kautschuk? Ein Nervenarzt aus Haarlem ist überzeugt, dass die Französin, trotz vaginaler Inspektion, ganze Phantome zusammengefaltet »in ihren Geschlechtsteilen mit in die Sitzungen bringt«.[49] Oder sie deponiere ihr Material zuvor in der Bandagierung des mit schwarzen Stoffstreifen umwickelten, im Kabinett stehenden Rohrstuhls. Es gibt Mutmaßungen, Eva würde, begünstigt durch bei ihr abgeschwächte Gaumen-Rachen-Reflexe, Verschlucktes wiederkäuen. (Ein Kubikzentimeter Chiffon wäre problemlos zu einem Ballon von fünf Metern Durchmesser aufzublasen.) Und weiter: Ihr Somnambulismus sei sowieso nur simuliert, sagen die Skeptiker; sie spiele nur die Entrückte und betrüge dabei.

Im Fall Eva C. wird neben Schrenck auch Madame Bisson, in deren Haushalt die Sensitive lebt und ohne die nicht eine Sitzung stattfindet, der Komplizenschaft und Konspiration beschuldigt.[50] Sie hat alle Exklusivrechte an Eva und gibt ihr Medium nicht aus der Hand. Langt einer der Herren mal ohne Vorwarnung zu oder geht es Eva an (unter) die Wäsche, stürzt die Bisson resolut dazwischen und ist kaum zu beruhigen: »Oh, quelle horreur, quelle infamie!« Matronenhaft schiebt sie sich zwischen Eva und ihre Untersucher. Beide schlafen im selben Zimmer; sie ist es, welche das Medium in Mesmer'scher Manier mit magnetischen Strichen (*Passes*) somnambul macht. Und zum »Gebären« bringt die Bisson ihr »Mädchen« oft ins Bett. Madame nennt Eva »meine Kleine«; während der Sitzungen sind beide in stetigem Rapport. Mit den Worten »Demande bien, ma Juliette« bittet Eva um Zuspruch. Die Bisson veranstaltet mit ihrem ektoplasmierenden Ziehkind regelmäßig Abende, stellt eine Hebamme an, die gynäkologisch untersucht, damit nicht gesagt werden kann, das Medium würde ein Etui oder kleine Pakete in ihrem Unterleib deponieren. Mit Stolz führt Madame ihr Mündel vor und die okkulte Szene findet sich ein zum Staunen: Wenn etwa Evas Vagina Materie in Form einer Orchidee preisgibt, die sich gleich weiter, in ein unfertiges Gesicht, umformt.

Ehemalige Geisterseher denunzieren die Konkurrenz, verraten ihre Betriebsgeheimnisse, wenn damit Geld zu verdienen ist. Experimentatoren bilden sich zu Illusionskünstlern aus; Julian Ochorowicz, polnischer Psychologe, lernt mediale Phänomene zu imitieren, ebenso Hereward Carrington. Ein anderes Mitglied der Londoner Society for Psychical Research,[51] Mr Davey, täuscht über Monate, völlig überzeugend und ohne auch nur einmal aufzufliegen, Materialisationen vor. Nach dem üblichen Spektakel zu Beginn – Lichter schwirren über den Boden und blinken, es klopft und hämmert – lässt er halbierte männliche Körper und mumienartige Köpfe erscheinen, die »glatt durch die Zimmerdecke verschwinden«.[52] Davey spielt derart überzeugend, dass Alfred Russel Wallace, selbst nachdem die Vorstellungen als Taschenspielereien veröffentlicht werden, lieber weiter glauben möchte, es handele sich um rein mediale Leistungen.

Und so lesen sich die goldenen Regeln der Illusion (oder des Betrugs): Erkläre nichts, sage nie, was du vorhast, versuche nicht den

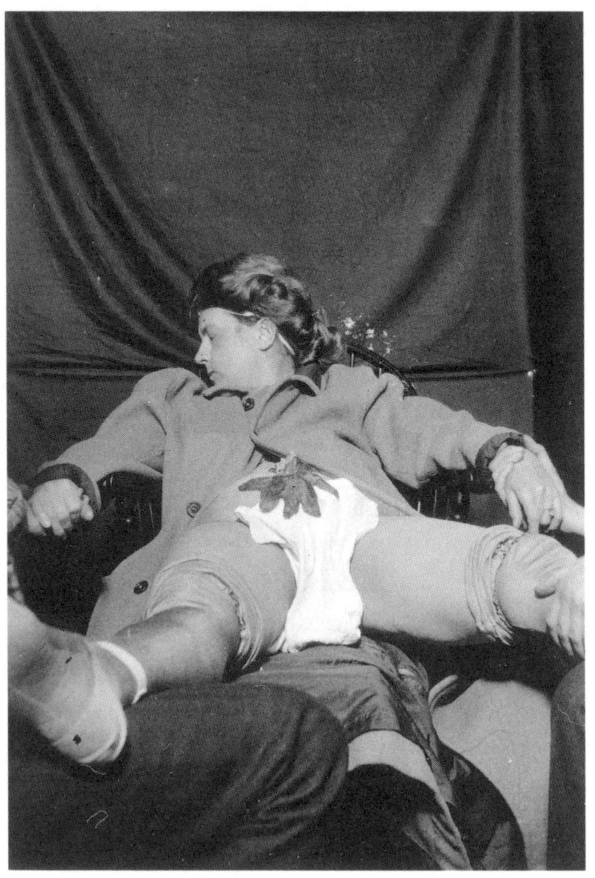

Eric Dingwall, *Margery Crandon*, 1925.

gleichen Dreh, dieselbe Masche zweimal an einem Abend. Lenke die Menschen ab – gib ihnen nur zu sehen, was sie sehen sollen. (Es handelt sich um ein Spiel mit den Lücken, den Leerstellen in der Wahrnehmung der Zuschauer.) Über Harry Houdini geht das Gerücht um, dass er das Medium Margery Crandon[53] hereinzulegen, der Täuschung zu überführen versucht, indem er mechanische Hilfsmittel in ihrem Kabinett versteckt. In einem Interview kolportiert er, dass gewisse sensitive Damen, um deren Tricks er weiß, sein Schweigen mit sexuellen Dienstleistungen versiegeln wollten. Houdini lässt keine der paranormalen Schausteller, die er treffen kann, aus. Auf Einladung der Bisson fährt er nach London, um Eva C. zu studieren. Sein Drang, Medien bloßzustellen, zu blamieren, ist wohl als Obsession zu werten, man lese *A magician among spirits* über die Rolle als »Detector of Fraud«.[54] Zehntausend Dollar Preisgeld will Houdini zahlen, für einen »paranormalen« Akt, der nicht mit ein bisschen Vorbereitung von ihm aufgeführt werden könnte. (Houdinis Schlüssel zur Kontrolle anderer sind starke Emotionen: Dem Zauberer muss gelingen, die Zuschauer in ihrer eigenen Angst einzukreisen; als ginge es bei seinen Vorstellungen auf Leben und Tod, erzeugt der Magier auch in ihnen die dazugehörige Erregung. »To houdinize« heißt noch zu seinen Lebzeiten, sich im letzten Moment zu retten, seinen Kopf aus der Schlinge zu ziehen oder sich auf wundersame Weise »aufzulösen«.) Parodien des Okkulten, Reinszenierungen von Séancen der Medien Margery und Slade, sind fester Bestandteil seiner Shows.

Der Einwanderer aus Ungarn, Sohn eines Rabbiners, ist nicht wenig vom Tod angezogen – Harry pflegt ein Faible für die Schauplätze von Morden und tödlichen Unfällen, sammelt Hinrichtungsmaschinen, verbringt viel Zeit auf Friedhöfen. In seiner »Buried Alive«-Performance gelangt er gefesselt, unter zwei Metern Erde begraben (wie der auferstandene Christus), nach zehn Minuten wieder ans Tageslicht. In Boston lässt er sich, wie immer ein bisschen auf Selbstvernichtung aus, auf ein Spiel mit dem Tod ein. Als »Jonas« im blauen Badeanzug kommt er, im ausgeweideten, von Ketten umspannten Kadaver eines Wals eingesperrt, bevor er sich befreien kann, durch die Arsenikdämpfe im Innern beinahe ums Leben. Und Harry beweist Humor: etwa als der Sherlock-Holmes-Erfinder Arthur Conan Doyle, mittels seiner Frau Jean als Medium, bei einem Besuch im Hause Houdini die verstorbene Mutter des Magiers beschwört. Die »gehimmelte« Cecelia Weisz spricht mit einem Mal Englisch, gibt sich als christlich zu erkennen und hat auch den Geburtstag ihres Sohnes vergessen. Houdini lässt sich nichts anmerken, bleibt höflich und zeigt sich gegenüber Doyle gerührt, den Tränen nah. Kurios: Bis heute halten sich die Gerüchte, dass der Magier nicht an einem geplatzten Blinddarm sterben musste, vielmehr von Spiritisten ermordet worden sei, deren Geschäfte mit der Medialität er empfindlich störte. Tausende Geistergläubige gehen in Chicago auf die Straße und wünschen Houdini auf Transparenten den Tod.

Bleiben die Phänomene aus, vielleicht weil die Physis mal schwach wird, helfen manche Sensitive nach, was das Zeug hält: mit Händen, Füßen, Haaren, mit Kopf und Mund, Drähten und Stoffen – Harry Houdini hat seine helle Freude daran; in Artikeln für den *New York Evening Graphic* lobt er die fabelhaften Fähigkeiten einiger Medien. Ihre Shows gehören zum Besten, was möglich, was an Magie aufzuführen ist. (Houdinimäßig befreien sie sich aus mehrfach gesicherten Eisendrahtkäfigen, lösen komplizierte Fesselungen, öffnen Vorhängeschlösser.)

Warum verkaufen sich Medien, um Geld zu verdienen, nicht einfach als Illusionisten, statt sich in Laboratorien, bei schlechter Bezahlung, immer neu als »Paranormale« beweisen zu müssen? Ira Erastus und William Henry Davenport[55] aus Buffalo, New York, sind die lebendige Verkörperung dieser Frage: Die Brüder jonglieren mit der Macht der Verführung, entziehen das Geheimnis ihrer Magie allen Blicken. Als würden sie das Reich der Träume aufschließen, werfen die Davenports – so lassen sie es aussehen – die Naturgesetze über den Haufen, zeigen das Wunderbare, wie es einfach und mühelos in der Welt ist. Die beiden Magier lancieren den Verdacht, dass hinter dem Sichtbaren verborgene Kräfte ihr Spiel mit uns treiben. Hier wird das Vorstellbare erweitert und neu vermessen. Medien machen den Blick frei auf Möglichkeiten, wie sie sonst nur in Utopien und Mythen vorkommen: Metamorphosen, Raumflüge, Televisionen. In ihrem Kuriositätenkabinett des Okkulten trumpfen die Davenports mit einer schier nicht zu erschöpfenden Verschwendung auf, als wollten sie die gewöhnliche Welt in einem Wirbel von Sensationen untergehen, verschwinden lassen. Aller Sinn und Ernst verlieren an Gewicht. Ihr Schweben und Spiel mit der Schwerkraft beschwören eine Welt, in der das Fantastische, Wunderbare, wie noch für Kinder, selbstverständlich erscheinen.

Die Brüder levitieren … Kinder- und zierliche Frauenhände flattern durch die Nacht … Köpfe lösen sich von ihren Körpern. Kugeln, blassrosa und blau, steigen in den Himmel. Nun bräuchten Ira und William, diese Artisten des Absurden, nur zu erklären, dass ihre Performances Illusionen sind, und alles wäre gut. Wären wir nur Jongleure, sagen die beiden, würden wir alle Bühnenkünstler der Welt übertreffen. Aber genauso wenig bekennen sich die Davenports zu einer Allianz mit dem Jenseits, obwohl sie über drei Jahrzehnte mit »John King« – dem Kontrollgeist auch von Blavatsky und Palladino – als Arrangeur ihrer Shows auftreten. Lebt ihre Magie vom Verdacht, sie könnten mehr sein als nur gewöhnliche Menschen? Zumindest wollen die Davenports ihren Zauber nicht verraten; weder gestehen sie, dass ihr Programm nur aus Tricks und Techniken besteht, noch geben sie sich als von den Geistern Auserwählte zu erkennen, und werden so regelmäßig zu Hass-Gestalten der ewigen Argwöhner und Besserwisser.

Die Grenzen zwischen Geist und Körper, zwischen vielleicht Möglichem oder schon Realem, werden vage, verschwimmen … Ungeachtet der Fallhöhe: Keine Schwerkraft hält die Davenports am Boden, wenn sie durch die Luft spazieren. Ihre Shows sind eine Akrobatik im Ungeheuren, ein Tanz, ein Turnen in den Höhen, auf den Gipfeln des Absurden.[56] Ihr Aufstieg ins Freie, ins Schwebende: Im Zirkus des Okkulten wollen diese Artisten nichts weniger als das Unmögliche angehen. Dem sich selbst übertreffenden Menschen ist nichts hoch und fern genug, dass es nicht erreicht werden könnte. Es scheint, als würden die Davenports eine neue, große Zeit des Menschen ankündigen, der sich im »Immer-Höher-Hinauf« seiner Selbstüberwindung von den Anziehungen eines kleinmütigen Lebens nicht festhalten, einfangen lässt. (Hier kann man den Übermenschen Nietzsches erkennen: seinen Ansturm auf einen immer weiter hinausragenden Zenit. Wer weniger hoch – nicht weit über sich – hinauswill, verfehlt seinen metaphysischen Auftrag.) Nur dass die Davenports eine Welt außerhalb des Gewöhnlichen beschwören, in der andere Regeln und Freiheiten gelten, möchte das Publikum nicht erlauben. Auf diese Ausflüge ins ganz und gar Unwahrscheinliche, Abwegige, wenn in zauberhaften Verwandlungen das Alltägliche überschritten, das Unbegreifliche sichtbar wird, antworten die Zuschauer mit Staunen, aber auch mit Angst. Die Stimmungen überhitzen! Das unerklärlich bleibende Wunderbare produziert ein Paradox: Die Menschen glauben daran, obwohl sie zweifeln, und sie zweifeln trotz ihres Glaubens. Auf ihrer England-Tournee, mit Vorstellungen in Hull, Huddersfield und Leeds, will die Menge sie lynchen. Es kommt zu Tumulten. Der Mob zieht durch die Straßen, rottet sich zusammen, um auf seine Weise zu klären, ob die Davenports nun Betrüger oder aber Wundermänner sind. Die Brüder brechen ab – der örtliche Polizeischutz ist ihnen nicht sicher genug. In Frankreich verweigern die Behörden den Auftritt, befürchten ähnliche Ausschreitungen.

Eusapia Palladino, die kleine, dicke Dame mit den schönen, schlanken Händen, ist das meistuntersuchte Medium ihrer Zeit und begehrt. Lombroso, Schiaparelli, Ochorowicz, Flammarion, Aksákow, Lodge, Myers, Morselli, Richet, Curie, Carrington, James und auch Schrenck wollen mit ihr arbeiten.

Sind die Kontrollen schlecht, weiß man, betrügt sie. Eusapia ist eine Meisterin der Improvisation. Die aufglühenden, durch den Raum treibenden Leuchtkörper, behaupten böse Zungen, spuckt die Signora als Phosphorstückchen aus dem Mund, und auch dass sie für »Levitationen« einfach frech auf den Tisch steige. Arbeitet Eusapia diffiziler, muss sich die Intelligenz der Untersucher an ihrer Geschicklichkeit beweisen. Und Eusapia ist nicht das nette Mädchen von nebenan: In ihrer Abneigung gegen Apparate zertrümmert die Neapolitanerin – mittels telekinetischer Wucht? – einige teure Instrumente, als man einen von ihr ausgehenden »Kraftstrom« messen will. (*Delirium hystericum* – hysterische Tobsucht nennen einige dieses Benehmen.) Bei schlechter Laune platzt sie mit Lebenswut in die Sitzungen und zerlegt die Möbel.

Die sonst so agile Aktrice zeigt sich nach getaner Arbeit mitgenommen, fällt mit einem Schlag den Teilnehmern bewusstlos in die Arme, liegt, ohne sich zu rühren und mit fliegendem Atem, lethargisch auf dem Kanapee; ihr Puls ist schnell, das Gesicht ohne Leben und blass. Ihre Bulbi sind nach oben verdreht. Noch andere, ähnliche Anfälle von »Starrsucht«, minutenlang anhaltende Blickkrämpfe, entstellen ihr Gesicht. Eusapia hört nicht auf zu klagen, schreit und lacht und übergibt sich, zittert, versteift sich, erschlafft. Will man sie beruhigen, echauffiert sich die Italienerin umso mehr. Explosionsartiges Aufstoßen nach der Trance findet sich bei ihr und einigen anderen Ektoplasmatikern, vielleicht als Folge von Aerophagie (Luftschlucken)? Der Astronom Camille Flammarion versteigt sich am Beispiel der Palladino zu einer zeitgemäßen Hypothese: Eine »Lähmung« von Hirnteilen könnte die Erregung anderer Areale zur Folge haben; aus solch abnormer »Cerebralkraft« entstehen dann ihre Telekinesen. Paranormale Arbeit erschöpft: medialer Burnout. Enrico Morselli, Turiner Irrenarzt, sieht Eusapia nach schweren, anstrengenden Auftritten durch eine *Facies hippocratica* gezeichnet: ihre Blässe und schlaff eingefallene Gesichtsmuskulatur, die scharf profilierte Nase. Sie muss ins Bett getragen und ausgekleidet werden. Er glaubt zudem, dass jugendliche, fokal beginnende Jackson-Anfälle, vielleicht eine Schläfenlappen-Epilepsie, die frühe mediumistische Karriere der Palladino begünstigt hätten. Von einer Narbe auf der linken Seite ihres Schädels ausgehend, spüren die Untersucher während der Sitzungen eine unsichtbar strömende Materie, ein fühlbares Fluid, einen »deutlich kalten Wind«[57], der winzige Papierfähnchen flattern lässt.

In der Kunst, Vorhänge durch Blasen aus den Mundwinkeln wie leicht schwellende Segel sacht wehen zu lassen, bringt sie es zur Perfektion. Und jene, wie ein chinesisches Schattenbild durchs Zimmer gleitende ätherische Hand, sagen die Professionsentlarver, sei der artistisch bewegliche Fuß der Italienerin. Trotz Übergewicht und Fettschürze: Ihre Fülligkeit wird – ähnlich den Serpentintänzen Loïe Fullers – aufgehoben zur fließenden, luftigen, schwerkraftfreien Anmut. Dehnbar wie eine Guttapercha-Puppe, erscheint Eusapia mal größer, mal kleiner ... Im Laufe einer Sitzung kann sie mehr als zehn Zentimeter wachsen. Ercole Chiaia hört ein trockenes Knistern, sieht Funken aus ihrem

Körper springen, Orangenblüten, Konfekt und Rosen von der Decke fallen. Als die Palladino den Kopf der Madame Curie berührt, gibt sie elektrische Ladungen ab; rechteckige Lichter und Ellipsen sind zu sehen – drehen sich, pulsieren, glimmen langsam aus ... (In Paris, am Institut général psychologique, prüft Curies Mann Pierre zusammen mit Bergson, Babinski und Poincaré das Medium in mehreren Sitzungen, in der Hoffnung, dass sich hier Spuren einer Physik manifestieren, für die man noch kein Modell kennt.[58]) Typisch ist ein wiederholtes sanftes Wehen, sich Aufbauschen ihres weichen, bodenlangen Rockes in Richtung der Erscheinungen. Luftzugartige Strömungen gehen vom Medium aus ... eine unbekannte Kraft? Madame Curie versucht, diese durch Röhren aus Wollfaser zu kanalisieren, zu verstärken. Dann wieder fühlt man zwischen Schichten von Stoffen das »Herauswachsen eines Gliedes«, heißt es im Protokoll.[59] Gelehrte der Columbia University beobachten durch ein Loch in der Decke des Kabinetts bizarre Projektionen aus der Mitte ihres Körpers. Bei Schrencks Münchner Experimenten fahren stumpfe schwarze Spitzen, steil nach oben gerichtet, aus ihr heraus. Was ist los unter den Röcken der Palladino? Genaues weiß niemand. Die sofortige Entkleidung des Mediums jedenfalls fördert nichts zutage.

Manche erklären sich die von der Palladino ausgelösten Fernbewegungen durch das Eingreifen materialisierter Organe, rudimentärer Hände und Finger oder rutenähnlicher, phallischer Strukturen: Pseudopodien, Prolongationen. Als »unsichtbare Stereophantasmata« (Morselli) sind die medianimen Glieder bereits zu tasten, noch bevor sie sichtbar werden, dann gut zu erkennen vor mit schwefelsaurem Kalzium leuchtend gemachtem Hintergrund. (Eusapias Kontrahenten vermuten am Unterschenkel platzierte ausfahrbare Stahlruten als Hebel. Und einen kleinen, in der Achselhöhle versteckten Ballon, der Luft in ihre zahlreichen Unterkleider pumpt.)

Morselli schreit ins Dunkel hinein: »Das Unsichtbare ist gekommen!« – und fühlt sich durch die Palladino in den Aberglauben getrieben. Schiaparelli tastet nach einem rumpflosen Kopf dreißig Zentimeter über dem Tisch. (Was sind diese nur fühlbaren körperähnlichen

Widerstände im Raum?) Als wolle sie abheben, in die Luft gehen, »flügelt« die Palladino mit den Armen ... kündigt durch donnernde Rufe und hammerschlaglaute Raps ihre Telekinesen an. In einiger Entfernung zu ihr entstehen Abdrücke von Gesichtern in Ton: Profilköpfe, mit zum Teil offenen Augen und Mund – es ist fantastisch! Reflexe von Lichtern, wie das Glitzern von Kristallen, das Schimmern glasiger Milchopale, die aus den Wänden wachsen, erhellen kurz den Raum. Nicht zu Unrecht heißt es: »C'è una Eusapia – Regina del gabinetto«!

Fliegende Möbel sind Eusapias Visitenkarte. Wenn die Primadonna in Form ist, tritt sie vor der englischen Taschenspielerkommission auf, folgen ihre Levitationen (minutenlang und bis zu einem Meter Höhe) derart rasch aufeinander, dass der Stenograf beim Diktat nicht mitkommt; gleich sechsmal innerhalb von fünf Minuten lässt die mediale Dame einen Tisch schweben.[60] (Das Protokoll spricht von elf Sitzungen der Palladino mit 470 unerklärlichen Phänomenen.) Am Institut général psychologique kontrolliert man Temperatur, Puls und Atmung, ihren Urin samt Harnsäureausscheidung, analysiert die Raumluft – ohne verwertbare Resultate. Immerhin: Setzt man Eusapia auf die Marey'sche Waage, schwankt bei Levitationen ihr Gewicht.

Typisch Italienerin, führt wohl niemand so ergreifend christliche Motive auf. In Turin sieht man hinter der Palladino eine Frauengestalt in weißen Tüchern, mit aufwärts gekehrtem verklärtem Blick und einem Säugling im Arm (»Madonna mit Kind«) aus dem Dunkel hervortreten. Im Schattenspiel des Gaslichtes fuchtelt ein weibliches Phantom unheilvoll mit einem Armstumpf, gibt unverständliche Zeichen. Auch ihre Séancen sind Räume des »Virtuellen«, in denen Leben simuliert wird, geträumt werden darf. In Ermangelung von Television und Lichtspielen ist die Palladino Unterhaltung vom Feinsten. Eusapia ist der Star am Medienhimmel. Im Schlafwagen fährt die Diva durch Europa, gibt Gastspiele in New York, Audienzen am englischen Königshof, wird beim Zaren eingeladen, lässt sich hofieren und feiern.

Könnten ihre vielgerühmten Phantome an die Wand gespielte Projektionen einer versteckten *Laterna magica*, Effekte mobiler

»Phantasmoskope« sein? Entwerfen künstliche, über Spiegel geleitete Lichter solche Simulakren?[61] Gustave Le Bon schreit bei einer Sitzung »Betrug, Betrug!«, die Bankiers Rothschild sind nur amüsiert. Sanitätsrat Albert Moll, Okkultismus-Gegner und früherer Mitstreiter Schrencks in der Forensik und Sexualpathologie, wirft dem italienischen Irrenarzt Cesare Lombroso »rührende Kritiklosigkeit« und »sorglos primitive Methodik der Experimente« vor.[62] Auch die anderen Untersucher sieht er am Rand einer Psychose – sie müssten ihre weltfremden Ideen mit immer neuen wahnhaften Annahmen retten. Als »metaphysisch« entstandene Handabdrücke auf berußtem Papier identisch sind mit den Fingerpapillen der Palladino, kommt Flammarion mit der etwas schrägen Erklärung, Eusapias Körper habe sich als fluidisches Extra verdoppelt.

Über solche astralen Ebenbilder wird nicht nur im Fall der Palladino viel spekuliert. De Rochas und Durville behaupten, durch magnetische Striche – sie sollen das Fluid lockern und aus dem Körper drängen – die Produktion von Doppelgängern zu provozieren: Aus der Fusion zweier schwankender, orangegelb und blau leuchtender Säulen – *colonnes flottantes* – zu beiden Seiten des Körpers bilde sich dann linker Hand neben ihr in Sekundenschnelle die Kopie der Versuchsperson. Dabei erscheinen die oberen Konturen ausgeprägter, »lebendiger«. Das Abbild, schreibt Durville, werde vom Spiegel reflektiert, könne fotografiert werden und »wiederholt wie ein Schatten jede Geste, kann Gegenstände bewegen, sich bemerkbar machen.«[63] Über eine fluidale Nabelschnur fließen zwischen den beiden Körpern Energie und Empfindungen. Manche Fluidale verschieben Möbel, gehen durch Wände, andere machen sich selbstständig, geraten außer Kontrolle. Nicht minder fantastisch: Die Phantome sollen Anwesende (das *sujet récepteur*) durch bloße Berührung in einen magnetischen Schlaf versetzen. In seinen Versuchen mit dem Medium Laurent will de Rochas die Tendenz des »Doppels« bemerkt haben, kugelförmig zu werden oder unter elektrischem Einfluss die Form einer Träne, eines Kometen anzunehmen. Die Somnambule Edmée, mit der Durville arbeitet, sieht einen leuchtenden Ballon, eine blendend helle Kugel, inmitten des Phantoms, die sich langsam loslöst und, Licht um sich verbreitend, zu schweben beginnt. Während der Zeit sei das Medium vollständig anästhesiert und sein Doppelgänger dafür umso empfindsamer. Ein anderer Okkultist, welcher Durville assistiert, der Dramatiker Charles Lancelin, entwickelt später eine Anleitung zur willkürlichen Entäußerung des Fluidals, die er als *Méthode de dédoublement personnel. Extériorisation de la neuricité. Sorties en astral*[64] veröffentlicht. Die holländischen Physiker Matla und Zaalberg van Zelst bestimmen das Gesamtgewicht des Astralkörpers mit 69,5 Gramm – genau die Masse, die ein Leichnam im Vergleich zum Lebendgewicht weniger wiegen soll.[65] Es gibt also noch andere, für die solche Vorstellungen geläufig sind; Flammarion steht hier nicht allein.

Das paranormale Theater der Medien findet meist auch akustisch statt; in den Séancen der Palladino wird Unsichtbares, Ominöses hörbar. Das *Berliner Tageblatt* verbreitet: Ihre Geister seien musikalisch – »Tische, Etageren und Stühle beginnen zusammen und in streng eingehaltenem Tempo unter Tamburinbegleitung einen Marsch zu trommeln.«[66] Nicht selten wird diese »Teleakustik« sehr laut: Ist die Dame gut aufgelegt, lässt sie es krachen, als würden die Dinge lebendig, klirrend, zischend, tönend, als finge der Raum zu sprechen an. Wie wenn Regentropfen gegen die Fenster schlagen, meinen manche ein feines Hämmern zu hören und schöne Melodien, aus der Ferne gesungen und ins Zimmer geweht.

Allein nur hörbar, ihr Auslöser wie absichtlich den Blicken entzogen: Diese sprechenden Schatten, Stimmen ohne Körper, ohne Gesicht, diese *présence acousmatique* (Michel Chion) – den Augen verborgenen Tonquellen – sind, mit einem Wort: unheimlich! Ein kleiner Ausflug, mit großen Sprüngen, quer durch Mythologie und Geschichte, könnte an dieser Stelle ein Gewinn sein. »Akusmatiker« heißen die Schüler Pythagoras', die ihren Lehrer nur hören, nicht aber sehen dürfen. In seinen Schriften über die »Caballi« – Lemuren – lässt Paracelsus eine Armee von Untoten aufmarschieren, die nur in Tönen anwesend sind: »Als da ist Klopfen oder Pochen, Lachen, Zischen, Pfeifen, Niesen, Heulen, Seufzen, Wehklagen, Trampeln, Werfen.«[67] Der Arzt und Alchemist nennt diese »Polter- und Rumpelgeister« auch »armselige Dunstgestalten«, die sich den Lebenden allein durch Lärm und Stimmen bemerkbar machten. In der Wüste werden »dröhnende Dünen«, die wie Summen, Glockenläuten, Dudelsäcke, Trompetenstöße, Trommelschläge klingen, von den Beduinen seit Generationen für die Botschaften von Geistern gehalten. Gordon Wasson und Albert Hofmann glauben, dass das Gerstenmutterkorn (*Claviceps purpurea*) wahrscheinlich Bestandteil des Eleusinischen Tranks ist, der das Göttliche als eine Musik aus den Tiefen der Erde, als ein Flüstern und leisen Gesang hörbar macht.[68] Das Alte Testament erzählt von einer *engastrímython*: Die Stimme der Wahrsagerin spricht bauchredend bei geschlossenem Mund und scheint nicht aus ihr, vielleicht aus einem Totengeist zu kommen.[69] Horaz schreibt in seinen *Saturae*, dass wenn es gelingt, die Schatten der Toten zu beleben, diese »traurige und schrille« (»*triste et acutum*«) Laute von sich geben. Mit einem Wind aus Stimmen ziehen die Sturmdämonen der alten Völker über das Land, bringen Fruchtbarkeit oder Krankheiten. Der Aberglaube erzählt von der »Musik des wütenden Heeres«: Was zunächst wie ferne Töne aus hoher Luft, nach Instrumenten, von Gesang begleitet, klingt, geht bald über in ein Rasseln und Tosen, in Geschrei und Kuhglockengeläute, in ein Heulen und Hundegebell. Über zwei Jahrzehnte hört die Mystikerin Margery Kempe die Gegenwart Gottes als Vogelgezwitscher im rechten Ohr.[70] Die heilige Teresa, die sich gerne mit Fasten und Geißelungen kasteit (von Janet die »Patronin der Hysterischen« genannt), hört nicht mit den Ohren, sondern fühlt ihre Auditionen im oberen Teil des Kopfes: Das »Brausen« von unendlich vielen Vögeln, untermischt mit »gellendem Pfeifen«. (Oft wird der explosive Sturz in ein anderes Bewusstsein als »ohrenbetäubendes Geräusch ohne Laut« beschrieben.[71]) Swedenborg erlebt, wie die Geister von innen her sein Hörorgan erregen. Im *Brief eines Wahnsinnigen* von Maupassant löst ein Unsichtbarer, ein übernatürlicher Passant, beim Erzähler nur durch Geräusche stimuliert Empfindungen aus, »als wäre eine Flüssigkeit, eine Flüssigkeit, gegen die man sich nicht wehren kann, in alle Fibern meiner Haut eingedrungen und ertränkte meine Seele in einem scheußlichen und zugleich wohltuenden Entsetzen. Und der Boden knarrte ganz nahe vor mir …«[72] In den Séancen Daniel Dunglas Homes wird die Gegenwart der Geister manchmal allein durch Violine, Flöte, Pikkolo und Konzertina deutlich. Eugen Bleulers *Dementia-praecox*-Kranke aus Burghölzli hören Stimmen flüchtiger Schatten, die sie schlagen, elektrisieren und steif machen, die aus den Möbeln, vom Dach, aus dem Himmel, der Hölle, aus dem eigenen Körper kommen. Und zu allen Zeiten flüstern die Toten noch Tage und Wochen nach ihrem Sterben ins Ohr der Trauernden. Nicht zu vergessen Spuk, der sich allein in Geräuschen äußert: ein Klopfen, Knistern, Kratzen, Scharren, Atmen, Schnalzen, das Schlagen von Türen und vor allem Schritte verschiedenster Art, schleppend, schleichend, polternd, zögernd und so weiter.[73] Brentanos Medium Emmerick fühlt sich auf Friedhöfen von trüben Stimmen aufgerufen, für die aus dem Leben Geschiedenen, dort Umherirrenden, zu beten. In Norwegen kennt man die wandernde Seele, den *Vardøger*, der eine Art Vorausecho dessen erzeugt, was in der Zukunft passieren wird.[74]

Auch die frühen Séancen sind akustischer Natur – zu sehen gibt es eher wenig. Das Warten im Dunkel stimuliert das Hören. Man hört das schwere Atmen des Mediums, das Flüstern der Beisitzer, das Rücken und Schieben der Stühle, den Verkehr auf der Straße, das entfernte Geschrei der Kinder beim Spielen. An dieser Stelle nur erwähnt, die erstmals bei den Davenports beschriebenen »independent voice phenomena«: nicht menschliche Stimmbänder – eine »voice-box«, ein ektoplasmatischer Sprechapparat produziere hier, sagen die Spiritisten, als »etheric amplifier«, als ätherischer Verstärker, Töne. Diese kommen aus allen Ecken zugleich, von der Decke, vom Boden, bewegen sich lauter, leiser werdend, auf und ab, wechseln zwischen hohen und tiefen Lagen. Oft, wird vermutet, seien von fluidischen Fäden gezogene (oder psychokinetisch bewegte?) »Trompeten« im Einsatz, Schallrohre aus Metall und

Pappe, um mittels Kondensation psychischer Energie die Flüsterstimmen zu verstärken: ein Megafon, ein Lautsprecher für die Geister.[75] Der Sound ist dann auch etwas scheppernd, blechern (»tinny«). Was sich da kundtut, geht für viele über das Fassbare hinaus.

Ist das Klopfen der Geister, sind die als codierte Botschaften verbreiteten »Raps« – mal kommen sie unregelmäßig, mal marschartig, rhythmisch oder auch mit Trommelwirbeln daher, begleiten den Takt einer Melodie – vielleicht vom Knie- oder Großzehengelenk des Mediums erzeugte Töne? In diesem Sinne äußert sich, als einer von vielen, der Internist Austin Flint in seinem Aufsatz »On the discovery of the source of the Rochester knockings and on sounds produced by the movements of joints and tendons«.[76] Noch einfacher zu haben ist folgende Variante: Ferse oder Spann schlagen gegen Tisch und Stuhl. Ebenso simpel funktioniert ein »Cri-Cri« genannter Mechanismus mit einer im Schuhabsatz verborgenen Feder, die beim Auftreten schwer lokalisierbare, dumpfe Geräusche erzeugt. Woher stammen die sphärenhaften Klänge, diese als jenseitige Jingles eingespielten Melodien? Zumindest in einem Fall ist der Ursprung sehr irdisch – das Medium »Bernhard« löst durch Druck den Mechanismus einer röhrenförmigen Spieldose aus, die tief im Rektum steckt: heraus kommt »anale« Musik. Ein anderer, Johann Schraps, der »Weber von Mülsen«, aus dem sächsischen Erzgebirge, arbeitet im Akkord, gibt gleich mehrere Sitzungen am Tag – seine Spezialität: geistliche Musik mit Schlagzither, Glocken und Tamburin. Während dieser Konzerte schwirren blinkende Lichter durchs Zimmer, beleuchten die Gesichter der Gäste. Der Mann lässt sich mit meterlangen Schnüren, komplizierten Knoten und Schlaufen fesseln, die, wie Carl Willmann, Hamburger Varietékünstler, zeigt, aber selbstauflösend sind, kinderleicht abzulegen. (Knoten, die sich nicht zusammenziehen, verschoben werden können, einfach aufgehen etc.) In Spiritistenkreisen wird Schraps weiter als Prophet und Gottgesandter gefeiert. Das Berufs-Medium Eglinton, genannt »Willie«, bläst in Begleitung von »Abdullah«, seinem jenseitigen Führer, bei Dunkelheit Töne in ein trichterförmig verlängertes Papierrohr – kein schlechter Effekt, wie das Publikum hören kann. Weiter zum Thema Tanz und Musik: Auch die Mitte des Jahrhunderts in Mode gekommene »rapping mania« der »somnambulen Tische« (»tables tournantes«) hat es in sich, gehorcht einer geheimen Choreografie: Sie kippen, schwanken, schweben, drehen sich um die eigene Achse, stoßen mit den Füßen auf den Boden und buchstabieren, technisch einfach, also leicht auszuführen, per Klopfalphabet Botschaften.[77] Und wieder einmal die Frage: Wer ist der Autor?

Wie in der Welt des Theaters geht es in den Séancen zu, mit Kostümierung, Schönfärben, Frisieren, Maske, mit schnellen Verwandlungen und wechselnden Rollen – dramaturgisch immer nah am Zeitgeist gespielt. Beginnt der Spiritismus mit einfachem Klopfen oder lauterem Hämmern im Dunkeln, werden seine Aufführungen über die Jahrzehnte raffinierter, visueller.

Immer mit dabei, in Aktion, eigenwillig und intelligent: Hände (Imitationen? Prothesen?) aller Qualitäten – plump, zart, klauenartig, flach, lebenswarm, kalt, durchscheinend, nebelhaft, schimmernd, phosphoreszierend, fahl, fleischfarben, rotbraun, schwarz. Sie winken, streicheln, drücken, schütteln, schlagen, kneifen, zerren, stoßen, klopfen. Manche Berührungen werden von mehreren Beisitzern gleichzeitig gespürt oder sind simultan mit telekinetischen Bewegungen in anderen Räumen. Nicht weniger fantastisch und schwer zu begreifen: Phantomhände werden, versucht man sie zu halten, weich wie Gelee, schmelzen, verflüssigen sich, zerfließen ... »it gradually seemed to resolve itself into vapour, and faded in that manner from my grasp« (Crookes). Der »kalte Händedruck des Todes«, heißt es, sei durch eine zuvor mit Äther befeuchtete Hand leicht hinzukriegen.

Ohne viel Aufwand könnten auch die so imposant glänzenden Nebel mittels Phosphortrioxid hergestellt werden, Illuminationen mit Balmaynfarben. Allgemein bekannt: Die Leuchtkraft von mit Calziumsulfid bestrichenen Objekten wird durch Magnesium-Blitze erhöht.[78] Bei der Silbert,[79] einer gedrungenen, bäuerlichen Frau, die mit dem Schwitzen zur Menopause zu ektoplasmieren beginnt, sehen ihre Kunden wirklich

Erhellendes: Aus der Brust von androgynen Phantomen schießen im Sekundentakt Blitzlichter und beleuchten das Zimmer, während, wie Musik zum Film, in Klopftönen der Rhythmus eines Streichquartettes von Beethoven zu hören ist. Grünliche Phosphoreszenzen, kurz sichtbar, verschwinden, um an anderen Stellen des Raumes zu erscheinen. Feuerregen verrauchen die Luft. An den Wänden spielt ein verschwommenes Flimmern, das zu Mosaiken gleißender Farben zusammenfließt. Häufig tritt bei ihr Heinrich Hertz auf: als Seele des Toten und Lichtbringer platziert er die Séancen in der Nähe zur Wissenschaft. Die Silbert sitzt mit gefalteten Händen, fromm und steif, vollkommen ungerührt, als hätte sie mit all dem nichts zu tun. (Man darf annehmen, dass die meisten Medien aus einem katholischen Milieu wissen, wie in der Mystik die »Entraffung« der Visionäre auszusehen hat, um glaubwürdig zu sein: Starre des Körpers, unterbrochen von plötzlich ausfahrenden Bewegungen, eine flache oder vertiefte Atmung sind häufige Zeichen.[80]) Will man ihre wie Nonnen verhüllten Phantome fotografieren, ist das Spektakel auch schon vorbei.

Die Shows mancher Medien sind schon präpsychedelisch, grandiose Performances, ihre »Lichtbilder« eine Vorwegnahme der Idee Moholy-Nagys, mit Licht statt mit Farben zu malen.

# IV

# Ein Chor von Stimmen

—

# Animismus und Spiritismus

Es ist unmöglich, sicher zu sein, wann das Medium nur für sich, in eigener Sache oder aber im Namen einer anderen Entität handelt und spricht. Das Fremde vom Eigenen des Mediums, das Menschliche vom Unmenschlichen, das Bewusste vom Unbewussten lässt sich nicht trennen. Es handelt sich hier um die Ununterscheidbarkeit von Medium als »Medium« und Medium als Autor. Von der Beschaffenheit der Botschaften ist niemals auf deren Herkunft zu schließen. Der Absender hinter den Worten und Bildern bleibt verborgen.

Das gewöhnliche Leben des Mediums steht seinen somnambulen Zuständen »als etwas Fremdartigem, zwangsweise Wirkendem«[1] gegenüber. Die einsetzende Trance scheint nicht selten von Schmerz begleitet, abzulesen am Grimassieren, an den Versteifungen, den Krämpfen. Mitten im Satz versagt die Stimme. Ein leises Pfeifen entweicht dem Mund. Mal sieht man eine leichte Unruhe, ein feines rhythmisches Schütteln der Arme, einen leeren Blick. Dann wieder werfen sich die Medien abrupt nach vorne, kippen weg oder krümmen und drehen sich, schwanken, stolpern, müssen gestützt werden ... Bäumen sich »zum Ende« hin auf – sacken zusammen. Oder stürzen ohne Hemmungen hart auf den Boden. (Entrückte christlicher Herkunft fangen gerne an zu hüpfen, springen und tanzen, wenn der Heilige Geist ihnen naht, jubeln vor Freude; einige singen, andere beginnen zu glucksen und speicheln. In der »Entraffung« dann zeigen sie oft starre, aufsteigende Lähmungen, erleben eine Taubheit des ganzen Körpers.)

Was theatralisch aussieht, möchte aber nicht gespielt sein. Das Medium bleibt, für das, was geschieht, meist ohne Erinnerung; Leere und Verstimmungen folgen und es braucht Stunden, bis die alte Person wieder an ihrem Platz und »bei sich« ist. Für das Medium gibt es noch nicht mal eine Sprache, in der sich der Abfall vom Selbst ausdrücken könnte – sie versagt vor der Totalität der Erfahrung, dieses Sturzes ins Nichts. Für die anderen, die Zuschauer, kann aber niemals sicher sein, ob die Besessenen – auch *Lunatici*, »die vom Mond Getroffenen«

genannt – erinnerungslos werden oder eben doch noch »anwesend« und wach genug sind, um zu wissen, was um sie herum geschieht.

Wird die reine Hysterie durch das oft wilde Durcheinander körperlicher Ausfälle und Krisen dramatisch, so entfalten sich Persönlichkeitswechsel oder Besessenheit in der Übernahme eines neuen Charakters und Temperamentes. Von einem Moment zum anderen sieht der Mensch sich nicht mehr ähnlich – Bewegungen verfremden sich, wesensfremde Gesten nehmen überhand.

Dass »unterbewusste, fixe Ideen« sich verselbstständigen, ein Eigenleben führen und sich in der Hypnose zu erkennen geben, sich »verraten«, wird für Pierre Janet[2], Pionier einer neuen, dynamischen Psychiatrie und Leiter des Laboratoire de psychologie pathologique der Salpêtrière, schon einige Zeit vor Freud zur Gewissheit. Er will zeigen, dass Menschen leicht »verrückt« werden, wenn sie böse Erinnerungen und »Sünden« in sich begraben. (So im Fall »Achilles«, eines Kranken, der sich für besessen hält und meint, mit der Stimme des Teufels zu sprechen und die Seelen im Fegefeuer zu sehen; der Mann ist über Tage aufgebracht, stößt Gotteslästerungen aus, die von Lachanfällen unterbrochen werden. Bei ihm deckt Janet schwere Schuldgefühle nach einem Ehebruch auf und exorziert so, durch die Wiederkehr des Verdrängten, die »Dämonen«.) Janet bevorzugt Patienten, die an Hysterie und Epilepsie leiden, aber gerade auch mediumistische Zustände bieten sich für ihn an, um Amnesie und Absencen zu studieren.

Während Janet (und auch Schrenck) solche unbewussten Mehrleistungen provozieren, die Erfindungsgabe und nicht so sehr das Pathologische des Mediumismus betonen, reagiert die offizielle Krankheitslehre jener Tage mehr als besorgt. Insbesondere nervöse Mädchen sollten besser nicht durch automatisches Schreiben und Tischrücken in die tiefsten Schichten ihrer Seele blicken – sie könnten weiter abdrehen und irre werden. Tage dauernde, manisch gefärbte Erregungszustände mit Halluzinationen sollen hier gehäuft auftreten. Die »kataton-eindringliche Beschäftigung«[3] mit spiritistischen Schriften könnte das erste

Anzeichen einer ernsthaften Störung sein. Kleine Risse im Subjekt sind schnell vergrößert zu einem nicht mehr tolerablen Sprung, durch den sich die Frauen für den Wahnsinn, für die vermeintlichen Geister öffnen. Darüber hinaus: Die Somnambulen missachten kirchliche Vorschriften und Autoritäten; auch die Neigung zu Untreue und Selbstmord nehme unter ihnen erheblich zu. Die Frau als Medium bleibt in diesem Bild – leicht verführbar, hoch empfindsam und immer gefährdet – gefangen; nach Meinung vieler Ärzte hat man sie daher als Kranke zu behandeln.

Wenn man nicht an Geister glaubt, dann vielleicht an die Aufspaltung in diverse Charaktere.[4] Psychische Komplexe könnten sich, ohne miteinander verbunden zu sein, in einem inneren Bürgerkrieg an die Macht putschen und so das Bewusstsein an sich reißen.

Andererseits ist die »Dämonologie« noch immer nicht erledigt, nicht ins Gestern verbannt, wird das Konzept »Besessenheit« von manchen Ärzten (siehe Carl Wicklands *Dreissig Jahre unter den Toten*) lange gegen die aufkommende Lehre der Geisteskrankheiten verteidigt und nie völlig aus den Köpfen der Menschen verschwinden.

Sir James Risdon Bennett, Präsident des Royal College of Physicians of London sieht in vielen Fällen von Wahnsinn, wenn Männer und Frauen von »reinem Wandel und unbefleckten Gedanken« mit einem Mal obszön und gemein werden, satanische Kräfte am Werk.[5] Der englische Chirurg Alfred Taylor Schofield ist sicher, dass durch einige Patienten »frevelhafte, dreiste Geister« handeln; sein Kollege Charles Williams denkt in dieselbe Richtung, spricht von unsichtbaren Invasoren. Wenn ein von Natur aus sanfter und ehrfürchtiger Charakter besonders bösartig oder gotteslästerlich zu werden beginnt, vermuten die beiden evangelikalen Ärzte das Schlimmste. Auch Frederic William Henry Myers, Gründungsmitglied der Society for Psychical Research, der Amerikaner James Hervey Hyslop und selbst William James[6] favorisieren in einigen Fällen Besessenheit, einen jenseitigen Parasitismus als Ursache beängstigender Wesensveränderung. Ebenso sieht Gustav Theodor Fechner im Wahnsinn das Eindringen von Geistern, die anfangen, manche Menschen mit ihren Gefühlen und Absichten zu »füttern«.

Für Grävell-Lugano, einen bekannten Arzt und Theosophen, ist eine *possessio* oder *circumsessio* bei Neurasthenikern fast schon die Regel; ein fehlerhafter Astralkörper, schreibt er, steigere die Gefahr eines »transzendenten Anhängsels«.[7] Noch viele glauben an ein blasphemisches Rasen, eine besondere Bösartigkeit gegenüber Gott, ausgelöst durch diabolische, übel gesinnte Geister. Gegen solche Opulenz von Zeichen und Symptomen kommen die mageren Argumente der Aufklärung nicht an. Die Zeit der Dämonen ist also nie ganz vorbei; ihre Austreibung findet auch zur Jahrhundertwende nicht wenige Anhänger. Wickland baut einen Apparat, um die Okkupanten mit Stromstößen auf die andere Seite, nach Hause zu schicken. Und Alexander Cannon, britischer Irrenarzt, will seinen Besessenen die überzähligen Entitäten mit einigen tausend Volt aus dem Leib treiben. Andere moderne Heilkundler wollen durch Öffnung des Schädels den Fremdwesen einen Weg freimachen, um den Körper zu verlassen, oder verabreichen Schläge auf den Kopf und legen Gewichte auf den Scheitel.[8] Auch durch Penis, Vagina und After kann man die Geister mit etwas Glück wieder loswerden. Eine in diesen Tagen in okkulten Kreisen verbreitete Meinung: Somnambulismus sei der bevorzugte Zustand, in dem Fremdwesen versuchen, eine Person zu besetzen. Die spiritistische Pathologie klingt einleuchtend: Mediale Menschen sind so labil wie durchlässig, offene Türen zur Welt und die Geister, auf der Suche nach Körpern, wollen zurück ins Fleisch.[9] Virulent zu sein scheint die Sache auch: Mit der aufkommenden Ansteckungslehre werden Ähnlichkeiten zwischen Infektionen und dämonischer Infiltration gesehen. Entitäten setzen sich im Wirbelkanal, in ganglionären Nervenzentren fest und kontrollieren über das Vegetativum den Wirt, lähmen seine höheren Funktionen; so in etwa stellt man sich die Strategie vor.

Gerade seelische Entgleisungen sollen Symptome der Besessenheit sein, ohne dass der Betroffene davon weiß; dann sind die Dämonen in einen Dialog zu verwickeln, müssen erst ihre Namen preisgeben, bevor man sie austreiben kann. (Zum Wesen des Dämonischen gehört es, auf keine Gestalt festgelegt, vielleicht ohne aufzufallen, mit unzähligen

Gesichtern unterwegs zu sein.) Dabei hat jeder Exorzist sein eigenes Modell und seine Methode. Allerlei Abstruses findet hier Eingang: Der aufblühende Mediumismus sei das Eintreffen der Prophezeiungen von Timotheus (1 Tim. 4) und Paulus (2 Thess. 2,9), die erwartete Invasion von gefallenen Geistern schon Vorzeichen der Apokalypse. Die Schriftstellerin George John (Isabella) Duncan will wissen, dass Geister einer präadamitischen Rasse sich in spiritistischen Medien zeigen, Menschengestalt[10] annehmen und die Welt in den Abgrund reißen.

Die Furcht, dass Dämonen Krampfanfälle oder Versteifungen des Körpers, aber auch Mond- und Tobsucht auslösen, ist im (vom Zoroastrismus beeinflussten) Judentum und später im christlichen Glauben über Jahrhunderte überaus, und bis in die Neuzeit lebendig. Noch immer beklagen manche der späten Aufklärer, dass der Aberglaube den sittlichen und geistigen Fortschritt hemmt und aus den Köpfen der zurückgebliebenen Menschen entfernt werden müsse. In den Zwanzigerjahren reist der Volkskundler Johann Kruse durch Norddeutschland und sucht Frauen auf, die man der Totenbeschwörung, Schadensmagie und Fluchbeterei bezichtigt, nach einem Viehsterben oder dörflichen Konflikten als Sündenbock durch die Straßen treibt, mit Schlägen, Stöcken und Steinen verletzt. Einige Opfer ertrinken während der »Wasserproben« in der Ostsee. Bei Verleumdungsklagen tritt er vor Gericht als Gutachter auf.[11]

Zur gleichen Zeit sollen sich in Westfalen und Hessen mehrere Fälle von Behexung mit Todesfolge abgespielt haben. In Sachsen und Thüringen hält man »Hexenschutz-Kurse« ab, wenn die Milchproduktion sinkt oder mehr Säuglinge sterben als sonst.[12] »Segenssprecher« ziehen übers Land, räuchern die verwunschenen Ställe aus, legen »Teufelsdreck« (*Ferula assa-foetida*) unter Türschwellen und Fenster. Bockshörner, Schutzbriefe, ausgestopfte Nachteulen, besondere Münzen und Muscheln kommen zum Einsatz, um Krankheitsdämonen von Mensch und Vieh fernzuhalten. Auch in England, Frankreich und Russland werden in diesen Tagen Frauen als Besessene und Hexen angeklagt oder angegriffen, oft um mit ihrem Blut einen Zauber abzuwenden. Alexander von Bernus schreibt über das »Hexenfieber«, welches in einigen Regionen Italiens grassiert, und fordert im Strafgesetzbuch einen Paragrafen, der den Tatbestand der »sympathetischen Tötung« enthält. In Kunhegyes, Südungarn, verfolgen die Behörden eine »Zigeunerin«, die ein ganzes Dorf kontrolliert – Schutzgelder sind zu zahlen und »Geschenke« werden erpresst, sonst würden die Einwohner nach kurzer Zeit sterben.[13] Harry Price, Leiter des englischen Nationalinstituts für psychische Forschung, behauptet, dass in London nach dem Ersten Weltkrieg schwarze Messen verbreiteter sind als in der dunkelsten Zeit des Mittelalters. Der Theosoph Carl Kiesewetter weiß von »einer großen Reihe wohlverbürgter Fälle«, in denen Kinder magischen Absichten geopfert wurden. Und es gebe nicht wenige Anzeigen, in denen sich die Kriminalistik noch heute mit dem Handel von Leichenteilen und Tierverstümmelungen zu magischen Zwecken beschäftigen muss. Vor den Provinzgerichten einiger französischer Regionen werden Fälle verhandelt, in denen Bauern Frauen aus der Nachbarschaft beschuldigen, ihre Kinder, ihr Vieh, ihre Milch oder Ernte verhext zu haben. »Böse Weiber«, sagt man, machen das Wetter.[14]

»*A maleficis infectus*«: Das Erbrechen von Steinen, Scherben, Holz, Leder, Federn, Papier, Knochen, Haaren wird in den besten Zeiten der Inquisition nicht selten als Zeichen der Inbesitznahme durch fremde Agenten verstanden.[15] Ebenso Unbrennbarkeit und Levitationen. Wer so weit über sich hinausgeht, ist verdächtig. Auch Frauen leichter als eine Kirchenbibel müssen besessen sein. Einfache Frauen, die bei der Befragung, im Verhör in fehlerlosem Latein antworten und theologische Streitgespräche anzetteln, verraten, überführen sich als »teuflische« Werkzeuge selber. Und solche, die in vergessenen Sprachen sprechen (*ignota lingua loqui plurimis verbis, vel loquentem intelligere*) oder Hellsehen. Selbst alte Frauen, deren Geschlechtsorgane noch in vollem Gebrauch sind, ausgestattet mit einem von Blut und Kraft strotzenden Unterleib, deren »Schoß noch glüht«, die Leidenschaft wecken bei jungen Männern, stehen unter Verdacht, dass ihnen Böses innewohnt, dass sie *magia daemoniaca* betreiben.[16] Ebenso ältere Jungfern, die mit einem Mal zu Gassenfrauen, die derb und schamlos werden. Die religiös Schwankenden, die Zweifler, sagen ihre Ankläger, werden bevorzugt heimgesucht: Durch sie spricht das Blendwerk der Dämonen. Ihr sensibles Spiel der Körpersäfte mache gerade das weibliche Geschlecht anfällig für die luciferischen Versuchungen. (Im Aberglauben ist das während der Menstruation ausgestoßene Blut ein Zaubermittel ersten Ranges.[17] Was mit ihm in Berührung kommt, findet den Tod: der Wein wird sauer, Hunde werden toll, trächtige Stuten verlieren ihre Frucht, die Bienen sterben, Blumen verlieren ihre Farben, Lepra, Pest und Pocken brechen aus und so weiter.) Insbesondere also das Weib, angeborenerweise glaubensschwach, sei leicht zur Hexerei zu verführen. Diese Anschauung zeigt sich bereits in der Etymologie: Das Wort *femina* kommt von *fe* (= *fides*, Glauben) und *minus* – und bedeutet: »Die weniger Glauben hat.«[18] Auch im *Malleus Maleficarum* der Dominikaner führt das Defizit an Glauben zur Magie durch das Böse. *Omnis divinatio ex operatione daemonum provenit*[19] – jeder Blick in die Zukunft ist Sünde.

Menschen als ein Sprachrohr der Teufel und Toten sind also schon lange vor den epochemachenden Ereignissen in Hydesville, bei denen die Jenseitigen zu klopfen anfangen und die Fox Sisters antworten, genügend bekannt. Dass sich die Geister mit schlechter Moral von den Botschaftern Gottes kaum unterscheiden lassen, ist nicht erst seit Kardec für die Gläubigen ein Problem. Ebenso die quälende Frage: Welche Eingebungen schlagen sich aus dämonischen Inspirationen nieder und welche kommen aus den Reihen der himmlischen Helfer (sofern die offenbarenden Medien nicht simulieren oder einfach nur krank sind)?

Ganze Riegen von Ordensschwestern reden in Zungen, heulen und schreien, wenn sie die heilige Hostie empfangen, fluchen, speien das Kreuz an, schlagen mit dem Kopf gegen die Wand, strecken die Zunge raus, kriechen auf dem Boden, urinieren ins Weihwasserbecken, machen sich nackt. Und dann die Visionen: Ein Teufel kommt selten allein! (Dämonen sollen in festgelegter Zahl – meistens drei, sieben oder neun – erscheinen.) Die Archive des Vatikan sind voll von Protokollen, in denen hundsgestaltige Kreaturen nächtlich die Bräute Christi besteigen, aus Klöstern Bordelle machen; der Beischlaf besiegelt den Pakt der Gefolgschaft (ein christlicher mittelalterlicher Mythos). Zu manchen Zeiten sind Scharen von Buhlteufeln unterwegs, ihr Auftreten ist dann ansteckend, epidemisch. (Bis in die jüngste Vergangenheit gibt es Gerüchte über kollektive Dämonomanien.[20]) Joseph von Görres widmet in seiner *Mystik, Magie und Dämonie* ein ganzes Kapitel den Teufeln, die – ähnlich jenen von Plinius dem Älteren erwähnten »Hundsköpfigen« (*Cynomolgi caninis capitibus*) – in die Unterkleider der Nonnen schlüpfen, um sie zum Höhepunkt zu bringen.[21] Dass Frauen in der Gier ihres Fleisches leicht eine Beute des Bösen werden, ist seit dem *Hexenhammer* des Dominikaners Heinrich Institoris und dem *Tractatus de confessionibus maleficorum et sagarum* des Weihbischofs Peter Binsfeld eine verbreitete Meinung. Daher wird im Mittelalter die priesterliche Einsegnung des Brautbettes jeder Jungvermählten angeraten, dass sich ihm keine bösen Geister nähern und nur eine reine und keusche Liebe stattfindet.

Manche der Frauen »simulieren« in Rückenlage – Missionarsstellung –, koitiert zu werden, durch wen (oder was) auch immer ... glauben sich gar vom Inkubus geschwängert, bekommen dicke Bäuche. Sagt nicht die Kirche, das Sperma der Dämonen sei kalt und tot, dass sie aus sich selbst heraus nicht schöpferisch sein können?[22] Oder bedienen sie nur das »unziemliche Geschlechtsteil«, penetrieren anal? Denn selbst ihren After, berichten einige Nonnen, bieten sie im Liebesspiel an. Und manche der Schwestern lassen sich in den Mund ejakulieren oder die Vulva besamen. Die Inquisitoren fragen sehr genau nach Ort, Häufigkeit und Art dieser *mixtura carnalis*.[23] Thomas von Aquin meint, dass die Buhlteufel sehr wohl fertil sind, allerdings erst nach einem Samentransfer: Der Dämon muss zunächst als Sukkubus von einem Mann beschlafen werden, um dann als Inkubus die Frau feucht und fruchtbar zu machen, ihr sein Sekret in den Schoss zu spielen[24] – das ist doppeltes Vergnügen. Volkstümlich nennt man Kinder, vor allem zwergwüchsige, verwachsene, die gezeugt werden, wenn Teufel sich in »fleischlicher Weise« mit Weibern, ihren Samen mit mütterlichem Blut vermischen, *Campsiones* oder Wechselbälger.[25]

Luziferische Lichter leuchten in den Zellen mancher Nonnen und mit dem Teufel im Bund darf die Lust sich endlich abreagieren; ihre Liebesglut ist dann nicht mehr so leicht zu löschen. Keine einfachen Gebete, keine Kasteiungen reichen aus, um die schwarzen Engel ihrer Lust zurück ins Dunkel zu schicken. (Freud weiß, warum auch Männer einen Pakt mit dem Teufel schließen: sie versprechen sich – neben Reichtum und Macht – vor allem »Genuß, Genuß bei schönen Frauen«.[26]) Von bocksbeinigen Dämonen besucht (einer, mit dem Gesicht eines Fauns, nennt sich »Balbán«), wird die Äbtissin von Córdoba, Magdalena vom Kreuz, jede Nacht zum Höhepunkt gebracht; und jungfräulich empfängt sie ein Kind. Es scheint, als wären Horden von Teufeln in sie gefahren, hätten es sich in ihr gemütlich gemacht und fühlten sich wie zu Hause. Von Verzückungen geschüttelt, kommt die Äbtissin nicht mehr aus dem Bett. Dabei ist sie nach außen ganz die Heilige (verbirgt »das Dämonische unter der Larve der Heiligkeit«). Magdalena fällt in Ekstase, lebt ohne Nahrung, geißelt sich bis aufs Blut und zeigt stolz ihre Stigmata – bevor sie sich »mithilfe« der Inquisition zu einem Bund mit dem Bösen bekennt und bald eine unbändige Reue zeigt. Aber gerade indem Magdalena das Grauenerregende, Diabolische hinter den Masken des Gottgefälligen offenbart, wird sie nach ihrem Exorzismus umso glaubwürdiger, umso »heiliger« sein. (Immer dann, wenn das Medium in der Selbstentlarvung den Verdacht bestätigt, dass es anderes verbirgt, als es nach außen zeigt, schafft es Vertrauen.)

Nur eine Spur weniger satanisch: Eine Nonne lässt sich vom heiligen Sebastian besteigen und ersetzt nach multiplen Orgasmen den Namen Gottes durch seinen, feiert bis zur Erschöpfung ihren *amor insatiabilis*. Für die Lust verzichtet sie auf die Versprechungen himmlischen Glücks. Ihr Leben endet unter den Anstrengungen der Exorzisten. Immerhin wird ihre Seele so vor weiterer Versuchung und Sünde gerettet. Manche der Dauererregten sterben in ihrer Ekstase, ohne dass sie krank sind, ohne Organleiden, in wenigen Tagen: zittern und krampfen bis zum Kollaps, fallen in ein manisches Delirium, das man im 19. Jahrhundert »Bell's Fulminating Mania« nennt.[27] Hier, im Glühen, im Fieber des Außer-sich-Seins, entsteht eine qualvolle Beglückung, ein alles – auch Raum und Zeit – vernichtender Zusammenbruch.

Wenig Zweifel besteht darüber, wie sehr das mystische Leben vieler Nonnen, die Herabkunft Gottes in ihren »übernatürlichen Wonnen«, von erotischen Motiven aufgeladen ist – wenn von Pfeilen, spitzen Eisen durchstoßen, in Stöhnen und Klagen ihr Leib entflammt. Wenn sie sich fast ohnmächtig vor Lust erhitzen, bis ihnen Christus, der Erlöser, ins Fleisch fährt, aus seinem »Liebesbrunnen« spendet. Heinrich von Nördlingen, ein Mystiker des Mittelalters, schwärmt, um solchen Hochzeitsnächten gerecht zu werden: »je schmaler das Brautbett ist, desto inniger ist das Umfangen, und desto süßer schmeckt das Mundküssen, je mehr die Gemahlin für Jesu brennt, desto schöner leuchtet sie«.[28] Nicht wenige Frauen folgen dem Vorbild der heiligen Cäcilia von Rom: Unter ihrem Brautkleid tragen sie schon das Bußgewand, verweigern dem Mann nach der Hochzeit den Beischlaf, das Bett und bewahren ihre Jungfernschaft für einen Engel als Geliebten. Ursula Benincasa, Stifterin der Theatinerinnen, stößt orgelnde Laute aus oder zwitschert wie die Vögel von den Bäumen, wenn sie ihren himmlischen Liebhaber empfängt. Die Hl. Johanna Franziska Frémyot von Chantal, Schutzpatronin der Gebärenden, brennt sich mit einem glühenden Metall den Namen Jesu auf ihre Brust. Auch Teresa von Ávila »stirbt« in Rausch und Seligkeit, unter Schauern und Seufzern, als sie der Engel mit Feuerspitzen bis ins Innerste öffnet. Ihre Herzdurchbohrung entzündet Schmerzen und Wonnen, die stärker sind als alles, was sie kennt. Der Liebesverkehr mit Gott sei, sagen die Nonnen, immer auch körperlich. Die Begine Agnes Blannbekin ist so besessen vom *sanctum praeputium* und der Frage, wo denn die hochheilige Vorhaut des Herrn bei der Himmelsfahrt geblieben sei, dass sie sich das »Teil« während der Kommunion sehnsüchtig materialisiert und durch die »Süßigkeit« auf der Zunge und beim »Herunterschlucken dieses Häutchens, dass sie in allen Gliedern und allen Muskeln eine süße Umwandlung fühlte«.[29] Noch eine Version: Katharina von Siena verbreitet, der Erlöser habe ihr sein Präputium zur Verlobung über den Ringfinger gestreift. Sie meint sich eingehüllt in von Rosen duftenden Freuden, möchte ihrer »inneren Überfülle« wegen vor Glückseligkeit schreien. Nicht wenige Gottesschwestern halluzinieren den heiligen Phallus ihres Herrn.

In einem Vorwort zu den *Memoiren einer Besessenen* erklärt Gilles de la Tourette diese »brünstigen Weiber« in ihrer sinnlichen Wut, deren Wirbel erotischer Wünsche ins Leere laufen, allesamt zu Hysterikerinnen. Hinter ihm steht Charcot, Chef der Salpêtrière, für den die Visionen der Mystikerinnen, ihre Entrückungen, aus einem kranken Unterleib hervorgehen. Auch die großen historischen Fälle von »Dämonomanie«, des Wahnes besessen zu sein, nimmt er als Anschauungsmaterial für seine Lehre. Frauen, die, manisch getrieben oder von Kolikschmerzen und Krämpfen gequält, sich vom Teufel als Hexen auserwählt glauben, werden in der Salpêtrière nun ganz weltlich mit Stromstößen, Bädern, Faustschlägen, mittels Giften, Magnet und Ovarienpresse kuriert. In der *Diagnostik der Geisteskrankheiten* Johann Spielmanns, einem Standardwerk für Ärzte und Richter, wird eine weitere Form der »religiösen Melancholie« beschrieben: Die »Metamorphosis« – die krankhafte Einbildung, in ein Tier, eine Leiche verwandelt zu sein oder das Geschlecht geändert zu haben.[30]

Alexandre Dumas und Aldous Huxley lassen Leben und Tod des Urbain Grandier als okkulte Horrorstory für die Neuzeit literarisch werden: Nonnen aus dem Konvent der Ursulinen bezichtigen den Priester des Bistums Poitiers in Loudun, ihnen den Dämon »Asmodis« zur Unzucht auf den Leib zu hetzen. Und als reichte einer von denen nicht aus, hat es Sœur Jeanne des Anges, die Priorin der Anstalt, gleich mit sieben dieser »verfluchten Geister« zu tun. (Auch Tiergestalten fahren in sie ein: Hunde, Böcke, Katzen.) Selbst gestandene Huren würden sich über solche Abartigkeiten entsetzen. Was die Teufel mit ihrem Körper anstellen, kann sie aus Scham nicht beichten. Aber ihr Handwerk ist es, der Mutter Oberin »ohn Unterlass den Fleischesstachel zu geben.«[31] Sie zweifelt an der Güte Gottes, verweigert die Beichte, spuckt die heilige Hostie aus und reißt das Kruzifix von der Wand; an manchen Tagen wird die Frau zum Tier, grunzt wie ein Schwein, kriecht auf dem Boden. Nach den nächtlichen Orgien hinterlassen Asmodis und seine Gehilfen ihre Namen als Schriftmale auf Sœur Jeannes Haut. Nicht nur die Priorin muss sich gegen ihren Willen widernatürlich hingeben – auch ihre Schutzbefohlenen sind mit den Dämonen intim.[32] Eine stürzt aus den Höhen der Lust – und: Das Herz bleibt ihr stehen. Sie verdoppeln die Gebetsstunden, geißeln sich siebenmal täglich, stehen nackt im Schnee oder wälzen sich auf glühender Kohle, bluten per Aderlass, legen sich Gürtel mit eisernen Stacheln an, schlafen auf Scherben und Dornen. Fieber, Erbrechen, Blutspeien, Krämpfe, Lufthunger schwächen die Nonnen weiter, die den »Angriffen wider die Keuschheit« erliegen. Und weil die Dämonen, wenn sie wollen, sehr menschlich, überaus reizend und gefühlvoll erscheinen, werden sie unwiderstehlich. Einige Schwestern meinen schwanger zu sein, *Graviditas imaginata* nennen die Ärzte ihren Zustand: Die Gebärmutter ist vergrößert, der Bauch wölbt sich vor, in die Brüste schießt Milch und sie hören auf zu menstruieren.

Auch unter der hochnotpeinlichen Befragung gesteht der Angeklagte nicht: Grandier, der Seelenführer der frommen Damen, wird – von Kardinal Richelieu selbst befohlen – gefoltert (man bricht ihm beide Beine und er muss auf dem Boden liegend Buße tun), zum Tode verurteilt und verbrannt, seine Asche in die Luft gestreut.

Obwohl man Mengen von Messen liest, betet, die heiligen Sakramente vollzieht, wollen Asmodis, Isaakaaron, Behemot, Leviathan, Balaam und wie sie alle heißen, die Nonnen so schnell nicht verlassen. Die Exorzisten (ein halbes Dutzend) brauchen noch Jahre, bis im Kloster wieder Ruhe einkehrt. Jeden Tag und oft unbekleidet müssen die

Ordensschwestern vor den Augen ihrer »Retter« stehen, die, so ist in den Aufzeichnungen der Priester zu lesen, erregt sind und halluzinieren. Sie befehlen den Dämonen die Namen Jesus, Maria, Joseph und Franz von Sales auf die Hand der Mutter Priorin zu schreiben. Aber auch Weihwasser, Schläge und Heiligeninvokation helfen wenig. Zwei von ihnen, die Patres Lactantius und Tranquillus, werden über ihrer Arbeit wahnsinnig und sterben. Der Jesuit Jean-Joseph Surin hält sich nach den Austreibungen nun selbst für besessen, glaubt, dass böses »Schlangengethier« seinen Unterleib verwirrt und fühlt sich von Bildern weiblicher Gestalten bedrängt. Surin kann nicht mehr laufen, rollt auf dem Boden umher; er verflucht Gott und stürzt sich aus dem Fenster.[33]

Kleiner Appendix: Aus solchen Vorstellungen spricht die Doppelnatur des Heiligen,[34] *tremendum* und *fascinans*, durch die Freude und Furcht, Segen und Unheil erzeugt werden, in welcher die Barmherzigkeit der Liebe auf den heiligen Zorn trifft, Dämonen mit Engeln ringen. Leben und Tod, das Dunkle und das Helle, Wachstum und Niedergang schließen sich zu den anziehenden und abstoßenden Polen der religiösen Welt zusammen. In seiner Studie über die Dialektik des Heiligen findet Roger Caillois am einen Pol die den Menschen verwandelnde, erlösende Vereinigung im Göttlichen – am anderen wird zugleich das Dämonische, die Vernichtung alles Guten, heraufbeschworen. Bekanntermaßen ist der Teufel Peiniger der in die Hölle Verdammten, aber auch Trostgeber: Der Fürst der Welt ist nicht allein der große Verderber, er spendet den Dingen einen berauschenden Glanz. Und so erscheint er in den ältesten Darstellungen schön und geflügelt, dunkelblau gekleidet, mit Flammenhaar, wie ein guter Engel.[35] »Die Romantik, die Luzifer verehrte und mit allen Reizen ausstattete, hat lediglich nach der dem Heiligen innewohnenden Logik Keime gefördert, die sowieso in ihm enthalten waren.«[36]

Es bleibt nicht aus, dass selbst Päpste verdächtigt werden, mit Satan höchstpersönlich Geschäfte zu machen, um politischen Einfluss zu gewinnen.[37] Und bis zum heutigen Tag halten sich Gerüchte, dass heilige Männer Liturgien zu schwarzen Messen verwandeln, Hostien, Taufwasser und Salböl für Magie missbrauchen. Alle Elemente des christlichen Glaubens erscheinen hier verdreht, pervertiert: Der Priester entblößt unter der Soutane sein Geschlecht, anstelle von Wein wird Urin geweiht, statt Weihrauch Bilsenkraut verbrannt, das Kruzifix hängt auf dem Kopf, Kirchenlieder werden rückwärts gesungen, verhexte Puppen getauft und so weiter. Man legt wächserne Menschenbilder unter das *Corporale*, um sie zum Mortbeten zu benutzen. Solche Zaubereien, heißt es, gelingen am Vorabend kirchlicher Feste besonders gut. Verse aus dem sechsten und siebentem Buch Mose und dem *Schlüssel Salomons* sollen sich für die dunkle Magie bestens eignen.[38] Von der Kirche wenig gern gesehen ist die volkstümliche Unart, Zaubersprüche in Bibellatein aufzusagen.

Beischlaf mit dem Teufel, die dämonischen Raffinessen von Inkuben und Sukkuben werden durch Augustinus und Thomas von Aquin Teil der katholischen Theologie. Diese gefallenen Engel leben in der Luft, blenden mit Trugbildern und wollen der Menschen Götter sein. Allein Dämonen, sagen die Kirchenlehrer, bringen Magie in die Welt, den Zauber des Bösen. Über das Ende der letzten Hexenprozesse im späten 18. Jahrhundert hinaus glauben sich Mägde und Nonnen weiter unter Konvulsionen von höllischen Wesen besetzt: Funken schlagen aus ihrem Unterleib, ihr Blutschwitzen gerinnt auf der Haut zu lesbaren Psalmen; sie erbrechen Nadeln und Nägel. Quellen berichten, dass die geflügelten Gestalten nicht eher ausfahren wollen, bis ihnen »ein ander *subjectum humanum* zur Wohnung eingeräumt würde«.[39] Manchmal braucht es Jahre an Austreibungsmühen, bis die Wesenheiten ihr menschliches Quartier wieder verlassen.

Die Frage, ob es sich bei den erotischen Exzessen, bei solchem Sinnestaumel um eine »unnatürliche Influenz« oder nicht auch um »wirkliche Leibesgebrechen« oder (frommen) Betrug handeln könnte,[40] dauert seit der Spätantike an: Wann ist der Glaube, durch Fremdes okkupiert zu sein, Symptom einer Gemütsstörung, ein Wahn und in welchen Fällen vielleicht echte Besessenheit?[41] Papst Benedikt XIV. unterscheidet in seinem *De Servorum Dei Beatificatione et Beatorum Canonizatione* natürliche Ekstasen und Krankheiten. Zu Charcots Zeiten sind, anstelle von Dämonen, schon modernere neurophysiologische Spekulationen gefragt: Religiöse Empfindungen sollen in mit sexuellen Zentren verschalteten Hirnarealen verarbeitet werden, die sich gegenseitig hochschaukeln, erregen; das heißt, starke Affekte würden sich genauso gut auch libidinös ausdrücken. (Wie später Bataille einmal äußert: »Es gibt auffallende Ähnlichkeiten und sogar Äquivalenzen und Vertauschungen zwischen den Ordnungen erotischer und mystischer Ergießung.«[42] Aus den Feuern der Gottesliebe wird eine Liebesglut der Körper – und umgekehrt.)

Zurück zur »Dämonologie«: Nach der katholischen Lehre sind aber weiterhin nicht selten Teufelsmächte die Absender solcher Botschaften und Gemütsverwirrung. Das Vermögen, Dämonen auszutreiben – Wunder wirken auch die Schweißtücher der Heiligen –, ist der Kirche in manchen Epochen mehr wert als die Gnade, Tote wieder zum Leben zu erwecken. Die Abwehr des Bösen, eines *Demonio*, gehört noch immer zu ihrem Auftrag. Exorzismus demonstriert die Macht der Kleriker, ihre Verbindung zu den Kräften Gottes, wiederholt, wie Jesus Besessene heilt, zu Jüngern bekehrt.[43] Risiken bleiben: Sie treiben einen Dämon aus und hundert neue finden sich ein. Oder die Priester selbst werden nun heimgesucht, sind besessen.

C. G. Jung[44] schließt Besessenheit meist aus. Geister beruhen auf »unbewußten autonomen Komplexen«, welche »ohne eine direkte Assoziation mit dem Ich«[45] in der Welt als losgelöste, lebendige Existenzen erscheinen. Und nur graduell, in ihrer Eindringlichkeit und Kraft, würden sich die somnambulen Visionen von den Wachhalluzinationen der Gesunden unterscheiden. Jung selbst sieht an einem ruhigen Sonntagnachmittag Scharen von Geistern sein Haus besetzen, hört sie singen und im Chor antworten: »Wir kommen zurück von Jerusalem, wo wir nicht fanden, was wir suchten«. (Mit diesen Worten beginnt Jungs

*Septem Sermones ad Mortuos*; an nur drei Abenden schreibt er das Buch, welches er als Privatdruck veröffentlicht und für das er den Gnostiker Basilides als Autor nennt. In diesen Tagen werden auch Sohn und Tochter von seinen Träumen angesteckt, von den »Toten« bedrängt.) Viele Jahre unterhält sich Jung mit den Gestalten seiner Imagination: Der Prophet Elija wird sein Vertrauter, er redet mit Salome, und in der größten Not kommt ihm Philemon zu Hilfe. Kurz vor Ausbruch des Krieges wird Jung von einem »Gesicht befallen«: mit Bildern von tausenden Toten, einer Flut aus Blut, Trümmern und Tränen ... Später, nach einem Infarkt, an der Schwelle zum Sterben, sieht er sich im Pardes Rimonim, im Granatapfelgarten, bei der *coniunctio* von Tifereth und Malchuth. Ein anderes Mal feiert er mit Rabbi Schimon ben Jochai im Jenseits; Jung ist dabei, wenn Zeus und Hera den *hierós gámos*, die heilige Hochzeit vollziehen, oder er schaut von hoch oben, aus dem Weltall, auf die Erde herab. (Diese »halluzinativen« Episoden werden noch heute als ein Symptom dafür zitiert, dass es »wohl nicht übertrieben ist, wenn man Jungs damaligen Zustand mit einer milden Schizophrenie vergleicht.«[46])

Abnorme Seelenzustände sind schick, ihre Geschichten und Symptome bizarr. Gesichtshalluzinationen mit Leichenzügen und Prozessionen von Totengeistern sollen nicht selten die »Hystero-Epilepsien« begleiten. Diskussionen um einen *automatisme ambulatoire*, um Spalt- und Doppel-Ich, häufen sich zur Jahrhundertwende, führen zu ersten Spekulationen über das Unbewusste. Der »zweite« Zustand, spontan entstanden oder durch Hypnose stimuliert, verrät in fein abgestimmten Handlungen ein fortlaufendes Bewusstsein,[47] unterscheidet sich vom gewöhnlichen Wachsein aber in Temperament und Tatkraft, durch andere Gesten und Neigungen, bis hin zur »Komposition« eines ganz neuen Charakters. Oft benimmt sich die Sekundär-Persönlichkeit dann wie ein Gegenentwurf zur ursprünglichen, wenn etwa die Promiskuität der einen sich gegen die Prüderie der anderen durchsetzt. (Formuliert hier jeder Charakter eine weitere Strategie, in der Welt zu sein, sich zu behaupten? Offenbart der sekundäre Zustand vielleicht das vitalere, nichthysterische Selbst? Werden in den Doppelgänger Eigenschaften ausgelagert, die im Leben sonst nicht erlaubt sind, nicht mitspielen dürfen?[48]) Beide können sich in der Führungsrolle abwechseln; in seltenen Fällen übernimmt das Zweit-Ich für immer längere Perioden die Regie, verdrängt seinen schwächer werdenden Vorgänger.[49] Die Erinnerungsfäden reißen – die Vergangenheit wird unerreichbar. Das heißt: Sein altes Leben vergessen, um als ein anderer weiterzumachen. Im Selbstverlust entfällt alles, was die Person glaubt(e) zu sein und gewesen ist. Noch eine Variante: Beide Charaktere fließen ineinander, verschmelzen zu einer neuen Einheit, führen alle Züge, alle Eigenschaften zusammen.[50]

Jung weiß von einer Hysterika, die sich mit ihrem zweiten Wesen in erregende Affären träumt, sich selbst mit verstellter Handschrift erotische Briefe schreibt.[51] Mary Reynolds, Tochter eines Pastors, eine eher unscheinbare, schüchterne Person, macht unter anderem Namen plötzlich dem Schwager erotische Avancen und benimmt sich auch sonst ausgesprochen exzentrisch.[52] Oder eine Dame aus gutem Haus entblößt sich in tranceartigen Episoden und simuliert im Notzuchtwahn ihre Schändung. Freud behandelt eine Frau, in deren Körper auch ein Mann lebt, der diesen mit Gewalt (wohl der Erregung wegen) wiederholt zu entblößen versucht, während die Frau sich mit Händen und Füßen wehrt.[53] Ein Patient Krafft-Ebings stellt sich immer häufiger als Gräfin V. und Freundin der Kaiserin Eugenie vor, spricht von sich in der dritten Person. Versucht, sich einen Zopf zu flechten, kauft Enthaarungsmittel für die Beine und zupft sich den Bart aus. Der »Irre« möchte musizieren, Konfekt essen und poussieren. Vehement verlangt der ledige Pianist, auf die Frauenabteilung verlegt zu werden, ruft nach einer Hebamme, die seine Weiblichkeit – Vulva, Vagina und Brüste – vor aller Welt bestätigen soll. Seine Vergangenheit erinnert er nun als das Leben seiner Schwägerin, setzt seine Geschichte als die einer anderen fort. Ein wenig Größenwahn kommt hinzu, wenn sich der junge Mann (ganz in der Tradition des Okkultismus) einer »wunderbaren Augengedankenausstrahlung«[54] rühmt. Diagnose der Ärzte: *Metamorphosis sexualis paranoica*. Bei der Leichenöffnung fallen dem Pathologen im oberen Frontalhirn geschrumpfte Ganglienzellen auf.[55]

Meist sind solche Anfälle verbunden mit Amnesie: Der eine (Zustand) weiß nicht, was der andere so alles in seiner »Abwesenheit« anstellt. Im Fall *Félida X – Hypnotisme, double conscience et altérations de la personnalité* (Étienne Eugène Azam) – ist die Frau schwanger, ohne sich an irgendeinen »Verkehr« zu erinnern. Eine peinliche Lage – wer ist der Vater? –, will man nicht von unbefleckter Empfängnis ausgehen. Als »Félida II« findet sie die erotische Erfüllung, welche ihrer ersten Persönlichkeit versagt bleibt. In einem ähnlichen Fall sieht C.G. Jung in der Mediumschaft des Fräuleins S.W. (Helly Preiswerk) »einen sexuellen Wunschtraum, welcher vom Traum einer Nacht sich dadurch unterscheidet, dass er sich über Monate und Jahre erstreckt«.[56] Ihr anderes Leben, unter anderem Namen, ist voller heimlicher Liebschaften, verbotener Flirts und Schwangerschaften. Dazu passt, dass – wie Sabina Spielrein später herumerzählen wird – Helly, die auch Jungs Cousine ist, als ihr Doppelgänger »Ivenes« in weißem Nachtgewand und leicht entblößt in seinem Schlafzimmer erscheint.

Das Motiv wird bis zur Jahrhundertwende in einer Reihe von Bestsellern durchgespielt: In E.T.A. Hoffmanns *Die Elixiere des Teufels* stürzt der Mönch Medardus unter Regie seines zweiten Charakters in einen Sog dämonischer Leidenschaft. In *Le médecin du Pecq* von Léon Gozlan macht der Mann während einer somnambulen Absence der Frau ein Kind und erinnert sich erst in seinen Traumanalysen.[57] Richet schreibt unter dem Pseudonym Charles Epheyre einen Roman (*Sœur Marthe*), in dem die Novizin Marthe nach einer Hypnose als »Angèle«, Tochter aus vermögendem Haus, aufwacht, um sich deren Leben anzueignen, und es nicht mehr hergeben will. (Bereits Augustinus fragt sich in seinen *Confessiones*, ob er für sein altes, heidnisches Selbst, das in seinen Träumen zurückkehrt, moralisch verantwortlich sei.) »Marie«, neunzehnjährige Patientin Pierre Janets im Krankenhaus Le Havre, Pseudonym einer über Tage delirierenden »Irren«, wird immer kurz vor Beginn ihrer Menstruation eine andere, schwelgt in Zerstörungsfantasien, redet von Blut und Feuer, wird gewalttätig, bösartig, schreit und erbricht, steigert sich in Krämpfe. Auch sie erinnert sich nicht oder nur wenig an ihre Verwandlung und das Vorgefallene – einzelne Szenen, Bilder. Auch mit Léonie,[58] einer anderen Somnambulen, kommt für Janet mehr Licht ins Dunkel des Unbewussten: Unter Hypnose melden sich zwei weitere Charaktere zu Wort, wobei der zuletzt hinzugekommene (Léonore) aber nichts von der Existenz der beiden anderen weiß. Das Verhältnis der Persönlichkeiten untereinander ist angespannt. »Ein dummes Frauenzimmer«, sagt Léontine über Léonie und droht, sie umzubringen.

Viele folgern aus solchen Zuständen: Was »Ich« genannt wird, muss eingeübt werden, sich immer aufs Neue erst herstellen. Wir sind nur das »Gefäß für namenlose Mächte, die sich in uns zusammenfinden, verknüpfen, um sich wieder zu lösen und zu zerstreuen«.[59] Wir sind ein Chor von Stimmen, die sich überlagern, verstärken, widersprechen, auslöschen. Mehr wissen die Psychologen dieser Zeit nicht zu sagen, geben den Zuständen aber viele Namen: hysteriforme Gedächtnisekklipse, Delirium, pathologische Träumerei, epileptoide Momente, *double conscience*, zirkuläres Irresein. Es entsteht ein Dickicht von Beschreibungen und Annahmen, von Diagnosen und Heilvorschlägen. Nicht selten wird die innere Bühne mit noch weiteren Personen besetzt, die in komplizierten Verhältnissen zueinander stehen – Allianzen bilden oder ihre Absichten gegeneinander ausspielen, sich hintergehen, täuschen, verwirren. Dieses »Ich-bin-Viele« wird ein Spiel von Rollen und Masken. Nach den »wahren« Personen zu fragen, macht wenig Sinn: Ihre Masken verbergen nur, dass hinter ihnen nichts verborgen ist. Der Mensch kann also immer auch ein anderer seiner selbst sein. Nur gibt es über diesen Anderen, den Fremden (in sich), keine Macht, keine Kontrolle.

Alles ist hier Fragment und muss sich erst finden, ist in dauerndem Fluss und Wandel. Wir kommen aus dem Namenlosen und gehen ins Namenlose.[60] Erscheint der Mensch aber uneinheitlich, zerrissen, bedeutet das Schwächung oder Verlust seiner Autonomie, die als bürgerliches Ideal hochzuhalten, zu schützen ist. Schon seit Längerem baut man wie verrückt Irrenhäuser, für alle, die wegen Zerrüttung,

Trunksucht und anderen Defekten für die Produktion von Waren und Reichtümern ausfallen, nicht zu gebrauchen sind. Auch die Lobpreisung Gottes wird seit Luther nicht allein durch Gebete, viel mehr noch durch Fleiß und Gewinne geleistet. Glanz und Luxus, die Lust an der Verschwendung müssen zugunsten der Nützlichkeit abdanken. Die neuen Lieblinge Gottes tragen graue Arbeiterkluft.[61]

Unter den Medien sind Delirien verbreitet, somnambule Attacken und Traumgewitter; sie geben sich affektlabil, suggestibel, monomanisch, redselig, exaltiert. Launen und Leidenschaft verschmelzen. Man sieht sie taumeln, rucken, gestikulieren – Verausgabung bis zum Kollaps! Medien, sagt man, sind immer auf dem Sprung in die Hysterie, sind nicht bei der Sache, nicht bei sich, außer sich – überall und nirgends. Ihre Geister, einmal losgelassen, kann niemand abstellen, ihnen den Mund verbieten. Sie kommen und gehen, machen, was sie wollen. Weiber wie von Furien geschüttelt – in Trance verlangen sie nach Alkohol und Zigaretten.[62] Séancen sind Auszeiten im Alltag: Hier kann sich auf bestürzende Art offenbaren, was sonst nicht erlaubt ist, die Menschen verbergen müssen.

Als der Somnambulismus seiner Eva C. nicht aufhören will und selbst alkoholische Stimulanzien nicht wirken, um das Medium zurückzuholen, sticht Schrenck ihr mit der Nadel in den Nacken: Die so Erweckte fällt in den »Chock« – Erbrechen und Krämpfe folgen. Eva, schon im Kindesalter an Konvulsionen leidend,[63] belastet durch eine erhöhte Erregbarkeit ihres Nervensystems (Hyperästhesie der Axillargegend und oberen Extremitäten, verstärktes Geruchsempfinden), kommt in Tage dauernde Krisen, mal mit manischen, dann wieder depressiven Episoden.

Ein langgezogenes Klagen bricht aus ihr heraus, das zunächst leichte Vibrieren von Armen und Händen endet in Zittern. Und doch könnte man nicht sagen, sie »spiele« nur – vielmehr wird sie zu dem, was sie darstellt, löst sich in ihrer Rolle auf. Keine Sitzung, aus der sie nicht ein Spektakel macht; Eva erregt sich, gestikuliert, schlägt und tritt unter »tiefen Kehllauten« um sich, als wolle sie eine fremde Kraft abwehren.

Das Medium fällt in schnelle, oberflächliche Atmung; man sieht schaumig aufgeblasenen Speichel, Brechanstrengungen, Würgen. Mit scharfen Exspirationslauten und immer neuen Presswehen, unter Wimmern und gutturalen Tönen, treibt sich Eva, so sieht es aus, das Ektoplasma aus dem Leib: stößt es heraus, verdreht die Glieder und schreit, während ihr eine weiße Materie aus Mund oder Schamlippen schießt ... Nach schweren Sitzungen muss das Medium ins Bett gebracht werden, verabschiedet sich auf Stunden in einen hysterischen Dämmer. Und wieder die Frage: Was ist Simulation, was Affekt?

Eva C. sagt, sie unterwerfe sich einer fremden Macht – betrachte sich lediglich wie eine Maschine. (Auch der Physiker Crookes sieht im Medium eine Art »Kraftmaschine« und Lodge spricht von einem »feinfühligen Apparatstück«.) Eva selbst versteht den medialen Körper als einen lebenden Automaten. »Je ne le sens pas« ruft sie, wenn die andere Intelligenz sich äußern will. Lässt »Berthe«, ihre Kontrolle, den Beisitzern »elle est prise« ausrichten, geht es gleich los – die somnambule Eva wird eruptiv: sekretiert. Nie aber werde sie, sagt Eva, plasmatisch aktiv, fühle sie nicht die Gegenwart einer der ihr vertrauten Entitäten. (Wer aufgeklärter und analytischer denkt, kann in diesen Geistern und Engeln Figuren erkennen, welche Autorität und Schutz verkörpern, auf die sich Gefühle und Wünsche übertragen.[64]) Anschließend gibt das Medium zu Protokoll: »Nicht ich bin es, welche produziert oder schafft; es ist etwas von mir Unabhängiges – Entité –, was mir die Materie entleiht und aus meinem Körper herausgehen kann.«[65] Eva wird enteignet – leibeigen. Gehört nicht sich selbst; ihr Körper, sagt sie, gehöre nun anderen. Das »eigene« Leben abgeschoben in die Bewusstlosigkeit ... (Dieser Sturz ins Nichts: Wo sind wir, wenn wir »besessen« sind?) Durch das Medium sind die Geister, sofern man an sie glauben möchte, wieder diesseitig; sein Körper wird – modern gesprochen – zur Hardware, soll durch verschiedene Intelligenzen zu steuern sein. Die Geister infiltrieren die geliehenen Körper mit einem anderen Bewusstsein, mit fremden Ideen. Dabei ist der Persönlichkeitswandel auch im Fall Eva C. durchaus dramatisch. Das Gereizte, Aufgeregte, das Überspannte der Hysterika machen einer heiteren Stimmung Platz, weichen einem gelassenen Ton. Die Situation wird spielerischer, launiger. Das Andere Evas ist anwesend, duzt ihre Untersucher, benutzt die Anrede »mein Kleiner«, und wenn mal lange nichts passiert, hört man ironische Kommentare: »Es wird Dir schon gut tun, so bist Du gezwungen, Dich auszuruhen«. Wenn Entité »Berthe« nicht durch den Mund der Somnambulen spricht, führt diese »den von Evas Hand gehaltenen Zeiger blitzschnell über die Buchstabentafel, während die Hypnotisierte mit geschlossenen Augen scheinbar teilnahmslos ihren Kopf an die Schulter ihrer Beschützerin lehnt und offenbar nicht in der Lage ist, die Buchstabenzusammenstellung der rechten Hand oder aber das automatisch Geschriebene zu lesen«.[66] Und dann diese vagen Momente: Sind die Geister (die Schrenck ihr nicht ausreden kann) weiter anwesend oder schon wieder flüchtig? Oft genug werden die Entités »ungehalten, sind noch da und wollen sich zeigen«,[67] suchen den Kontakt. Einmal wie von einem klammen, ledernen Handschuh berührt, fühlt man an anderen Tagen zartes Gewebe, feinen Stoff, ähnlich dem Flaum einer Feder. Noch diskreter: Nur Umrisse deuten sich an – im Dämmerlicht gleiten Schatten durchs Zimmer. Für Schrenck sind diese »schwarzen Ferngebilde« Anschauungen der Seelen, wie sie in der griechischen Klassik als »Luft« und »Hauchartiges« (im Hebräischen *Ruach* genannt) existieren. Und vorbei ist es erst, wenn die Geister Evas nicht mehr antworten. Sitzungen enden mit den Worten: »Cela me quitte, le phantom viendra demain.«[68]

Werden die Brüder Schneider als männliche Hysterika, mürrisch und weltschmerzartig verstimmt, beschrieben (mit starken Zügen einer *Pseudologia phantastica*), führt »Olga«, eine weitere Kontrolle, mit fester Hand Regie. Sie bestimmt die Sitzordnung, Musik, Beleuchtung und befiehlt, wenn sie meint, es muss sein, Blitzlichtverbot! Klare Ansagen – die jenseitige Führungskraft (oder eben Figuren aus dem Unbewussten der Schneiders) arbeitet professionell, weiß, was sie will, so wie Schrenck weiß, ihr zu widersprechen führt zu nichts – das Medium schläft ein.[69]

Für Schrenck sind die Geister losgelöste Seelenaspekte; »Olga« ist nur ein anderer Charakter, den Rudi beziehungsweise Willi annehmen:

»Während Olga das intimere ›Du‹ bevorzugte, redete mich Rudi im Wachzustand oft in dritter Person per Sie und mit ›Herr Baron‹ an.«[70] Sind beide Personifikationen durch amnestische Barrieren getrennt, stehen für sich allein – ist die Mauer des Vergessens zu hoch, als dass Rudi S. sich erinnern könnte?

Die Medien dieser Tage lieben die Maskerade, sprechen mit vielen Stimmen, in fremden Idiomen, predigen, geben Erbauliches zum Besten. Die Apostel, Moralisten, Welterlöser unter den unsichtbaren Intelligenzen melden sich anonym als »Imperator, Prophet, Rektor, Prudens«, sind biblische Größen und nennen sich »Maleachi, Engel Jehovas, Elias, Daniel, Johannes der Täufer« oder offenbaren sich als die philosophischen Instanzen »Solon, Plato, Seneca« und so weiter.[71] Hier kommt jeder auf seine Kosten, werden alle Neigungen bedient.

*Discretio spirituum* – schon die *Patres ecclesiae* und das Vorgehen der Inquisition gegen Häretiker und Hexen[72] verlangen die Unterscheidung der Geister, stellen die immer gleichen Fragen: Wer verführt mit falschen Offenbarungen, verleugnet den Herrn, feiert den Sabbat? Wann spricht ein Teufel im Namen Gottes? Paulus selbst – der seine Berufung durch eine Vision des Erlösers legitimiert – warnt vor Satan, der sich zum Engel des Lichtes verstellt (2. Korinther 11, 13). Es gibt keinen »süßen Trost«, den der große Verderber, selbst in Gestalt des gekreuzigten Christus, nicht spenden könnte. Er setzt ein Himmelslächeln auf, verbreitet Barmherzigkeit, zaubert die Freuden des Paradieses herbei.

Nicht erst die Medien, die Jenseits- und Himmelskundigen der Neuzeit werden von Argwohn und Ängsten begleitet, ihre Botschaften könnten einem kranken Gemüt entsprungen, einfach erfunden oder, schlimmer noch, des Teufels sein. Bereits die Schriften der apostolischen Väter verraten die Sorge, dass sich unter den echten Propheten auch falsche befinden; offenbarende Ekstasen sind also immer verdächtig, durch sie würde das Böse das Heilswerk Gottes sabotieren. (Der Anti-Christos, der falsche Gesalbte – ἀντὶ Χριστοῦ, ὁ Ἀντίχριστος –, wie er in den Evangelien in Erscheinung tritt, kann seinen Werken hin und wieder wohltätige Wunder beimischen.) Der Apologet Miltiades fordert, dass Propheten bei ihrer Arbeit nüchtern zu sein haben, in Askese und Armut leben. Als demütig Bittende, Diener und arme Seelen setzen sie sich selbst herab, um ihre Sendung als »wahr« zu versichern. Von den katholischen Funktionären sind Visionen nicht gern gesehen – sie könnten sich als neue Offenbarung behaupten oder kirchliche Dogmen entkräften. Viele dieser »Gesichte« werden von den Glaubenshütern daher überarbeitet, zensiert, dem katholischen Kanon angepasst. Die Heiligen müssen sich an das halten, was die Kirchendiener als Konventionen schützen und kontrollieren. Und leicht folgt ihnen der Verdacht, ihre Berufung als Botschafter Gottes würde *praesumptio* (Anmaßung) und *superbia* (Hochmut) nach sich ziehen.

Die beste Tarnung: Das Böse setzt sich die Maske des Guten und Gottgefälligen auf, wenn es betet und beichtet – gerade religiöse Inbrunst ist verdächtig. Dämonen befallen besonders die bußfertigen, die frommsten der Frommen. Kaum einem Mystiker wird nicht der Prozess gemacht. Sind die Visionäre im Bann von Dämonen oder vielleicht doch begnadet? Beides äußert sich in den gleichen Zeichen.[73] Sind die Stigmata, die Wundmale Christi, noch länger Beweise für ein gottgefälliges Leben oder ist ihr Ursprung satanisch, eine Signatur des Bösen? Sind, wenn Blitze und Lichter vom Himmel fahren, Welt und Menschen erhellen, vielleicht dunkle Kräfte im Spiel? Die Kirchenmänner zeigen sich oft so ratlos wie die zweifelhaften, zweifelnden Visionäre selbst. Viele von ihnen sind sich über die Wahrheit ihrer »Gesichte« nicht im Klaren. Als die heilige Birgitta von Schweden, vom Geist des Herrn umgossen, entflammt und eine leuchtende Wolke schaut, aus der eine Stimme zu ihr spricht: »Fürchte Dich nicht, denn ich bin der Schöpfer des Alls, nicht der Verführer ... Du sollst meine Braut und mein Sprachrohr sein«, wird sie zunächst von Angst erfüllt, »der Teufel könnte einiges in die Worte des Heiligen Geistes einschieben«.[74]

Alle Visionen sind durch Beten und Beichten zu prüfen, müssen sich durch Christus, Maria oder einen der Apostel in immer neuen Schauungen beglaubigen. Und nicht selten liefern die Visionäre den Text zu den Bildern – sie hören, während sie sehen, die Auslegung des Geschauten gleich mit. Aber die Herkunft der Zeichen, die durch das Medium zutage treten, bleibt obskur; der Zweifel wird bleiben und die Frage: Was ist göttlich, stammt vom Teufel – und was vom Menschen selbst? Alle Prophetien sind verdächtig, dass sie aus dunklen Quellen kommen und Gottes Absichten vereiteln. Aus Furcht von falschen Visionen[75] verführt zu werden, verschweigen oder ignorieren viele Charismatiker ihr Gesehenes und investieren lieber in ihren Gotteseifer, beten um eine Entrückung, eine Gottesnähe ohne Bilder. Nur durch die Tiefe des Glaubens findet die suchende Seele Sicherheit. Als ein *exemplum satis terribile*: Nachdem ein Zisterzienserabt mittels sieben Bußpsalmen eine Vision »herabbetet«, stirbt der gesunde Mann an einer *fluctuatio cordis* innerhalb weniger Tage – der Schrecken über das Gesehene bringt ihn um.[76]

Schnell werden nach der ersten inquisitorischen Befragung aus Heiligen Häretiker; mittels Stechen, Sengen und Schlagen prüft man ihre Ekstasen, will wissen, ob sie Schmerzen empfinden, leiden. Jede Verzückung könnte simuliert sein. (Schon die Rabbinen des Altertums warnen ihre Gläubigen, Jesus sei nicht vom Heiligen, vielmehr von einem unreinen Geist heimgesucht. Sie warnen vor Offenbarungen, aus denen gottlose Engel aus schwarzen Wolken und finsteren Himmeln sprechen, warnen, dass auch Satan, als »Affe Gottes« (*simia dei*), Wunder wirken kann.[77] Von der zweifelhaften Herkunft scheinbar göttlicher Sensationen predigt auch Kelsos,[78] für den das Christentum eine jüdische Sekte, eine Irrlehre ist. Der Platoniker hält die Taten des neuen Erlösers für Tricks, für magische Kunststückchen, wie sie auf den Jahrmärkten dieser Zeit überall zu sehen sind. Gregor von Tours schreibt von einem Mann, der, von Beelzebul besessen, die Zukunft lesen und furchtbare Krankheiten durch bloßes Handauflegen heilt. Der »falsche« Prophet verteilt Geld an die Armen, und die Frauen liegen dem neuen Erlöser zu Füßen. Einige Priester und mehr als dreitausend Fromme folgen ihm. Er hat durchaus Humor und schickt den Bischöfen, die nicht an ihn glauben, nackte Männer, die lärmen und tanzen. Die Teufel imitieren die himmlische Liturgie oder antworten im Latein der frommen

Verse und Sätze. Die Furcht, dass Satan und seine Jünger alle Zeichen des Göttlichen nachahmen und (zunächst) unermessliche Freuden über die Menschen bringen, ist durch die Jahrhunderte christlicher Geschichte gegenwärtig. Und noch ein anderer Fall ist denkbar: Gott selbst schickt Dämonen – zur Prüfung oder aber als Strafe bei religiösen Verfehlungen und Häresie. Auch hier kommt die Doppelnatur des Heiligen deutlich zum Vorschein.

Ebenso verschärfen sich für Spiritisten wie Allan Kardec und seine Anhänger die Zweifel um den Ursprung der Geister und ihrer Kundgebungen, weil nicht zu beruhigen, immer aufs Neue. Das Medium muss sich als Medium erst noch beweisen, indem es das Fremde inmitten der vertrauten Zeichen, das ganz Andersartige und Unerwartete anbietet, durch Extreme bezeugt, für das Göttliche offen, von jenseitigen Eingebungen ergriffen zu sein – steif und kalt in Posen einzufrieren, größten Schmerz auszuhalten, ohne Nahrung und Schlaf auszukommen, aus den Augen zu bluten, in Zungen zu sprechen, in die Zukunft zu sehen und Ähnliches. Stets aber bleibt der Verdacht, das Medium vermittelt seine eigene Botschaft, während es doch behauptet, im Dienst einer anderen Instanz zu stehen. (Oder man unterstellt, wie Hermann Graf Keyserling, das Gegenteil: »Die allermeisten Menschen, entgegen der üblichen Annahme, sind Medien, denn aus den allerwenigsten spricht, außer in Ausnahmefällen, ihr eigenes Selbst.«[79]) Auch die Spiritisten mussten, wie schon die Kirchendiener aller Zeiten, klären, ob nicht die Visionen vielleicht von Bildern überlagert werden, welche die Entrückten selbst beisteuern. Katharina de'Ricci etwa spielt ihre geschauten Szenen in verschiedenen Rollen und verteilten Stimmen nach: »Bald sprach sie im Namen Jesu Christi, seiner gebenedeiten Mutter oder des heiligen Dominikus, bald wie aus sich selbst.«[80]

Vor allem aber: Die Körperlosigkeit der Geister, sagt Kardec, erlaubt es, in jeder Rolle aufzutreten, sich mit beliebigen Charakteren ins Spiel zu bringen (sie haben keinen Ort, nur einen Namen, bei dem sie gerufen werden). Und so kommen auch die Gottesfernen, die Flatterhaften,

Leichtfertigen unter ihnen, die Spötter und Zyniker zum Zug – foppen, verbreiten Unsinn, frömmeln nichtssagend vor sich hin. Nur eines – so Kardec – könne die niederen Existenzen verraten. Sie halten ihre schönen Reden, den hohen Ton, auf Dauer nicht durch und fangen an, unflätig zu werden, anzüglich, vulgär. Der Verdacht, dass die vermeintlichen Geister Böses im Sinn haben, bedrohlich sind, ist nicht zu entkräften, auf Dauer nicht zu beruhigen.[81] Verbirgt die harmlose Oberfläche der Medien eine umso gefährlichere Tiefe? Sollte man niemals dem vertrauen, was dem ersten Anschein nach zu sehen ist? Und verwandelt sich unter solchem Blick nicht jeder andere in einen potenziellen Agenten der Angst und Bedrohung? Könnte ein Medium notfalls gezwungen werden, sich zu offenbaren, aufrichtig zu zeigen, sein heimliches Verlangen preiszugeben? Es handelt sich um eine Variante des noch allgemeineren Verdachts, dass sich hinter jedem Menschen – sein Inneres bleibt ein heimlicher, dunkler, von außen nicht zu durchschauender Raum – viel mehr als zu erkennen ist, vielleicht Ungeheures, verbirgt. Das spiritistische Medium wird zur Figur des Verdachts par excellence! Und niemand braucht überrascht sein, wenn das Lächeln der Geister mit einem Mal sardonisch wird.

Medien – ob sie nun in eigenem Namen oder allein für andere sprechen, ob sie vielleicht besessen erscheinen oder nur simulieren – sind geradezu die Verkörperung des Gebrechlichen, Veränderlichen und Unbeständigen: Sie vibrieren und zittern, werden konvulsiv. »Sensitiv«, sagt man in seriösen Kreisen, sei nur ein anderes Wort für »krank«. Der Arzt Briquet nennt es eine »Perversion der Sensibilität« und meint die Funktionen des hysterischen, leidenschaftlichen Körpers, dieses Schlachtfeld der Empfindungen, Empfindsamkeiten, Erregungen. Medien gedeihen meist nur in einem milden emotionalen Klima. Welche Saiten Schrenck und Anhänger bei ihren so leicht verstimmbaren »seelischen Versuchsinstrumenten«[82] anschlagen und zum Klingen bringen – sie selbst könnten, so eine häufig geäußerte Annahme, in Resonanz geraten. Der Kreis der Medialität schließt alle ein – die Entität »Berthe« lässt durch Eva C.

mitteilen: »Vous êtes pour elle son miroir.« Auch Ochorowicz sieht das Medium als Spiegel des Begehrens der anderen. Geley, ein Schüler Richets, spricht von Séancen als »kollektiven Experimenten«, mit dem Medium als Mittelpunkt. Ihr Kopf sei eine »Flüstergalerie« für die Wünsche und Affekte der anderen, die gehört und gelebt werden wollen: Wenn die Sensitive Elizabeth d'Espérance in ihren Memoiren schreibt, »wir alle waren das Medium«,[83] ist das nicht allein metaphorisch gemeint – sie entwickelt, so sieht es aus, Symptome einer Nikotinvergiftung, als einer der Sitters während des Ektoplasmierens raucht. Bei der Palladino haben die Beisitzer zu hyperventilieren, dass sich eine hübsche fluidische Hand bilden kann: Man glaubt, auch die anderen sponsern Substanzen, füllen fehlende oder verlorene Fluida auf. Schrenck stellt sich vor, dass die vom Medium entnommene Materie sich mit derjenigen der Zuschauer mischt, das Ektoplasma Produkt eines kommunikativen Miteinanders ist – daher die Kraftverluste aller.

Andere Okkultisten postulieren ein mittels Telepathie erzeugtes, gemeinsames »Über-Unbewusstes« (Fanny Moser) der Anwesenden, welches in den Automatismen und Botschaften des Mediums nach »oben« steigt. Morselli will erkennen, wie Sensitive die Gedanken ihrer Gläubigen anzapfen und ektoplasmatisch ausformen. (In der Variante Madame Blavatskys projizieren sich Seelenbilder der Umsitzenden auf das Double, den Astralkörper des Mediums.) Ein Geflecht von Empfindungen legt sich über die Séance. Oskar R. Schlag[84] nennt sich selbst »Egregorium«: ein Zusammenspiel des Bewusstseins aller anderen. (Der »Egregor« – in Tibet »Tulpa« genannt – soll ein »Werdewesen« sein, ein magisches Geschöpf, das allein durch die Gedanken der Gruppe, als energetische Verdichtung gemeinsamer Ideen, zu existieren beginnt.[85]) Das Kollektiv ist alles, ohne das Kollektiv ist nichts. Und Empathie macht das Medium stark. Modern gesprochen: Das eigentliche Medium, von dem die spiritistischen Medien auch nur Aspekte sind, ist nicht von vornherein gegeben und muss sich aus den Elementen der Séance – das Kabinett, der Halbkreis des Zirkels, die Beleuchtung, das Gerede, die Gesten, die Geister, die Musik – erst herstellen.

In diesem Feld überströmender Gefühle und gemeinsamen Ergriffenseins könnten Vorlieben und Temperament der Sensitiven in ihren Projektionen sichtbar werden – ebenso aber auch die Überzeugungen der Versuchsleiter und Beisitzer, die Moden und Stimmungen der Zeit. Originalton Schrenck: »Je mehr Anregung das Medium für seine Bestrebungen im Zirkel selbst findet, desto besser sind die Resultate.« Seine Hoffnung auf Ektoplasma, vermutet er, könnte »unbewußt dem Medium suggeriert werden«.[86] Dieses fieberte nur aus, was man ihm zuvor einimpft: »Offenbar haben Vorstellungsrichtung und Vorstellungsinhalt der an den Versuchen beteiligten Personen einen Einfluss (in förderndem oder hemmendem Sinne) auf die Psyche des Mediums, wie auf den Charakter der produzierenden Vorgänge.«[87] So mutmaßt Schrenck im Fall Eva C., ihr, ohne es zu wollen, zu soufflieren, was er zu sehen wünscht. Bilden sich also auch »bestimmte theoretische Überzeugungen des Versuchsleiters«[88] mit ab, nehmen hier Form an? Als einige Herren im Beisein seines Mediums über Kraftlinien und »fluidische Fasern« diskutieren, zeigen sich am Abend ideoplastische Schnüre. Schrenck spekuliert weiter: Erst sein als Arzt enges Verhältnis zur Anatomie führe am Ende zu den von Eva sekretierten Ektoplasma-Organen. Ähnlich wie vielleicht die in einigen Séancen erscheinenden peritonealen Strukturen und »Innereien« des Mediums Margery Crandon von ihrem als Chirurg arbeitendem Mann angeregt werden oder wie Crawford als Ingenieur die mechanischen Cantilever der Goligher sozusagen mental mitkonstruiert. Geley, der Ästhet, wiederum glaubt, dass sein Verlangen nach Schönheit in den Phantomen, den Gesichtern Kluskis eingelöst wird. Mit anderen Worten: Wir finden in der Welt nur das, was wir in sie hineinlegen, wie wir sie uns modellieren. Und: Mit dem Suchen erschaffen wir. Was sich heute vertraut anhört, war zur Jahrhundertwende ein in der Theorie neuer, seltsamer, noch seltener Ton.

V

# »Jeder Mann und jede Frau ist ein Stern«

—

# Strategien der Selbsterfindung

Ob nun als Selbstdarsteller oder als ein Werkzeug der Geister: Die Missionare des Okkulten sind in vielen Verkleidungen und Masken, in den verschiedensten Rollen unterwegs. Skurrile Geschichten und Gerüchte sind im Umlauf. Madame Blavatsky zieht – bevor sie telepathisch mit fernen Mahatmas (»den Wesen mit den großen Seelen«) verkehrt und das Studium östlicher Philosophien propagiert – als Berufsmedium durchs Land (auch als Assistentin Daniel Dunglas Homes?[1]), hält Séancen ab,[2] leitet in Kairo eine *Société spirite* und lässt die Geister für sich arbeiten. Bittet sie zum spiritistischen Stelldichein, fehlen, behaupten einige Neider, anschließend Uhren, Broschen, Ringe und vor allem die Brieftaschen der Gläubigen. Ihre Zeit als Medium erwähnt die Blavatsky in ihrer Biografie nicht, vielleicht, weil sie den Spiritismus später als Nekromantie denunziert, seine Anhänger als Wundergläubige und »thaumaturgische Säufer« abwertet; es darf nicht, sagt die Russin, zum Ziel werden, sich erinnerungslos in Trancen zu verlieren, um irgendwelcher Geister Medium zu sein. Blavatsky hat Höheres im Sinn: die Vergöttlichung des Menschen! Und dabei sei Hermeneutik allemal besser als okkultes Experimentieren.

Nichtsdestotrotz gehört es immer noch zu Helenas Lieblingsspielen, unter ihren Händen innerhalb von Minuten Rosenzweige zum Knospen und Blühen zu bringen, um ihre Besucher zu betören. »Astralglocken« läuten, Tische schweben zur Decke, und im Freien fällt auf ihr Kommando ein glühender Regen aus Lichtern vom Himmel. Ihre Devise bleibt bis zuletzt: nicht zaudern, sondern zaubern! Sie liebt das Glamouröse. Madame ist eine echte Salonlöwin, gibt Gesellschaften, empfängt am Abend gerne Gäste, ist immer für ein paar schnelle, schöne Effekte gut und wird auch nie um Erklärungen des Übernatürlichen verlegen sein. Verdichteter Akasha (Äther) lässt sich, sagt Blavatsky, atomisieren, zerstäuben und wieder, in gleicher oder anderer Form, zusammensetzen. (So soll auch der Mayavi Rupa, der Illusionsleib – माया रुपा – gebildet werden, durch den die »Meister« erscheinen.) Noch in der Anfangsphase der Theosophie wird viel durchgespielt: Wie der Mensch mit seinem zweiten Körper, seinem »Double« auf Reisen geht, entfernte Orte besucht, wie man durch Diagramme (ein Kreis mit Quadraten, Drei- oder Fünfecken verbunden) und Räucherwerk die Schatten von »Elementalen« und Toten beschwört oder die Magie von Agrippa und Trithemius aufführt.[3]

Blavatskys Ausfluss an Wissen ist monströs, und sie schreibt ununterbrochen. Dieses »Mannweib« (Strindberg), diese moderne Sphinx ist so frei und nimmt sich, was ihr zusagt, bedient sich aus allen verfügbaren Quellen und Texten.[4] Gerade auch Wladimir Solowjows Grabrede auf die westliche Philosophie, die der Russe für tot erklärt, weil sie nur die Vernunft und ihre Urteile kennt – den Glauben, die prophetischen Träume und Visionen aber leugnet –, wird von ihr ausgiebigst geplündert.[5] Mit über neunzig »geborgten« Passagen stehen auch die Schriften des Indologen Louis Jacolliot ganz oben auf ihrer Liste. Plagiatsvorwürfe spielt die Russin herunter: Sie empfange Offenbarungen und werde zu einer »Schreibmaschine« der Meister; um den Fluss nicht zu unterbrechen, dreht sie sich ihre Zigaretten mit der linken Hand; dabei schafft es Blavatsky, sind Besucher in der Nähe, lange in die Luft zu starren, sich einen Blick von Leere und Abwesenheit aufzusetzen. Die Blavatsky behauptet, was sie da zu Papier bringt, oft nicht zu verstehen, aus Büchern zu zitieren, die sie nie gelesen habe. Ihr Theosophen-Bruder Henry Steel Olcott bemerkt, dass Handschrift und Stil ihrer Manuskripte wechseln. In den immer wieder schwankenden Stimmungen und Zornausbrüchen Helenas sieht der Oberst Zeichen für das Verlassen ihres Körpers und die folgende Rückkehr.

Besonders das Bürgertum begeistert sich für Blavatskys okkulte Höhenflüge. Ihre Theosophie, die »göttliche Weisheit«, mischt einiges zusammen: gnostisch, kabbalistisch und buddhistisch sind die Ingredienzien – Montagen aus Fragmenten, Zitaten und von ihr selbst Erfundenem. Nebenbei: Blavatsky schreibt Bestseller – *Isis unveiled* und *The Secret Doctrine* werden weltweit übersetzt, erreichen hohe Auflagen.

Portrait Madame Blavatsky, Januar 1889.

Überhaupt ist das Anzapfen unchristlicher Quellen und Exotisches in diesen Tagen beliebt. Auch nach Blavatsky sind der Himalaya und Tibet lange Zeit erste Adressen für geheime Bezirke, unterirdische Städte mit Meistern und Menschheitsrettern: Die Shambhala-Mythen von Saint-Yves, Ossendowski und Roerich erzählen davon.[6] Und Helena Petrovna ist nicht die Einzige, die sich in einem Akt der Selbstermächtigung einsetzt, um die Lehren der Eingeweihten zu verbreiten – nach sieben Jahren Studium in Tibet wird sie als »Chela« (Sanskrit, »Schülerin, die dem Lehrer zu Füßen Sitzende«) mit diesem Auftrag in die

Welt entlassen. Die Erlöserrolle scheint ihr wie auf den Leib geschrieben; als Medium der Meister muss sie sich dabei als Märtyrerin beweisen: meistens verkannt, angefeindet, verfolgt.

Darüber, dass Blavatskys Handschrift und die der Mahatmas, der Gottmenschen, überaus ähnlich ist, mokiert sich Mr Hodgson, ein Vertreter der Society for Psychical Research: Blavatsky schreibe sich die Briefe und Telegramme (in bestem Englisch!) selbst. Sie allein sei der Autor der Meisterworte.[7] Und dass sich ihr Lieblingslehrer Koot Hoomi astralerweise in Adyar, im Hauptquartier der Society zeigt, gehöre zur Propaganda der Theosophen. Ihre Apporte, findet Mr Hodgson heraus, kommen durch eine geheime Öffnung in der Wand. Hodgson aber fordert auch Respekt: Als eine der brillantesten Hochstaplerinnen des Jahrhunderts, als ein Genie der Täuschungen, Illusionen sollte die Russin in die Geschichte eingehen. Wer, schreibt später einer ihrer Bewunderer, nach zwei Heiraten, einigen Liebhabern und einem unehelichen Sohn behauptet, immer noch Jungfrau zu sein, ist bei Gott keine gewöhnliche Lügnerin. Andere sind weniger freundlich und sehen in der Blavatsky eine Hysterika: labil, frigide, mit einem starken Hang zur »Pseudologie«.

Für ihre Zeit ist Blavatskys Strategie ultramodern. Sie packt in ihre Vita, was gut ankommt, ihr steht und gefällt, verbreitet unaufhörlich neue Legenden, entwirft ihr Leben als großes Epos. Legt Spuren, verwischt andere, lässt Fiktion und Fakten unentwirrbar zusammenlaufen, erfindet Wahrheiten, an die sie vielleicht selbst zu glauben beginnt. In der Arbeit an ihrem Bild und um jeder Banalität zu entkommen, setzt Blavatsky als Frau dieser Tage Maßstäbe. Sie bietet sich ihren Zeitgenossen in immer anderen neuen Rollen an, in denen sie in der Welt unterwegs ist: als Medium, Artistin, Seelenfängerin, Schmuckblumenherstellerin, Sängerin, Pianistin, Priesterin, Geliebte, Prinzessin der Tempelfreimaurer. Verkleidet als Mann schlägt sie sich in der Schlacht von Mentana gegen die Soldaten des Papstes auf die Seite Garibaldis (fünfmal bis zur Todesnähe verwundet[8]); dann wieder ist sie in Syrien, Ägypten, im Libanon, in Asien unterwegs, geografisch vage, auf möglichst wenig nachvollziehbaren Routen – »jenseits des Himalaya« und so weiter. Natürlich:

Die Reisewege bestimmen ihre unsichtbaren Hindus. Wie aber schafft sie es, fragen einige, ohne viel Geld und ohne Begleitung, durch Kälte, über vereiste Höhen – nur mit himmlischer Hilfe?! – bis zum »Dach der Welt« nach Tibet zu kommen? Vielleicht hat Blavatsky die Berichte einiger Abenteurer studiert und ferne Landschaften vor ihrem geistigen Auge aufleben lassen? Als eine Expedition zur Jahrhundertwende das bis dahin für Fremde verbotene Lhasa erreicht, erklärt der Regent der Stadt dem Leiter der Gruppe, Major Laurence Waddell, es gäbe hier weder Mahatmas noch eine Geheimlehre.[9] Blavatsky aber wird sich weiter als ein Medium der Meister ausgeben, als deren Botschafter ihre Theosophie verbreiten. Um die Sache ein wenig komplizierter zu machen, bringt sie einen »anderen«, ein »zweites Ich« ins Spiel, das in ihrem Körper steckt, mit ihrer Stimme spricht und von Orten und Ereignissen erzählt, die ihr unbekannt sind.[10] Während sie, schwach und kurzatmig geworden, kaum noch das Zimmer verlässt, scheint die Blavatsky in Bildern und Visionen, in magischen Panoramen unterwegs. Vielleicht ist auch die Legende, als Spionin im Auftrag der russischen Regierung viele Monate durch Indien gereist zu sein, von ihr selbst in die Welt gesetzt? (Hodgson unterstellt ihr, bei den Hindus den Hass auf das britische Empire zu schüren, um Russland auf dem Subkontinent Einfluss zu verschaffen.) Weiter verbreitet die Blavatsky, man würde sie in Asien als von Buddha gesandte Prophetin erwarten. Nicht ohne Stolz schreibt Madame B., dass sie noch in jeder Rolle, die sie spielt, überzeugen, sich in jeden Charakter verwandeln und in alle Richtungen Spuren legen kann.[11] Die Russin gehört, wie Gurdjieff, der Lehrer des »Vierten Weges«, oder Crowley, in die Reihe der großen Tricksterfiguren, die das Sakrale gegen das Profane vertauschen (und umgekehrt), die Chaos schaffen, wenn ihnen die überkommenen Verhältnisse zu langweilig werden, die nach Belieben Freunde abservieren und Feinde hofieren, die Dichtung und Wahrheit durcheinanderbringen. (Dass von zwei Trickstern aber immer einer zu viel am Platz ist, zeigt die Geschichte: Crowley in Fontainebleau, im Institut für die harmonische Entwicklung des Menschen zu Gast, wird von Gurdjieff unter Schimpfworten aus dem Haus geworfen.[12])

Helena Petrovna Blavatsky arbeitet frei nach einem dieser östlichen Sinnsprüche: Wer seine Vergangenheit neu erfindet, der bekommt Macht über die Zukunft. Für ihren Lebenslauf, den sie beim Fabulieren aufs Papier bringt, sich zusammenreimt, werden auch Figuren aus Romanen adoptiert – Helena eignet sich Züge Consuelos, einer Heldin George Sands an, die sich vom Erzengel der Revolte in große Kämpfe getrieben fühlt und einige Anarchisten, die Meister der geheimen Künste zum Reden bringt: Saint-Germain, Böhme, Swedenborg und die Templer treten hier auf.[13]

Auch die Theosophie reichert Madame nach dieser Methode an, nimmt aus allen Zeiten und Lehren, was die neue Religion populär macht. Sie montiert zusammen, bis alles irgendwie stimmig ist, passt. Blavatsky folgt den okkulten Traditionen, um sie ins Leere laufen zu lassen, neue Akzente zu setzen, und ist eine der Ersten, die lernt, sich ohne Scheu aus dem Fundus sakraler Überlieferungen zu bedienen. Der Erfolg gibt der Russin recht: Theosophisches breitet sich aus, bereichert den Golden Dawn ebenso wie Feminismus und Reformpädagogik oder einige vedische Orden Indiens; auch die Ariosophen fühlen sich inspiriert. (Seit Hegel gilt eine Idee, eine Wahrheit nur so weit als wahr, wie sie mächtig wird, sich durchsetzen kann.) Blavatsky will die Verbindung der Heilslehren aller Epochen, die ultimative Religion, in der die Sinnsuche des Menschen zur Erfüllung, zum Ende kommt.

Als moderne Psychonautin ist die Dame natürlich auch eine Pionierin der Tiefenpsychologie; dass »abgewiesene Gefühle« in entlegene seelische Schichten abgeschoben werden, aber weiter Denken und Handeln infizieren, weiß sie bereits ein Jahrzehnt vor Freud. (Mircea Eliade stellt sich vor, dass die Akasha-Chronik, das universelle Archiv der Theosophen, »in ihrer Struktur mit der Freud'schen Theorie korrespondiert« und den Wiener solche Spekulationen vielleicht anregen.[14]) Und wie die Physik dieser Tage setzt auch Blavatsky den Äther, »die himmlische Jungfrau, die geistige Mutter jeder bestehenden Form des Lebens«,[15] als universelles Medium und Gedächtnis ein, als die große Bildergalerie von allem, was je war und sein wird. Sie beteiligt sich an

Spekulationen über hyperbolische Räume, eine vierte Dimension, und beruft sich dabei auf den Skandalgelehrten Zöllner. Blavatskys Lehre der Rassen (die auf sieben Planeten sieben Stadien durchlaufen) zeigt einige Parallelen zur Evolution, wie Darwin sie versteht. Ihre Idee, dass Himmelskörper tönen, bestätigt später die Radioastronomie. Sie wird als eine der Ersten Synästhesien – wenn aus Musik und Stimmen bewegte Farben folgen – als übersinnliche Gabe beschreiben.

Helenas Anhänger verklären, heroisieren ihre Meisterin: als »Maha Atma«, als *anima candida*, im »fleckenlosen Mantel der Reinheit« erfülle sie ihre Mission. Eine reinweiße Seele, auf die nicht mal mehr der Tod Schatten wirft. Ein weiblicher Messias, der nur für das Wohl der Menschen lebt und leidet. Sie ist die große Trösterin, die Stimme der Meister, Mutterfigur für verlorene Seelen. Das hält die Blavatsky nicht davon ab, ihre Gegner einfach zu überrennen, so vulgär und verletzend zu sein wie nur möglich, um sich Respekt zu verschaffen. Helena lebt, wie es in diesen Tagen nur Männer dürfen, raucht über hundert Zigaretten täglich, liebt Haschischpfeifen und frisst sich hoch auf 250 Pfund Lebendgewicht. Selbst Henry Steel Olcott ist von den Fettsäcken der Arme, den Wasseransammlungen in den Beinen, den Mengen von Gewebe, die vom Kinn zum Hals hängen, beeindruckt; alles an ihr wackelt, während die Blavatsky lacht. Der Polyhistor Friedrich Eckstein ist fasziniert von den Bergen an Fleisch, welche die Blavatsky bei jedem Schritt erzittern lässt und die dann noch lange nachbeben.[16] Mit ihren Massen überrollt sie Hindernisse und Grenzen; ihre Anwesenheit füllt jeden Raum aus. Virilität ist der Panzer, mit dem sie in die männlich dominierten Bezirke einbricht. Reizbar und ungehalten ist die Dame, niemals aber gewöhnlich! Immer in der Offensive, immer für einen Skandal gut, der sie meist noch populärer macht. Kaum sind ihre Aktien gefallen, verblasst ihr Ansehen, steigt sie schon wieder zu neuen Höhen auf – strahlt heller als zuvor. Sich Feinde zu machen, darin ist die Blavatsky besonders begabt. Die beste Rolle der Russin: Sie lässt nichts aus, um zu brüskieren, bringt alle gegen sich auf – Atheisten, Christen, Spiritisten. Dass sie, obwohl Prophetin einer Großen Weißen Bruderschaft, Lucifer und die anderen gefallenen Engel (*Agathodaimôn*) als Lichtbringer, den »leuchtenden Sohn des Morgens« feiert, und das Böse als die notwendige Kraft eines Gleichgewichtes in der Welt bejaht (*demon est deus inversus*), macht ihrem zweifelhaften Ruf weiter alle Ehre. Blavatsky fühlt sich großartig genug, die Menge herauszufordern; gibt sich aber auch gern märtyrerhaft, demonstriert ihre Kraft, mehr zu ertragen als andere. »Der Brennstoff, der in meinem Herzen war, ist bis zum letzten Atom verbrannt. Jetzt ist nichts mehr darin als kalte Asche. Ich habe so sehr gelitten, daß ich nicht mehr imstande bin zu leiden.«[17]

Nicht weniger extravagant reichert auch Aleister Crowley, darin der Blavatsky verwandt, seinen Lebenslauf mit großartigen Ereignissen an, bis er zur Legendenbildung brauchbar sein wird. So wie der Magier sich mit verschiedensten Charakteren in Szene setzt, fallen auch die Urteile aus – schwanken zwischen Beleidigungen und Anbetung: Mal schildern sie ihn als Psychopathen, dann wieder als charismatischen Weisheitslehrer.

Crowleys Vater ist Bierfabrikant und beide Eltern sind Anhänger der fundamentalistischen Plymouth Brethren – einer sittenstrengen, bibeltreuen Sekte. Der kleine Junge wird schon früh und massiv den Bildern der christlichen Welt ausgesetzt – mit Apokalypsen, Prophetien und dämonischen Gestalten des Alten und Neuen Testamentes in Berührung kommen.

Ein abenteuerliches Leben nimmt seinen Lauf. (Der Mann benötigt nur ein Jahrzehnt, um das väterliche Erbe – etwa 40 000 Pfund – aufzubrauchen.) Crowley wird im Londoner Tempel des Golden Dawn eingeweiht und bald darauf wieder ausgeschlossen; William Butler Yeats meint, mit Blick auf Crowley, eine mystische Vereinigung sei schließlich keine Besserungsanstalt.[18] Er ist beim Versuch der Erstbesteigung des K2, des Qogir dabei und begleitet eine Expedition zum Kangchendzönga, bereist Indien, den Orient, den Norden Afrikas. Und wie Madame Blavatsky ermächtigt sich Crowley in seiner Sendung durch eine höhere Macht, eine Entität namens »Aiwass« (ist es Horus, Thoth oder etwa Satan selbst, der zu ihm spricht?), die als eine sprechende Wolke über ihm schwebt und ihm zwischen dem achten und zehnten April Neunzehnhundertundvier den *Liber Al vel Legis* diktiert – das schriftliche Fundament der neuen Religion »Thelema«. Seine Entrückung findet vor der Stele des Ankh-ef-en-Khonsu statt – sie zeigt den Hohepriester als den »Künder von Month«, den falkenköpfigen Gott von Theben –, der Stein trägt die Nummer 666. Das aber ist auch die Zahl des »Großen Tieres« in der Apokalypse des Johannes. Und für den Magier ein Zeichen. »Aiwass«, der Gesandte von Hoor-paar-kraat – das zornige, göttliche Horuskind – erscheint Crowley fortan als astrales Wesen, sein Engel. Solch eine Geschichte muss man erstmal (er-)finden. Der Auserwählte unterschreibt nun Briefe in griechischen Lettern mit Tò Μεγα Θηρίον. Und nicht weniger originell: Er zeichnet das »A« seiner Signatur als Phallus.

Crowley greift das »Henochisch«[19] auf, eine magische Schrift und Sprache, die erstmals im sechzehnten Jahrhundert der Venezianer Giovanni Agostino Panteo in *Voarchadumia contra alchimiam* erwähnt und später von John Dee und seinem Medium Edward Kelley verbreitet wird. Es besteht, neben mehreren hundert Eigennamen, aus etwas über tausend Lexemen mit Nomina, Pronomina, Verba und Numeralia. Henochisch soll die Weisheit der Engel verbreiten und erlauben, mit ihnen zu kommunizieren. Crowley sucht das Übernatürliche als Zugang zum höchsten Wissen, wie auch die Theosophen aus der »Akasha-Chronik« lesen wollen, um sich als Prophet eines neuen Zeitalters auszuweisen. Der Magier reist nach Mexiko, beschwört dort Dämonen, bis er meint, dass sein Spiegelbild verblasst und er für andere unsichtbar wird. Die Formel der Verwandlung lautet: »Kleidet diese Astralform mit einer Wolke von Dunkelheit. Umhöht, umhöht meine Gestalt mit eurer wahrhaften Nacht.«[20] Crowley vollzieht das Einweihungsritual des Augoeides, die Anrufung des höheren Selbst (eine Übung, mit der auch Madame Blavatsky und der Golden Dawn arbeiten).

Crowley erzählt immer neue Geschichten. Es gelingt ihm bestens, Unterstellungen zu lenken, gezielt zu animieren: Crowley wird zu dem, was er unter den Blicken der anderen entstehen lässt. Er muss sich auch von den Showgrößen des Mediumismus dieser Tage absetzen, die mit ihrem Ektoplasmentheater übers Land ziehen, Telekinesen und Levitationen zeigen, Hellsehen und Wahrsagen. Er macht sie lächerlich, ignoriert diese Krämerseelen und Kleingeister des Okkulten, so gut es geht. Um nicht nur einer unter vielen Magiern zu sein, steuert Crowley schon früh einen Skandalkurs – inszeniert sich auf eine glänzende, unterhaltsame Weise, größenwahnsinniger als alle anderen, die in diesen Tagen Propheten sein wollen. Der Bürgerschreck veröffentlicht geheime Rituale des Golden Dawn, in die ihn Samuel Liddell Mathers (der sich in Paris »Graf MacGregor of Glenstrae« nennt), ein Mitbegründer des Ordens, eingeweiht hat. Als Mathers versucht, die Auslieferung von *The Equinox* (»The Review of Scientific Illuminism«) gerichtlich zu verbieten und ein Prozess durch zwei Instanzen beginnt, sind die Zeitungen mit Schlagzeilen dabei. (Beide liefern sich einen öffentlichen magischen Krieg: Mathers hetzt Abramelin-Dämonen auf Crowley; der wiederum antwortet, indem er die neunundvierzig Diener Beelzebubs gegen seinen Kontrahenten scharf macht und loslässt, um ihn zu vernichten.[21]) »Zum ersten Mal«, schreibt Crowley, »konnte ich erfahren, dass ich berühmt und mein Werk gefragt war.« Und so geht es weiter: Der selbsternannte Magier lässt seine Gegner von Monstrositäten seines Lebens wissen, den Bösartigkeiten und Tumulten, die er aufführt, an denen sie sich dann abarbeiten dürfen. Um sich selbst in den Grad eines Magnus zu weihen, tauft er in einem bizarren Ritual einen Frosch auf den Namen »Jesus von Nazareth«, schlägt ihn ans Kreuz, um ihn später zu häuten und zu essen. Und Crowley bedient die Öffentlichkeit mit Details seiner rituellen Ausschweifungen. Des Magiers Motto klingt nicht schlecht: Göttliches Bewusstsein durch Sex! Kolportiert wird, dass Crowley und Anhänger Menstrualblut, Sperma und Vaginalsekret austauschen und einnehmen. Der Koitus ist für Crowley ein Sakrament und das Schlucken von Sperma das Abendmahl. Er schließt sich tantrischen Traditionen an, etwa dem System der Nāth Siddhas Nordindiens, die den Samen für den Träger der Unsterblichkeit halten; einige Richtungen des Buddhismus betrachten ihn als »Erleuchtungsgeist«:

Bodhicitta. Syphilis und Gonorrhö, glaubt das »Große Tier«, befördern das Genialische im Menschen – und infiziert sich noch als Jugendlicher? Sucht er, wie später behauptet wird, per Annonce deformierte Frauen (hinkend, einäugig, tätowiert, kleinwüchsig, verwachsen), um sie durch seine Sexualmagie in Schönheit zu verwandeln?[22] Crowley stellt ein Parfüm her, das er »Ruthva, Duft der Unsterblichkeit« nennt und das ihn unwiderstehlich machen soll: Ein Aphrodisiakum aus Zibet, Moschus und Ambra, welches (um Frauen und Männer zu betören) in geringer Menge in die Kopfhaut eingerieben wird. Es gibt einiges Gerede, dass der elfte Grad des von Crowley geprägten *Ordo Templi Orientis* Analverkehr zwischen den Ordensbrüdern vorsieht. Stammt vielleicht von ihm selbst die Angeberei, dass er auf astralen Ebenen englische Jungfrauen vorzugsweise durch die gleiche Öffnung penetriert? (Übrigens erschafft Crowley den schönen Neologismus der »eroto-komatösen Luzidität«; vermutlich meint er eine Art von Bis-ins-Koma-Ficken.) Crowleys »Eleusinische Riten«, erotisch-ekstatische Tänze, Anrufungen, mit Weihrauch und Musik, sind alles in allem so harmlos, unschuldig, dass ein Beteiligter bemerkt, dass er sogar seine Mutter hätte mitnehmen können. Die Presse aber weiß es besser: Es sei zu »unnennbaren Intimitäten« zwischen Männern gekommen, schreibt *The Looking Glass*, zu wahren Orgien seiner auf der Bühne kopulierenden Jünger. Crowley wird der Prozess gemacht – wegen Blasphemie, Pornografie und Unzucht mit Tieren. Unmengen von Gerüchten kreisen um Crowley, die seinen Namen weiter in Umlauf bringen: Er soll den Besuchern seiner Aufführung der Mysterien von Eleusis am Empfang einen »Prunk der Liebe«, eine Mixtur aus Meskalin, Heroin und Alkohol, verabreichen. Während dieser Abende, behauptet Crowley, verwandele er kraft Magie die Violinistin Leila Waddell von einer »fünftklassigen Fiedlerin« in ein musikalisches Genie. Sein Biograf John Symonds erwähnt, dass Crowley Urin und Kot auf die Seidenteppiche feiner Gesellschaften entleert, um zu zeigen, dass seine Exkremente nicht weniger heilig sind als die des Dalai Lama. Nicht minder merkwürdig: Der selbsternannte Gott freundet sich in Berlin mit dem

KPD-Führer Ernst »Teddy« Thälmann an, auch Henry Miller trifft er häufiger. Crowley soll der Mann gewesen sein, der Aldous Huxley eine erste Dosis Meskalin (*Lophophora williamsii*) anbietet. Und der Hollywood-Regisseur Preston Sturges wird über ihn schreiben, er sei einer der »verderbtesten, unmoralischsten und widerwärtigsten Schwindler, die je aus einem Albtraum oder Irrenhaus entsprungen sind.«[23] Bessere Werbung kann man sich kaum vorstellen. Auch das bringt Publicity: In seinem Roman *The Magician* nimmt William Somerset Maugham Crowley als Vorbild für die Figur des Oliver Haddo, einen »Nekromanten« und Maniker ersten Ranges, ein Fleischberg und Prahler, der per Hypnose junge Frauen gefügig macht. Was für eine Karriere: Vom Sohn eines Bierbrauers zum großen Dämon des Abendlandes.

Ähnlich wie die Blavatsky will Crowley, natürlich mit ihm selbst als Propheten, durch seine Religion »Thelema« die ganze Menschheit beglücken, ein neues paganes Äon einläuten: »Jeder Mann und jede Frau ist ein Stern«, schreibt er, jeder ist einzigartig, sein eigenes Schicksal und niemand anderem unterworfen. Crowley, der Antichrist, will kein Mitleid mit den Schwachen, die nur schwach sind, weil sie ihren »wahren Willen« nicht kennen. Er will keine Gleichheit zwischen den Menschen gelten lassen, keinen an das heilige Sakrament der Ehe geketteten Sex.

Indem Crowley die dunkelsten Regionen des Unbewussten aufsucht, die Libido anheizt, seine Süchte offenbart, ist er glaubwürdiger als die meisten Moralapostel und spirituellen Besserwisser, die christlichen Glaubenshüter seiner Zeit. Darüber hinaus: Eine neue Epoche einzuläuten, kann für die »Nummer 666« nur heißen, den Traditionen zu folgen, um mit ihnen zu brechen, einigen ihrer Aspekte ein anderes Gesicht zu geben. Es ist ein Spiel mit den religiösen Werten. Als Künder des »Neuen« (Zeitalters) verweist Crowley weniger auf das Wahre, Geheime, Verborgene als vielmehr auf die Überlieferungen, welche er – um seine Sache durchzusetzen, mehr Anhänger zu finden – umbauen, Teile davon umwerten, anders betonen muss. Der Zaubermeister wird neue Rituale, vor allem seine »Thelema«-Lehre in den *Ordo Templi Orientis* einführen, seinen Anhängern Sexualmagie verordnen und die

Aufnahme von Frauen als Novizinnen möglich machen. Oder: Aus der Suche nach Gott wird bei ihm die Vergöttlichung des Menschen.

Crowley erfindet starke Namen und Titel, ersetzt etwa in *Book Four* das Wort »magic« durch seine ältere Schreibweise »magick«. Steht das altenglische »k« vielleicht für »kteis«, altgriechisch für »Vagina« und für die dunkle Kraft des Weiblichen? Er ändert seinen Vornamen von »Alexander« in »Aleister«, der zusammen mit »Crowley« besser klingt: zwei kurze Silben, die auf eine lange folgen (*Daktylus*) und dann zwei lange Silben (*Spondeus*). Den *Ordo Templi Orientis* beglückt er mit neuen Zeremonien und nennt sich als Meister der Magie »Baphomet« (Éliphas Lévis zeichnet ihn, für den zweiten Band *Von Dogma und Ritual*, als Dämon mit Caduceus, gehörntem Ziegenkopf, Brüsten und Pentagramm auf der Stirn).

Auch Crowley bedient sich, wie Madame Blavatsky, fremder Schriften, plagiiert gerne. Sein berühmtes Gebot »Do what thou wilt shall be the whole of the Law« findet sich schon in François Rabelais' Romanzyklus *Gargantua et Pantagruel*. Dort liest man über einen Riesen, der eine Abtei Thélème bauen lässt, in der alles für alle erlaubt ist. Crowley, nie verlegen, erklärt sich kurzerhand zur Reinkarnation des Ordensbruders.[24] Der Magier mischt einen okkulten Cocktail, der ihn und seine Jünger berauschen soll: eine tolle Mixtur aus Buddhismus, Gnosis, Kabbala, Tantrismus, hinduistischer Mystik, Psychoanalyse à la Freud und Jung. Aber eben, indem sich Crowley zu den geliehenen Vorstellungen und Praktiken bekennt, sie mit seinem Blut und Sperma »unterschreibt«, ihnen sein Leben einhaucht, macht er sie sich zu eigen, durchströmt ihn ihre Kraft.

Crowleys Zeit auf Sizilien steht im Zeichen von Skandalen. In Cefalù weiht er ein Bauernhaus zum Tempel Thelema und überzieht die Wände mit spiritueller Pornografie (Zyklopen, Höllenfürsten, Phallussymbole, Kopulationsszenen, Piktogramme, magische Formeln). Yoga und gnostische Messen stehen auf dem Programm. Ebenso erotische Spielereien: Unter anderem soll seine Geliebte Leah Hirsig sich von einem Ziegenbock beschlafen lassen, der danach geopfert und anschließend ausbluten wird. Die sehr abgemagerte Frau erzeugt in Aleister, vollzieht er mit ihr den Akt, eine Ahnung von Tod und Vergehen. Sex ist bei Crowley Anstrengung, Arbeit – aber weiß Gott kein Vergnügen. Crowley ist streng, unterwirft sich seiner Methode; was er da treibt, ist nicht die schnelle Nummer oder einfache Triebabfuhr. Crowley sucht keinen plumpen Hedonismus, sondern Befreiung – Moksha – im Einklang mit seinem »wahren Willen«. Crowley schickt sich und seine Novizen durch Ekel, Angst und Albträume, so lange, bis diese ihre Macht verlieren. (Einige Tantraschulen, vor allem die Aghorīs, üben ihren Gleichmut im Verzehr von Exkrementen und Leichenteilen.) Um seine Thelemiten zu erhöhen, ihr anderes Selbst ins Spiel zu bringen, schenkt er ihnen magische Namen. Von Drogenexzessen ist die Rede: Opium, Kokain, Haschisch, Aether, Meskalin, Chloroform, Barbital sollen unter seinen Jüngern die Runde machen. Bald erscheinen ganze Artikelserien über Orgien, Mädchenhandel und Ritualmorde. »Meister Therion 666« wird zum »großen Verderber« und »Verbrecher, den wir gerne aufhängen würden«, dämonisiert. Und was man ihm nicht alles noch vorwirft: Sodomie, Zuhälterei, Hochverrat, Verführung Minderjähriger, Mord, defätistische Propaganda im Ersten Weltkrieg und so weiter.

Nach dem Erscheinen seines *Diary of a Drug Fiend* schreibt der *Sunday Express*: »EIN BUCH ZUM VERBRENNEN!« Das ist beste Propaganda für den Augur des neuen Äons. Schließlich stirbt einer seiner Thelemiten, Raoul Loveday, ein Mathematikstudent aus Oxford – ob nun an Lebensmittelvergiftung, Typhus oder Magie (durch das Trinken des Blutes einer rituell getöteten Katze), ist nicht zu klären. Auch Crowleys kleine Tochter Anne Leah muss beerdigt werden. Immerhin ist es der Duce del Fascismo und Ministerpräsident des Königreiches Italien, Benito Mussolini höchstpersönlich, der die Ausweisung Crowleys unterschreibt.

*Tricher* – »beim Spiel betrügen«, heißt es auf Französisch. Crowleys Selbstdesign ist nicht ohne Vorläufer: Der Magier soll zu den »Trickstern«[25] gehören, zu den »Schattenfiguren« (C. G. Jung), die Chaos bringen, sich mit jeder Regierung anlegen, genauso wie mit Gott (um vielleicht selbst Gott zu spielen). Anarchisch, immer linker als die

Linken und rechter als die Rechten – so ist Crowley politisch unterwegs. Vor dem Krieg bietet er gleich Hitler, Stalin und auch den Briten seine Unterstützung an – wohl auf der Suche nach einem Staat, in dem er seine Thelema-Lehren ausbreiten kann. Der Trickster macht *Tabula rasa*, schafft Platz, wo alle Wege versperrt sind. Nichts ist ihm heilig und nichts ist ihm nicht heilig; der Trickster macht vor, wie das Banale zum Sakralen wird und umgekehrt. (Trifft Crowley einen Priester auf der Straße, überzieht er ihn mit einem verbalen Abwehrzauber der griechisch-orthodoxen Liturgie: »*Apo pantos kakodaimonos*« – »Fort mit allen Dämonen«.) Er kann in jedem Moment seine Meinung widerrufen, seine Glaubenssätze umkehren. (Eben das nennt Crowley »magick«.) Der Trickster ist ein Spielverderber – ändert die Regeln, wie es ihm passt. Kennt kein Richtig, kein Falsch: Jeder Weg ist möglich. Alles Feste muss erschüttert, das Verhärtete, Spröde wieder weich und elastisch werden, das Leben in Bewegung kommen.

Der Trickster vermengt Dichtung und Wahrheit zu einem einzigen, unentwirrbaren Gewebe. Sein Leben ist so aufwendig, verschwenderisch, so vollgepackt mit fantastischem Stoff, dass es gleich für mehrere Biografien reicht. Crowley, das »Große Tier 666« zeigt sich mit vielen Gesichtern: als Alpinpionier, Feminist, Sexualreformer, Schachspieler, Poet, Magier, Maler, Astrologe, Musiker, Agent, Alchemist. Wie ein größenwahnsinniger Narr zieht er durch die Welt, will sich weder der Natur noch den Göttern beugen.

Bei Crowley weiß man nie zu sagen, was Scherz ist oder ernst gemeint. Eine seiner pornografischen Schriften – de Sade durchaus ebenbürtig – erscheint mit dem Vermerk: »Privatdruck zur Verbreitung unter Geistlichen«. Und Crowley schreibt fünfzig Hymnen an die Jungfrau Maria. In der Figur des Tricksters verkörpert sich meist mehr als nur eine Person; er ist das Widersprüchliche, das Absurde im Menschen. Bei allen Selbstbildern, die Crowley herstellt, herumzeigt, begreift er mehr und mehr, dass sie nur verbergen, dass hinter diesen Bildern nichts existiert, was zu verbergen wäre. Aleister C. glaubt keinen Augenblick an die Beständigkeit seines »Ichs«, tauscht, wann

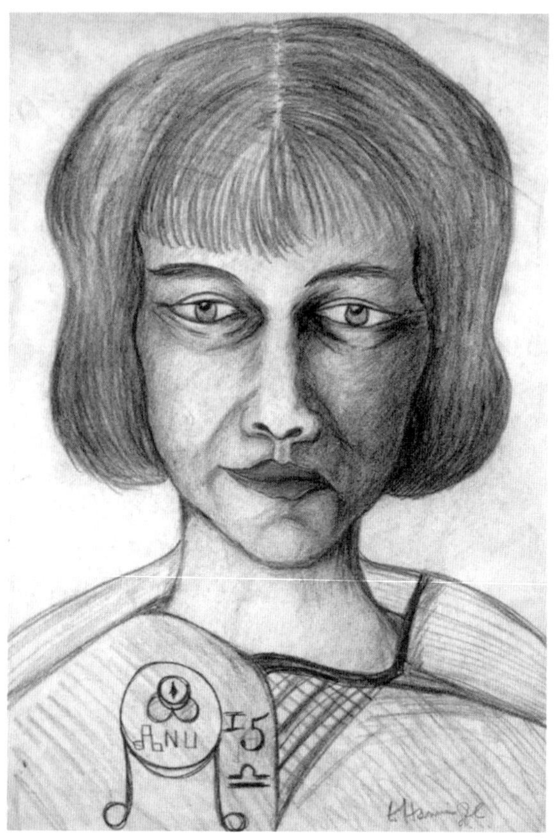

Aleister Crowley, *Porträt von Hanni Jaeger*, circa 1930.

immer es ihm Vorteile bringt, die Namen, spielt mit den Rollen: »Graf Vladimir Svareff«, »Prinz Chioa Khan«, »Frater Perdurabo« (»Der, der durchhalten, bis ans Ende gehen wird«), »Shri Guru Paramahamsa Shivaji«, »Alys A. Cussack«, »Sir Alastair de Kerval«. Auf Fotos posiert er wie für ein Theaterblatt: als Asket, Partygänger, Dandy, Pianist, Familienvater, Neophyt, Weltenheiland, Magier, Yogameister, chinesischer Freudengott Fo-hi, arabischer Scheich. Mal schaut er hager, mit hartem Blick in die Kamera, dann wieder effeminiert, transenhaft, scheu. Der Mann frisst sich vom Asketen hoch zur Dickleibigkeit und hungert sich wieder runter. Und Crowley, der Trickster, ist schnell in seinen Aktionen – unaufhörlich wechselt er die Orte, die Frauen, die Freunde, die Rituale, die Rauschmittel. Er ist so frei und grausam, wie ein Gott fallen zu lassen, zu verstoßen, wen er nicht mehr braucht, wer ihm lästig, zu anstrengend wird. Der Magier schickt seine Anhänger ins schönste Entsetzen, lässt sie scheitern, wo sie schon am Ziel zu sein glaubten.

Crowley ist aber nicht minder ein Mystiker vom alten Schlag. In der Wüste, dieser »Wildnis aus Sand«, auf seinen Reisen durch Nordafrika, sucht er die Auflösung, die »Entwerdung« seines Selbst: die Ekstase in Gott. Auf dem Gipfel des Da'leh Addin, einem Berg in Algerien, auf dem Crowley, Rituale feiernd, mit Victor Neuburg analen Sex vollzieht, trifft ihn der Blitz einer Erleuchtung – zu wissen, was man ist, und dabei nicht zu existieren. Diese Substanzlosigkeit des Selbst als Erfahrung macht es ihm umso leichter, sich in allen möglichen Verkleidungen zu amüsieren, nach Lust und Laune den Spaß auf die Spitze zu treiben. Sehr ernsthaft aber unterscheidet er zwischen einem »weltlichen« und, mit Blick auf seine magischen Handlungen, einem »eingeweihten« Crowley. Beide stehen jedoch in einem harmonischen, ausgeglichenen Verhältnis zueinander.

Eine weitere wunderbare Inszenierung Crowleys ist sein »Selbstmord«, den er am Boca do Inferno, einer schroffen Felsenformation am Meer in der Nähe von Lissabon, vortäuscht. In dieses Komplott wird auch Fernando Pessoa verwickelt. Der Poet arbeitet als Astrologe und korrigiert das Horoskop des Meisters, wie es in Crowleys *Confessions*, am Anfang des ersten Bandes, abgedruckt ist. Und der reist nun, nach längerem Briefwechsel, mit der dreißig Jahre jüngeren Hanni Jaeger, einer seiner »Scarlet Women«, nach Portugal, um Pessoa, den Bruder im Geist, zu treffen. (Die schöne Berlinerin – von ihm das »Monster« genannt – vögelt Crowley um den Verstand und hält ihn mit »hysterischen Anfällen« auf Trab, schreit nächtlich das ganze Hotel zusammen.[26])

Die Hintergründe dieser Aktion sind nicht bis ins Letzte klar; Hanni verschwindet und hinterlässt nur eine Notiz, sie käme bald zurück, setzt sich aber nach Berlin ab. Vielleicht will Crowley seiner Geliebten imponieren oder es ist nur ein Pläsier für ihn, eine nicht geplante, eilig ausgeführte Geste; auf jeden Fall hinterlässt das »Große Tier«, TO MEGA THERION, auf der Landstraße von Boca do Inferno eine kryptische, offenbar suizidale Botschaft: »Ich kann nicht leben ohne Dich. ›Der andere Schlund der Hölle‹ wird mich packen, er wird nicht so heiß sein wie Deiner! Hjsos! Tu Li Yu«.[27] Verschwörungstheorien sagen, dass Crowley verschwindet, um ungesehen nach Deutschland zu reisen und dort als Hitlers Geheimberater zu arbeiten. Der Magier ist überzeugt, dass der »Führer« nicht wenige Gedanken und Anregungen aus seinem *Liber Legis* entnommen hat.[28]

Pessoa ist in Crowleys Pläne, der das Land zu einer Ausstellungseröffnung Richtung Berlin verlässt, eingeweiht und gibt verwirrende Interviews; in einem zitiert er aus der *Oxford Daily Mail*, die durch ein Londoner Medium erfahren haben will, Crowley sei von einem Agenten der römisch-katholischen Kirche ermordet worden. Für den Lissabonner Dichter, der gute Kriminalgeschichten schätzt, gerne über Genie und Verbrechen spekuliert, ist diese von ihm mitgetragene Posse wohl zuallererst ein abgründiger Scherz.

Bleibt Crowley mit seinen antibürgerlichen Exzessen, als das »Große Tier«, der Öffentlichkeit in bester, sprich schlechter Erinnerung, so ist es doch äußerst anstrengend, immer noch weiter, ein Leben lang, der böse Mann, ein Monstrum sein zu müssen. Aber trotz Herzmuskelschwäche, Asthma und totalem Bankrott in seinen letzten Jahren ist der Glaube an seine »Sendung« ungebrochen: Er schreibt, prozessiert, wird polemisch, streut Gerüchte aus. Der Prophet des neuen Zeitalters schwört nicht ab, hält seinem Thelema die Treue. Mit den Worten »I am perplexed« verdunkelt sich Crowley noch auf dem Sterbebett und lädt zu Vermutungen ein – vielleicht über sein Erstaunen, dass auch auf eine mythische Figur wie ihn am Ende der Tod wartet?[29]

Es ist nicht wirklich wichtig, ob Blavatsky oder Crowley irgendwann begonnen haben, an die vielen Geschichten und Figuren, die sie erfinden, selbst zu glauben. Beide verstehen es meisterhaft, jeden ihrer

Nachteile, jede ihrer Schwächen nach der alten Gleichung »Samsara ist gleich Nirwana«, nur durch Umwertung, eine andere Art der Betrachtung, zu einem Gewinn werden zu lassen. Und wie gesagt: Viel wesentlicher wird sein, wie weit die anderen Menschen von diesem Spiel der Verstellungen und Maskeraden ergriffen und beeindruckt sind, darauf eingehen.

# VI

# Astrale Femmes fatales

—

# Wahnsinnige Okkultisten

Im Okkultismus wird zur Jahrhundertwende viel experimentiert – nicht wenige dieser magischen Manipulationen scheinen früher oder später außer Kontrolle zu geraten. Und er hinterlässt seine Spuren auch im Wahnsinn: Zahlreiche Kranke in den Irrenanstalten glauben sich Fernhypnosen ausgesetzt, hellsichtig zu sein, von telepathischen Kräften oder Verstorbenen drangsaliert.

Ludwig Staudenmaier[1], katholisch bis auf die Knochen, halluziniert sich mit einer unerfüllten, verlorenen Liebe zum Beischlaf ins Bett. An manchen Tagen stehen ihm so gleich mehrere Frauen zur Verfügung. »Hübsche, junge Damen«, »ätherisch durchsichtig«, liegen neben ihm und reizen sein Begehren. Der Mann kommt auf seine Kosten – und auf den Geschmack. Zehrt sich aus im Genuss, in der Lust mit den von ihm selbst ins Leben gerufenen Frauen. Sein Experiment: Manipulation von Nervenenergien, die er in spezielle Hirnareale, in »unbewußte Zellzentren« lenkt. Ohne ein Objekt reicht ihm schon die Imagination, um die Sehrinde zu aktivieren, die gewünschten Bilder herzustellen, zu beleben. Er stellt fest, dass von innen heraus, durch reine Vorstellung, die gleichen Nervenbereiche in Betrieb sind wie bei der Verarbeitung von Bildern, die von außen kommen, und nicht zu unterscheiden sein wird, was nur gedacht oder »wirklich« vorhanden ist. (Für das unbewusst oder willentlich gesteuerte Heraustreiben von »Nervenergien« aus dem Körper und den so hergestellten Halluzinationen führt Schrenck schon vor dem Ersten Weltkrieg den Begriff der »virtuellen Realität« ein.[2])

Für Staudenmaier ist der Körper ein fleischgewordener Kinematograf – ein Apparat zur Projektion: Vorstellungen erzeugen mittels Nervenkräften Bilder auf der Netzhaut und werden durch Glaskörper und Linse in die Welt entworfen. So wäre es für ihn denkbar, einen Film mit sich als Regisseur und Hauptdarsteller zu animieren. Dabei hält er es für möglich, seine Visionen auf fotografische Platten zu projizieren. Aber auch Halluzinationen von Geruch und Geschmack – Lavendelblüten vor der Nase oder Früchte auf der Zunge – lassen sich, weiß

Staudenmaier, durch trainiertes Einbildungsvermögen leicht auslösen. Und es gelingt ihm, wie er glaubt, Erregungen gezielt von einer Hirnregion in andere Gebiete zu lenken.

Der Experimentalchemiker will die Magie mit gründlichen Studien zu neuem Glanz und Ansehen bringen, mit ihr am eigenen Leib Versuche anstellen, und wird so der Psychoanalyse die besten Argumente liefern, dass das »Ich« nicht »Herr im eigenen Haus ist« und auch niemals werden kann. In Staudenmaiers Worten: Das »Ober«-, das »Kommando-Bewußtsein« verliert die Macht. Der Gymnasialprofessor trainiert sich über zwei Jahrzehnte sekundäre Charaktere an, die schnell rücksichtslos werden und seine Absichten sabotieren; wenig angenehm etwa benimmt sich ein »Bockfuß«, der in seinem Dickdarm, in der Mitte des *Colon transversum* wohnt, mit den Füßen trampelt und scharrt wie ein Pferd. Ein anderes Wesen kontrolliert den Analbereich und erzeugt stinkende Gasgeruchshalluzinationen. Um die Verdauung zu fördern, seinen Schließmuskel zu besänftigen, den Kot freizugeben, muss Staudenmaier den *Processus spinosus* seines zehnten und elften Brustwirbels beim Sitzen gegen die Stuhllehne drücken, um die Wesen dieser Region durch seinen Willen zu überstimmen.[3] Auch »Turnübungen« können dem Geplagten gegen die Verstopfung helfen. Der Romantiker in ihm nennt sich »Hoheit«, sehnt sich nach Schlössern und adligen Damen. Ein weiterer Fremder in seinem Hirn, »Rundkopf« mit Namen, zwingt ihn zu Grimassen, er muss speicheln oder anderen die Zunge rausstrecken. Regiert von einem »Gegenwillen«, fühlt sich Staudenmaier als die Marionette einer fremden inneren Macht.

Der Professor für Chemie bleibt klar genug zu erkennen, wie sehr ihm sein Leben entgleitet, er weder seinen Körper noch seine Gedanken oder Gefühle beherrscht und besitzt. Dabei ist der Mann durchaus überzeugt, dass die aufreizenden Damen wie auch die unliebsamen anderen Phantome selbsterschaffen, Lichtspiele sind. Und doch werden die Geister, die es nicht gibt, nie gegeben hat, für ihn so real wie die Menschen auf der Straße. Was er aus seinem Inneren an Stimmen und Gesichtern entlässt, stellt sich nun hör- und sichtbar gegen ihn; sie gehorchen ihm nicht, benehmen sich unverschämt daneben. Er weiß, wie man sie animiert, nicht aber, was sie bedeuten, wie man sie wieder ausschalten, verschwinden lassen kann. Schnell kippen die Bilder ins Bedrohliche ab, verfolgen, verstören ihn. Mal sind es stumme Gestalten, die auftreten, mal Stimmen ohne Gesicht, mal fallen Ton und Bild zusammen. Überhaupt nicht lustig sind ihre Ansagen: Staudenmaier sei der einfältigste Mensch, mit dem sie es zu tun hätten, ein »Dummbeutel«, ein Versager. Die Wesen kommen mit »Schwefelwasserstoffgeruch«, verkleiden sich als Teufel, würgen und ohrfeigen ihn; mit unerfüllbaren Forderungen ziehen sie über den Experimentalmagier her, verhöhnen ihren Schöpfer und bestehen darauf, so real zu sein wie dieser selbst, und großartig natürlich auch.[4] Staudenmaier wird sie nicht vom Gegenteil überzeugen, muss zusehen, wie er sich die schlimmsten Feinde macht. (Wie bitte beweist man einem Phantom seine Nicht-Existenz?) Als brächte er sich selbst vor Gericht, wäre zugleich sein eigener Ankläger und Richter. Dann wieder: Lächelnde Mädchen winken ihm zu, wollen ihn verführen.

Staudenmaier stellt fest, dass der Mensch als Einheit immer neu hergestellt und versichert werden muss. Bruchstücke des Bewusstseins aber könnten sich loslösen, absondern, sich wie entartete Teile zum Ganzen verhalten. Für die Irrenärzte und Freudianer ist der »Magier« natürlich wahnhaft, paranoid: ein Fall fürs Irrenhaus. Immerhin lobt Karl Jaspers Staudenmaiers Grenzgänge und Entdeckungen im Reich des Unbewussten.

Staudenmaier erprobt bis zum Zerreißen, was er noch aushalten kann, wird seine selbsterschaffenen Gegenspieler über viele Jahre kultivieren und pflegen. Eine Ahnung, dass gerade auch Triebhaftes, Sexuelles seine Halluzinationen anfeuert, kommt diesem Psychonauten nur sporadisch. Der Nervenmanipulator wird wegen akustischer Halluzinationen über Jahre in Anstalten untergebracht und stirbt in einem römischen Sanatorium nach einigen Selbstversuchen an Auszehrung und Urämie: Der Magier hungert sich bis auf die Knochen runter, um das Altern aufzuhalten, erprobt Methoden der Verjüngung durch eine magische Beeinflussung der Organe. Staudenmaiers Manuskript über diese Versuche endet mit den Worten: »Auf zur Jugend, zur ewigen Jugend«.[5]

August Strindberg[6] fühlt seine Anwesenheit an unbekannten Orten, unter fremden Menschen. In seiner Welt ist immer auch mit dem Unsichtbaren zu rechnen, mit Blicken, die vernichten, und Gedanken, die aus der Ferne wirken, mit magnetischen Feldern, seltsamen Strahlen. In seinem *Okkulten Tagebuch* klagt Strindberg, dass ihn Harriet Bosse, seine Frau, kurz nach der Trennung – das Glück des Anfangs währt nicht lange – in »niederen Sphären« zum Koitus nötigt; er lässt sich von ihr beschlafen, oft mehrmals in der Nacht. Harriet nimmt sich, was sie begehrt, ihre Lust duldet keinen Aufschub. Sie ist seine »Ardat Lilith«, wie die Nachtmädchen aus den Mythen Mesopotamiens, die sich zur sexuellen Vereinigung auf die Träumenden herablassen.

Schon vor der Verlobung meint er mit der Schauspielerin telepathisch zu verkehren, weiß, wann sie krank und unpässlich ist oder menstruiert. In diesen Aufzeichnungen allein literarische Skizzen, Material für künftige Romane sehen zu wollen, reicht nicht aus. Strindberg, auch körperlich angeschlagen, leidet, leidet an »gewaltigem Erethismus«, wacht mit Herzrasen und Druck hinter dem Brustbein auf, wenn Harriet – »sie kommt mit Rosen im Mund«, mit Feuer und Flammen – ihre erotischen Attacken startet. Sie bebt und ihre Stimme färbt sich dunkel vor Lust. Harriet ruft und sucht ihn, bietet sich an, so lange bis er meint zu glühen, zu verbrennen. Seine Schmerzen lassen nach, wenn er das Phantom (ihren Doppelgänger?) liebkost.[7]

Die astrale Femme fatale folgt Strindbergs Frauenbild – intrigant und giftig, bestehe die Bosse, schreibt er, nur aus »Betrug, Bosheit und Brunst«.[8] Die Frau will nur eines: den Mann runterziehen, zu Fall bringen, erniedrigen. Strindbergs Tagebücher lesen sich über Jahre wie die Aufzeichnungen eines Hölleninsassen. Am Tag schreibt Strindberg der Bosse Briefe, voll von Vorwürfen, Verzeihen, Verlangen – in der Nacht empfängt er ihr Phantom. Strindberg spinnt Harriet in ein Gewebe von Verdächtigungen ein, meint, dass sie anderen Männern nachstellt, ihre Gefühle nur spielt und darauf aus ist, ihm die Tochter zu entziehen. Dabei kann er von ihr nicht lassen, seine Liebe wird nicht schwächer, nur weil er sich wünscht, dass sie vorbei ist. Als wolle sie ihn ersticken, liegt Harriet auf ihm, ein großes, schwarzes Tier, das sich hineinfressen, seinen Bauch aufmachen, an seine Eingeweide will. Selbst die Luft fühlt sich schwer an, und er fürchtet, sein Zwerchfell werde reißen.

Um ihn herum erscheinen einige Dinge verfremdet; Türen öffnen und schließen sich wie von selbst, Bilder fallen von der Wand, elektrische Schalter bewegen sich von allein, gehen an und aus, Uhren bleiben stehen – »blaue Blitze« fahren am Fenster vorüber. Aus merkwürdigen Anordnungen – Gesichtern in Kissen, Tapeten und Wolken – liest Strindberg Botschaften: Ziehen Pferde einen Leichenwagen an seinem Fenster vorbei, ist das für Strindberg ein schlechtes Omen. Weiße Kreuze hängen vor seiner Haustür; er sieht »Feuerkugeln im Sternbild Fuhrmann, in Capellas Nähe«, hört seinen Nachbarn »im Schweigen leiden« und Schuberts Serenade »Leise flehen meine Lieder durch die Nacht zu dir« irgendwo in der Ferne.

Strindberg kauft Rosen für seine Frau, die gegen Abend schon schwarz werden, verwelken. In einem Papierladen halluziniert Strindberg Harriets zur Hässlichkeit entstelltes Gesicht: Hinter der Maske ihrer Schönheit zeigt sie sich abstoßend und alt. Er versinkt in einem Wirrwarr von Träumen mit offenen Särgen und durch den Raum schwirrenden Worten, die zu Flüchen oder Gebeten werden. Und was bedeutet dieser Geschmack von Asche im Mund? Strindberg trinkt viel, trinkt täglich mehr, Bier mit Wermut, liest Blakes Buch *Hiob* und Swedenborg, liest in der Bibel und betet, sucht Trost bei Plato und Phaidon, in den Büchern von Christian Science.

Strindberg hört nicht auf zu weinen (über die »toten Illusionen der Liebe«[9]), möchte sich an seinem Unglück betrinken und zugleich vergessen, dass er leidet. Im Würgegriff solcher Stimmungen bekommt der Mann kaum Luft, meint, seine Atmung setze aus. Seine Zunge schwillt an, wird pelzig und plump. Sein Herz, fürchtet Strindberg, sei schlaff und ausgeleiert, müde stolpere es vor sich hin und wolle nicht mehr schlagen. Eine schlimme Peristaltik bewegt seinen Bauch. Strindbergs Ärzte sind ratlos, diagnostizieren Neurasthenie, Angina pectoris, Paranoia, ein Emphysem.

Harriet lässt ihn nicht los. Gegen diese Mischung aus Schlampe und Göttin, aus Muse und Raubtier ist Strindberg machtlos. Eine Frau, die astralerweise Raum und Zeit überwindet, durch Wände geht, ist nicht aufzuhalten. Manipuliert Harriet den Mann mit ihren »hypnotischen Machenschaften«, infiltriert sie seine Gedanken, ruft nach ihm, flüstert in seinen Schlaf? Die Attacken seiner Frau nehmen zu; die telepathisch geführte Ehe dauert. »Ihr kleiner Athanor, ihr Schmelzofen, scheint mein Gegenstück zu lieben – um fünf Uhr morgens steigt er herab und verlangt Liebe.«[10] Sie lieben sich, wie zwei ineinander verbissene Tiere in einer einsamen, nächtlichen Straße. Ihr Atem verfolgt Strindberg, ihr Duft bleibt auf Stunden im Zimmer zurück. Harriet riecht nach Veilchen und Vanille, verbreitet, schreibt er, einen betörenden »Wohlgeruch«. Dann wieder riecht es für ihn nach Sellerie, nach »Wahnsinn und Hexerei«; den Geruch von frischem Harz deutet er als Harriets Hass. Das klingt alchemistisch, poetisch, aber Strindberg ist ohne Hoffnung, bereitet sich auf das Ende vor. Er kauft einen Revolver und will sterben. Möchte sich auf der Stelle erschießen – allein, es fehlt ihm der Mut. Freunde allerdings argwöhnen, der Dramatiker probe in diesen Jahren mit ihnen als Zuschauer neue Stücke und seine Verzweiflung sei nichts weiter als Theater. Verbirgt sich Strindberg noch in seinen Enthüllungen? Verlängert er seine Leiden für die Literatur, führt sein Ehedrama wie ein Bühnenstück auf?

Manchmal schlägt Strindbergs Erschöpfung um in Tobsucht und Rasen – an anderen Tagen fehlt ihm selbst noch die Kraft, verzweifelt zu sein; er ist zu schwach, um zu leiden, bewegt sich wie eine Puppe mechanisch von Zimmer zu Zimmer. Um ihn ballt sich Dunkles, zieht sich zusammen, legt sich auf ihn wie eine zweite Haut. Dann wieder fühlt sich Strindberg mit allem und jedem verbunden … erlebt Anfälle von Euphorie, einen Schuss von Manie in den Nerven – und dehnt sich aus zur Größe des Universums. Aber jeder Höhenflug in den hellen Himmel endet im Absturz. Strindberg schließt sich ein, will sein Haus nicht verlassen. Kontakte zur Außenwelt werden weniger, Besuche selten. Strindberg bleibt mit Harriet, seiner fluidalen Braut, nun allein. Paranoia kommt auf, die Idee, Gift sei in der Luft und auch in der Nahrung (schon Edvard Munch, vermutet er, habe ihn mit Gas umbringen wollen, mit elektrischem Strom bedroht).

Visionen von Christus und Vishnu ziehen an ihm vorbei; vedische Götter zeigen sich als Riesen und Zwerge, dehnen sich aus und kollabieren, werden zu Sonnen, die auf- und untergehen. Er möchte sich im großen Äther auflösen ... Seine Verwirrung nimmt zu, seine Schwermut wächst; übermüdet wartet Strindberg auf einen Schlaf ohne Träume. Liegt auch bei Tag im Bett und verwahrlost zusehends. Strindberg möchte flüchten, wie ein erschrecktes Tier davonlaufen; aber sein Zimmer wird zur Zelle, das Haus zum Gefängnis. Die Stille, meint der Eingesperrte, sei die Stille der Toten.

Strindberg verbrennt Harriets Bilder. Jede Nacht ohne ihre Heimsuchung bringt ihn ein wenig ins Leben zurück. Sie ist die »Bosheit« in Person, »das boshafteste aller geschaffenen Wesen«, und alles, was Strindberg an »Schönem« schreibt, soll die Bosse von ihren niederen Absichten abbringen. Strindberg stürzt sich ins Schreiben, schreibt um sein Leben; sein Schreiben ist Magie gegen das Böse und soll ihn vom Dämon Frau befreien. Literatur ist hier eine letzte Lebensversicherung, Strindbergs Rettung die Sprache. In manchen Momenten ist die Sprache für ihn ein mit Licht gesättigtes Etwas, ohne Anfang, ohne Ende.

Karl Jaspers wird später dem Dramatiker während der Krisen, der erotischen Delirien seiner Infernojahre, »Verfolgungs- und Eifersuchtswahn« attestieren.

Nicht nur im Fall Strindberg wird sichtbar, wie stark Okkultes dieser Zeit in manche Wahnproduktionen mit einfließt und auch die Libido besetzt. Daniel Paul Schreber erlebt seinen Zusammenbruch in einer Nacht mit ungewöhnlich vielen unwillkürlichen Samenergüssen (»ein halbes Dutzend«), fühlt sich erstmals telepathisch empfänglich, als sein Arzt Flechsig ihn aus der Ferne manipuliert, in ihn eindringt, zu seinem Nervensystem »spricht«. Diagnose: *Dementia paranoides.*[11] Er stehe, notiert er, auf der Kastrationsliste und sein Körper werde mehr und mehr mit »Wollust-weiblichen-Nerven« angefüllt. Er fühle sich gezwungen, Kleider zu tragen, sich zu schminken, und die Stimmen (als »leise lispelnde Geräusche vom Klange bestimmter menschlicher Worte«[12]) in seinem Kopf – sie hören niemals auf zu sprechen – nennen ihn schon »Frau Schreber«. Durch diese Maßnahmen soll er auf Dauer verweiblichen, um mittels Sonnenstrahlempfängnis schwanger werden zu können: nunmehr als die Urmutter einer neuen Spezies Mensch, eine Gebärmaschine für künftige Generationen. (Beim »Entmannungswunder«[13] ziehen sich Hodensack und Penis in die Bauchhöhle zurück und ein Vaginalrohr öffnet sich nach außen.) Wider Willen von Gott zur Keimzelle einer kommenden Rasse bestimmt: Schreber kann fühlen, wie seine Geschlechtsteile weich werden, sich langsam verinnerlichen, die Samenstränge einschmelzen und seine Testis sich zu Ovarien umformen. Während ihm anscheinend Brüste wachsen, schrumpft er zudem ein Dutzend Zentimeter, um sich einer mehr fraulichen Größe zu nähern. Schreber will vollkommener und weiblicher werden, als je eine Frau zuvor! Er verbreitet, dass die Beischlaffreuden einer Frau unendlich größer sind als die des Mannes. Mit der »Verwolllüstigung« seines Körpers – er schwimme dann, schreibt er, in Lust! – taucht der (vermeintlich) Entmannte in weibliche Stimmungen ein, parfümiert und schminkt sich, setzt sich Damenhüte auf, bindet sich bunte Bänder und Schleifchen ins Haar, läuft auf Stöckelschuhen und posiert vor dem Spiegel. Schreber findet Gefallen an Unterröcken und schöner Wäsche. Er geht vermehrt fraulichen Tätigkeiten nach: Nähen, Staubwischen, Bettenmachen, Geschirr Reinigen, Putzen etc. Kaum überraschend ist, dass für Freud im Fall Schreber eine Offensive homosexueller Begierde, der Wunsch, sich von Männern penetrieren zu lassen, den Wahn ausbrechen lässt und in Schwung hält.[14] So unterstellt Freud Schreber ein erotisches Verlangen nach seinem Arzt

Flechsig. Und mit Schrebers Gott, als dessen Weib sich der Senatspräsident anbietet, soll sein leiblicher Vater gemeint sein, der als Pädagoge Streckapparate, Fesselgestelle mit Riemen und Stahlfedern konstruiert, Kaltwasserklistiere verabreicht, um »mangelnde Naturmitgaben zu kompensieren« und die Masturbation der Knaben im Keim zu ersticken.

Ein Hinweis aus anderer Richtung: Travestie, das Tragen von Frauenkleidern als verkörperte Sehnsucht nach dem Weiblichen und Überwindung des Gebärneids, steht bei einigen Stämmen und ihren Initiationen zum Mann – die Pubertierenden werden in dieser Zeit als »Mutter« angesprochen – im Mittelpunkt. Durch die Beschneidung der Vorhaut und das dabei austretende Blut oder die Eröffnung von Penis und Harnröhre zu einer großen Wunde werden Menstruation und Vagina nachgeahmt, symbolisch Fruchtbarkeit und Wachstum aufgeführt.[15] Männliche Bittsuchende, die sich in Benin an »Mami Wata«, eine Göttin des Voodoo wenden, die über dem Wasserpantheon thront, kleiden sich nach weiblicher Mode, um der Lichtgestalt ihres Glaubens ähnlich zu werden, besonders nah zu sein. Die Sekte der Sahajiya lehrt, dass der Mann zur Erleuchtung die wahre weibliche Natur erfahren, sich in eine Frau verwandeln muss. In den alten Mysterienkulten der Kybele, den heiligen Orgien der großen Göttermutter, opfern die phrygischen Mysten, die Korybanten (Κορύβαντες), ihre Männlichkeit und legen Frauenkleidung an; einige Quellen sprechen davon, dass die abgeschnittenen Genitalien gewaschen und gesalbt der Erde als Vegetationsopfer übergeben wurden. Und auch unter den Dienern der Hekate, Astarte und Artemis werden Eunuchen zu Priestern geweiht. Der durch asketische Übungen eingeleitete Geschlechtswandel soll in ein übermenschliches Hermaphroditentum einstimmen, in dem alle Gegensätze überwunden werden.[16]

Morphium und Chloralhydrat helfen wenig; kurze Momente von Ruhe findet der ehemalige Landgerichtsdirektor Schreber nur nach »Brüllzuständen«, die alles, was in sein Hirn hineingesprochen wird, übertönen. Er hört Gedanken, die sich als Schallempfindungen von Strahlen unmittelbar auf sein »inneres Nervensystem« übertragen. Aber auch Visionen überkommen den Verrückten: Sternkugelhaufen kullern durch die Nacht. Schreber sieht zwei Sonnen am Himmel und die Blumen des Anstaltsgartens explodieren in Farben. Mädchen ohne Gesicht spielen in zarten Sommerkleidern Fangen, verstecken sich im Gebüsch. Er sieht Wunder über Wunder: dass sich Männer in Luft auflösen, einfach verschwinden, und eine Bratwurst durch das geschlossene Fenster fliegt; sieht, dass Materie in Strahlung aufgeht … Unfassbares Licht liegt über den Dingen, wie eine dünne Schicht hell leuchtenden Schnees. Ein unvorstellbar reines Weiß steht am Himmel und blendet ihn. Schrebers Stimmungen schlagen schnell um, die Bilder werden bedrohlich. Metallische Stimmen stoßen spitz in seine Ohren, und Schreie von blendender Glut verdunkeln seinen Blick. Seelen in Vogelgestalt, mit klirrenden Flügeln flattern durch die Zimmer. Schreber hört die Geräusche Ertrinkender um sich herum. Tote Frauen sitzen an seinem Bett. Klaviersaiten zerspringen, Zigarrenasche wird in die Höhe gewirbelt und in den Wänden knistert es wie eine leise gespielte Musik.

Die Ewigkeit schaut auf ihn herab, und der Patient glaubt sich von einem ungeheuren »Lichtschimmer umflossen«, sieht eine Sonnenkrone auf seinem Kopf, heller als der Nimbus Christi, verbunden mit einem Zustrom »göttlicher Strahlen«, die ihn langsam zum »Geisterseher« mutieren lassen. Sein Verkehr mit übersinnlichen Kräften, die »immer massenhafter« auf ihn eindringen, werde – das weiß Schreber ganz sicher – von nun an nicht mehr abreißen; eine »jedes mal größere Anzahl abgeschiedener Seelen« (als winzige Figuren in Menschenform, nur millimeterhoch) fühlte sich zu ihm hingezogen und verschwände in seinem Kopf: Zu hunderten »träufeln« diese Toten aus den fernsten Regionen des Alls (von der Wega, Cassiopeia, Capella) in ihn hinein. Aber auch Lebende, vorzugsweise geistliche Herren, verkehren mit ihm auf dem Weg des »Nervenanhangs«: Kardinäle, Kirchenräte, Jesuitenpater, Domkapitulare, Leipziger Katholiken, Benediktiner, Mönche und höchstpersönlich der Papst! Ebenso sind die Menschen und Tiere seiner Umgebung, ob sie sich nun bewegen oder Blähungen absetzen, ob sie sprechen, wiehern oder fressen, wie er selbst, aus der Ferne von

Strahlen gesteuert und verkommen zu »wesenlosen Schatten«. Um ihn herum spazieren Phantome, »Wunderpuppen« – »flüchtig hingemacht«, eilig in die Welt gestellt. Sehr modern ist Schrebers Vermutung, dass die Welt schon aufgehört habe zu existieren und durch eine Simulation ersetzt worden sei.[17] Ob er selbst noch atmet, sein Herz weiter schlägt, ist nicht weniger fragwürdig: Der Senatspräsident außer Dienst liest in der Zeitung seine eigene Todesnachricht, fürchtet, in einem von ihm unbemerkten Moment gestorben zu sein.

Was für ein Widerspruch: Da liegt der höchste Diener Gottes auf Erden über Wochen nackt, im Krankenbett fixiert, unter Dementen, »tief Verblödeten« und muss sich füttern lassen wie ein Kind. Über Stunden erstarrt (halluzinatorischer Stupor?) darf und kann er sich nicht mehr bewegen. Er hat kaum noch eigene Gedanken – so sehr bedrängen ihn irgendwelche fremden Stimmen, die in ihm wirr durcheinander sprechen. Stoßweise schreit Schreber einzelne Wörter aus dem Fenster der Anstalt, bis sich die Passanten auf der Straße beschweren. Er versucht, sich im Bad zu ertränken, verlangt nach Zyankalium. In der Nacht tobt der Kranke, verwüstet das Zimmer. Schreber grimassiert, leidet an Lachanfällen, kann seine Augen nicht öffnen (die ihm »zugewundert« – gegen seinen Willen geschlossen werden); er schluckt Luft und rülpst immerfort, schreit die Sonne an, sie sei eine Hure und habe sich vor ihm zu fürchten. Der Kranke entblößt sich vor seinen Ärzten, kotet ein und verteilt einen übelriechenden Auswurf. Schreber will sich zu Tode hungern, doch seine Wärter füttern ihn, füllen ihn mit Bier ab. Und doch fühlt er seine Leere sich in einer noch größeren Leere auflösen.

Um die Entmündigung aufzuheben, nimmt Schreber aus dem Okkulten – die Idee von Strahlen und »mediumistischen Nervenkräften« –, was er an Argumenten braucht, um zu zeigen, dass seine Wahrnehmungen keinesfalls wahnhaft sind.[18] Schreber scheint durchaus klar und einsichtig, dass er krank ist, aber nur infolge eines furchtbaren Anschlags Gottes auf seine Nerven und sein Leben. Er lässt keinen Zweifel daran, dass dieser sich ihm weiter noch »täglich und stündlich« in Wundern und Botschaften offenbart. Schreber berichtet, dass

Menschen mit sittlich vollkommenen, hellweißen, schon geläuterten Nerven in den Vorhöfen des Himmels dem großen Schöpfer angegliedert werden. Hier wartet auf sie ein ununterbrochenes, unendliches Genießen – die große »Verwolllüstigung«, in der ein Orgasmus hundert Jahre und länger dauert …

Der Senatspräsident a. D. fordert, ähnlich den Fluidalen Dargets oder den Kraftlinien und Lichtgeweben Baraducs, die Strahlungen seines Kopfes fotografisch sichtbar zu machen, deren Existenz zu beweisen; so will er seinen guten Ruf wiederherstellen, wieder geschäftsfähig werden, über sein Vermögen verfügen und erreichen, dass sich sein Wahnsinn vernünftig anhört. Wer alles Übersinnliche leugne, schreibt Schreber, sei nicht über die »seicht rationalistischen Vorstellungen« der Aufklärung hinaus – nie in der Moderne angekommen. Schreber beruft sich auch auf die Lehren, die mystischen Anwandlungen Blavatskys und Steiners; sein Wahn ist scharfsinnig, in sich stimmig, hat Methode. Auch dieser »Irre« verteidigt seine Verrücktheiten in sehr vernünftiger Weise, mit Argumenten, wie sie der Okkultismus dieser Tage verbreitet, und dessen Schriften Schreber auf sein Leben anwendet. Er sieht sich als Agenten der Zukunft, an der Schwelle zu einer neuen Weltordnung, wie sie die Medien und ihre Geister schon lange prophezeien; Fegefeuer, Reinigung und Aufstieg der Toten zur Seligkeit inbegriffen. Mit den sich in ihm bündelnden »Gottesstrahlen« zieht Schreber alle Bedeutungen und Schicksale der Welt auf sich. Paranoia pur: Das »Opfer« ist der Auserwählte im Zentrum der Geschichte. Schreber vergleicht seine Leiden mit der Kreuzigung Christi – leidet für die ganze Menschheit, und dafür preisen ihn die Engel in den höchsten Himmeln. Insgesamt dreizehn Jahre verbringt der Senatspräsident als Wunder Gottes in Nervenkliniken, zuletzt in Leipzig-Dösen, wo er weiter vor sich hinvegetiert und stirbt.

In den Anstalten zu Zeiten Lombrosos wird Okkultes in seiner ganzen Vielfalt von nicht wenigen Irren verarbeitet, wenn sie kraft Psychokinese die Stellung der Sterne ändern, glauben, dass diese miteinander

Geschlechtsverkehr treiben … oder die Kräfte des Mondes herunterziehen, wenn sie wie Schreber mittels Teleportation auf dem Trabanten Phobos herumspazieren, per Fernsteuerung Personen gefügig machen und Geister sehen. Auch Schadenzauber durch odischen Einfluss gehört in diese Kategorie.

Die Möglichkeit von Suggestionen durch Fernbeeinflussung beunruhigen nicht nur Freud: Friedrich Fent, Insasse der Staatlichen Irrenanstalt Bremen, ein zu Zuchthaus verurteilter Triebtäter (Diagnose: »Hysterischer Wahn nach Verhaftung«, später auch *Dementia praecox*) wird von Frauenstimmen aus den Luftschächten und Zimmerecken schikaniert; der als Dauerpatient verwahrte Malermeister wirft seine erotischen Laster fremden Mächten vor, die ihn mit Od-Kräften manipulieren; dafür, dass er sexuell mit seiner Stieftochter verkehrte, kann man ihn also nicht belangen. Seine Ausschweifungen seien fremdgelenkt, gegen seinen Willen gewesen. Fent glaubt sich mittels Radiografie durchleuchtet und von seinen Überwachern der Hypnose ausgesetzt; weibliche Gestalten (Verstorbene?) richten vom Nachthimmel Strahlenkegel auf ihn. Nach einer Seelenablösung reist er übers »Äther-Meer« zum Planeten Mars … »mit *geistigem* Auge alles Wesentliche begutachtend, was bald tief unter u. so weit über mir in der unendlichen Zeit herumkugelte«.[19] Folge: Einweisung in ein Verwahrungshaus für geisteskranke Verbrecher.

Ähnlich liest sich der Fall des Coiffeurs Ernst B.,[20] Insasse der Basler Heilanstalt Friedmatt. Dieser wähnt sich unter dem magnetischen Einfluss zweier Immobilienspekulanten, fühlt sich von diesen Herren verfolgt und argumentiert wie viele Okkultisten seiner Zeit: Wenn jemand per Telegraf oder Telefon zu hypnotisieren ist, dann scheint eine Telepathie, die sich durch »unsichtbare elektrische Drähte« überträgt und dabei dem Empfänger direkt ins Gehirn dringt, ebenso gut möglich. Ernst B. ist sicher: Adolph H. und Salomon G. können auf diese Weise, mittels »Gehirnsthelegraphie«[21], seine zentralen Nerven abgreifen (so etwa stehlen sie aus seinem Kopf ein Rezept für ein Schönheitswasser und er verliert »1 Million & 50000 Franken« an Tantiemen). Sein

Joseph Schneller (Sell), *Naturaltar*.

Argument: Unter »criminellen Suggestionen« brechen selbst die Stärksten zusammen, verlieren ihren Willen. In seinem Kopf fängt es an zu donnern. Per Fernhypnose werden ihm Hautwassersucht und Herzverfettung übertragen, und sein Hirn überhitzt. Der Mann fühlt sich auf furchtbare Weise sexuell erregt; unsichtbare Frauen stellen ihm nach. Auch hier wird, um den Wahn zu verteidigen, der Okkultismus dieser Tage in Stellung gebracht. Akribisch notiert Ernst B. alle Attacken, die von außen, über den Äther auf ihn einwirken; dem *Klage & Beschwerde-Bericht*[22] über »die Thatsachen« seines Martyriums legt er Broschüren über »Radiopathy« und persönlichen Magnetismus bei. Zuletzt öffnet sich das »Opfer« (Diagnose: Verfolgungs- und Größenwahnideen) zu seiner »Rettung« mit dem Rasiermesser die Pulsadern.

Eine andere Geschichte von Verrücktheit, bei der okkulte Vorstellungen (mehr spiritistischer Natur) dem Opfer – der »Auserwählten« – nicht auszureden sind: Malvine Schnorr von Carolsfeld, die erste »Isolde« Wagners, glaubt sich tagtäglich von Gedankenbefehlen ihres verstorbenen Mannes tyrannisiert und wird wegen Paranoia in die Klinik Obersendling eingewiesen. Dort muss sie zeichnen, was Ludwig, der Verstorbene, ihr vorgibt, soll weiter seinen Wünschen folgen, sich Richard Wagner als Frau und Muse anbieten. Nichts scheint so anstrengend wie ein fürsorglicher Ehemann aus dem Jenseits.[23]

Wilhelm Krieger, bekennender Anthroposoph, behauptet, Opfer eines »okkulten Vampirismus« geworden zu sein: dass ihm, nach von Rudolf Steiner und Carl Unger empfohlenen Übungen, bei denen er den Körper verlassen hätte, seine Seele verloren gegangen und nicht wiederzufinden sei. Er bringt die beiden Männer vor Gericht, klagt auf die Herausgabe seiner Seele und wird Unger bei einem Treffen in Stuttgart durch drei Pistolenschüsse töten. Eine junge Lehrerin fängt nach Eurythmie und Atemexperimenten an, Versuchungen, sprich erotische Vibrationen, in ihrem Unterleib zu fühlen, meint, von »unerlaubten Experimenten« Steiners manipuliert zu werden, einer »sexuellen Magie« zu erliegen und ein astrales Kind auszutragen; sie muss in der Landesirrenanstalt ruhiggestellt, mit »Einspritzungen« behandelt werden.[24] Geteilter

Wahn: Gleich mehrere schwere Hysterikerinnen im Sanatorium Hôtel-Dieu glauben, von einer Gesellschaft der Freimaurer »galvanisiert« zu werden (eine von ihnen schrumpft dabei auf Kleinfingergröße), die sie für ihre magischen Zwecke und auch sexuell missbrauchen.[25]

Insassen der Irrenanstalten wissen genau, wann Entitäten ihre Nerven anzapfen, Informationen abziehen oder ihnen Gedanken injizieren. Die Angriffe kommen aus der Ferne (dem Jenseits) über das magnetische Fluidum, den Äther, mittels Schwingungen und Strahlen. Das bedeutet: Der sogenannte Irrsinn arbeitet nicht selten mit Motiven aus den gerade angesagten okkulten Lehren, wie sie Natur und Welt erklären, aber verzerrt und überzeichnet ihre Leitbilder. Gerade Okkultes, wie es zu dieser Zeit populär ist, bildet sich darin ab, steht in vielen Fällen Modell für das, was die Ärzte Paranoia nennen; Auswechseln des »Ätherleibes« und Seelenaustausch mittels durch die Luft wandernder elektrischer Wellen gehören ebenso zum Repertoire.

Stickereien von Strahlen, Sternenlichtern, Sonnen, Symbolen. Theosophisches à la Besant und Leadbeater findet sich bei Jeanne Natalie Wintsch,[26] einer Patientin, die sich als doppelgeschlechtlichen Gott erlebt und als ein »mentales Radio« per kreisender Gedankenwellen ihre Sendung über die ganze Welt verbreitet. Diagnose: religiöser Wahn, *incurable*! Ihre Ärzte werden an ihr einen »mystisch satanischen Zug« entdecken, während sie, die »Göttliche«, ihnen großzügig die Wahrheit verkündet und ihre Sünden vergibt. (Die Eingesperrte wird Eugen Bleuler als »Kokainomanen« ansprechen und die Anstalt »BURG HIMML Höll'ZLI« nennen.) Über Jahre nimmt die junge Frau Chloralhydrat, besucht Séancen, bevor sie Stimmen hört und die eigene Mutter nicht mehr erkennt. Auf ihren Tüchern erscheinen Ätherkörper und Chakren, kryptische Botschaften, Astrologisches, Jehova und Maria, die große Schöpferin; sie huldigt Jesus, Mussolini und dem »alten Goth«.

In einem anderen Fall geht es um boshafte »geschlechtliche Gefühlsverbindung«, telepathische Attacken sexuell unbefriedigter Frauen, die selbst Stahl und Wände nicht aufhalten. Weiblicher Genitalgeruch liegt im Raum: Joseph Sell, bayrischer Bauzeichner (ebenso einer von

Prinzhorns großen Fällen), der in diversen Pflegeanstalten vegetiert, muss Tag und Nacht die Gedanken anderer mitdenken, mittels Fernempfindung werden ihm unnatürliche Leiden, die Krankheiten fremder Personen übertragen, seine Lebenskräfte gestohlen. Sell fühlt sich bedrängt von rosig geschwollenem Schamlippenfleisch, in den Apparaten grausamer Frauen gefangen, dient als ein willenloses Spielzeug der Lust, sieht sich als das »Medium und Opfer elektromotorischer Befriedigung bejahrter Hof-Personen«,[27] die über Entfernungen auf ihn zugreifen. (Soweit Ähnlichkeiten zum Fall Strindberg.) Sell kann die Luft leuchten hören, glaubt, in einem drahtlosen stromleitenden Netz zu hängen, das ihn mit Bildern und Befehlen drangsaliert. Von überall her aus der Dunkelheit wird er geplagt, geprügelt und kann nicht entkommen. Wohin er sich auch verkriechen möchte – kein Ort, kein Versteck ist vor diesen »Zucht-Haus-Chikanen-Weibern«[28] sicher, zu jeder Stunde bespitzeln sie seine Gedanken. Aus dem Unsichtbaren werde an seinen Genitalien manipuliert: gerieben, gekitzelt, gestreichelt. Seine Schädelknochen knacken, »die Augennerven kratzen von Innen heraus«, Arme und Beine brennen. Für große Freuden, schreibt Sell, braucht es auch große Leiden. Und immer wieder sind es Frauen, grausame »Betschwestern«, die ihn im Bett kontrollieren, sexuell nötigen. Sells Opferdasein schlägt aber schnell um in Omnipotenzideen, wenn er als spiritistisches »Welt-Medium« mit Gott und Teufel, Schutzmächten und überirdischen Wesen verhandelt. (Freud bringt ein merkwürdiges Motiv für den Pakt mit dem Teufel ins Spiel: Sich mit ihm zu verbünden, ihm zu dienen, heißt väterlichen Schutz zu genießen, selbst mächtig zu werden – auch wenn dieser »Vater« dem Sohn alles abverlangt: dessen Körper und Seele.[29]) In die Einzelzelle gesperrt, ans Bett gebunden, festgeschnallt – und doch ist der Mann wenig bescheiden: Er fordert für sich den Stuhl des Papstes. Wie die Sensitiven seiner Zeit meint Sell, mehr zu sehen und hören als die anderen, Augen und Ohren für das Jenseits zu haben.

VII

# Die Macht der Verführung

—

# Libido auf Abwegen

Im Spiel der Medien lässt sich nicht ausmachen, wer Verführer ist und wer der Verführte. Verführen kann nur, wer selbst verführbar sein wird, verführt werden möchte. Und, darf man vielleicht hinzufügen: Es ist immer noch besser, verführt zu werden, als unerfüllt und kalt zu bleiben.

Durch einen triebhaften Zug und libidinösen Drang, in manchmal spontanen »Entladungen« – oft von Schamlippen und Brustwarzen ausgehend – und der bald darauf einsetzenden »Entspannung«, werde, schreibt Schrenck, das Ektoplasma zur Welt gebracht. Überhaupt baut sich im »Rotlichtmilieu« der Sitzungen immens Erotisches auf, wie bei den Versuchen mit Eva C.: Ihre Brüste, protokolliert der Baron, schwellen an, werden hart. »Langgezogene röchelnde Expirationen sind hörbar … verbunden mit einem tiefen, orgelnden Ton.«[1] Scham und Exhibitionismus gehen bei Eva schön zusammen; der Spagat zwischen Prüderie und Zeigefreudigkeit geht ohne Gymnastik und Aufwärmen, sie kommt meist schnell zur Sache: Nach den Sitzungen zeigt sich Eva, »indem sie die Nähte durchriß und die Trikothose herunterzog, wiederholt ganz unbekleidet … wünscht mitunter selbst die gynäkologische Untersuchung«,[2] um zu demonstrieren, dass sie nichts zu verbergen hat. Eva, noch in Trance (?), stellt ihre Genitalien zur Schau, schiebt ihre Scham nach vorn: präsentiert sich. Im Fall Eva C. vermutet Schrenck einen leidenschaftlichen, aber unannehmbaren sexuellen Impuls, der, in ihren theatralischen Aktionen ausgelöscht, nicht länger verfolgt wird.[3] (Hysterie, wie Freud sie versteht, heißt, einfach ausgedrückt: zu begehren und gleichzeitig auszublenden, dass man begehrt.) Sind des Fräuleins Anfälle also ins Motorische, ins Pantomimische übersetzte, abgewandelte Fantasien? Sándor Ferenczi, ein Anhänger Freuds, geht noch weiter, stellt sich vor, dass unerlaubte Wunschregungen aus »genitaler Triebquelle«, »gleichsam magisch, aus der im Körper verfügbaren Materie – wenn auch in primitiver Weise – plastisch dargestellt werden, ähnlich wie ein Künstler die Materie seiner Vorstellung nach formt, oder wie die Okkultisten den ›Apport‹ und die

›Materialisation‹ von Gegenständen auf den einfachen Wunsch eines Mediums hin sich vorstellen.«[4] Ob nun hysterisch oder nicht – für Eva gibt es kein Halten, so erregt steht sie vor Schrenck. Ihre Entblößungen sind unvermittelt und resolut, als könnte sie es kaum abwarten, nackt zu sein. Auf Evas offensichtlich erotische Avancen antwortet Schrenck ganz als Gynäkologe, tastet mit »dem Mittelfinger der rechten Hand tief in der Scheide, ohne einen anderen Befund als eine Lockerung der Schleimhautoberfläche konstatieren zu können«.[5] Palpiert wird bis zum Muttermund.

Ähnliches, wenn auch etwas anders motiviert, praktizieren die Ärzte in Charcots Salpêtrière. In der hysterischen Krise werden Zeige- und Mittelfinger vaginal eingeführt, um die Eierstöcke zu greifen und zurück an ihren Platz zu schieben und so den Anfall abzufangen, zu dämpfen. Eine von Charcot entwickelte Maschine aus Metall und Leder, eine Press-Apparatur, soll die Lage der Fortpflanzungsorgane korrigieren. Ovarien und Uterus, sagt man, sind die Batterien des Wahnsinns, liefern der Hysterischen die Energien, den Strom für all ihre Attacken.[6] (Der Berliner Spiritist Egbert Müller hält daher die meisten Medien für unterleibskrank.) Weiß man, wo das Übel sitzt, kann der Krieg der Therapeuten beginnen. *Hysterikós*: Das kommt von unten, aus der Erde, dem Schlamm, mit Schleim und dunklen, scharfen Säften. Dabei imponieren die immerfort feuchten Frauen mit ihren Sekretionen und Gerüchen – *dulce venenum* und *rosa fetens* (wie es im Mittelalter heißt). Sogar mittels Arsen versuchen die Ärzte in diesen Tagen, die Hysterie zu kurieren. Oder die Herren schlagen mit Stöcken gegen den Unterleib der Frauen. Und wenn alles versagt, schneiden sie den Uterus einfach aus dem Bauch. Oder bringen, um ihn wie ein nervöses Tier zu beruhigen, Wohlgerüche, Düfte in die Vagina ein;[7] Duftkissen kommen in Mode. Aber auch Massagen des Genitalbereiches, klitorale Stimulation bis zum Orgasmus setzen Ärzte ein, um die Hysterikerin abzureagieren, zu entkrampfen. (»*Clitoridis titillatio [a] barbitonsore impudice instituta paroxysmum solvebat.*«[8]) Um den Vorgang zu beschleunigen, baut Joseph Mortimer Granville den »Percuteur«: ein strombetriebenes Gerät – die Batterie besteht aus mehreren, in Reihe geschalteten Bunsenelementen –, das als erster elektrischer Vibrator der Geschichte die gebärmutterkranken Frauen heilen soll. (Im Volksaberglauben hält sich das Gerücht, eine Frau müsse nur genügend heftige, ausdauernde Liebhaber empfangen, um von Amenorrhö und Melancholie befreit zu werden.)

Den in der Salpêtrière Eingesperrten eilt ein Ruf voraus: In ihren Hystero-Epilepsien halluzinieren sie fluidale Phantome, die sich zudringlich zeigen, sie belästigen, mit ihnen Unzucht treiben. Auch eine *Paranoia persecutoris sexualis*, ein Notzuchtswahn, wird ihnen nicht selten als Diagnose gestellt. Augustine etwa droht und bettelt, betet, bekreuzigt sich, stöhnt und lächelt, begleitet ihre Visionen und Stimmen mit Gesten. Mit ihren plastischen Posen besonders begabt und schon als Fünfzehnjährige in dieses Heim für Hysteriker eingeliefert, ist sie ein Paradefall, die Primadonna unter Charcots Patientinnen. Sie sieht sich von toten Männern umgeben, denen Flammen aus dem Mund schießen und die ihr sexuell nachstellen. Augustine fühlt eine Anästhesie ihrer Vulva bei größtem erotischen Verlangen. Sie deckt ihr Nachthemd auf und bietet sich an, liegt mit gespreizten Beinen im Bett – wie unter Stößen bewegt sich ihr Unterleib. Augustine fabuliert von einem Tier, das sie beißen könnte.[9] Spitze Schnauzen bohren sich durch ihre Haut. Die junge Frau erbricht sich, sekretiert, verliert Blut. Hals und Hände verkrampfen, ihre Lider flattern – Augustine verliert die Sinne. Dann wieder lächelt sie in den Himmel, als würde sie mit Engeln reden, oder will von ihren Ärzten geküsst werden, verlangt nach kleinen Zärtlichkeiten. (Während Augustine die Toten um sie herum nicht los wird, feiern Aragon und Breton die Poesie ihrer Gesten, die Ekstasen im Bild.[10]) In den Pausen ihres Wahnsinns schminkt und schmückt sich Augustine wie für einen unsichtbaren Bräutigam, als wollte sie schlechthin zur Maske der Verführung werden. Sie wirkt vergnügt und reizt die Doktoren mit kokettem Augenaufschlag. Und alles beginnt wieder von vorn: neue Attacken, ähnliche Attitüden. Fazit:

Diese Frauen halten ihre Ärzte mit immer anderen Symptomen bei Laune. Niemals aber kommt Langeweile auf.

Im Paris jener Tage ist die Show-Variante des Somnambulismus das große Geschäft für die magnetischen Gesellschaften: Neuropathische Mädchen praktizieren Kartenschlägerei, Kaffeesatzlesen, Bleigießen, Wahrsagen aus Spiritusflammen, finden Krankheiten durch Hellsehen. Ihr Zustand – so die Werbung – »ist nichts anderes, als ein Berauschtsein vom Licht der Gestirne«. Was durch die Träume der hier ausgestellten Frauen geistert, hat allemal Unterhaltungswert. Wer das Sich-Wundern nicht verlernt hat, kommt auf seine Kosten. Die Bürger besichtigen den Wahnsinn und vergnügen sich. In diesen Nervenspielereien, schreibt Gilles de la Tourette, verirren sich viele der hypnotisch Ausgebeuteten, finden nicht mehr ins normale Leben zurück, landen später mit Anfällen und Delir in der Salpêtrière. Aber: Somnambule Kabinette sind schick, bestes Amüsement.

Was bitte ist schöpferischer als eine schön ausgelebte Hysterie, die hohe Kunst, sich zum Objekt des Begehrens zu machen? Die überhitzten Heldinnen von Balzac oder Zola sind Vorlagen für die Berichte und Krankengeschichten der Ärzte. Pierre Janets Patientin »Irene« zum Beispiel soll der Pauline Quenu aus Émile Zolas *La Joie de Vivre* ähnlich sein; Freuds »Dora« könnte aus einer Novelle Schnitzlers stammen.[11] Und Flauberts *Madame Bovary* – mit ihren Ohnmachten, Liebschaften, Schwüren, Seelenausflüssen, Tränen, Mondscheingefühlen – wird geradezu zum Vorbild für die Göttinnen der Hysterie. Andererseits findet der französische Roman Material für die fatalen Entgleisungen des Geschlechts in den Fallbeispielen der Salpêtrière; auch Nietzsche holt sich hier Anregungen. Und Jules Claretie schreibt sein *L'Obsession* erst, nachdem er einige der Kranken in Charcots Frauenhaus studiert hat. Literatur und Anstalt liefern sich die Modelle und Beschreibungen, mit denen man die Hysterie, diese »Neurose des weiblichen Zeugungsapparates«, einzukreisen und zu verstehen versucht.

Eva C., die Verführte, die Verführerin. Auf Eva will und kann Schrenck nicht verzichten. Sie ist das Kapitalereignis seiner Forschungen, bringt in jeder Hinsicht reichste Erträge an Ektoplasma, Phantomen, Formen, Fotos. Das Duett ist eingespielt, die beiden verstehen sich blind: aufeinander abgestimmt mit Blicken, Berührungen, Gesten. Keine Ehe könnte enger sein. Ihre Leben verschlingen sich. Eva ist sein Meisterwerk, das Herzstück seiner Arbeit, stellt her, was er sehen und glauben möchte. Schrencks Leben verläuft im Rhythmus der Séancen; er will Sitzungen, so oft es geht: Handhalten, Beruhigen, Ermutigen.

Auch Eva drängt sich auf, will auf der Stelle ektoplasmieren. Das Medium deliriert – windet, erregt sich. Nimmt Schrencks Hand und legt sie auf Brust, Bauch und Schoß. Wie eine zweite Haut liegt ihr die Kleidung an, betont die Konturen des Körpers, verweist auf ihre Nacktheit und verbirgt sie zugleich. Um die Genitalien herum ist die Trikothose durchnässt – das Erotische ihrer »Ergießungen« nicht zu übersehen: feuchter geht es auch beim Akt nicht zu. (Oder ist es vielleicht doch nur Urin, den das Medium unter sich lässt?) Eva bietet sich völlig an, ist offensichtlich »nackt ... das schürzenartige Kleid«, schreibt Schrenck, »hinten offen ... die auf der Oberhaut hinstreichende Hand des Verfassers kontrolliert neben der Vagina auch die Analöffnung«.[12] Die Situation ist intim; nur ein seidenweicher Abstand trennt die beiden.

Dass durch die Sittenpolizei »erotische Beziehungen zwischen Experimentatoren und Berufsmedien« laut werden, wundert wohl kaum. Die Karriere dieser Mädchen ende schon mal in der Prostitution, heißt es nicht selten.[13] Hörigkeit von weiblichen Sensitiven, auch sexuelle, durch wiederholte Hypnosen wird in diesen Tagen viel diskutiert: Steuert der Suggestor über den Rapport die Zielpersonen, zieht an mentalen Strippen, unterwirft sie seinem Willen, seiner Gewalt? Der Nervenpathologe Moriz Benedikt will Suggestionen durch andere unter Strafe stellen lassen. (Mesmer bereits muss Vorwürfe, dass die Macht von Magnetiseuren auch erotischer Natur und leicht zu missbrauchen sei, aushalten. Im Zucken und Stöhnen, in den Konvulsionen der Frauen während der Kuren, regt sich, glauben viele, Sexuelles gleich mit. Der

Arzt J.A. Klinger[14] vergleicht den Rapport mit dem Zeugungsakt und: magnetische »Behandlungen« endeten nicht selten mit einer Schwangerschaft.) Auch Bernheim und die Schule von Nancy warnen vor Verführung und Verbrechen, die gerade bei nervenschwachen Menschen mittels Suggestion erst richtig gelingen. Das Besondere und Perfide: Mit dem Befehl »Alle Einflüsterungen, Befehle sind vergessen!« könnte der Hypnotisierte glauben, selbst Urheber der Gedanken und Impulse zu sein, die ihn überkommen. Und wie erinnert man sich an etwas, das nie geschehen ist: Vielleicht lassen sich Handlungen, kriminelle Akte, die nie begangen wurden, durch Hypnose als »false memories« einpflanzen und speichern? Mehr Macht und Kontrolle scheinen kaum möglich.

Als einer der ersten Sexualpathologen arbeitet Schrenck mit Hypnose. Sein Programm: »Die Suggestionstherapie bei krankhaften Erscheinungen des Geschlechtssinns«. Hier jongliert man mit der sexuellen Identität: eine wird fallen gelassen, die andere hochgehoben – neu eingespielt. Oder: schlechte Angewohnheiten (die Homophilie) sind zum Abgewöhnen. Solche Anomalien seien eben nicht angeboren,[15] unheilbar, und man erkenne diese Männer, oder genauer »Halbweiber«, nicht an einer trichterförmigen Einsenkung des Afters – *anus infundibuliformis* (Ambroise Tardieu) –, und auch nicht (wie es Aristoteles wissen wollte) an ihren nervösen Augen und der ins Feminine überdrehten Stimme, dem leicht zur Seite hängenden Kopf, den fahrigen Händen. Zusammen mit Oralverkehr, Onanie, unnatürlichen Handlungen an Tieren und Leichen fällt die gleichgeschlechtliche Liebe in diesen Tagen noch immer unter den Oberbegriff der Sodomie. Mangelnde Vorbilder, schwacher Wille und Verführung sind, glaubt Schrenck, prägend und triebweisend. Eine »falsche«, von einem Mann auf einen anderen Mann ausgehende, erste sexuelle Stimulation reicht schon, um die Perversion zu fixieren, die Orgasmen in eine »verkehrte« Richtung zu lenken. Oder Verirrungen dehnen sich aus, halten an – der Gelegenheitsverkehr mit Männern, weil keine Frau in der Nähe, »zur Hand« ist. Therapie: Durch gezielte Einflüsterungen kehrt sich der *horror feminae* der urnischen Neigung um – man liebt dann Frauen, wie jeder normale Mann auch. Das Triebleben neu eingeübt, wieder in die richtige Spur gebracht: Von Schrenck sind Behandlungen der »conträren Sexualempfindung« (so nennt sich die »mannmännliche« Liebe) überliefert, mit wenig feinen, kaum subtilen Methoden. Nach hypnotischen Sitzungen und dem Genuss von einigen Mengen Alkohol verordnet Schrenck Bordellbesuche. Der Mann soll vor den Augen einer Frau masturbieren oder noch besser, den Beischlaf vollziehen. Jede Erektion ist hier ein Schritt Richtung Heilung. An die hundert Sitzungen braucht es, bis Rückfälle die Ausnahme sind. Der so zu dressierende Homosexuelle (Suggestion: »Ich verabscheue die Liebe zum eigenen Geschlecht und finde keinen Mann mehr begehrenswert«) kann wieder bürgerlich tragfähig und wertvoll sein. Gesund ist, was der Fortpflanzung dient.[16] Auch chronische Trinker sollen mittels Suggestion trockengelegt werden. Ebenso therapierbar: fixe Ideen, Neurasthenie, Morphinismus, »perverse Gefühlsstörungen« und nicht zuletzt »Geschlechtskälte«; vielen frigiden Frauen werde so die Lust, etwas Glut in die kalten Schöße gebracht.

Schrenck sieht schon früh, wie Libido und Paranormales zusammengehen, attestiert seinen Sensitiven ein großes Triebvolumen. Bringen Geschlechtsreife samt einsetzenden Ovulationen und ersten genitalen Interessen (Florence Cook, Margaretta und Catherine Fox, Eleonore Zugun) die okkulten Effekte auf Touren? Gerade das Schwellenalter, die Zeit unmittelbar vor der ersten Menstruation, die ansteigende Aktivität des »Unterleibsgangliensystems« könnte die Mädchen somnambul und für das Übersinnliche empfänglich machen. Aus dem Labyrinth der Libido gibt es keinen Ausweg – nicht nur Schrenck vermutet hier eine maßgebliche Kraft: Auch Gravidität und beginnendes Klimakterium (Eusapia Palladino, Anna Rothe, Maria Silbert), ausbleibende Menstrualblutung,[17] Zeugungsunfähigkeit und die Homophilie mancher Medien (Henry Slade, William Eglinton) drängen sich für ihn in diesem Zusammenhang auf.[18] Karl Gruber hört von Tantrikern Indiens, die das mediumistische Vermögen mit der Aktivität der Cowper'schen Drüsen, deren Sekret das Sperma[19] fördert, koppeln. Julius Evola schreibt über das »Abwürgen der Ejakulation«, durch welches sich nach tantrischem Verständnis der Blick in unsichtbare Welten öffnen, der Mensch aber auch in einen Dämon verwandeln kann. Mircea Eliade zitiert aus einem Text, wie das Zurückhalten des Samens das Denken stillstehen lässt. Keuschheit soll die magnetische Aura stärken und allerlei magische Fähigkeiten steigern: Hellsehen, Fernbewegungen, die Manipulation von Materie, das Ektoplasmieren.[20]

Macht mediale Arbeit sexuellen Appetit? Man liest von triebgesteuerten Medien, die im Dunkel der erotisch aufgeheizten Séancen auf ihre Kosten kommen. Beispiele: Der ehemalige Baptistenprediger Francis Ward Monck lässt, glauben seine Anhänger, Geisterformen aus seinem Körper wachsen, holt für Kurzauftritte jenseitige, »exquisite Frauengestalten« in die Welt. Als man sein Gepäck durchsucht, finden sich Briefe von Damen, die der Reverend regelmäßig während der Sitzungen – viktorianisch gesprochen – auf »perverse« Weisen penetriert. (Monck muss später wegen Vortäuschung von Medialität für einige Monate in Haft.) In *The Psychic Mafia* (M. Lamar Keene) schafft es ein Medium, weibliche Sitters zur »Öffnung ihres psychischen Zentrums« zu überreden. Geschlechtsverkehr auf höhere Weisung. Und manchmal entblößt sich das Medium und masturbiert, während die Kontrollgeister intime Befunde verlangen. Die Damen müssen ihr Sexualleben ausbreiten, sich über ihre Vorlieben und Orgasmusstärken, die Empfindungen beim Koitieren mitteilen. Durch solche Details, sagen die Geister, sei der fluidale Haushalt ihres Körpers leichter zu optimieren.

Nicht weniger skurril sind die Szenen, wenn schwule Medien allem Anschein nach von heterosexuellen Geistern übernommen werden. Und einige finden, zumindest anfallsweise, ihre Identität im anderen Geschlecht – Diagnose: spiritistische Transsexualiät. Ähnliche Abweichungen in Richtung Travestie: Ein männliches Medium schminkt und parfümiert sich, zieht Frauenkleider an und tanzt, wenn es sich von weiblichen Geistern inkorporiert fühlt, um sich nun an Männer zu verschenken. Bei seiner Effemination glaubt es, mit weiblichen Genitalien ausgestattet zu sein. Weniger dramatisch und häufiger zu hören: In Verhalten und Phänotyp ist nicht selten eine Feminisierung der männlichen und Virilisierung weiblicher Medien zu erkennen.

Die okkulte Literatur liest sich oft wie eine Gothic novel,[21] mit ihren Doppelgängern, Poltergeistern, Inkuben und Sukkuben, ihren übersinnlichen Dramen. Manche Phantome sind so fleischlich präsent, dass man sich auch sinnlich näherkommt. Darkroom-ähnlich geht es bei Mrs Firman, einem Medium in Manchester zu, in deren Privatzirkel regelmäßig ein Femme-fatale-Phantom namens »Bertie« auftritt und beginnt, einen Musiker in der Midlife-Crisis zu verführen, nachzulesen in den *Psychischen Studien*, »Erfahrungen eines Deutschen im Spiritualismus in England«.[22] Dass es einen postmortalen Eros gibt, also die Toten der Lust wegen die Lebenden heimsuchen, ist im Gespensterglauben Mitteleuropas eine verbreitete Vorstellung.[23]

Die Triebkräfte der Spirits, wollte man meinen, hätten durch ganz andere, asexuelle Interessen abgenommen – was sich hier aber weniger bestätigt: Sublimieren scheint nicht immer die erste Wahl zu sein. (»Kamaloka« nennt die Theosophie den jenseitigen Ort, wo die »Begierdenglut«, diese »fliessende Reizbarkeit«,[24] geläutert und überwunden werden muss, ist das Verlagen zunächst auch noch so stark wie im Leben, eine »brennende Entbehrung«. Die Organe der Lust fehlen, aber die Lust selbst ist noch weiter lebendig.) Bei C. G. Jung liest man von einem vermeintlichen Geist, der sich dicht an die Damen des Zirkels drücken, sie anlangen und zudringlich werden möchte, von ihren körperlichen Vorzügen schwärmt; die Herren aber belegt er mit »schnippischen Bemerkungen«.[25] Dazwischen streut er christliche Phrasen, ist einfach nicht zu stoppen – von Sitzung zu Sitzung wird es schlimmer. Bald will er mit den Frauen alleine sein. Noch ein Fall, den Fanny Moser zitiert: Karin N., Frau eines Forstinspektors, gebildet, klug und vernünftig, findet Vergnügen am automatischen Schreiben, bis sich die Persönlichkeit »Piscator« einmischt und ohne Vorspiel zur Sache kommt: »impertinent, grob und vulgär!«[26] Wenig galant und offensichtlich erregt meldet »Piscator« sein Begehren an, nächtlich und mit krachenden Schlägen aus der Umgebung des Bettes. Karin errötet, zittert und regt sich ebenfalls auf. Weinkrämpfe und andere Exaltationen folgen. Ein Paradies für den Analytiker – Symptome ohne Ende, dramatisch, wechselnd, flüchtig. Wer hier nicht an Sexuelles denkt, dem ist nicht auf die Sprünge zu helfen. Aber es geht auch umgekehrt – Nötigung von Geistern durch Lebende: Der schwule Schriftsteller Otto de Joux schwört auf Sexualmagie, treibt es exzessiv mit jenseitigen Knaben und stirbt infolge der vielen Ejakulate – wie es im Jargon der Zeit heißt – an »Hirnerweichung« (*Paralysis progressiva*). Andere Variante: Die himmlische Lust verbrennt seine inneren Organe, löst sie langsam auf. (Julius Evola nennt Praktiken, mittels derer übernatürlich manipuliert wird, um die Erregung zu steigern oder den Orgasmus zu verlängern, »Rote Magie«; sie kann die subtilen Energien des Körpers stören, die Stimmung lange verdunkeln.[27])

Im Nachruf auf den Tod der Palladino, die wie andere Medien mit einem Kontrollgeist arbeitet, plaudert ein Journalist des *Berliner Tageblatts* allerlei Intimes aus: John King, der Geist, materialisierte sich zum romantischen Stelldichein, unter vier Augen, mitten in der Nacht – »beide lebten im allerschönsten Konkubinat«.[28] Berühmt geworden ist die Geisterehe Johann Friedrich Oberlins mit seiner verstorbenen Frau Salomé, die sich ihrem Gatten nach dem Tod immer wieder »leibhaftig« manifestiert und sein Begehren, dieses »Ein-Fleisch-Werden« weiter wachhält. Salomé meldet und zeigt sich, schreibt der Pfarrer und Sozialreformer aus dem Elsass, zunächst am Tage, später dann auch im Traum. Sie gibt sich ihm »ungemein sanft und gefällig« hin.[29] Vom Jenseits aus verhindert sie eine zweite Ehe. Erst als Oberlins Frau in die zweite Klasse der Seligen aufsteigt, wird die »Gehimmelte« nun vom »Fleischestreiben« befreit. Im *Zentralblatt für Okkultismus* erscheint der Fall eines jungen Mannes, der allabendlich die große Buhlerin Jesabel des Astarte-Kultes beschwört, die nun prompt zum Beischlaf in sein Bett steigt und seinen Körper erschöpft zurücklässt.[30] Der Aberglaube kennt das Motiv der Toten, der Wiederkehrenden, die mit einer Frau den Verkehr vollziehen und auch Kinder zeugen können.

Libido und Medialität. Als Sexualpathologe ist Schrenck in seinem Element, wenn er meint zu erkennen, wie Trieb und Ektoplasma auf innige Weise zusammenkommen. Die Empfänglichkeit des Mediums (Schülers) steigert sich in platonischer Manier, abhängig von einer erotischen Stimulanz, die der Untersucher (Lehrer) auszuüben vermag. Die nötigen »seelischen Erregungen«, glaubt Schrenck, müssten wie »sexuelle Funktionen« durch Empathie erst ausgelöst werden. Eva C. etwa läuft zur Höchstleistung auf, wenn Richet sie sanft anfasst und führt. (Ihre Vaginalsekretionen während der Sitzungen sind verdächtig, sexueller Natur zu sein.) Und für das Medium Willi Schneider ist die Berührung durch eine Frau, »das weibliche Element als Anregung für die vitale Entelechie«[31], unverzichtbar – wie ein liebestoller Teenager schmiegt er sich an die Damen des Zirkels. General Josef Peter, Stammgast bei Schrencks medialen Abenden, vermutet wiederum bei dem sexuell unerfahrenen Mann homoerotische Impulse, wenn der sein Gesicht, zum teleplasmatischen Höhepunkt hin, mit der Wange liebkost und ihn in den Arm beißt. Deutlicher noch, wie in einem feuchten Traum, sind Willis Ejakulationen – sie erreichen ihren »Kulminationspunkt kongruent mit der vollen Sichtbarkeit des Ferngebildes«[32] oder der Orgasmus kommt zeitgleich zur Musik, der durch Gedankenkräfte ausgelösten Spieluhr. Sein Sperma wird gesichert und sofort zur mikroskopischen Untersuchung auf den Objektträger ausgestrichen. Ähnlich wie bei Freuds Libido-Lehre läuft auch hier alles auf Entladung hinaus: Schrenck unterstellt anhaltende Erregungen, ein immer stärker werdendes »Bedürfnis nach telenergetischer Entäußerung«,[33] ist der Mann länger als eine Woche ohne Sitzung. Nicht abgebaut, könnte auf diese diffuse Spannung Spukhaftes folgen. (Objekte benehmen sich dann, als wären sie lebendig und außer Kontrolle. Gerade beim Spuk sieht Schrenck verdrängte sexuelle Impulse an der Arbeit, die nach außen zur Abfuhr gelangen.) Eine Frage der Hygiene: Das Medium sollte sich also regelmäßig »plasmatisch« entladen. Im Fall der Palladino bringt er es auf die einfachste Formel: »Sexuelle Abstinenz begünstigt die Leistungen, Sexualverkehr schwächt sie dagegen ab.«[34]

Einige Assoziationen am Rande, ältere Motive des Zusammenspiels von Libido und »übernatürlichen« Anwandlungen: Im Volksaberglauben gelten Jungfräulichkeit und Medialität schon lange als starkes Paar. Um des Göttlichen willen schaffen sich manche Mystiker ihre höchsten Momente aus der Kasteiung, Askese – keine Ablenkung darf es geben, um sich, wie Cioran einmal schrieb, lebendig »in Gott zu begraben«. Noch am Leben, wollen sie so tot wie nur möglich sein, schon als Tote leben. Während die *tristitia saeculi* zu den Todsünden (*peccatum mortale*) gehört, haben sich die »Athleten Christi« in der gottgefälligen Trauer – *tristitia secundum deum* – zu üben. Nur das Leiden kann läutern; ohne *mortificatio*, die tägliche Abtötung des Leibes, keine Himmelfahrt, kein Aufstieg ins überirdische Leben, ins Licht. Sie beschwören eine Liebe, die sich über das Fleisch erhebt. Verweigern die Nahrung, lassen sich von der Sonne versengen, von der Hitze austrocknen, stellen sich, um Psalmen zu beten, in eiskaltes Wasser.

Nach dem Ende der Christenverfolgung müssen sich die Märtyrer nun selbst kasteien und kreuzigen. Nackte Narren in Christo legen ihren Namen ab, setzen sich die göttliche Maske der Torheit (*ličinu jurodstava*) auf, verleugnen ihre Herkunft, verlieren ihre Sprache, schleifen tote Tiere hinter sich her, hüpfen und torkeln, hungern sich zu Tode.[35] Und wer von den Katharern – aus dem Griechischen: »die Reinen« (καθαρός) –, einer christlichen Sekte, in den Rang eines »Vollendeten« (*perfectus*) erhoben wurde, fand sich einer solch strengen Moral unterstellt, dass viele von ihnen, um ohne Sünde ins Licht aufzusteigen, einfach aufhörten, zu trinken und zu essen.

Seit dem frühen Mittelalter ziehen Scharen von Flagellanten durchs Land (auch hier zeigt sich für Charcot eine bizarre Laune der Hysterie); sie ahmen den leidenden Erlöser nach, vollziehen die »Taufe im Blut«, geißeln ihr Sexualorgan, in der Hoffnung, die Himmel möchten sich öffnen, wenn sie ihr Verlangen austreiben. Wenige sind radikaler und schneiden sich gleich die Genitalien ab. Unter den Asketen entbrennt eine Konkurrenz, wie weit man den Körper kasteien, verachten, ignorieren kann, bevor er kollabiert und aufhört zu arbeiten. (Dabei ist der Körper des Märtyrers, den er überwinden will, zugleich das Medium, mit dem dieser sein Martyrium unter Beweis stellt.)

Der Prediger Salomon Schweigger erfährt aus geheimnisvoller Quelle, dass schon Adam im Paradies sich seiner Geilheit wegen kastrieren will – gerade noch eben abgehalten vom Erzengel Gabriel.[36] Auch einige Gnostiker, diese Erlösungssüchtigen, verweigern das Fortpflanzungsgeschäft, in der Hoffnung auf mehr »Geist«; dem Reich des »Demiurgen«, des schlechten Schöpfers, darf man nicht zuarbeiten, keine neuen Kreaturen liefern.[37] Andere Gnostiker fordern, um die Welt zu überwinden, nicht Askese, sondern stürzen sich in sexuelle Ausschweifungen aller Art. Als das Abendmahl, als den »Leib Christi« essen die Männer der Barbeliten ihr Sperma und die Frauen trinken ihr Menstrualblut, während die Zakchäer und Stratoniker sich zwar befruchten, aber die dabei entstehenden Föten, mit Gewürzen, Honig und Ölen angerichtet, als »Ausgeburtspasteten« verzehren. Die Karpokratianer nehmen die göttlichen Säfte gleich mit dem Mund auf – geschlechtlich verkehren sie allein via Fellatio und Cunnilingus. Die Lasterhaftigkeit gilt unter ihnen als der Weg zur Seligkeit. In den Orgien der Ophiten (»*ophis*«, die Schlange, ist hier die Botin eines guten Gottes) findet Sodomie statt, vielleicht homosexueller Verkehr. Andere Gnostiker penetrieren die Frau, kopulieren unter komplizierten Rhythmen, aber ergießen sich nicht.

Schrenck hat weniger Religiöses im Sinn, spekuliert über einen okkulten Stoffwechsel, dass sublime Kräfte des Organismus, sofern sie sich nicht im Geschlechtsleben verbrauchen, sich verwandeln und als angestaute Libido in andere Kanäle entäußern: Der materialisierte Ausfluss, glaubt er, sei ein umgeleitetes libidinöses Fließen.

So auch die Vermutung bei der Palladino: Statt eines bewegten Sexuallebens bewegen sich nun (ohne berührt zu werden) in ihrer Nähe Tische und Stühle. Das Liebesverlangen der Italienerin ist unbändig, maßlos, sie wirft sich in den Abgrund, aus dem sie schöpft. (Während die gesunde Frau dieser Tage ohne große Libido zu sein hat, den ehelichen Verkehr nicht aus Lust, vielmehr aus Gründen der Hygiene vollzieht, wird man eine Hysterika entweder »frigide« nennen oder aber »nymphoman«.) In ihrer ungehaltenen Weiblichkeit, mit einer enormen erotischen Energie, präsentiert sich die Palladino als ein Medium nicht gelebter Leidenschaften. Sie liebt lange Vorspiele, bis ihre Telekinesen endlich beginnen. Dabei wird sie mit ansteigendem Stöhnen und Atemstößen laut, wie kurz vor dem sexuellen Finale. Man sagt, Eusapia gehe im Dunkel der Séancen ihrem Liebeshunger nach: nähere sich ohne Schamgefühl den männlichen »Sitters« mit eindeutig körperlichen Offerten.

Um die Stimmung, welche die hysterischen Sensitiven umgibt, die Angst vor der Macht ihrer Verführung, zu verstehen, hier noch ein kleiner Anhang über die »Dämonie« des Weiblichen: Etwa zur selben Zeit verbreitet Krafft-Ebing Fälle von Koitushalluzinationen bei sexuellem Delirium als Folge von Nymphomanie, die tödlich ausgehen können.[38] Ein Orgasmus nach dem anderen schwäche den Körper, mache ihn krank. Der Arzt entwickelt das Konzept einer »*Psychosis menstrualis*«; auch Schwangerschaft und Klimakterium führen zu Konfusionen und Chaos.[39] Der zügellose Trieb nicht weniger Frauen ist schon länger ein Thema, nicht selten ein Scheidungsgrund. Forel dämonisiert Freudenmädchen als »krankhaft sexuell erregbare Weiber«, die den Mann körperlich und finanziell auspressen. Mehr noch: Geschlechtskrankheiten grassieren, breiten sich aus; die Syphilis, *Lues venerea*, bringt so manche Bordellbesucher um. Karl Abraham berichtet über männliche Neurotiker, die über eine *Vagina dentata* fantasieren.[40] Und Otto Weininger definiert jede Frau allein über ihren Gebärschlauch; sie sei bloße Materie, ohne Seele und Gedächtnis, ohne jedes Gefühl für Logik und Schönheit; instinktgeleitet habe sie keinen Zugang, keine Beziehung zum reinen »Sein«, besäße dafür, schreibt Weininger, eine angeborene, natürliche Verlogenheit. Bei Lombroso wird jedes weibliche Verbrechen von Dirnen (*la donna prostituta*) und Hysterikerinnen begangen; gegen das Verdorbene, Verwahrloste in ihnen muss der Mann ankämpfen, um nicht Schaden zu nehmen.[41] Eduard von Hartmann warnt, dass ihr hysterisches Irresein als »Grausamkeitswollust« und hässliche Aura schnell zum Elend ihrer Verehrer wird. Leopold von Sacher-Masoch wird mit seiner Femme fatale, der *Venus im Pelz* berühmt und zum Vorbild der erotischen Sklaverei, einer masochistischen Liebe. Kein einsamer Mann darf sich von einem »Mädchen« auf der Straße ansprechen lassen, weiß Ernst Fuhrmann – der unkontrollierte Strom der Geschlechtskräfte ins Hirn könnte die Opfer vorübergehend verstören. Das Böse kommt in die Welt als eine Gestalt des weiblich Schönen: In *Trionfo della Morte* zeichnet Gabriele D'Annunzio das Bild einer gorgonenhaften Frau, die in ihren Liebkosungen einem Raubtier ähnelt. Heinrich Schüle, Direktor der Heil- und Pflegeanstalt Illenau, findet bei Hysterikerinnen eine »Moral Insanity«, die sich als Nymphomanie ausleben will.[42] Im Fin de Siècle berauschen sich manche Männer am Bild der ebenso sinnlichen wie ihr Leben vernichtenden Frau.

Noch einmal zurück zu den Effekten Eusapias: Während sie Tischchen schweben und, bei guter Laune, unter euphorischen Rufen rhythmisch schaukeln und kleine hübsche Kurven fliegen lässt, küsst und umarmt sie die neben ihr Sitzenden, sucht ihr männliches Publikum, wirft sich ihm, ihren erhitzten Körper, Rumpf und Arme nach vorne schleudernd, entgegen. Eusapias Erotomanie ist allgemein bekannt; die *Revue de l'Hypnotisme* schreibt wenig diskret: »Souvent, après les symptomes décrits, de courte durée, on entend un fort rire spasmodique hystérique, le visage rougit, semble s'enfler, et prend graduellement l'expression d'une forte extase, de nature, généralement voluptueuse, érotique ... Eusapia se jette dans les bras des hommes, qui lui sont sympathiques, les embrasse et manifeste en général le désir des caresses.«[43] Einfach gesprochen: Séancen sind für die Palladino nicht zuletzt der Ersatz für eine Erotik im Leben, die ihr sonst versagt bleibt; offensiv setzt sie ihre Rundungen, die Fülle an Fleisch und Fett in Bewegung, bietet sich den Männern an. Doch bleiben ihr nur ein paar flüchtige Umarmungen. Charles Richet, der große Physiologe, hält die Dame zwecks Kontrolle eng umschlungen, kniet vor ihr, sein Kopf liegt auf ihrer Brust. Schrenck geht unter den Tisch und fährt mit der rechten Hand zwischen Haut und Strümpfe, die Schenkel der Palladino entlang, um sich der Stellung der Füße, ihres Abstands zum Tisch zu vergewissern. Eusapia zieht den Oberrock aus, um zu zeigen, dass sie darunter nichts zu verbergen hat. Sie setzt sich, schreibt Richet, auf den Schoß Schrencks. Dezente Gasbeleuchtung, die Stimmung ist aufgeheizt, die Atmosphäre geladen. In ihrem »hysterosomnambulen Zustand« unterstellt Schrenck der Palladino »Wollustempfindungen«. *Vincilagnia*? Bondagemäßig fesselt er sie mit besonderen Knoten, zieht die Extremitäten fest zusammen und versiegelt die Enden der Schnüre.

Selbst die Wortwahl der Protokolle klingt bisweilen enorm erotisch: »Dicke, harte Streifen« hängen am Geschlechtsteil Evas, der medialen Diva Schrencks. Ein Gegenstand wird zwischen ihren Oberschenkeln sichtbar und fährt ruckartig in die Vagina zurück. (Verursachen, wie einige Untersucher sich vorstellen, phallusartige, zum Ende hin aufgetriebene Glieder die Telekinesen?) Richet sieht »einen langen steifen Stengel aus ihrem Leib heraustreten …« und Crawford aus dem Körper seines Mediums Kathleen Goligher getriebene stielförmig-elastische Organe: »Tatsache ist, dass die psychischen Ruten nicht steif werden, wenn starkes Licht darauf spielt.« Der Philosoph Traugott Oesterreich findet noch deutlichere Worte für die Ektoplasmen – Cantilever, die zwischen den Beinen Kathleens imponieren: »ein mächtiges, starres Sexualglied«[44] ragt empor in die Luft. Durchläuft die Goligher eine Art von Stupor, Versteifung des ganzen Leibes, legt Crawford, während sie levitiert, seine Hände um ihre »Hinterbacken«, um die Ab- und Zunahme, das paranormale Heben und Senken des »Fleisches festzustellen, während ihre Brüste sehr hart und voll werden«[45]. Ein Kritiker, Dr. Kafka, spricht mit Blick auf die amorphen Materialisationen von

»flüssigen Ejakulaten«, und Alfred Schuler will während einer Sitzung bei Schrenck »phalloide Gebilde« erkennen.

Resümee der Okkultisten: Eine abseits vom freien Fluss verlegte Libido staut und formt sich zu bizarren Blüten, seltsamen Gewächsen. (So etwa sollen sich die Stigmata der himmlischen Bräute aus der Enthaltsamkeit ableiten. Im tibetischen Yoga ist von einer »mystischen Wärme« – *Tumo* – die Rede, welche der umgewandelten, durch Keuschheit gesteigerten Sexualkraft entspringt und Materie auf übernatürliche Weise manipulieren kann.[46] Im Sanskrit bezeichnet urdhvaretas – ऊर्ध्वरेतस् – einen Fluss der Energie nach oben, der die höheren Chakren öffnet und auch Wunder vollbringt. Éliphas Lévi, eine wichtige Stimme unter den französischen Okkultisten, lehrt ein asketisches Leben, aus dem heraus die Kräfte eines Magiers erst Einfluss und Macht gewinnen.)

Umso mehr fürchtet Schrenck ein ausgefülltes Sexualleben und Exzesse seiner Schützlinge: Die Phänomene könnten darunter leiden und schwach werden, geht das Medium in »befriedigenden« Verhältnissen auf. Häufig ist es dann mit Plasma und Telekinesen vorbei. Soll Geschlechtsverkehr die Hysterie heilen (um die Gebärmutter zu beruhigen, rät bereits die Antike, das Organ mit Sperma zu »füttern, dass sie nicht anfange, zu schrumpfen und durch den Körper zu wandern ...«[47]), verabschieden sich aber auch die paranormalen Symptome. Die später verheirateten Medien Eva C. und Stanislawa P. wollen ihre mediumistische Vergangenheit vergessen und verschwinden im bürgerlichen Leben. Und auch Rudi Schneider verlassen nach seiner Heirat die Kräfte: Was sich an Energie in den ehelichen Beischlaf kanalisiert, ist für das Ektoplasmieren verloren.

Schreck wird zeitlebens an der formgebenden Kraft, dem plastischen Vermögen der Libido festhalten – und so selbst zum Medium, zum Verkünder dieser Idee.

# VIII

# Und die Toten lieben die Fotografie

—

## Technik als Nekromantie

Die Geister der Séancen sind überaus technikverliebt – jede neue Erfindung, jedes neue Medium wird von ihnen aufgegriffen, um sich zu zeigen, sich mitzuteilen.

Fotografie und Okkultismus betreten in nur geringem Abstand die kulturelle Bühne. Mit dem Versuch Reichenbachs, Od-Strahlen[1] – eine »Weltkraft« irgendwo zwischen Magnetismus und Elektrizität, eine alles durchdringende Emanation – auf fotosensiblen Platten sichtbar zu machen, finden beide zueinander. Die spätere Generation der Fluidalfotografen Darget, Baraduc, Lefranc, lässt Empfindungen via unsichtbarer Strahlen chemisch fixieren: bildhaft werden. Nicht der Gegenstand, vielmehr die Gedanken (»das Fiat lux der Bibel«) prägen bei Louis Darget die fotografische Schicht,[2] schießen wie Leuchtspuren aus dem Schädel, belichten in der Dunkelheit Platten, den vor der Stirn platzierten, gelatinierten Film – zu erkennen sind fluidale Stürme, Geometrisches, Hell-Dunkel-Formationen. Das Ganze, glaubt er, funktioniere nach »Art der Röntgenstrahlen«. Über dem Herzen befestigt (hier soll sich besonders viel Fluid anreichern), über Blüten, Vögeln, über Klavierspielern und schlafenden Hunden, fängt Darget die magnetischen Ströme, seine »Vital-Strahlen« ein. Auf der Platte, die er einem Lamm, das zur Schlachtbank geführt wird, vor die Stirn bindet, zeichnen sich, so sieht es für ihn aus, dessen Hirnwindungen ab. Baumzweige geben gute Bilder im Frühling, »wenn der Saft steigt…«. Dabei entstehen erste Farbaufnahmen, abstrakte, meist monochrome, aber auch rot-grüne Flächen, mit Schlieren, Wirbeln, Verdichtungen. Als Darget das Fluid einer aufgeblühten Hortensie festzuhalten versucht, bilden sich Umrisse menschlicher Gestalten ab. Während einer Séance, in der man mit den Toten des Erdbebens auf Martinique ins Gespräch kommen will, zeigt die Platte das Bild eines an seinen Rändern goldglänzenden Vulkans. Dass durch Fluide sich auch die Verstorbenen unter den Lebenden und auf Fotos bemerkbar machen, steht für den »Kommandanten« außer Frage. Zwei Geister namens »Sophie« und »Henri« sind auf diese Weise anwesend, signieren die Aufnahmen mit einem S oder H. Nicht weniger merkwürdig: Die leicht diffusen, mit viel Helle gezeichneten Sphären eines Planeten (plus Satellit!) beim Betrachten des Himmelsatlas durch Herrn A. Die fotografische Platte, zehn Minuten auf der Stirn der schlafenden Madame Darget platziert, offenbart einen Vogel, mit Schwingen, wie zum Fliegen ausgebreitet. Auf gleiche Art (als Rayogramm, daher ohne Kamera) entsteht beim Spielen einer Partitur von Beethoven ein Rhombus. Und so fotografiert Darget auch Empfindungen: Nachdem er »mit geballten Fäusten einen Mann zu traktieren Lust hatte«,[3] zeigt das Bild seinen Zorn in schwungvollen Verwirbelungen, Explosionen. Darget selbst erinnern diese Formen an ein aufgewühltes, schäumendes Meer. Noch durch Metall hindurch, mit seiner Frau als Medium, glaubt er, die fotografische Schicht kraft der Gedanken zu belichten. Tausende solcher Abzüge hängen in seinem *cabinet fluidifié*. Werden diese Bilder ohne Kamera und Licht aus der reinen Vorstellung entworfen? Bei anderen Effluviographien berühren Handflächen und Finger direkt die im Entwickler liegende Platte, und schreiben sich als chemische Effekte – Chemigramme ein. Darget stellt fest, dass vom Fluid beeinflusste Bezirke der fotosensiblen Schicht viel langsamer trocknen als alle anderen. Aureolen erklärt sich der Franzose damit, dass durch die Seelenbewegungen das Phosphor und Radium im Gehirn zu leuchten angeregt werden. Anders als die von göttlicher Liebe erfüllten Heiligen imponieren Darget Verbrecher auf dem Weg zur Hinrichtung durch eine dunkle Korona. Aber auch die Toten belichten durch das Fluid der Lebenden (mit und ohne Apparat) die Platten: Darget meint, die Gesichter von Victor Hugo, Mephistopheles, Ludwig XI, Alfred de Musset und George Sand zu erkennen. Der Franzose ist mit den wichtigsten Medien seiner Zeit vertraut; eine Sitzung mit Eva C. schildert er in den *Annales des sciences psychiques* und schwärmt von den Fähigkeiten der ektoplasmierenden Pariserin.

Hippolyte Baraduc, Spezialist für nervenkranke Frauen, früherer Assistent Charcots an der Salpêtrière, will mit Magnetismus und Hypnose der Hysterie auf den Leib rücken, bevor er beginnt, den »elektrischen

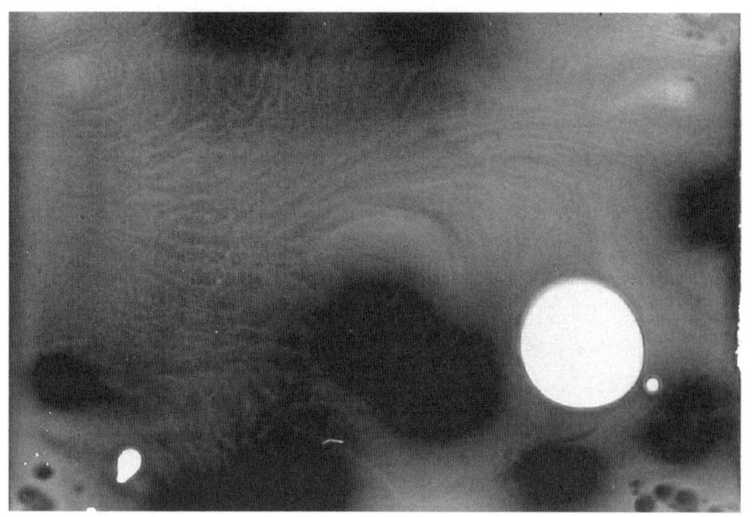

Louis Darget, *Fluidalfotografie.*

Winden« und »Lichtschwingungen« nachzustellen. (Als Arzt macht sich Baraduc mit seinen Fluidalexperimenten aber unmöglich.) *L'âme humaine, ses mouvements, ses lumières, et l'iconographie de l'invisible fluidique*: Der Titel seines Opus magnum formuliert schon den enormen Anspruch seiner Arbeit. Diese Ikonografie, mutmaßt Baraduc, entsteht durch das Eintauchen fotografischer Platten in den fluidalen Strom. So prägen sich Seelenzustände ein – etwa die vitalen Kräfte der Ekstase, der Prozessionen vor der Marienstatue in der Grotte von Lourdes.[4] »Psychikonen« nennt Baraduc diese »lebenden Abbilder der Gedanken« und Emotionen. (»Lichtfluten« umgeben einen toten Vogel, der von einem kleinen Jungen betrauert wird. Die poetische Legende eines von Baraducs Bildern lautet: *Photographie einer Gebetssäule, welche vom Eiffelturm zu Paris in den Himmel steigt.* General Peters, tiefgläubiger Spiritist, wird hier enttäuscht nur eine »wirre Menge von weissen Punkten und Flecken« entdecken. Ähnlich abstrakt erscheinen der *Geist in Erleuchtung* und ekstatische Anrufungen.) Baraduc erkennt auf seinen Fotos einen strahlend glänzenden, aus »Ätherwirbeln« zusammengesetzten Stoff, der vom Körper ein- und ausgeatmet, sich auf den Platten niederschlägt. In diesen

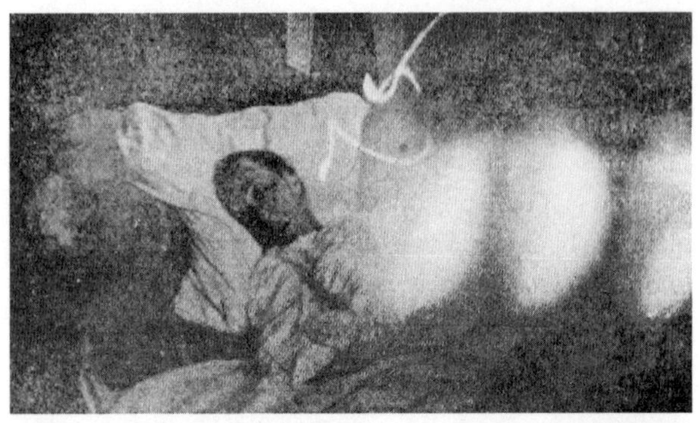

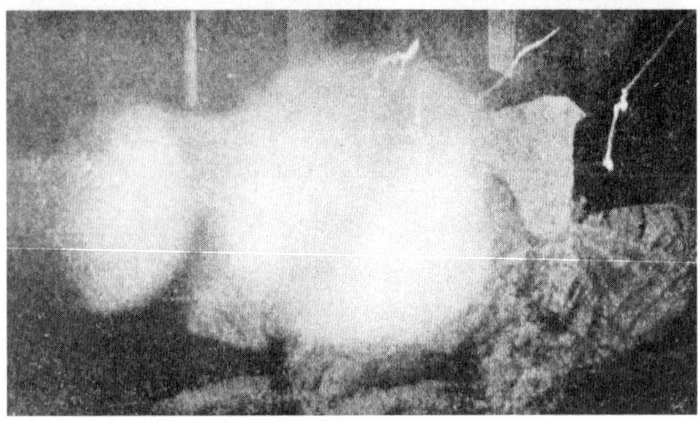

Hippolyte Baraduc, *Tod seiner Frau Nadine*,
(aufgenommen etwa 20 Minuten und eine Stunde
nach ihrem Tod), Oktober 1907.

Ätherabdrücken (»voile éthérique, ruban, formes, poussière, globes en boule«[5]) zeigt sich für Baraduc die sonst unsichtbare Seele. Er findet auf seinen Abzügen das Fluidum, die »lichthellen Schleier« zweier nervöser Kinder. Albträume eines Priesters – schwarze Wolken – wird er sichtbar machen, ebenso den Dunst, das Double kataleptischer Damen und auch den Spirit seiner sterbenden Frau: »der nebulöse Ball, welcher sich von Madame Baraduc nach Eintritt ihres Todes löste«. (Baraduc glaubt zu erkennen, wie die fluidischen Absonderungen kondensieren und Kugelformen annehmen.) Stunden nach dem Sterben seines Sohnes André fotografiert er den Leichnam und findet ein wolkenartiges Gebilde, einen

»aufsteigenden Nebel«. Lichtspuren, zu Sprenkeln gehäuft, sind für den Arzt »hypogene Punkte«, welche der Unterleib einer Frau in Hypnose abstrahlt. Ein Hauch von Licht, der gerade noch aufzuzeichnen ist... Aufhellungen im Schwarz der Platte sollen Spuren der »entkleideten« Seele sein. Baraduc lässt sich von dem Fotografen Nadar aufnehmen, wie sein Geist, an sich selber denkend, Gedanken aussendet – und genau davon ein Bild erzeugt. Bei ihm zeigen sich die Kräfte des Willens als »perlendes Funkeln« – oder Melancholie und Erschlaffung bleiben als Spiralformen zurück. Zwangsvorstellungen, auf Fotogrammen fixiert, erscheinen wie feine Wolkenwirbel, die sich am Himmel zersetzen.

Die Aura, dieser »Hauch« von etwas, ist das, was mehr ist als nur der Körper, ihn einhüllt, umgibt und doch Distanzen überwindet... Auch Streuungen von Lichtpunkten, schreibt Baraduc, können sich aus Gedanken und Affekten ableiten. In den fotografischen Artefakten erkennt er Spuren einer unsichtbaren Natur, und irgendetwas zeigt die Platte immer, nie ist sie einfach nur schwarz. Ist das vitale Fluidum vielleicht der Schweiß, die Körperwärme des Experimentators, fragen bald einige Polemiker. Okkultisten wiederum spekulieren, dass die Silberbromidkörnchen der Plattenemulsion durch projizierte Vorstellungen angeregt werden. Was bedeuten diese Schatten, Unschärfen, Lichter, Flecken, Ströme? Kann die Fotochemie, was sonst nicht zu sehen ist, abbilden? Das Ungeheure, Irreale sichtbar werden lassen? Die Grenzen zwischen Artefakten und Fakten, zwischen Zufall und den Spuren einer vielleicht übersinnlichen Strahlung, verschwimmen. Ob sich hier nun ein »fluidisches Unsichtbares« oder nur Störungen zeigen – der Raum für Deutungen ist nach vielen Seiten offen.

Aus diesem Fundus okkulter Tradition wird sich dann die künstlerische Avantgarde bedienen. Sicher nicht unerheblich ist der Einfluss Dargets auf die Farb- und Formensprache Kandinskys, in seinen schwebenden, durchsichtigen Kompositionen und Verschleierungen. (Seine farbigen Bildteppiche lesen sich wie das Spiel, ein Muster von »Nervenvibrationen«, die sich fotografisch niederschlagen.) Visionäre träumen von Strahlungsbildern, die sich direkt auf die Platte projizieren.

Madge Donohoe, *Skotograph*, circa 1930.

Die Unsterblichkeit der Seele wird, davon sind viele überzeugt, auch durch einen zweiten Strang der Fotografie vergegenwärtigt: Mit dem Graveur William H. Mumler sind, wie übrigens bei jedem technischen Sprung, sofort die Geister zur Stelle, schon früh im Bild, okkupieren das neue Medium.[6] *Images* lassen sich nun einfach reproduzieren, müssen nicht mehr beschworen, aus Visionen abgerufen, in Texten festgehalten werden. »Photoalben errichten ein Totenreich unendlich viel präziser, als es Balzacs literarischem Konkurrenzunternehmen der *Comédie humaine* gegeben wäre ... Medien sind immer auch Flugapparate ins Jenseits.«[7] Und die Toten lieben die Fotografie! Wie auf Zuruf, als hätten sie auf nichts anderes gewartet, sind die Verstorbenen zugegen und bevölkern das neue Medium. Sie zeigen sich jedem, der dafür bezahlt. Für zehn Dollar zeigen sich die Schattengestalten auf nassen Kollodiumplatten – die Nachfrage (auch wegen der im Sezessionskrieg Gefallenen) bringt Mumler groß ins Geschäft, sein New Yorker Studio floriert. Der Mann ist tüchtig – bis zu drei Bilder, zusammen mit den lieben Verstorbenen, in verschiedenen Posen, bekommen die Kunden nach der Sitzung in die Hand gedrückt.

William Black, Erfinder des sauren Nitratbades, kontrolliert Mumlers Kamera, Platten, den Entwickler. Die Toten sind weiter auf fast jeder Aufnahme zu sehen. Und odartige Wolken verschleiern die Lichtbilder. Wenn die Platten doch mal schwarz bleiben, sagen die Geister: »Ihr habt zu früh fotografiert – wir waren mit dem Aufbau der Körper noch nicht fertig«. Andere, etwa John Beattie aus Bristol oder der Londoner Fotograf Frederick Hudson (dessen hellsichtige Tochter die Geister fürs Foto platziert) und Jean Buguet aus Paris, folgen. Immer mit dabei die Zuversicht, dass die Fotografie Medium des Übersinnlichen, Unsichtbaren ist, das Fenster öffnet zu einer anderen Welt. Von vernebelten »Extras«, über einzeln materialisierte Organe, hin zu Vollphantomen finden sich bereits die meisten Motive im Angebot. Manchmal sind nur die Geister im Bild, oder sie drängen alles andere in den Hintergrund; Beattie bemerkt die Plötzlichkeit, mit der die unbestimmten Gestalten (Aufhellungen, leuchtende Areale fließen dabei zusammen) – noch vor den gewöhnlichen, natürlichen Formen – im Entwickler erscheinen. Auch hier bildet sich als Anordnung heraus: Das (innere) Auge des Mediums soll das Unsichtbare beschreiben, bevor es auf den Platten zu sehen sein wird, sich durch die Fotografie beglaubigt. Beatties Experimente kombinieren personale und apparative Medien. Ein Sensitiver, Mr Butland, durch dessen Gegenwart ein Tischchen per Klopfen die Bedingungen der Aufnahmen diktiert, und dazu kommt die »Camera« plus Kollodium-Glasplatte. Erst in dieser Kombination und Verstärkung vermitteln sie zwischen Leben und Tod, könnte sich das Unsichtbare, das Übersinnliche abbilden. Selbst bei schwächster Beleuchtung fängt das Foto seltsame Strömungen ein: Über Kopf und Stirn des Mediums formen sich nach vielen Fehlversuchen Lichtflecken, Kegel, Sterne, Schwingen, menschliche Schemen. (Lange hält sich der Glaube, dass mediumistisch begabte Personen, auf noch unbekannte Weise, als Katalysatoren der fotografischen Prozesse wirken.) Beattie formuliert vorsichtig: Die Vibrationen zu Formen verdichteter Fluida lösen chemische Reaktionen aus. Aksákow spricht von »verdünnter Materialität« und »Aetherschwingungen von höherer Brechbarkeit«, die hier sichtbar werden.[8]

William Hope, circa 1925.
»Dear friends we are sorry but it is impossible for the lady to show herself as she would like. It will need much perseverance on both hers and yours side. She'll sooner or later attend your efforts. God bless you. We add these words in French: pourquoi eux et moi ne nous entendrions-nous pas.«

Konkurrenz der Sinne – Auge versus Ohr: Das Jenseitige, ganz Andere und Fremde ist auch als Ruf zu vernehmen – himmlische Stimmen vertreiben das Dunkel, übertönen das Chaos der Welt. Die Wortoffenbarungen der Charismatiker verdrängen nicht selten Visionen und Träume, haben oft mehr Gewicht. (Auch die manichäischen und jüdischen Religionen, schreibt Jacob Taubes, sind Religionen des Rufes, in dem sich das Nicht-Weltliche verkündet, durch den der Geist aus »Lärm und Getöse«

erwacht. Der göttliche Ruf und die Antwort des Menschen sind in der prophetischen Sprache durch ein Wort miteinander verbunden: *teschuwa*, ein Verb, das »sich abkehren«, aber auch zu Gott »umkehren« bedeuten kann.[9])

So laut sprechen die Stimmen aus dem Innern der Seele, des Herzens, dass sie mit den leiblichen Ohren zu hören sind, wenn sie zu warmer, »übernatürlicher Süsse« anschwellen.[10] Die Begine Agnes Blannbekin hört eine himmlische Stimme beim Fest der Beschneidung des Herrn, wie sie ohne Worte zu ihr spricht, ihren Namen ruft, begleitet von »wunderbarem Andachtsbrand«, durch den eine Hitze ihren Leib überflutet. Bei Hildegard von Bingen ist es ein Donner, eine *vox tonans*, welche die Benediktinerin erschüttert. (Seltener fühlen die Entrückten die Worte in ihrem Kopf, ohne sie zu hören.) Aus einem Marienbild hört die Zisterzienserin Lukardis von Oberweimar tröstende Worte. »*Caritas – Caritas – Caritas*«, klingt der Mystikerin Stefana Quinzani bei der *Latrie*, der Verehrung Gottes, aus dem Kirchenchor entgegen. Und es ist eine Audition, die Aurelius Augustinus überwältigt, dass er sich entschließt, sich taufen zu lassen. »Wonnevolle Harmonien«, Gesänge, erreichen die Entrückten und enden in Tränen und Gebeten. Über den heiligen Hugo kommt plötzlich ein »Engelsgetön«, dass er kaum in seinem Körper bleiben vermochte.

Durch einen akustischen Brückenschlag (Raphael malt die Heilige Cäcilie, wie ein überirdischer Chor ihr Ekstase verschafft) verbinden sich Erde und Himmel, Menschen und Engel. Was »allen Zungen unaussprechlich ist«: Mit nichts zu vergleichen, einem »so süßen Sang, der über des Menschen Sinne war«, dringen diese Sounds höherer Sphären ans Ohr der Gläubigen.[11] Viele Jahrhunderte war es selbstverständlich, dass die Engel während der Liturgie auch singen. Musik, wie sie in erschütternder Gewalt die Zeiten »durchtönt«, wird ihnen zugeschrieben und der antiphonische Psaltergesang. Wenn sich die angelischen Chöre mit den Stimmen der Gläubigen mischen, feiern sie die Herabkunft des Herrn.[12] Sterbeklänge, die Musik des nahenden Paradieses, begleiten die letzten Stunden des Mystikers Böhme; auch beim Ende von Mörike und Goethe, sagen Anwesende, spielen Äolsharfen.

Seit der Renaissance aber heißt »ich bin ganz Ohr« so viel, wie der Hörigkeit Vorschub zu leisten – Gehorsam und Gehorchen funktionieren über das Hören, eine erzwungene Nähe. Das dem Licht zugewandte Auge wird nun immer mehr zum Organ der Emanzipation: Sehen heißt Abstand nehmen, Erkennen – und sind die Dinge einmal durchschaut, scheint die Wahrheit nicht fern. Licht und Wahrheit werden Synonyme; auch die Aufgabe der Philosophie muss sein, dem Menschen die Augen zu öffnen.

So weit, so gut. Wie aber sollte man dem Fotografieren, der Aufwertung des Sehens mit der Kamera als drittem Auge, trauen, angesichts des Grotesken, Fantastischen, das sich in den Séancen auf die Platten zeichnet, seine Spuren hinterlässt? Auf Fragen nach der Manipulierbarkeit dieses Mediums gibt es schon bald jede Menge praktische Antworten: die Herstellung, Erfindung von Geistern im Bild. Man arbeitet mit doppelten Belichtungen und Spiegeln, perforiert die Kassetten, befestigt Gaze oder Musselin vor dem Objektiv, variiert die chemische Zusammensetzung des Entwicklers. Man verkürzt die Belichtungsdauer, bis die Gestalten zart transparent werden, streut Körnchen Fixiernatron auf die Kollodiumplatte, bis »Geisterlichter« erscheinen, versucht es mit Fotomontagen.

Weil die Oberflächen der Daguerreotypien lange Zeit dem Licht ausgesetzt werden, sehen Menschen auf diesen frühen Fotos ohnehin Phantomen und Schatten ähnlich. Das ins Medium Bild gewechselte Leben »lebt« hier weiter … Jeder dieser Prozesse überführt das Lebendige in eine andere Welt, um es in Geisterhaftes (etwas ist gestorben und doch nicht tot) zu verwandeln. Das Foto zeigt, wie alles Leben vorbei-, vorübergeht. Als Erinnerungsspur verweist es zugleich auf Vergänglichkeit und Abschied – auf das künftig Abwesende.[13] Dieses Ins-Bild-Setzen des Vergangenen beschwört eine verlorene Welt, wird ein immer sich wiederholender Abschied. Als besondere Variante: In der Theorie der »Optogramme« ist das tote Auge eines Leichnams eine *Camera obscura*, die im Sehpurpur, auf der Retina des Sterbenden den eingefrorenen letzten Blick speichert, der dann mithilfe eines fotografischen Abzugs wieder sichtbar werden soll. Die Augen der Toten »sprechen« – sie erzählen den Lebenden ihr Geheimnis, die Vergangenheit. So etwa könnte sich – durch die schreckweiten Pupillen – das Gesicht des Mörders auf der Netzhaut seines Opfers einbrennen und ihn damit verraten.[14]

Für manche Anhänger des Übersinnlichen findet alles Begehren seine Bedeutung, Erfüllung erst im Bild. Der Höhepunkt jeder Sitzung, so auch für Schrenck, ist das Auslösen, die elektrische Zündung des Blitzes. Alles Geschehen läuft auf genau diesen Moment hinaus – das gesamte Setting scheint nur für das entscheidende Foto geschaffen. Die Ausstattung der Räume und Kleidung des Mediums müssen Schwarz in Schwarz sein, um mit den Absonderungen, dem Plasma in Kontrast zu stehen. (Dabei wird das Medium vor dem Hintergrund unsichtbar und die schwarze Leinwand der Vorhänge eine Fläche für Vorstellungen, Erwartungen, Phantasmen.) Ein gutes Medium ist eines, das, salopp gesprochen, auch unter den Augen der Kamera potent ist und Leistung bringt. Das Bewusstsein, fotografiert zu werden, spekuliert Schrenck, könnte die Plastizität mancher Phänomene noch erhöhen. Und, wo das menschliche Auge ausfällt, zu schwach ist, nicht mithalten kann, zeigt das Foto oft mehr – Gesichter etwa, an die sich niemand erinnert. Und was für ein Service: Berthe, Eva C.s jenseitiger Führer, positioniert ihr Medium, ändert die Stellung des Kopfes und bestimmt den Moment der Aufnahme durch Öffnen des Vorhanges. Kontrollgeister geben Belichtungszeiten an. Und die Palladino hält einen Tisch so lange in der Luft, bis alle Fotos auch wirklich im Kasten sind. Meist aber zerstört der Blitz des Magnesiumlichtes dann augenblicklich die fantastische Szene. Zurück bleibt ein oft desolates, für Stunden nicht ansprechbares Medium, mit Blut aus der Nase, im Sputum, im Urin, »halbohnmächtig« und aufgelöst in »hysterischem Schluchzen«.

Vorzeigen kann Schrenck diese nur Minuten dauernden Gebilde jedoch allein nur als fotografischen Abdruck – nichts weiter bleibt. Wie vom Himmel gefallen und nicht von Menschenhand gemacht, erscheinen die Ektoplasmen, die Gestalten, Köpfe, Gesichter ebenso plötzlich, wie sie verschwinden. Sie erinnern an die Traditionen antiker Kulte und östlicher Orthodoxie – übernatürlich produziert oder von Gott gesandt, werden sie *Acheiropoíeton* genannt: *theo teukton eiona* (»das nicht von menschlicher Hand Gemachte«). Ihnen wird durch Weihrauch und Kerzen geopfert, sie begleiten Prozessionen und Feste. Auch die Tuchbilder mit dem Gesichtsabdruck Christi gehören in diese Kategorie; so gilt das *Sudarium* der Veronika noch in all seinen Kopien, über alle Zeiten hinaus, als unzerstörbar und wundermächtig. Sie ziehen die Massen an, gerade in Zeiten der Not. Durch die Materie des Objektes ist das Fluidum des Heiligen als anwesend gedacht und schickt seine Strahlen in die Welt. Hier werden die Kräfte des Himmels verdichtet und wirken Wunder.[15] Selbst Imitationen dieser wahren Bilder – *Vera Icon* – funktionieren als Reliquien und Amulette. Ihr Einfluss, ihre Lichtfülle, sagen die Gläubigen, soll dauern, ohne je schwächer zu werden, an Kraft zu verlieren. Die *Acheiropoíeta* (ἀχειροποίητον) unterscheiden sich von allen anderen Bildern, weil sie mit der Zustimmung Gottes entstehen.

Nicht nur, dass die sogenannten Geister, sollten sie denn existieren, sich der Fotografie bedienen, um sich zu zeigen – sie arbeiten mit jeder technischen Neuerung, um Botschaften abzusetzen, sind innovativ: modern! Nur das Neueste ist ihnen gut genug. Die Geister gehen mit der Zeit, rüsten auf. Hinterlassen ihre Stimmen auf Phonographen, nutzen Telegraf und Telefon. Sie geben Anweisungen zum Bau von Kommunikationsgeräten, fordern das Abschieben der Übertragung auf Maschinen, welche das Medium Mensch ergänzen und ihre Äußerungen präzisieren.[16] Technik wird hier zur Magie und ist allemal besser als Telepathie oder Hellsehen.

Auch die Ingenieure unter den Okkultisten sind am Werk: Thomas Alva Edison baut viele Jahre an einem Apparat, der, wäre er nur empfindlich genug, die Toten zum Sprechen, zum Dialog einladen könnte. Edison spekuliert weiter, dass es möglich scheint, Materie vom Jenseits aus zu manipulieren. (Der »Elektriker« ist Gründungsmitglied der Theosophischen Gesellschaft, aber schon ein alter Mann, als er anfängt, sich auf andere Sphären einzustimmen.) Aus Aluminiumrohr, Mikrofon und Kopfhörern konstruiert der Funker George Melton kurz nach dem Ersten Weltkrieg auf Weisung einer »Transwesenheit« Geistertelefone,

»Psychophon« genannt, und Carlos G. Ramos, Genie und Experimentalphysiker, formuliert unter dem Pseudonym Oscar d'Argonnel zur gleichen Zeit die theoretischen Grundlagen: *Novo e admirável system de communicação – Os espíritos fallando pela telephone.* Dabei unterscheiden sich die Telefonate mit den Toten in der Tonqualität kaum von der normalen Telekommunikation. Im Übrigen: Stimmen am Telefon sind an sich schon gespenstisch – einmal vom Körper gelöst, für immer von ihm getrennt, verfremden und entfernen sie sich. Das Verlorene, Tote lebt weiter im elektrischen Fluss ... spricht aus einem fernen Jenseits.

Für die Gläubigen werden die neuen Medien schnell zum Medium der Geister, die noch jede Gelegenheit nutzen, sich mitzuteilen. Sie speichern die Bilder und Stimmen der Toten, geben sie auf Wunsch und Verlangen wieder. Die Tendenz ist offensichtlich: Apparate verdrängen den Menschen als Medium, arbeiten mehr und mehr autonom. Nicht nur für das Reich der Geister braucht es spezielle Geräte: Reichenbach bereits wünscht seine Sensitiven durch ein »Odoskop« zu ersetzen, um das Fluidum, die leuchtende, zarte Lohe, diese fein schimmernde Glut zu objektivieren. Und der französische Okkultist Joire entwirft das »Stenometer« zur Messung der von den Händen abgehenden »Nervenstrahlen«; Ähnliches hat wohl auch August Carus mit seinem »mesmerischen Multiplikator« im Sinn.

Okkultismus und Wissenschaft sind nicht allein nur in Gegensätzen zu denken. Zuflüsse in gemeinsame Versuchsreihen, Modelle, Erfindungen gibt es aus beiden Strömungen. Und beide leben von Versprechungen, verkaufen Hoffnungen auf ein besseres Leben, machen Fortschrittspropaganda für die Massen. Das Zerfallen der Welt in Atome, die Entdeckung von Radioaktivität und elektromagnetischen Wellen wird gerade von der theosophischen Bewegung enthusiastisch gefeiert; zeigt nicht die Physik, dass alle Materie verfliegt, sich in »Dunst und Nebel« (Steiner), in »Freude und Licht« (Blavatsky) auflöst?[17] Röntgens ionisierende Strahlen passieren das vormals Undurchdringliche – machen die Knochen durchs Fleisch hindurch sichtbar – ähnlich wie der Blick der Sensitiven ins Innerste der Dinge reichen soll. Schlagartig populär, schaffen sie es auf Jahrmärkte, in die Kaufhäuser und illuminieren ganze Abendgesellschaften, Salons, die Pariser Boulevards. Für manche Gläubige sind Röntgens X-Strahlen das oft zitierte »astrale Licht«, für andere ein künstlich erzeugtes »Od« Reichenbachs. Hellsehen und Röntgen erscheinen vielen gleichartig. Sensitive, heißt es, sehen okkulte Strahlungen noch auf hundert Meter, durch Wände und Bleischichten. (Der englische Arzt Walter John Kilner entwickelt kurz nach der Jahrhundertwende einen Schirm, in dem eine Farblösung aus Dicyanin und Karmin eingeschlossen ist, durch welche vom Körper ausgehende Auren als Strahlungswolken wechselnder Größe zu erkennen sein sollen.)

Auch die Annahme des Äthers (substanziell und doch subtiler als Luft), als Medium der Übertragung und Speicherung, wird von verschiedensten Kreisen favorisiert; Heinrich Hertz vermutet einen Stoff, der den Raum durchdringt und fähig ist, Wellen zu schlagen, in die Ferne zu wirken.[18] Schon James Clerk Maxwell nimmt eine unsichtbare, gewichtslose Materie an, welche die interplanetarischen und interstellaren Räume füllt. Auguste Forel spekuliert, dass Hypnose durch elektrische Ströme entsteht, aus dynamischen Veränderungen der Ganglienzellen, die er mit den Drähten eines transatlantischen Telefonkabels vergleicht. Oliver Lodge, einige Jahre Präsident der Society for Psychical Research, baut das erste Radio-Empfangsgerät, stellt sich vor, dass unsere Gedanken aus den von Hertz beschriebenen elektrischen Wellen bestehen und außerhalb des Kopfes zu empfangen sind. Der Mailänder Arzt Cazzamalli meint, die Ausstrahlung von Gehirnwellen wie Radiowellen nachweisen und manipulieren zu können. Noch ein Beispiel: Dass Sender und Empfänger nur in Abstimmung funktionieren, synchron laufen müssen, fordern beide – Telepathie ebenso wie die technische Television.[19] (Auch beim »visionären« Fernsehen sollen die sich verbindenden Seelen sich fein aufeinander einstellen, um Bilder zu übertragen.) Was Okkultisten sich an Fantastischem ausdenken, etwa die drahtlose Übertragung von Schwingungen, Signalen, animiert Erfinder und Techniker. In einem Fall werden Abfallprodukte okkulter

Basteleien von Radio- und Fernsehingenieuren zur Anhebung elektromagnetischer Wellen eingesetzt. So konstruiert William Crookes Kathodenröhren, mit denen er Strahlung als den »vierten Aggregatzustand der Materie«[20] nachweisen will, die andere dann weiter zu Signalverstärkern und Bildschreibern umbauen.

»Aufklärer« und »Ausbeuter« setzten die letzten Erfindungen der Technik ein (*Laterna magica*, Kamera, Grammofon, Fernglas), um den »Primitiven« in den Kolonien ihre »magische« Macht und Überlegenheit zu demonstrieren. Der Okkultismus wiederum benutzt Vokabular und Grammatik der Wissenschaft, um dem Übernatürlichen Theorien zur Seite zu stellen; er möchte fortschrittlich sein, mit Akribie und Methode bestätigt werden. Schon der Gründungsmythos des Spiritismus zeigt auf eine Innovation: Die Rappings der Fox Sisters, übersetzt im Durchzählen des Alphabetes, und das Morsen sind verwandt. Kurz nach Einrichtung des neuen elektrischen Mediums wird der Geisterverkehr als Frage-und-Antwort-Spiel zweiwegig, dialogisch. Und seine Botschaften verbreiten sich durch tausende Meilen von Überlanddrähten – quer durch die Nordstaaten – gleich mit. In der Region Rochester laufen die Kabel der großen Telegrafenlinien zusammen – dort, wo auch die Erfolgsgeschichte des modernen Spiritismus beginnt. Im Haus Fox liest man Botschaften, unterschrieben mit »Benjamin Franklin«: der Elektrizitätstheoretiker ist einer der ersten jenseitigen Kommunikatoren.

Es hört sich noch nach Magie und Zauber an, wenn Nachrichten augenblicklich den Raum überwinden, ihr Sinn sicher über Entfernungen transportiert wird. In diesen Tagen ist der Telegraf selbst ein okkultes, ein unheimliches Gerät; auch Morse weiß über das Wesen der Elektrizität wenig. Er bringt den Apparat – zur Übermittlung von Strichen und Punkten mittels galvanischer Leitungen – zum Funktionieren, ohne genau zu wissen wie. (Der Kongress verweigert dem Historienmaler öffentliche Gelder für Fernmeldeleitungen, mit dem Argument, man könnte genauso gut eine Eisenbahn auf dem Mond finanzieren.) Die Analogie von Raps und Morsen aber wird von vielen von Beginn an bemerkt und beschrieben.[21]

# IX

# Posen, Attacken, Delirien

—

# Unfreiwillige Kunst

Die Auserwählten, die Schrenck um sich versammelt, sollen sich würdig erweisen, seine Ektoplasmaexperimente zu bestätigen. Wer in dieser Runde zweifelt, hat es nicht verdient, dabei zu sein.

Trotz Dramatik und wissenschaftlichem Ernst der Lage sind die Ereignisse auch voller Trivialitäten – bestürzend banal und unterhaltsam zugleich, erinnern an Varietés und »Kabinett«-Stückchen: Hinter den Vorhängen, aus dem Dunkel, bereitet das Obskure, das Ominöse seinen Auftritt vor. Und dieser schwarze Wunderkasten ist prallvoll von Überraschungen. Zu sehen sind schauspielreife Leistungen, fallen – bei den Schneiders in Braunau – drei der Brüder (ohne Unterwäsche oder im Pyjama) gleichzeitig in Trance. Im dunklen, gedämpften Rotlicht werden Liedchen, gerne Gassenhauer, angestimmt. Der Radetzkymarsch läuft pausenlos vom Grammofon Marke Electrola, abwechselnd spielt zur allgemeinen Zerstreuung die Ziehorgel.[1] Flache, flotte Dialoge entwickeln sich, man wartet, singt und schwitzt. Das Medium fabuliert monologisch vor sich bin, schleudert dabei seinen Kopf vor- und rückwärts, vollführt pumpende Bewegungen mit den Armen.

Protokolliert werden extremes Zittern, Schüttelkrämpfe, klonische Spasmen. Ein schweres Atmen liegt über der Szene. »Olga«, die jenseitige Kontrolle, spricht gepresst, telegrammartig, mit schnellem Flüstern aus dem Mund des Mediums. Und dann noch das Stöhnen, Ächzen, Rumoren, Schnaufen – so hört sich harte Arbeit an. Matte, erstickte Stimmen kommen aus den Wänden. Töne, nach allen Seiten aufgewirbelt, taumeln durchs Zimmer. Wie kleine leuchtende Wolken, die am Himmel stehen, glimmen Muster an der Decke. Oder schwache, sanft summende Lichter versickern langsam im Boden. Der Geruch von Schwefelwasserstoff hängt in der Luft, wie vom Flügelschlag eines Nachtfalters bewegt und verteilt. Der Raum wird kälter … die Rotlicht-Spiele beginnen: Schemen, schwarze Massen gleiten über den Leuchtschirm, mal kubisch-eckig, mal organisch-rund. Wie scheue Tiere schieben sich die Schatten durch den Raum.

Endlich erscheinen erste Phantome – gelbgrüne Gassäulen verdichten sich zu elastischen Ruten, armförmigen Stümpfen, zu immer neuen grotesken Formen: vorderarm-, greifzangenähnlich, in Schwarz, Grau, Rosa, Weiß. Eine behaarte Pfote, etwas Klauenartiges greift um sich und setzt Spieluhren in Gang. Ein paar »halbgare« Kinderhände kritzeln und zeichnen. Glocken, Klingeln, Schellen werden von allein akustisch aktiv. Taschentücher blähen sich auf, steigen und kreisen um die elektrische Lampe wie ein Planet um seine Sonne. Der mit Radium markierte Kork schwebt durchs Zimmer, schreibt helle Worte in die Nacht. Gleich darauf segelt ein Tamburin über Schneider, das Medium, hinweg, schlägt gegen die Wand und zerbricht. Der etwa zwanzig Pfund schwere Klavierstuhl fährt in schräger Linie hoch in die Luft, über die Köpfe der Sitzenden. Kommen Willi oder Rudi einmal in Fahrt, folgt Höhepunkt auf Höhepunkt. Schrenck fühlt sich an den Taumel »bacchischer Ekstasen« und an die früheren, orgiastischen Inszenierungen der Palladino erinnert.

Thomas Mann, des Öfteren bei Schrenck zu Gast, erschöpft vom Lärm, der stehenden, abgestandenen Luft, ist bei so viel Budenzauber und Effekten gleich übel. Nicht auszuhalten, was ihm dort entgegen dünstet an Schweiß, schlechtem Atem, Rauch, Alkohol, Parfüm. Die Hitze erhöht alle Gerüche ins Peinliche, Tierische: Es riecht nach verbrauchtem Leben. Ekel, später aber auch das Gefühl von »Feierlichem« überfällt ihn. Mann verwertet die Sitzungen mit Willi S. literarisch, baut Szenen der Séancen in seinen *Zauberberg* ein; schreibt, dass er sein Thema nicht wählt, vielmehr dränge es sich auf, flute an, wie eine Welle, die den Autor überrollt und mitreißt. Was ihm im Hause Schrenck widerfährt ist völlig absurd, aber alle Ironie, die er aufbringt, um sich vor solchem Wahnsinn auf Abstand zu halten, reicht nicht aus, so sehr nimmt ihn das Unfassbare mit; einfacher ist es, vor Schneiders schwebender Materie zu kapitulieren. Thomas Mann wird den Verdacht nicht los, dass durch den schlichten Zahntechniker Willi, fällt er in Trance, etwas »Dämonisches, Boshaftes« in die Welt kommt; mit anderen Worten: dass aus dem verborgenen Inneren des Mediums sich doch auch

Bedrohliches zeigen könnte. Und dass andererseits seine Vernunft anerkennen muss, was die Vernunft, um vernünftig zu sein, nicht für möglich halten, nicht einmal in Erwägung ziehen darf. Der Schriftsteller bleibt im Bann dieser Nächte, durch und durch ambivalent, zwischen Anziehung und Abstoßung hin- und hergerissen. Eine Metaphysik, die experimentell wird, kann nicht rein und sauber bleiben, wenn sie ins Organische absteigt, für den Fall, dass etwas Handstumpfartiges in grober Tonerde wühlt und sich abdrückt. Aber dann: Anmutig, anrührend, erhebt sich ein Taschentuch, im vollen Lichtkegel der Lampe schwebend … Seinen Essay über das Okkulte lässt er mit den Sätzen enden: »Ich will auch nicht zwei- oder dreimal noch dorthin gehen, sondern nur noch ein einziges Mal und dann nie wieder. Ich will nichts weiter, als einmal noch das Taschentuch vor meinen Augen ins Rotlicht aufsteigen sehen. Das ist mir ins Blut gegangen, ich kann's nicht vergessen. Noch einmal möchte ich, gereckten Halses, die Magennerven angerührt von Absurdität, das Unmögliche sehen, das dennoch geschieht.«[2]

Während Mann nicht genug bekommt von Schrencks Experimenten in München, findet Rilke das Ektoplasma allein schon auf Bildern abstoßend – solche Ausscheidungen möchte der Ästhet sich besser nicht zumuten. Der Baron höre sich an wie ein Geschäftsmann, der seine okkulten Produkte laut und gewöhnlich als Ware anpreist, nur um sie unter die Leute zu bringen. Und es verbiete sich, das Numinose auszubeuten, für das Jenseits Reklame zu machen. Das allzu Deutliche, offen zu Tage Tretende, ist Rilke suspekt; er will den Zauber verdichten, das Mysterium vertiefen, führt sich auf als ein Meister der Verrätselung, mit Anspielungen und heimlichen Hinweisen auf das Verborgene, ganz Andere. Schrencks Spektakel, warnt Rilke, streue einen »Geisterzucker« in die Welt, dass »Gott weiß welches ablegte und drüben verpönte Gespenstergesindel sich heranschleicht«,[3] welches man ohne Not nicht anlocken und füttern darf. Mit der Wahl seiner Gesellschaft nimmt es der Dichter genau: Geister unter Niveau, die schon, als sie noch lebten, nicht sein Umgang waren, verderben ihm die Luft zum Atmen und bleiben besser, wo sie sind: auf der »anderen Seite«.

Anderen ist alle Ästhetik egal – sie feiern mit Schrenck das Übersinnliche, Unmögliche, das dabei noch vollkommen echt aussieht. So erleben es Ludwig Klages und Alfred Schuler.

Auch Gustav Meyrink nimmt teil an den Experimenten. Der mit allen okkultistischen Wassern gewaschene Alchemist (Old School: Er will wirklich aus Scheiße Gold machen![4]) sympathisiert mit verschiedenen Geheimgesellschaften und Orden, arbeitet mit Tantra und Drogen, raucht Haschisch, bis sein Bild im Spiegel verschwindet – und er meint fliegen zu können. Meyrink studiert die Schriften der Yoga-Sūtra, übt Asanas, bis »schaumiger Schweiß« seinen Körper bedeckt, und fühlt, wie sich unter ihm der Boden bewegt. Von der Zirbeldrüse aus schickt Meyrink Wünsche und Gebete senkrecht nach oben – »in den Weltraum«. Im oberitalienischen Levico, in der Nähe von Trient, sieht er während einer Séance Menschen und schwere Möbel zur Decke schweben. Meyrink begegnet seinem stummen und regungslosen Doppelgänger,[5] schaut sich selbst wie einem Fremden ins Gesicht. Er macht Ernst mit dem Okkulten, provoziert Atemstillstände, schläft weniger als drei Stunden, starrt nächtelang in den Himmel, isst nur noch Vegetabilien und Wassersuppe mit einem Esslöffel voll aufgelöstem *Gummi arabicum* zur Erhöhung seiner Hellsichtigkeit.[6] An der Moldau überkommen den Mann Visionen, entführen ihn in eine andere Welt. Max Brod glaubt, dass Meyrink Unheimliches anziehe; in seiner Nähe fange es an zu spuken. Berta Fanta, eine Prager Theosophin, sieht, wie in seiner Gegenwart eine Kleiderbürste durchs Zimmer und aus dem Fenster fliegt. Und Paul Leppin erscheinen in der Wohnung Meyrinks durch die Wände fliehende Gestalten.

Auch Meyrinks Romane spielen mit dem Gespenstischen, an das seine Helden sich ausliefern, die nicht wissen, ob sie wach sind oder träumen und sich wie Besessene benehmen. Sind sie nur krank oder von Kräften kontrolliert, von Mächten gesteuert, die sie nicht kennen?[7] Wie in einem Halbschlaf, der vom Fieber herkommt oder aus einer nervösen Erschöpfung, wird die Welt ganz unwirklich, als würde die Sonne sich langsam verdunkeln ... Kaum können sie sich in dieser Zwischenwelt an etwas erinnern, ist es schon wieder verloren. Sie vergessen ihre Namen, die Gesichter ihrer Jugend, das Lächeln ihrer Kinder ... warten, während eine bleigraue Nacht schwer auf die Augen drückt, auf etwas Licht, das Flimmern der Sterne, auf ein erlösendes Wort. Manche seiner Figuren erkennen sich nur als ein Schattenspiel an der Wand. In den dunklen, engen Gassen des alten Prags ist für Meyrink die Vergangenheit der unerlösten Seelen mit ihren verlorenen, unerhörten Gebeten weiter lebendig.[8] Und die Toten ziehen durch die verlassenen Straßen der Stadt, von zarten, gläsernen Knochen getragen, die vielleicht brechen könnten, bei jedem heftigen Schritt. Andere rutschen wie Amputierte auf Knien über das holprige Pflaster. Meyrinks Erzählungen umkreisen das Absurde, das Grauen, das in dieser Welt ganz Fremde, das sich aber schnell und leicht verabschieden kann ins Komische und Groteske. (Apropos: In einem Brief an Marie von Thurn und Taxis erbost sich Rilke darüber, dass Meyrink »die andere Seite des Daseins« wie ein schlechter Reisejournalist schildert, sich über das äußerst »Merkwürdige, Geheime« flach und nichtssagend auslässt.[9] Gershom Scholem findet manches seiner Bücher wirr und stilistisch schwach – von okkulten Elementen überfrachtet, lesen sie sich wie eine »mystische Marktschreierei«.)

Wird Meyrink beim Schreiben sich selbst abgründig und fremd? Entstehen Teile des *Grünen Gesichts* unter Diktat, als er die Vision eines armen Juden erfährt, der um eine Gabe bettelt und verlorene Stimmen ihn rufen? Bekommt Meyrink das Kapitel über den Kabbalisten »Eidotter« eingegeben, dient er beim Schreiben des *Weißen Dominikaners* als ein »magischer Empfangsapparat«[10] fremder Gedanken? Wie durchlässig und verwandelbar das eigene Selbstbild ist, erlebt Meyrink nach dem Selbstmord seines Sohnes Harro, der als »Toter« beginnt, die Welt durch die Augen des Vaters zu schauen, durch dessen Körper zu den Lebenden zurückkehrt. Vater und Sohn werden eins.[11]

Noch einmal zurück zu den Performances im Hause Schrenck: Meyrink liebt Séancen, reist von Sitzung zu Sitzung, kriegt nicht genug von

Wundern, Metamorphosen und schwebender Materie. Für ihn sind die Telekinesen Schneiders offensichtlich so seriös, dass man ihm mit kleinlichen Einwänden nicht zu kommen braucht. »Ich möchte«, fordert er, »den Taschenspieler sehen, der imstande wäre, dicht vor meinen Augen ähnliches zu vollbringen!«[12] Nur ein »Zweifler von Beruf« könnte hier Böses, sprich Betrug vermuten.

Die sinnliche Verdichtung im Einklang von Musik, Maskeraden, Bildern, Beleuchtung, Stimmen, Gesängen, Gesten überzeugt auch manche Skeptiker. Selbst wenn sich Szenen wiederholen, ist jede Séance offen für Improvisationen und Zufälle, als geschehe hier alles zum ersten, zum einzigen Mal. Sind die einzelnen Elemente dieses Spektakels vielleicht trivial, die Aktionen eher skurril, langatmig, überladen, wirkt ihr Zusammenspiel durchaus stimmig – das ist schon Performance-Kunst pur! Wenn Schrenck zu dem Schluss kommt, »daß die Geistergestalten unbewußte Dichtungen sind, die von den Materialisationsmedien dramatisch aufgeführt werden«[13] – wer möchte dem widersprechen? Wie auf der Bühne treten die Spirits auf, führen vor, was nur gut (zu gut?) vor dankbarem Publikum funktioniert: Sie nehmen verschiedene Namen an, spielen in allen nur möglichen Verkleidungen und Rollen, wechseln Temperament, Alter, Geschlecht. Das Programm ist nicht neu: Seit der Antike ist das Theater der Ort, an dem die Lebenden mit den Toten sprechen, zusammen mit gefallenen Helden und Geistern auf einer Bühne sind.

Schon in seinen hypnotischen Versuchen mit dem Medium Lina Matzinger in der Münchner Psychologischen Gesellschaft und den Studien über die Traumtänzerin Magdeleine Guipet lässt sich Schrenck von der Idee leiten, dass hier ein sich »spielend betätigender ästhetischer Drang nach Formgestaltung«[14] auftritt, der jede willkürliche Leistung übertrifft: »Gebärden und Mimik sind in hypnotischen und somnambulen Zuständen ... im höchsten, im Wachen kaum erreichbaren Grade ausdrucksvoll, weil sie eben von innen herausgearbeitet werden, während das heutige Modell des Künstlers nur äußerem Befehl gehorcht oder nur mechanisch in Position gesetzt wird.«[15]

In ihrem Aufsatz *L'Hystérie et l'Art* demonstrieren Charcot und Richer die Dramatik und Wucht des großen hysterischen Anfalls: »Bald ist es Schreck, Furcht, bald Zorn, Wut, Verzückung, Andacht, welche körperlich zum Ausdruck kommen in einer Treue der Darstellung, wie sie weder vom größten Schauspieler noch vom geschicktesten Modell auch nur annähernd erreicht werden kann.«[16]

In die Salpêtrière, dem größten Hospiz Frankreichs, zieht die Hypnose ein,[17] weniger als Instrument zur Heilung, will man mit ihrer Hilfe eher »Nervenzustände« forcieren. Hier vegetieren tausende Frauen; eingesperrt in schrecklichen Routinen, zur Schau gestellt, als wären sie Tiere im Zoo, mit Drogen gefüttert und dressiert, ihren Pflegern zu gefallen. Sie leben in der akustischen Hölle von Schreien, Klagen, Flüchen, Gebeten. Das Leiden in der Enge steckt an; zusammengepfercht in einer überdimensional großen Versuchsanordnung, kauern sie hinter Mauern, in den Innenhöfen und Krankensälen, und warten – warten, dass etwas passiert. Dort bleibt die Zeit stehen. Für viele ist die Anstalt Endstation – nur als Leiche führt der Weg nach draußen. Die Salpêtrière ist ein Haus des Leidens, wie aus einem Roman de Sades. Selten sind Ärzte in ihren Experimenten so weit gegangen, so subtil unerbittlich und grausam geworden. Charcot, der Herr über den Wahnsinn, verordnet Belohnungen, Strafen, Arbeitsdienste, droht mit Liebesentzug. Die Frauen werden mit Giften, Chemikalien und Strom traktiert, mit Licht, Magneten und Gas; man gibt ihnen Ätherdämpfe zu atmen, stellt sie in kaltes Wasser. Man lässt sie durch kleine Explosionen von Schießpulver erstarren, mit schreckweiten Pupillen und aufgerissenem Mund regungslos werden.[18] Oder übersetzt die Gesichter dieser »expressiven Statuen« mittels Reizung durch einen Rheophor, einen elektrischen Pinsel, in verschiedene Mimik. (Duchenne – Arzt und Namensgeber einer Kontraktur – zaubert so seinen Kranken auch religiöse Verzückung und Ekstase ins Gesicht.) Auf dem Höhepunkt ihres Ausdrucks (fotografisch festgehalten), schaffen die eingefrorenen Posen ihrer »Entladungen« Vorlagen für neue Generationen von Hysterikerinnen.[19]

Hysterie, lehrt Charcot, ist vererbbar, ein chronisches Leiden, und ihre Anfälle sollen festen Abläufen folgen. Gegner Charcots sehen in der Salpêtrière eine Schule, das Training für die vom »Meister« ersehnten Symptome, den Ort, an dem die Krankheit erst entstehen, sich ausbreiten kann. Bringt der Nervenarzt den Frauen auf einem Höllenkurs bei, wie sie auszusehen haben, wenn sie hysterisch sind, um sie dann, im besten Fall, von ihrem Übel zu befreien? Lässt Charcot, der Hohepriester der *grande attaque*, die Symptome kommen und gehen, wie es ihm gefällt? Formen seine Suggestionen den Körper der Frauen wie der Künstler sein Material? Vorwürfen, er würde seine Patientinnen präparieren und herumreichen, die Krankheit ganz nach Fantasie und Laune entwerfen, die Schauspiele der *grande hystérie* in allen Details in Szene setzen, entgegnet der Meister: »Aber in Wahrheit bin ich hier gänzlich nur Photograph; ich schreibe auf, was ich sehe.«[20] (Warum will niemand wissen, wie viel Hysterie in Charcot steckt, wenn er Stimmen, Mimik, Gebärden seiner Frauen in den *Leçons du mardi* theatralisch und perfekt imitiert? Sich selbst lässt der Mann mit dem mächtigen Kopf, dem Stiernacken, dem strengen und harten Mund, dem schweren Gang, der noch dazu glaubt, Napoleon ähnlich zu sehen, gerne als Wundermacher und Wohltäter feiern. Die öffentlichen Schauprozesse gegen einige Patientinnen und seine Bilderfabrik machen Charcot über Paris hinaus populär.)

Die Konkurrenz an der Salpêtrière ist groß: Die Begabtesten von ihnen fallen, verlieren sich in Posen, welche ihre Ärzte ihnen zurufen. In den Protokollen ist zu lesen, wie die Schönheit dieser Frauen unter den Blicken der Männer aufblüht (manche Verrenkungen ihrer Körper aber auch an Koitus und Vergewaltigung erinnern). Charcot und seine Mannschaft bringen die Hysterie auf Touren, nehmen ihr die letzten Hemmungen. Es ist kein Halten mehr, wenn Ärzte ihre Versuchsobjekte elektrisieren, zu Höchstleistungen anstiften. Aufführungen ohnegleichen: wildes Gestikulieren, Grimassieren, Hüpfen, Herumspringen, Entblößen; die Kranken fallen in statuenhafte Starre, werden zu Bildsäulen, imitieren Tiere: bellen, wiehern, grunzen, furzen, fiepen, knurren, sie flattern wie aus dem Nest gefallene Vögel durchs Zimmer.

Die Archive sind voll von Schilderungen ihrer Attacken, Delirien, Attitüden, wenn Suggestion und Hysterie zusammenkommen, voll der Verwandlungen in Glas, Gummi, Wachs, in Katzen, Nonnen, Heilige – die Identitäten kippen.

Um der Kritik Hippolyte Bernheims zu begegnen, der Arc de cercle, die furchtbaren Überstreckungen und Abläufe der *grande hystérie* wären ein Kunstprodukt der Salpêtrière, sammelt Charcot Berichte ähnlicher Erscheinungen von »einst epidemisch aufgetretenen Daemoniomanien des Mittelalters«. Er findet den »großen Bogen« auf Miniaturgemälden, in florentinischen Handschriften oder in der Darstellung einer Frau am Tor der Kirche des heiligen Zeno zu Verona.[21] Auch in der *Chorea germanorum*, der Tanzwut jener Tage, in der Menschen sich bis zu Bewusstlosigkeit und tödlichem Kollaps bewegen, sieht Charcot hysterische Epidemien. Über Jahrhunderte versteht man sie als eine Besessenheit – in Italien »Tarantismus« genannt –, seuchenartig (besonders nach Pestepidemien und Hungersnöten) auftretend, von Lachen, Heulen, Brüllen begleitet; die Rasenden drehen sich wie Kreisel, springen und schütteln sich stundenlang ... Solcher Wahnsinn wird mit Exorzismen unter Anrufung des Heiligen Veit kuriert; auch das Spielen von weichen, ruhigen Harmonien soll helfen. Bächtold-Stäubli überliefert, dass die das Toben lindernden Stücke ein schnelles Tempo und viele Halbtonschritte besitzen; am besten eignen sich Hirtenschalmeien, kleine Trommeln, Saiteninstrumente, Lauten und Pfeifen.[22] Modernerweise aber wird man die *Chorea* nun mit kalten Bädern, schwefelsaurem Morphium, Chlorsilber oder Megelin'schen Pillen aus Bilsenkrautextrakt und Zinkoxyd kurieren. Auch die »Fallsüchtigen«, wie es lange Zeit hieß, die an *morbus daemonicus* Leidenden, welche sich mit den Fäusten schlagen, schreien und denen Schaum vor dem Mund steht, behandelt man in der Salpêtrière unter der Diagnose »hysteroepileptische Krankheit«. Werden seit der Antike wildes Grimassieren, ein unsteter, auch boshaft entstellter Blick, häufiges, krampfhaftes Niesen oder ein Zittern der Augenlider mit hässlichen dämonischen Einflüssen erklärt, macht Charcot ein hysterisches Symptom daraus. Andere Erscheinungen: Die »Besessenen« drehen sich wie Derwische um die eigene Achse oder versteifen sich, während sie unablässig mit dem Kopf schaukeln. Versuche eines Exorzismus (oder Simulationen eines solchen) sollen die »Sinnesdelirien« noch steigern. Vor Charcot hatte bereits Jean-Étienne Esquirol an der Salpêtrière begonnen, Wahn und Halluzination als Zeichen seelischer Störungen zu beschreiben. Einige der Kranken behaupten, dass ihre Gefühle anderen gehören, sprechen über sich in der dritten Person. Im Fall eines Dienstmädchens, die nach einer verlorenen Liebe schwört, sie sei »verdammt und dem Teufel übergeben«, welcher sich an ihrem Körper zu schaffen macht, spricht Esquirol erstmals von »Dämonomanie« – Besessenheitswahn. Die Frau leidet zudem an schmerzhaften Krämpfen verschiedener Muskeln und etlichen Tics; unaufhörlich betet sie, erneuert ihr Keuschheitsgelübde, seufzt und klagt über Stunden. Die Welt kommt ihr als Schein und Kulisse vor, während sie unter den Toten umherirrt und dann noch durchs Fegefeuer muss; sie verweigert jede Nahrung, will den Priester nicht sehen und stirbt nach Fieber und wässrigem Durchfall. Die Krankheit und ihre »Delirien« seien, schreibt Esquirol, anhaltend, verstärken sich noch von Tag zu Tag.[23]

Die Begriffe, welche Charcot für diese bizarren Anwandlungen verwendet, gehören aber weiter in eine christliche Umgebung: »ekstatische und dämonische Phase«, »Bittgebärde«, »Kreuzigung«. Über Marie Sonnet, eine Nonne, wird berichtet, dass diese in der Entrückung, aus der »geistigen Ferne«, die Hänge-Bogen-Stellung einnimmt; als man ihr einen fünfzig Pfund schweren Stein von der Zimmerdecke auf den Leib fallen lässt, verletzt sie sich nicht und verlangt nach immer größeren Gewichten.[24] Auch die an heiliger Tobsucht Leidenden, die »Konvulsionäre von Saint-Médard« (*Les Convulsionnaires*), eine Schwärmersekte, die Franz von Paris verehren und an seinem Grab mit religiösen Anfällen für Furore sorgen, sollen hysterisch Kranke sein: Unkontrolliertes Zittern der Extremitäten, im Wechsel mit hochschießenden, zerfahrenen Bewegungen und ein schäumender Mund sind die Merkmale dieser Frömmigkeitskrisen. Nach Christi Vorbild, und ohne Schmerzen zu zeigen, lassen sich an jedem Karfreitag einige Frauen, von der Menge getragen, ans Kreuz schlagen und feiern.

Für Charcot ähneln die Zeichen der Hysterie auffallend denen der Besessenheit, die er als ärztlicher Priester »beerbt« und zu kurieren versucht: Krämpfe, Raserei, Stigmata und Sensibilitätsverluste, die durch Nadelproben zu erweisen sind (wie sich auch das *Stigma diabolicum*, das Hexenmal der Teufelsbuhlen, unter den Augen der Inquisitoren als schmerzunempfindlich bezeugen musste).

»Hysteria major« – so lautet bei Charcot der Name der Krankheit, welche die visionären Mystikerinnen heimsucht. Bei einer Patientin der Salpêtrière, Madeleine Le Bouc, wird die Frage, ob die Verrückte nicht doch eine Heilige ist, noch einmal besonders laut. Sie zeigt mehrmals im Jahr die fünf Wundmale der Passion Christi, redet mit Gott und fällt in Ekstase, stößt Prophezeiungen aus, erklärt sich für tot und vollzieht ihr eigenes Begräbnisritual. In der Verzückung spürt sie einen endlosen Kuss auf ihren Lippen ... Die Süße in ihrem Mund ist berauschend, wie Honigblüten auf der Zunge. Zärtlich dringt sie in die Herzwunde des »Herrn« ein – versenkt sich in ihr. Madeleines Körper wird von Spasmen geschüttelt, wenn Gott sie mit seinen »brennenden Händen« liebkost; sie meint dann zu schweben. Als wollte sie gleich abheben, läuft die verkannte Heilige auf Zehenspitzen, als Zeichen für ihre kommende Himmelfahrt. Sie muss auch nicht mehr zur Beichte gehen, weil, sagt Madeleine, jede Sünde für sie unmöglich geworden sei. In ihren Entrückungen ist Madeleine, wie die Mystikerinnen vor ihr, in allen Zeiten unterwegs, ist zugleich Jesus, die schwangere Maria und Gott. Und sie sieht Gott in allen Gesichtern. Wenn die Pflegerinnen der Salpêtrière Madeleine während der Ekstase, im Entzücken, wenn sie außer sich, nicht ansprechbar ist, schütteln, kneifen und stechen, ihr Senfpflaster auf die Beine legen, bleibt sie regungslos, verharrt mit über der Brust gekreuzten Armen.[25] Dann wieder stammelt und schluchzt Madeleine vor sich hin, wird obszön, flucht und beginnt zu rasen. Sie sagt, sie müsse nun für die Sünden der Welt büßen. Nachdem die Ärzte

Madeleine – ist es Neid, ist es Sadismus? – aus der Ekstase vertrieben haben, landet sie in der Hölle, fühlt ihre Füße und Hände von glühenden Eisen durchbohrt, sieht, wie Menschen in Flammen aufgehen und Blut in den Bächen fließt. Madeleine beginnt, ihren Erlöser zu hassen. Ihr Gegenüber ist nun ein Gott, der seine Schöpfung nicht liebt. Die Diagnosen der Ärzte: Hysterie, alkoholbedingte Polyneuropathie, Nervenüberreizung. Als geheilt wird Madeleine erst entlassen, als sie sich nicht mehr Eins-mit-Gott fühlt, nicht mehr schweben und jubeln will, ihre Entrückungen für immer vorbei sind.[26] Könnte es sein, dass hier eine Heilige ins Irrenhaus abgeschoben wird? Was unterscheidet Madeleine Le Bouc von einer Teresa von Ávila? Und machen es sich die Ärzte in ihrer Gleichsetzung von in ihren Augen kranker Ekstase und Hysterie nicht etwas zu einfach? Sind Hexen und Heilige mehr als nur Fälle für die Anstalt?[27]

Der zeitgenössische Diskurs ist geteilt: Hypnose sei nur Show, Simulation, argumentiert eine Fraktion – die andere warnt vor Tobsucht, Delirien und Lethargie als Folgen.[28] Der Nervenarzt Emanuel Mendel stellt fest, dass diese Technik eine Neurasthenie der Kranken erheblich verschlimmere. Häufig seien dann abnorme, plötzlich hochfahrende Bewegungen, ein heftiges Hin- und Herwerfen des ganzen Körpers zu beobachten. Auch Tage anhaltende Amnesien und Schlafanfälle sollen auftreten. Wenn Suggestionen schieflaufen, schreibt Kraepelin, ist der Weg frei für den Suizid oder aber ins Verbrechen. Forel mutmaßt, dass unerlaubte Neigungen lenkbar sind, sich leicht weiter verstärken, auswachsen. Ebenso könnte eine Trance, von Laien hervorgerufen, dem Nervensystem schaden, einen hysterischen Anfall provozieren. Ähnliches befürchtet du Prel: In manchen Fällen werde eine »Magnetomanie«, ein suchtartiges Verlangen nach Suggestionen, ausgelöst. Und die Hypnose umgebe ein Geruch von Kriminellem; wenn überhaupt gehöre sie ins »psychiatrische Laboratorium«. Bernheim veranstaltet simulierte Verbrechen – befiehlt einigen Freiwilligen, sich gegenseitig zu vergiften, mit nichtgeladenen Pistolen aufeinander zu feuern und so weiter. Wilhelm Wundt nennt den hypnotischen Rapport schlicht »unethisch«, jedes moralische Empfinden werde hier ausgeschaltet. Kraft Suggestionen könnten auch Notzuchtdelikte gelingen. Spektakulär und in die breite Öffentlichkeit getragen, erscheint ein delikates Delikt, das in München verhandelt wird: Der Heilmagnetiseur Czesław Czynski aus Galizien ist angeklagt, eine »schwachsinnige Baronin«, die Freiin von Zedlitz-Neukirch, durch hypnotische Manipulation zu intimem Verkehr und einer Scheintrauung, inklusive eines fingierten Priesters, verführt zu haben. Trotz sich widersprechender Gutachten wird Czynski wegen suggerierter Liebe zu drei Jahren Gefängnis verurteilt.[29]

Für andere ist die Hypnose eine Methode, das Mittel der Wahl, menschliche Ressourcen einzulösen. Schon länger geht das Gerücht, dass diese Metamorphose des Mesmerismus[30] (den ebenso auch der Spiritismus beerbt) Übersinnliches beleben, hervorzaubern kann: Wahrträume, clairvoyante Diagnosen, Totenbett-Visionen, Trance- und Zungenreden. Im magnetischen Schlaf reisen Medien per »Fernsehen« zu von den Toten bewohnten Planeten. Magnetisiert wird selbst durch geschlossene Wände und Türen. Der Begriff »Hellsehen«, sagt Richet, kommt mit den alten Magnetiseuren, allen voran Mesmer, Puységur und du Potet, in Gebrauch.[31]

Joseph Babinski, französischer Neurologe, mutmaßt, hysterische Kontrakturen, aber auch Symptome einer Enzephalitis, seien mittels Hypnose und Magneten auf andere Körper zu übertragen. Ambroise-Auguste Liébeault findet bei Somnambulen prophetische und diagnostische Qualitäten. Pierre Gibotteau, Chefarzt der Pariser Krankenhäuser, lernt eine Patientin kennen, die in der Lage sein soll, ihr eigenes »Doppel« zu projizieren, Menschen durch Blicke zu Fall zu bringen, bei anderen absurde Ängste und Halluzinationen anzustiften.[32] Auch Schrencks Themen sind lange Zeit Gedankentransfer und gemeinsame Empfindungen der durch Rapport verbundenen Personen. Das Medium der Übertragung ist, über alle Ätherannahme hinaus, Vermutung. Fragwürdig sind auch die Versuche zur »Sinnesverlegung« (*transpositions des sens*). In tiefer Trance folgt Lina M., ein gutbürgerliches Mädchen und

Medium der Psychologischen Gesellschaft in München, Gedankenbefehlen oder liest bei verbundenen Augen, mit der Kopfhaut ihrer Stirn, beliebige Seiten eines Buches. Andere Somnambule »sehen« mit ihrem »Sonnengeflecht«, dem Bauch. Oder riechen mit der Hand, schmecken mit den Fingern. Pétetin, ein Arzt aus Lyon, berichtet von einer achtzehnjährigen Patientin, die nach einigen Nervenkrisen, während derer sie über Stunden mit wunderbarer Stimme singt, vollständig kataleptisch wird, bei gleichzeitigem Verlust des Empfindungsvermögens – mit Ausnahme des *Epigastriums*: Mit dieser Region soll sie sehen und hören und auch ihre inneren Organe schauen.[33] Magnetiseure und ihre Medien praktizieren »Psychometrie« – mittels in Briefen zugesandter Haare oder privater Gegenstände werden Krankheiten ausgemacht, Behandlungen verordnet, Rezepte geschrieben.

Noch als kleine, abschweifende Ergänzung: Psychometrische Diagnosen beinhalten Anschauungen einer sympathetischen Magie,[34] die sich im Volksaberglauben bis in die Neuzeit gerettet haben. Haare, Fingernägel, Kot, Blut, Harn, Schweiß und Speichel eines Menschen sollen weiter mit ihm verbunden sein und werden als Zaubermittel gebraucht. Dass auf den Toten gefallene Tränen das »Nachsterben« der Trauernden in Gang setzen kann, scheint dabei ähnlich gut vorstellbar. Ebenso wenig darf man die Kleider Verstorbener tragen. Der deutsche Arzt Johann Nistler will wissen, dass hierzulande in jeder größeren Stadt sich noch immer tausende Menschen mit Wachsfigurenzauber abgeben. Auch de Rochas und Papus berichten in verschieden Journalen (*Le Temps*, *Justice*, *Revue d'Hypnotisme*) von einer wieder in Mode kommenden Bildmagie – *envoûtement* –, der »Behexung« von Gegenständen, die dem Schadenzauber dienen soll.[35] Dabei können die magisch imprägnierten Zauberobjekte gewöhnlich wirken wie ein Ready-made, ein Objet trouvé – ihnen ist nicht anzusehen, ob sie »aufgeladen«, wie groß die Kräfte sind, die sie beherbergen sollen. In jedem Fall: Die Macht der Magie ist Manipulation. (Voltaire schreibt etwas nüchterner, dass Magie das Vermögen bedeutet, zu vollbringen, was die Natur, von sich aus, aus eigenem Lauf und Antrieb nicht leisten werde.) Nicht weniger lebendig bleibt der

Glaube an die wunderwirkende Kraft der Reliquien: Selbst der Staub auf Heiligengräbern wird, mit Wasser vermischt, bei Infektionen verabreicht. Besonders beliebt sind die Gliedmaßen und Schädel der Märtyrer. Als äußerst wirksam gelten seit jeher auch die päpstlichen Gekröse: Leber, Milz und Bauchspeicheldrüse. Durch *brandea* genannte Tücher als Kontaktmedien wird ihre Wunderkraft zu anderen Orten geleitet.[36] Schon das Anschauen dieser heiligen Überreste soll den Segen übertragen.

Im Gegensatz zum Enthusiasmus vieler seiner Zeitgenossen ist Freuds Verhältnis zu Hypnose und Suggestion, die er anfangs selbst anwendet und verteidigt, heikel. Hier könnte, sei zu befürchten, wie beim Verliebtsein, Hörigkeit entstehen und mehr noch: Es werde Kosmetik betrieben, nur Make-up aufgelegt, um die eigentlichen Leiden (die besser ans Licht zu bringen, aufzulösen sind) zu kaschieren. Freuds Absicht ist es, in die letzten Tiefen einer Pathologie zu leuchten. Darüber hinaus urteilt der Großmeister des Unbewussten über Okkultisten und ihre Ektoplasmen nicht gerade freundlich; so etwa heißt es kurz und lapidar: »Ich habe dem Werk von Schrenck-Notzing keine besondere Aufmerksamkeit geschenkt«.[37] Aus welchem Unbehagen kommt Freuds Affront? Meint er vielleicht, sein Lieblingsdogma, die Sexualtheorie, darf nicht von trüben Sinnzumutungen, von der »schwarzen Schlammflut« des Okkultismus überschwemmt und verwässert werden? Ist seine Bewegung noch zu jung und gefährdet, um sich auf solch fragwürdige Exkursionen einzulassen? Und müsste Freud, selbst wenn er im Religiösen einen Feind der Aufklärung sieht, nicht zugeben, dass sein Werkzeug, die Sprache, verabreicht als Seelentonikum und Abführmittel böser Erinnerungen, in der Tradition von Zauberei und Magie steht, die gläubigen Erwartungen seiner Patienten beschwört?[38] Dass Freud die Symptome seiner Patienten allesamt mit Libido und Verführung zusammenbringt, steht zu großen Teilen auf dem Boden eines magischen Denkens. Alles, was auch nur entfernt phallischen Formen ähnelt – Zigarren, Zeppeline, Pilze, Kerzen, Säulen, Schlangen –, wird von ihm in allen nur möglichen Verbindungen mit einem Phallus und seinem Gebrauch assoziiert. (So etwa steht die Nase im Traum für das männliche Glied, Schwellungen und Sekretionen ihrer Schleimhäute symbolisieren sexuelle Erregung, auch das Steigen von Treppen und Leitern.[39]) Freud geht so weit, anzunehmen, dass die Kleidung, das Verhüllen des Körpers, von der Frau erfunden wurde, um ihre Penislosigkeit zu verbergen. Herbert Silberer, einer seiner Anhänger, deutet deren »Spermatozoenträume«, in denen sie als Samenzelle in den Vaterleib zurückkehren, als »Mannheitswunsch« aufgrund ihres Penisneides.

Einigen seiner Gegner fällt auf, dass die Bewegung nach Art einer Loge aufgebaut ist; es gibt ein geheimes Komitee, mit Abraham, Ferenczi und Rank, welches die Reinheit der Lehre sichern und Abtrünnige aussondern soll. Und der Treibstoff, der alles Leben in Bewegung setzt, ist ein »Weltgeist« namens »Libido«.

Aufgeklärtes Denken in Verbindung mit dem Okkulten gerät nur allzu leicht in Gefahr zu verunglücken. Als ein Rückfall in archaische Zeiten zeigt sich das Unfassbare, Unheimliche, wenn in niemals ganz überwundenen magischen Mutmaßungen die Toten zurückkehren, Siebenmonatskinder und Wiedersäuger Unheil verheißen, wenn einem Schadenzauberei (*maleficia*) und die Behexung von Dingen ins Auge springen oder etwa der böse Blick (*malochio*) umgeht.[40] Für Freud unerfreulich ist ein Brief seines »Kronprinzen«, des späteren »Vatermörders«, in dem C. G. Jung um Erlaubnis fragt, im Namen der Psychoanalyse den »Okkultismus zu erobern« und sich »eine Zeitlang an dessen magischen Düften zu berauschen.«[41] Die Flucht ins »Paradies«, das allzu Manische ist für Freud eine nur zweifelhafte, verzehrende Freude. Auch kann dem Analytiker die Nähe zum Aberglauben, in der er sich, bei manchen Ausflügen ins Unbewusste seiner Patienten, bewegt, nicht gefallen – noch zu schwach leuchtet das Licht seiner Wissenschaft auf diesem zweifelhaften und gefährlichen Terrain.[42] Grund genug, dass Freud sich bedeckt halten möchte, Okkultes zur Privatsache macht und sich erst spät beeindruckt zeigt von Sándor Ferenczis Faible für Hellseherinnen und dessen Zutrauen, nach telepathischer Einstimmung, in »freien Assoziationen« die Absichten und Fantasien seiner Patienten zu lesen.[43] Dennoch warnt Freud seinen Schüler vor einem »übermässigem Eifer« in dieser Sache.

Vermutungen, dass Gedanken anderer, ohne ausgesprochen zu sein, aus der Ferne in uns eindringen und steuern, beunruhigen auch Freud. Seine Versicherung, es wäre ihm ein Vergnügen, einige seiner Neurotiker könnten ihm als Telepathen imponieren, möchte man kaum glauben.[44] Nicht ausgeschlossen scheint für Freud, dass Träume prophetisch werden, in die Zukunft zeigen. Wohl häufiger, nimmt er an, kehren seine Patienten die zeitliche Ordnung um: Erst findet das Ereignis statt – dann meinen sie sich zu erinnern, davon geträumt zu haben. Eigene unheilvolle Träume – in denen ein Sohn an der Front und die Frau seines ältesten Bruders in England sterben – erfüllen sich nicht.

Freud weiß, wie vermint das Gebiet des Okkulten, wie viel Sprengstoff dort gelagert ist, der, würde man sich hier unbesonnen vorwagen, leicht hochgehen, sein analytisches Haus erschüttern könnte.[45] Er will in dieser Sache nicht als Märtyrer leiden, nicht ins offene Messer laufen. Und man soll ihm nicht nachsagen, einfach verführbar zu sein. Für seinen Biografen Jones ist es schlichtweg Scham, die Freud vom Okkulten fernhält, weil der ungläubig Gewordene sich geniert, wieder auf höhere Mächte zurückzugreifen, um sich mysteriösen seelischen Vorfällen, noch ganz Unerklärlichem zu nähern.

Dass Freud durchaus auch abergläubisch ist, zeigt sein Faible für Numerologie und Zahlenspielereien.[46] Über viele Jahre fühlt er sich von der Zahl 62 verfolgt, die für ihn mehr als normal auf Transportmitteln, Rechnungen, Schecks und Ähnlichem auftaucht: Freud vermutet, dass er in genau diesem Alter sterben wird. Begeistert ist Freud dagegen von der Nummer, welche ihm die Telekommunikationsverwaltung in Wien zuteilt: A 18 17 O – beide Zahlen (umrahmt von Alpha und Omega) geben ihm ein warmes, heiteres Gefühl.[47] Nicht eben sehr vernünftig ist die Verwendung magischer Symbole – drei Kreuze als Abwehr von Unglück in Briefen an Fließ, oder der verlorene Verlobungsring wird für Freud zum Zeichen für das Abkühlen der Liebe seiner Verlobten Martha. Jones schreibt über »Opferhandlungen«, in denen Freud liebgewonnene

Dinge zerstören muss, um Unfälle abzuwenden. Er zerbricht eine alte Venusfigur aus Marmor, um die schicksalhaften Götter zu besänftigen, als seine älteste Tochter Mathilde schwer an Diphtherie erkrankt und nicht gesund werden will. Der »Magier« aus Wien nimmt wertvolle Stücke seiner Antikensammlung mit auf Reisen – als wäre mit ihnen ein Schutzzauber möglich. Möchte Freud die Religion auch verabschieden, so hält ihn doch noch der Aberglaube fest.[48]

In der Psychoanalyse bleibt Okkultes jedenfalls ein Fremdkörper und wenig anschlussfähig, ein blinder Fleck in Freuds Gesichtskreis, für das, was er wohl nicht wahrhaben, nicht sehen möchte. So zum Beispiel vergisst er auf dem Weg zu einer Wahrsagerin deren Namen und Adresse. Und er verlegt Notizen über Sitzungen, in denen ihm Patienten ganz Unbegreifliches anvertrauen, das überhaupt nur, wenn es sich in der Analyse aufdrängt, nicht beruhigen lässt, zum Thema werden darf. Im Idealfall sollte das Übersinnliche so weit analysiert werden, bis von ihm nichts weiter übrig bliebe als seine unbewussten Botschaften und jede darüber hinausgehende Bedeutung überflüssig wird.

Für Freud darf nicht Ziel sein, einfach nur in die großen, großartigen Ströme der Gefühle einzutauchen, um sich am Ende ins Ozeanische zu entgrenzen. Nicht zuletzt führt Freud seine Psychoanalyse in eine der Mystik entgegengesetzte Richtung. Sie will das Ich erhöhen und stark machen, statt es abzubauen, auszulöschen.[49] Ist nicht, fragt Freud, das Paradies für immer verloren? Und die Gefahr, dass sich der Mensch in seiner mystischen Innenschau verliert, viel zu groß? Sollte man den ewigen Säugling in uns suchen und pflegen? Freuds Version: Statt die Welt zu erkunden, ins Freie aufzubrechen, Lebensraum zu erobern, kleben die »Rückkehrer« weiter an der großen Mutter, sind in einem »uterinen« seligen Schweben gefangen, lassen sich treiben und verwöhnen; schnell geht es in den Rausch, in die Kinderstube der Selbstwerdung zurück.[50]

Was unterscheidet Freud von Schrenck und anderen Okkultisten? Am Augenscheinlichsten vielleicht: Freuds Unbewusstes produziert mit

Vorliebe Ungeheuer, Symptome, und es verabschiedet sich von romantischen Motiven, indem es – über Träume, Somnambulismus, Ekstase – die Verbindung, das Verhältnis zwischen Innenraum und Weltganzem herstellt oder, religiös gesprochen: zum Göttlichen.[51] (Romantisch ist der Gedanke, dass in der Psyche höhere, göttliche Ordnungen aufscheinen, die sich nicht nur als angsteindämmende, infantile Wunschregungen begreifen lassen.) Selbst wenn aus diesen Regionen auch Krankes hervorgehen sollte, findet Schrenck – anders als Freud und seine Anhänger – hier den Ursprung für alle schöpferischen Prozesse, die Kunst. Die dunkle Seite vergisst der Baron nicht; häufig diagnostiziert er Hysterie, als wäre gerade sie ein unverzichtbares Merkmal des Mediumismus, die Pathologie zumindest ein Pate des Paranormalen. Seine Sensitiven bedienen die ganze reiche Palette von Erregungen und Exzessen: Anfälle, Auditionen, Auren treten auf, Amnesien und Absencen, Delirien, Tics, Stupor; man sieht Synkopen, Spasmen, passagere Paresen, liest von Blutungen, Ausflüssen aller Art; die Damen schlafwandeln, würgen, erbrechen, zeigen Schwellungen, Rötungen, Stigmata, Biss- und Kratzspuren. Die Hysterie lebt von ihrer Vielfalt, der Fülle des Ausdrucks: Asymmetrie des Blicks, Strabismus, aufgeweitete Pupillen – Charcot in Paris lässt grüßen.[52] Und doch sieht Schrenck diese Entgleisungen als zweitrangig an im Vergleich zu dem, was die somnambulen Medien an neuen Welten eröffnen. Das Krankhafte ist dabei nur der »negative Ausgleich«[53] seiner anormalen, »transzendenten« Kräfte, sein Zwilling und dunkles Doppel.

# X

# Unter Diktat: »Ich werde geschrieben«

—

# Die Geister der Avantgarde

Schon der Propheten-Verein Nabis um Paul Sérusier spielt, experimentiert – mal komisch, mal ernst – mit hermetischer Praxis, magischen Manipulationen und Ritualen; man liest Papus, das *Opus Magnum*, malt Geister, Priester, Heilige, alchemistische Szenen. Das Übersinnliche ist in den Künsten des Fin de Siècle, und auch später noch, gerade in Frankreich fruchtbar. Okkultisten bauen Gerätschaften, Offenbarungsmaschinen, welche subtiler anmuten als alle Mysterien, die man mit ihrer Hilfe entschlüsselt haben will. Allein für den Betrieb, die Bedienung bräuchte es einen Eingeweihten, in dessen Händen das Konstrukt zu funktionieren versteht. Der *Archeometer* Alexandre Saint-Yves Marquis d'Alveydres[1] ist eines der vielleicht vollkommensten Exemplare dieser Art: Die Universalapparatur soll Buchstaben, Zahlen, Planeten, Farben und Noten in Harmonien verwandeln, beim Komponieren helfen, Möbel, Kirchen und Häuser, ganze Städte entwerfen. Ein kabbalistisches System aus Hebräisch, Arabisch und Chaldäisch entsteht. Saint-Yves will von einer ältesten, ersten Sprache, einem sakralen Uralphabet, dem Vattan (oder Vattanian) wissen, das ihm aus dem Astralen, von einem Brahmanen zugeflüstert worden sei. Der Maschinist des Okkulten erhebt sich zum Herrn über die Zeit, seine Erfindung soll die Geheimlehren der Antike in die Gegenwart retten. Auch verbreitet der Franzose Spekulationen über den mythischen Ort Agartha, ein unterirdisches Reich in Tibet, in dem die Lehrer der Ausersehenen leben und ihn (telepathisch) die Prinzipien der Synarchie, die Ideale eines kommenden Weltstaates, lehren. Am Ende bietet Saint-Yves' Erfindung aber mehr Rätsel als Lösungen. Der Meister, von vielen für einen Hochstapler gehalten (nicht mal sein »Marquis« im Namen sei echt, und er soll sich Frauen hypnotisch gefügig machen, mit Verjüngungsmitteln handeln), stirbt, noch bevor die Maschine ausgereift ist. Manuskripte mit Anweisungen zur Bedienung vereinfachen die Sache nicht wirklich. Auch für seine Schüler zu kompliziert, bleibt dieses wunderbare Konstrukt eine Verheißung. Gérard Encausse, genannt »Papus«,[2] Theosoph und Martinist, versucht das Ding – ein Haufen Scheiben und farbige Dreiecke auf Karton, mit Nummern und Symbolen markiert – wie eine Uhr aufzuziehen, zu starten. Der Apparat fällt um und sonst passiert weiter nichts. Nur ein Gerücht hält sich: Saint-Yves' Grabmal sei mittels seines *Archeometers* angelegt worden. Die Maschine, die Kunst produzieren sollte, wird selbst zum Kunstwerk.

Rückblickend erscheint manche Kunst aus okkulten Kreisen wie ein Irrläufer: merkwürdig unzeitgemäß – als wäre die Zukunft zu früh angekommen. In einem dieser Fälle wird das Medium Georgiana Houghton[3], wie sie glaubt, von Geistern zum automatischen Zeichnen angestiftet: Rund siebzig Erzengel, die »High Spirits« führen ihre Hand, während sie die leuchtenden Wasserfarben direkt aufs Papier bringt. Houghton ist eine »zu frühe« Abstrakte – ihre Bilder werden dominiert von wellenartig schwingender Materie, von Spiralen, die ins Kosmische zeigen. Ihre Kompositionen nennt sie »Sacred Symbolism« und möchte darin christliche Motive verbildlicht sehen (*Die Liebe Gottes*, *Der auferstandene Herr*, *Der schützende Flügel des Höchsten*, *Die Heilige Dreifaltigkeit*, *Die spirituelle Krone*). In einer ihrer Arbeiten (Ohne Titel, *Executed through the Mediumship of Harriet Charlotte Ramsey*) löst sie ein Gesicht (?), im Stil von Arnulf Rainers späteren Übermalungen, in einem Geflecht, einem Gewirr von Linien auf. Houghtons »Spirit Drawings«, die in abstrakten Formen übermittelten Botschaften, bleiben in der Londoner Kunstwelt aber weitgehend unbeachtet, unverstanden.

Noch einige Jahre früher fühlt sich Victor Hennequin,[4] ein Freund Hugos, durch die »Seele der Erde« inspiriert, empfängt »Aromen« und mittels direkter Psychografie Botschaften des Planeten – stilisierte Grafiken, gegenstandslose Formen, als Ausdruck der terrestrischen Fluida: »Garben von Sicheln«, Linien, Strahlen.

Nicht weniger seltsam: Die Schwedin Hilma af Klint[5] (schon als Teenager besucht sie Séancen, glaubt prophetisch begabt zu sein) geht, angeregt von Rudolf Steiner, mit einer Riege von Geistern an ihrer Seite (und noch vor Kandinsky), gleich mit ganzen Serien von Bildern in die

Abstraktion; zunächst überwiegen organische, später geometrische Formen mit vereinzelt eingestreuten Buchstaben, Zahlen und Symbolen. Die Sprache allein reicht nicht mehr aus, um über das Sichtbare hinaus die verschiedenen Sphären des Kosmos zu umfassen. Mit ihren Abstraktionen möchte af Klint den Blick freigeben in die astrale Welt. Dafür meint sie erst einmal alles vergessen zu müssen, was sie an der Akademie über Malerei gelernt hat. Ihre Mahatmas, die »hohen Meister«, geben die Themen vor – *Kindesalter, Evolution, Chaos, Polarität, erstes Buch Mose, Baum der Erkenntnis* – und auch die genauen Sequenzen: sieben Bilder täglich müssen entstehen, sieben Tage Pause haben zu folgen, sieben Monate insgesamt sollen die Arbeiten dauern. Die Geister skizzieren, Hilma führt aus. Sie fühlt, dass Großes mit ihr geschieht, gleitet in ein sanftes Delirium, in dem die Dinge um sie herum weich werden, schmelzen, in flüssigem Gold und Licht verschwimmen. Sie lebt anspruchslos, einfach, studiert die Bibel. Hilma weiß nicht, was sie macht und warum, betet und fastet aber, verzichtet auf Fleisch und Fleischliches, um ihre Medialität zu erhöhen, zu den Ätherebenen aufzusteigen. (Es ist nicht abwegig anzunehmen, dass af Klint ihre ungelebte Erotik in Bildern kanalisiert; in ihrer Kunst erscheint das Geschlechtliche aufgehoben im Androgynen – der himmlische Mensch ist weder Mann noch Frau.[6])

Das Zauberwort heißt »Evolution«. Es geht um nichts weniger als um den Weg des Geistes durch die Welt der Materie. (Oder anders gesagt: Ihr offenbart sich das innere Glühen, das Schwingen der Materie – der Geist.) Af Klints Bilder, angereichert mit Theosophischem und östlicher Chakren-Lehre, folgen einer strengen Systematik. So etwa steht Blau für das weibliche und Gelb für das männliche Prinzip; der Buchstabe »u« repräsentiert das Geistige, »w« die Materie und »wu« die Verschmelzung beider. Und als wollte sie kosmische Harmonien beschwören, dominieren hier Spiralen, Kreise, Schlaufen, Rosetten, Schalen. Auch bei af Klint zeigen sich, ähnlich wie bei Kupka und Kandinsky, die Körper als verfeinerte, feinste Materie, mehr und mehr flüchtig. Hilma scheut die lauten, hellen Farben nicht – Blau, Gelb und Rot heben die Stimmung ihrer Arbeiten. Dabei kennt ihre Malerei nichts Zögerliches, Tastendes – stattdessen: Kraft, Dynamik, Bewegung! Monumentale Formate mit bis zu drei mal zwei Metern Fläche füllt die Schwedin auf Anweisung. Ihr »Ausfluss« ist enorm und spätere Korrekturen braucht es nicht. Lässt Hilma anfangs ihre Hand leiten, folgt den Anweisungen ihrer Führer, nimmt sie sich später mehr Freiheiten, investiert auch eigenes Talent. Der letzte Satz in ihrem Tagebuch der Geister, kurz vor ihrem Tod, lautet: »Du hast Mysteriendienst vor dir und wirst schon bald einsehen, was von dir gefordert wird.«[7] Hilma malt nicht für die Lebenden – erst der kommende Mensch könne die Botschaften ihrer Bilder begreifen. Etwas Ruhm und Aufmerksamkeit erfährt af Klint als Pionierin der Abstraktion Jahrzehnte später: postum.

Übersinnlich-Verschrobenes und Geisterhaftes passen nicht gut ins Konzept von Modernität und Aufbruch. Auch František Kupka,[8] Spiritist und Medium, wird lange vom Kulturbetrieb ignoriert, als Jugendstilkünstler und Modezeichner abgetan. Der in Paris lebende chronische Einzelgänger lässt sich nicht auf Stile festlegen, arbeitet schon früh abstrakt, übernimmt Merkmale von Röntgenaufnahmen in die Malerei (etwa in der durchleuchteten Frau in *Plans par couleurs*). Die transparenten, materiearmen Figuren wirken wie von hinten erhellt; sein *Kosmischer Frühling*[9] zeigt die Welt aufgelöst in Licht und Strahlen, in Wellen und Wirbeln aus Wolken und Dämpfen. In *Fantaisie physiologique* sondern Hirn und Nerven fluidale Strömungen ab. Durch das Glas von Kirchenfenstern untersucht Kupka das Zusammenspiel von Rot und Blau, hin zum Violett. Er »malt« mit unsichtbaren Farben, die das Auge komplementär zu den sichtbaren hinzufügt, ergänzt; träumt davon, dass der Künstler sich über Gedankenschwingungen direkt dem Empfänger mitteilen, Bilder und Gefühle per Telepathie aussenden wird. Für Kupka ist Kunst ein Energietransfer, der unmittelbar auf das Nervensystem der anderen zielt, dem sich, richtig eingesetzt, niemand entziehen kann. Ihm genügt nicht einfach die Nachahmung der Natur: Die Kunst hat sich höheren Welten zu öffnen, im Zeichen der Erlösung zu stehen, Raum und Zeit zu überwinden. Hellseherisch sucht er die »Formen an sich«, die sich hinter den äußeren Erscheinungen verbergen. Kupkas Bilder bedeuten Bewegung ... Auf- und Abstieg, Anziehung und Abstoßung: Durch Kraftfelder kommen die Dinge in Schwung ... Seine vertikalen, zum Himmel schwebenden Flächen und Figuren stehen für die Überwindung der Materie, in der Tradition der Theosophie für den Aufstieg des Geistes. Kupka überkommen kosmische Visionen: Alles ist in ihm und er sieht sich in allem. Er hört die große Stille ... Fühlt sich von »Licht und Duft« durchdrungen, hochgewirbelt ins Unendliche oder wird als ein Satellit im Orbit der Erde kreisen, sieht Planeten vorbeiziehen ... driftet ab in den leeren Raum ...

Sehen Sensitive vom Körper ausgehende, ihn durchdringende Strahlen ... mentale Ausdünstungen, Gedankenwolken?[10] Deren Farben sollen je nach den vorherrschenden Affekten wechseln: Rot steht für sinnliche Hitze, Blau für Hingabe und Gelb ist verbunden mit logischer Schärfe; Angst hinterlässt in gezackten Linien Spuren, und Verwirbelungen kündigen eruptiv auftretende Gefühle an. Der Leib erweitert sich zu einem pulsierenden Feld – das schmutzige Braun des ihn umgebenden Lichtovals soll sich, mit wachsender Läuterung des Geistes, in immer reinere Farben aufklären. Aus Flecken, Verfärbungen der Aura, lesen Hellsichtige Störungen von Physis und Seele; männliche Hysteriker etwa zeigen einen rechtsseitigen Stich ins Violette. Dunkel bis schwarz erscheint das vom Leben Ausgezehrte, Verbrauchte. Tentakelartige Schlingen mit Widerhaken sondern sich ab bei Egomanie und Trunksucht, diffuse Wolken bei unbestimmter Liebe; auratische Wirbel begleiten, umgeben die Betenden, sichelmondförmige Absprengungen folgen auf Furcht und Schrecken. Verwandeln sich diese in Erstaunen und Ärger, werden sie scharlachrot ausgefüllt. Wie ein Duft, ein farbiges Aroma tritt der Körper aus seinen Grenzen und verbreitet sich ... Vibrationen dieser Gedankenformen sind von anderen Mental-Körpern zu empfangen; ein feinstoffliches Fluidum, ähnlich Franz Anton Mesmers »Allfluth« (»Weiss wie Licht und glänzende Funken sprühend«[11]) soll das Medium sein, in dem sich die Gefühlsbilder fortpflanzen.

Können Formen und Farben den Menschen als ungegenständliche Botschaften erreichen, das Seelenfeld aktivieren, so wie ein reiner Klang genügt, das Gemüt umzustimmen? Transportieren auch Töne, wie die Okkultisten glauben, Fluida? Während Spiegel diesen fließenden, flüchtigen und nicht sichtbaren »Stoff« ablenken, zurückwerfen? Können sie krank oder gesund machen? (Bereits Mesmer spielt auf »magnetisierten« Instrumenten, um mittels Musik seinen Kranken Krisen und Heilungen zu bringen. Und dem Aberglauben nach sollen die mit viel Moll und Dur komponierten »Geburtsmotetten« Wehen auslösend sein, während der Gesang der Antiphon *Media vita in morte sumus* Menschen bald dem Tod übergibt.[12])

Materie zerstäubt in flüchtige Partikel, in Schwärme von Atomen und Teilchen. Unfigürliche Farbspiele sind die Sprache des Geistigen. Sujets verblassen – statt Inhalten werden Energien losgelassen, übertragen. Der »große Atem«, die theosophische Idee eines unentwegt pulsierenden Kosmos infiziert auch die Avantgarde. Besonders Kandinsky[13] ist sensibel für dieses neue Sehen, und seine Bilder sollen der Schlüssel sein, um alle anderen Bilder lesen zu können. Mit seinen abstrakten Formen und Farben, ihren Kombinationen, führt er neue allgemeine Kriterien des Vergleichs ein, die für alle Bilder aller Zeiten anzuwenden sind. Kandinsky selbst ruft sich aus zum Propheten des Mediums Malerei, um in deren Namen zu sprechen. Nur wer die Sprache der Formen und Farben offenlegen und übersetzen kann, ist berufen, die Wahrheit der Bilder zu verkünden. Er macht sich zum Botschafter, zum Medium des Mediums, das über allen anderen Malern und Zeiten steht. Gefragt sind feinste, noch namenlose Empfindungen – Kandinsky sieht sich an einer Epochenschwelle, nach der die Kunst von Geist zu Geist sprechen kann; jetzt erst, sagt er, werde das Tier zum Menschen. Die Abstraktion soll den Nervenbahnen ermöglichen, sich zu unbekannten Verbindungen freizuschalten, durch die sich die Welt in neuen Mustern zu erkennen gibt. Sicher nicht unwichtig: Kandinskys Fähigkeit zu farbigem Hören, das heißt, Töne werden mit den Augen gesehen – *audition colorée*. Musik wird zu Bildern im Raum. Neben der Theosophie öffnen auch die Arbeiten der Malmedien und das automatische Schreiben Kandinskys Weg in die Abstraktion. Sein Buch *Über das Geistige in der Kunst* habe sich, sagt der Russe, mit ihm als Medium, von selbst geschrieben.

Wohl nicht viel weniger empfänglich zeigt sich Malewitsch[14] für Madame Blavatskys Lehren, will die Enge und Schwere der Materie hinter sich lassen. Wer allein nur die grobe, physische Welt kennt, bleibe blind; das sehende Auge aber zeige das Pulsieren des Geistes. Auch andere Avantgardisten sind Anhänger okkulter Lehren. Mondrian sucht die Versenkung im Universellen, ein Aufgehen im Brahman, sucht die heiligen Formeln des Gestalt- (*arupa*) und Eigenschaftslosen (*nirguna*), Unerkennbaren (*acintya*). (Rudolf Steiner regt ihn an, welkende Chrysanthemen zu malen, um über das blühende Leben zu meditieren.) Paul Klee (»Meine Hand: ganz Werkzeug eines fremden Willens«) meint ähnlich den Kindern und Verrückten ins Reich der Ungeborenen und Toten schauen zu können; er ruft aus Mythen und Sagen fragwürdige Wesen auf den Plan: Chimären, Dämonen, Erdgeister, Hexen, Elfen. (Nebenbei: Seine *Spiritistischen Möbel*, eine Zeichnung mit sich schief stellenden, selbst verrückenden Tischen und Stühlen, sind ein ironischer Kommentar Klees zu den auch in Künstlerkreisen beliebten Séancen.) Franz Marc will mit dem zweiten Gesicht das Unzeitliche, die wahre Form der Welt erkennen, und auch das Geisterreich schauen.[15] Noch an der Front glaubt er unter dem Donner der schweren Geschütze Mystisches zu erfahren und tieferen Wahrheiten entgegenzusehen. Marc feiert die Artilleriefeuer wie eine Zeremonie. Und Egon Schiele überwältigen Visionen eines vibrierenden, »astralischen Lichtes«, sieht sich aus »rätselhaften Substanzen«[16] zusammengesetzt, die, im ewigen Werden begriffen, sich immer neu komponieren, verfeinern, wieder verflüchtigen. Alles nur irgendwie Immaterielle steht hier hoch im Kurs. Die Kunst ist jetzt das Medium religiöser Erfahrung.[17]

Um alle Sphären als Einheit zu fassen, müssen dem neuen Menschen auch neue, geistige Organe wachsen. Die Schulung der visionären Kräfte soll den Umkreis des Sichtbaren erweitern und ihr Ausblick

Hellseherei sein. Wie die fotografische Platte eigne sich auch der Mensch als Aufzeichnungsgerät für eine unsichtbare Natur. In der futuristischen Malerei erscheinen Strahlungen, Kraftlinien, Astralprojektionen, Schattenspiele, Klangwellen. Körper lösen sich auf in Strömen und Wirbeln aus Licht. Man lässt sich vom Okkulten begeistern, mitreißen, geht zu Séancen und starrt auf die Ektoplasmen der Medien wie auf Offenbarungen.

Der Futurismus fordert: Fürchte nichts – übertrumpfe mit kühnen Gedanken die Logik eines kleinmütigen Lebens. Lass den Traum über die Zeit regieren. Wir alle können Kinder des Neuen sein. »Wir trinken schon aus den Quellwassern der Sonne.«[18] Die Futuristen stehen in der Tradition der »linkshändigen Wege«,[19] wollen niemanden im Leben über sich dulden und der Welt ihren Willen aufdrängen, vor allem: sie neu erschaffen. Marinetti[20] und Boccioni beschwören in hochgestimmten, prophetischen Manifesten das plastische Vermögen der Wünsche und Träume, die sich ausdehnen, den Raum erobern, Gestalt werden. Materialisationen sind die sichtbaren Manifestationen einer unsichtbaren Schöpferkraft. »Wir werden etwas erschaffen, das dem gleicht, was der Physiologe Richet heteroplastisch oder ideoplastisch nennt. Das biologische Rätsel der mediumistischen Materialisation ist für uns eine Gewissheit.«[21] Um mit dem Pathos, dem Furor der Futuristen zu sprechen: Sollte Gott auch tot sein, übernimmt der Mensch sein Erbe, wird selbst ein Gott, erschafft die Welt mit einem Augenaufschlag und lässt sie, wenn er will, so leicht und schnell auch wieder vergehen. Und weil der Mensch ein Gott ist, gibt es keine Grenzen für ihn, heißt existieren sich zu überschreiten – würden ihm, wenn er nur wollte (aus dem Fleisch heraus) Flügel, ektoplasmatische Schwingen wachsen. (Wer keinen Boden mehr unter den Füßen hat, muss eben fliegen!) In seinen Metamorphosen schwingt er sich auf, von Form zu Form, und macht sich zu dem, was er sein will. (Eine skurrile Fußnote der Geschichte: Dass Boccioni, der die Individuen, die fortschrittlichsten unter ihnen, fliegen sehen will, bei Verona vom Pferd fällt und stirbt, ist nicht ohne Komik.) Ebenso wird sich der Mensch in Maschinen verwandeln. Andererseits: In den Motoren aus Gusseisen und Stahl, weiß Marinetti, findet sich ein Wille, eine Seele. Und diesem Übermenschen, allen Göttern ähnlich, gehört die Zukunft. Nichts weniger als das Weltall wollen die Futuristen erobern. Alles ist Rhythmus, Kraft, Pulsieren, Beschleunigung. Alles ist Steigerung, Aufstieg ins Riesenhafte, Chaotische, Himmelwärtsferne. Der Mensch der Tat, mit seinen okkulten Kräften, ignoriert die Vergangenheit und wirft sich nach vorn – stürzt sich ins Licht: ins Herz der Sonne ...

Und dann natürlich die Surrealisten: Sie machen mehr als nur Anleihen beim Okkulten. Breton findet hier einen starken Impuls für seine Bewegung. Spiritistisches aber lehnt er ab. Die Meldungen aus dem Jenseits findet Breton allesamt wie in der Schule: mit viel zu viel Emphase aufgesagt und in ihrer Naivität kaum zu ertragen. Die Toten und die Lebenden haben nichts miteinander zu schaffen, teilen keine gemeinsame Welt.[22] Was unerklärlich bleibt, wird von ihm als das »Wunderbare« hingenommen, ein Wunderbares, das aber aus dem Alltäglichen geboren wird.

Die Sprache, von Sinn und Grammatik befreit, darf dem Zufall und Augenblick überlassen werden. In einem *État de rêve* kann der Ausdruck eines reinen Geistes zum Vorschein kommen, können sich auf weißem Papier, dem »Jungfernpergament«[23], wie von selbst die Worte anordnen, verbinden. Bretons *écriture automatique* ist ein Denkdiktat »ohne jede Kontrolle der Vernunft«, wie es im Halbschlaf, an der Grenze zum Traum einsetzen kann, dessen Nähe zur Kunst des Kühehütens und zum Bogenschießen im Zen er feststellt.[24] (Suzuki spricht von der »nichtgekonnten« oder »kunstlosen Kunst«, die aus dem Sich-selbst-Vergessen kommt – die, die Grenzen des Ichs überschreitend, den Pfeil wie absichtslos sein Ziel treffen lässt ... in der das Ich, der Bogen, der Pfeil, das Ziel sich ineinander auflösen.)

Wenn sich die Medien dem Drang des Schreibenmüssens hingeben: Man schreibt direkt oder mittels Planchette und Spiritoskop, einem

Tischchen mit im Halbkreis angeordnetem Alphabet und drehbarem hölzernen Zeiger. (Es heißt, dass sich die fluidalen Ströme der Hand über die Bewegung des Apparates in Botschaften umwandeln). In der *Sphinx* zitiert Carl du Prel aus der Autobiografie der mystischen Schwärmerin Madame de la Mothe Guyon, die ihr Schreiben vergleicht mit einem Überschuss an Sekret in den Milchdrüsen, einer schmerzhaft vollen Blase, deren Druck nicht zu widerstehen ist. Und so schreibt sie gegen ihren Willen, schreibt, bis sie leer ist, ohne zu wissen was, und kann dem inneren Diktat kaum folgen. Es fließe einfach aus ihr heraus ... nie habe sie sich wehren können, nie eine Wahl gehabt. Sie fühle sich, sagt die Guyon, nachdem sie schrieb, was sie schreiben musste, immer erleichtert. Das Medium funktioniert ohne zu fragen, ohne Zögern, ohne sich einzumischen, und notiert Sätze, deren Sinn ihm erst im Nachhinein aufgeht.[25] Für Breton sind diese »inneren Worte« zu hören, wie von einem unsichtbaren Kind zugeflüstert, oder als ein »Murmeln«, als hätten sich aus der Ferne Stimmen mit den Geräuschen fließenden Wassers gemischt.

Aufs Geratewohl, aus der eigenen »Ferne«, beginnt Gertrude Stein zu schreiben, während man ihr seltsame Geschichten vorliest, sie sich ablenken lässt, raucht und plaudert, ohne zu wissen, was unter ihrer Hand, der sie folgt, in elliptischen Bewegungen entsteht. Oft schreibt sie, ohne zu wissen, dass sie überhaupt schreibt; scheinbar absichtslos bewegt sich ihr Arm, geht der Bleistift von allein übers Papier. Zwischendurch gibt es einige klare Gedanken, die wie Blitze in die Selbstvergessenheit leuchten. Mit der Zeit läuft die Hand immer schneller über den Tisch, überschlägt sich. Die Worte werden unlesbar. Stein erprobt eine Methode, die sie später auch in *Three Lives* und *The Making of Americans* anwenden wird; hier findet man eine Vorwegnahme ihres späteren Prosastils.[26] Bei diesem spontanen Schreiben ist offensichtlich, dass die Worte sich von ihrem Klang und weniger von einem Sinn her aneinanderreihen, ordnen. Für Gertrude Stein sind diese »motor automatisms« nicht notwendig Anzeichen einer Krankheit als vielmehr Aspekte eines Charakters, die sich sonst eher selten zeigen.

Einige Tage nach der Hochzeit beginnt Georgie, die Frau von William Butler Yeats, automatisch zu schreiben. Ein unbekannter Autor meldet sich mit der Botschaft, den beiden »Metaphern für die Dichtkunst mitzuteilen«,[27] und »schickt« zunächst einige Bemerkungen zu dem von Yeats gerade veröffentlichten *Per Amica Silentia Lunae.* Bald darauf beginnt Georgie im Schlaf zu sprechen. Yeats stellt Fragen – die »Übermittler« (sie wechseln häufiger) antworten. Er erhält aber immer nur Fragmente, die sich ihm erst nach Jahren zu einem Ganzen, Sinnvollen fügen. Dazu kommt ein System von geometrischen Symbolen, welches später in die Mitschrift eingebaut wird. Yeats vermutet eine »Kommunion der Lebenden und der Toten« (oder sind diese, fragt er sich im Zweifel, vielleicht doch »die *dramatis personae* unserer Träume«?[28]). Die Unbekannten verbieten ihm, Philosophisches zu lesen, bis ihre Ausführungen vollständig seien. Yeats kennt sich nur etwas in der Mystik, ein wenig mit Blake, Swedenborg, Böhme und der Kabbala aus. Oft hört er eine nicht zu verortende Stimme, die Einspruch gegen einen Satz erhebt. Mysteriös ist auch, dass sich nicht selten »Störer« in die Mitteilungen einmischen: Diese werden dann »rührselig oder aber verworren«; manchmal muss die Arbeit von ganzen Tagen vernichtet werden. Ein wunderbares Modell des Seelenzustandes nach dem Tod, das wie auf einer Drehspindel gewendet werden kann, wird einfach wieder verworfen.

Seltsame Zeichen drängen sich William und Georgie Yeats auf: Ein »warmer Atem« kommt über mehrere Nächte immer vom Ende derselben Straße, und in ihrer Wohnung fährt ein Leuchten zwischen Sessel und Tisch. Vasen und Blumen verrücken sich, wie von Geisterhand bewegt. Und ein mehr als unangenehmes »Pfeifen« (als Ankündigung, dass die »Übermittler« jetzt nah sind) erschreckt die Dienstboten. Sie hören drei, vier Noten von einer unsichtbaren Flöte gespielt. Es duftet nach Weihrauch und Rosen.[29] Wird Yeats krank, liegt der Geruch von harzigem Holz im Raum. Und es riecht nach Katze und Exkrementen, wenn sich ein Wesen nähert, das vertrieben werden muss. Eine »ohnmächtige mittelalterliche Angst vor der Hexerei«[30] befällt ihn: Phantome schreiten zur Geburt ihres Sohnes, nach der Mode des sechzehnten Jahrhunderts gekleidet, durchs Zimmer. Nicht weniger bedrohlich: Schwarze Vögel hocken auf Vitrinen und Schränken.

Die »Übermittler« melden sich, schreibt Yeats, über Jahre, sie dulden keine Fehler – erörtern Details, korrigieren Grammatik und Begriffe. (Zuweilen können sie prophetisch werden, Ereignisse voraussagen, ohne aber den genauen Zeitpunkt zu kennen.) Die Seele soll, sagen Yeats Geister, vom Wachen über das Träumen zum traumlosen Schlaf, zuletzt mit den »seligen Toten vereint«, in das reine Licht eintreten, einen zeitlosen »Sternenleib« anlegen.

Seltsame Gespanne bilden sich: Eine Intelligenz schreibt Verse auf Mittelhochdeutsch, mit Mengen von lateinischen Zitaten, während ihr Medium nur Elsässer Dialekt und Französisch spricht. Mischt sich der Zufluss der Sprache aus scheinbar verschiedenen Quellen, wird die Zuordnung der Autorschaft noch fragwürdiger, schwierig. Clara Eysell-Kilburger, die Frau des Lyrikers Victor Blüthgen, fühlt sich von der Entität »Otto« geleitet, wenngleich, zwar umformuliert, in ihren Texten eigene Inhalte doch mit dabei sind: »Entweder habe ich unter dem Einfluss einer so starken Inspiration geschrieben, oder ich bin dermaßen anders geworden, daß ich meine Art vollkommen verleugne ... Ich weiß es selbst nicht.«[31] Clara erschrickt über den männlichen Ton, den virilen Eifer der ihr diktierten Texte. Auch bei ihr wird das Schreiben zum Ausdruck der selbsttätigen, dem Verstehen vorauseilenden Hand. (Stockend, sich vortastende, leicht verzitterte Linien werden schnell klarer, schwungvoller, kräftiger.) Auch sie glaubt nicht aufhalten zu können, was an Worten aus ihrem Innern nach außen drängt.

In diesen Zeiten sind nicht wenige Geschichten über den andauernden Schreibfluss verstorbener Schriftsteller im Umlauf: Durch den Handwerker T. P. James, aus Brattleboro, Vermont, so hat es den Anschein, vollendet der tote Charles Dickens seine Novelle *The Mystery of Edwin Drood* – stilistisch und dramaturgisch geschlossen, passend zum bereits Vorhandenen, werden die fehlenden Passagen durchgegeben.

Mit sechzig bis siebzig Worten in der Minute meldet sich Oscar Wilde aus dem Jenseits – die Medienschaft der Hester Travers Smith, automatisches Schreiben und das Ouija-Board machen es möglich.[32] Wilde meint zu wissen, dass, in einer Umkehrung der Verhältnisse, die »Discarnierten« Studien mit den Lebenden betreiben – warum auch immer. Mrs Smith muss dazu die ganze geballte Bitterkeit verkraften, mit der der Tote sie infiltriert, und schreibt seit der ersten Durchgabe in der Handschrift des Dichters. (Das »T« ist mit Querstrichen versehen, zuweilen wird ein griechisches α verwendet; es gibt eigentümliche Trennungen von Wörtern, zum Beispiel »d-eath« oder »vin-tage« und weite Abstände zwischen gewissen Buchstaben.) Wildes Brillanz ist vielleicht deshalb nicht mehr so rein und kraftvoll wie früher, weil, vermutet der Dichter, sich der zwischengeschaltete Kanal, sein Medium, mit einmischt. Seine Botschaften diktiert er mit einigem Tempo; in weniger als einer Stunde entsteht ein Essay über die Novellen von H. G. Wells, Arnold Bennett und Eden Phillpotts. Wilde übermittelt seinem Medium auch ein Traktat über die S. P. R., diese »Gesellschaft der großartigen Zweifler«. Lebende Kollegen macht er nieder, spottet, polemisiert. Nur wenig hält der tote Wilde von James Joyce und seinem Ulysses: »I have smeared my fingers with that vast work … It is a singular matter that a countryman of mine should have produced this great bulk of filth … It gives me the impression of having been written in a severe fit of nausea. Shame upon Joyce, shame on his work, shame on his lying soul.«[33] Joyce wiederum zeigt sich beeindruckt (oder amüsiert) von Wildes Tiraden aus dem Jenseits und baut Teile davon in *Finnegans Wake* ein.

Wilde – wie ihn Mrs Smith zu empfangen meint – ist weiter auf Skandalkurs, echauffiert sich, dass auch das Leben der Toten, das Jenseits so paradiesisch und lustig nicht sei: eine »Kloake der Seelen« und monoton wie im Strafvollzug, mit wenig Licht und blassen Farben. »Being dead is the most boring experience in life.«[34] Wilde erlebt das Grauen einer Leere, die durch nichts zu füllen ist. Ihm fehle, schreibt er, die Form, mehr fluidal als fest fließe er vor sich hin und fände keinen Halt. Die Seele ohne einen Körper sei wie eine Flüssigkeit, die durch den Raum hin und her schwappt, und doch ist es kein Ort, vielmehr ein Zustand, in dem er eingeschlossen, gefangen ist.

Was Wilde den Lebenden mittels Frau Smith – er nennt sie sein »Instrument« – mitteilt, ist zum Fürchten: Das Leiden geht weiter, will einfach nicht enden … beginnt endlos von Neuem. Vom Diesseits zum Jenseits, von einer Hölle zur nächsten geht es – sein Entsetzen hört nicht auf.[35] In dieser astralen Einsamkeit gibt es für ihn kein Entkommen, kein Vergessen. Geborgensein findet Wilde nur im eigenen Unglück. Er kann nicht die Augen schließen, nicht schlafen, nicht träumen. Die Figuren seines Lebens verblassen, verlieren ihre Gesichter. Wilde hat Hunger nach Farben, nach Gerüchen, Gesellschaft, nach Lärm und Musik. Alles verschwimmt zu Grau. Alle Tage sind ihm gleich: totale Eintönigkeit. Endlose Tortur des Wartens, dass etwas geschieht. Eingesperrt in eine trostlose Stille und Monotonie, gibt es keinen Ort, wohin er flüchten könnte, kein »Oben«, kein »Unten«, keine Richtung, keine Orientierung. Für Wilde ist es, notiert sein Medium Smith, als hätte die Zeit aufgehört zu existieren, als gäbe es keinen Takt, kein Maß, keine Zäsur. Da treibt er also durch eine Zwischenwelt, allein, mit niemandem sonst um sich, und verbrennt im Fegefeuer der Langeweile.

Geradezu überzeugt ist Rilke, Geister hätten ihm die erste und zweite der *Duineser Elegien* eingegeben. Als habe er, wie Johannes auf Patmos, kniend, mit beiden Händen, nach links und rechts geschrieben, so wie Mystiker die göttlichen Diktate empfangen. »Ich werde geschrieben«, notiert der Dichter, wenn Fremdes in ihm aufsteigt, sich Erinnerungen melden, die nicht ihm gehören, nicht seine sind.[36] Rilke schreibt vom »Sturm des Ergriffenseins«,[37] ähnlich einem Schiff, das, von solcher Macht immerzu fortgetrieben, durch tiefe Wasser und Weiten muss. Auch innerhalb eines Gedichtes, so hört es sich für ihn an, wechseln die Stimmen, die sich mitteilen wollen.

Rilke und die Geister: Während Séancen auf Schloss Duino (als Medium an der Planchette sitzt meistens »Pascha«, Sohn der von Thurn und Taxis) vermutet sich der Dichter in der Gegenwart Verstorbener. Mit einem Spirit, »die Unbekannte« genannt, verabredet Rilke eine Reise nach Toledo und Ronda, um sich dort durch die Stadt an besondere, an magische Orte leiten zu lassen, sein Schreiben wieder in Schwung zu bringen. Die Tote in Mädchengestalt zeichnet die Wege vor, die er gehen soll, um einander in der Fremde zu treffen. (In einer der Duineser Séancen bekommt der Dichter den Namen des toten Fräuleins zu hören – Rosemonde Trairieu – und fährt bald darauf nach Bayonne, um ihr Grab zu suchen.) Rilke erhält aus dem Jenseits Botschaften, die ihn aufrufen zu »singen«, seiner Berufung zu folgen, der Sprache zu dienen. Dabei sind die Geister, die sich melden, gebildet und antworten poetisch, wenn auch vage, auf alle Fragen.

Während einige Sensitive, die er besucht, in ihm ein feines Fluidum in Bewegung sehen, hält sich der Dichter medial für wenig brauchbar, aber doch durchlässig genug für die »heimatlosen Kräfte« um ihn herum, deren Anwesenheit und Einfluss nie enden. Solange diese Gestalten der Gegenwelt reden, muss man ihnen, sagt Rilke, zuhören. Auf Schloss Berg am Irchel wird Rilke, ohne dass er dagegen ankommt, die Hand zu Versen geführt (*Aus dem Nachlaß des Grafen C.W.*), in denen er sich, seine Art zu schreiben, nicht mehr erkennt. In diesen Tagen soll ein Toter der Autor diverser Texte sein, der Rilke, ohne dass dieser ablehnen könnte, als Sekretär seiner Absichten und Wünsche anstellt. Es dränge dann aus ihm heraus, ohne dass er suchen, die richtigen Worte, einen Sinn finden müsste.[38] Bei einem der Gedichte (*In Karnak wars*), das automatisch, im Auftrag, entsteht, kommt ein bisschen Neid auf, es nicht selbst geschrieben zu haben. Ob und welche Geister sich einmischen, ihn nun angehen oder nicht: Für Rilke zählt bei solchen Eingebungen allein die literarische Form. Was in der Sprache gelingt, braucht sich nicht weiter zu rechtfertigen oder nach dem Autor zu fragen.

Mehrfach moniert Rilke, dass die meisten Menschen für die Frequenzen, auf denen das Jenseits sich mitteilen möchte, taub seien und ihre Leben um so vieles ärmer werden, geht das »Unerhörte« im Lärm des Alltäglichen unter. Dann kommen die vergessenen Geister auf Umwegen, aufs Unangenehmste vielleicht, ins Leben der Menschen zurück, ähnlich wie ein in die Tiefen der Seele abgeschobenes Trauma sich wieder melden und zeigen wird. Niemand kann sich, glaubt der Dichter, ihrem Einfluss entziehen; er werde den Geistern, die sich nicht abweisen lassen und Wichtiges zu sagen haben, Rede und Antwort stehen. (So fühlt Rilke eine »stumme Schwerkraft«, eine unheimliche Stille und Unruhe, als die Gegenwart einer verstorbenen Freundin.)

Der Dichter will staunen, sich erschüttern lassen, »ernst und ehrfürchtig« tritt er seinen Dienst an, unterwirft sich den mitteilenden Kräften. »In einem einzigen atemlosen Gehorchen«[39] schreibt Rilke in nur wenigen Tagen seine *Sonette an Orpheus*, ohne dass er hätte eingreifen, umformen müssen, ohne ein Zögern, ohne die Spur eines Zweifels. (Seine Werke sind voll von Toten, welche die Lebenden umschweben. In seinen *Aufzeichnungen des Malte Laurids Brigge* finden sich viele Anspielungen auf die Verstorbenen um uns herum, die uns Worte in den Mund legen und beim Schreiben die Hand übernehmen.) Allerdings regt sich bei Rilke ein gutes Maß an Besonnenheit, wenn er die so übermittelten Texte zu verstehen und zu formen beginnt; ihre letzte Bestimmung finden die geführte Hand und das Ergriffensein wohl erst in der poetischen Überarbeitung.[40]

Für den, der noch hören kann, dessen Sinne noch mitspielen: Dieses Raunen, das durch den Äther geht ... die Gerüche im Zimmer, die sich nicht benennen, nicht zuordnen lassen ... und diese flüchtigen Verdunklungen, wie zarte Schatten über das Licht geworfen ... die Spuren eines heimlichen Atems, an die Scheiben der Fenster gehaucht. Ganz plötzlich stehen Gestalten im Raum, schweben, versinken im Boden oder laufen gegen die Wände, lösen sich im Muster der Tapeten auf. Als wären die Toten hier und unter uns: Rilke fragt sich, wie sehr die umherirrenden Heimatlosen ihm in Worten und Eingebungen nah sind und folgen, ihn bedrängen. (Anders sehen zu können, könnte eben auch bedeuten, einer namenlosen Furcht zu begegnen.) Er sieht sich unterwegs in Träumen, die aus der Dämmerung herüberziehen in den Tag, ohne ganz wirklich zu werden, wie kurz vor einem Erwachen, das sich immer weiter hinausschiebt.

Irren wir nicht umher, im Schatten von Göttern und Dämonen, für die wir nur Insekten sind, Eintagsfliegen ihrer Schöpfung?[41] Auch Fernando Pessoa experimentiert mit *écriture automatique* und kann sich leicht vorstellen, wie »höhere Wesen« aus höheren Welten sich mit ihm verbinden. Gezwungenermaßen schreibe er dann, manchmal auch freiwillig, selten aber verständlich. Ziffern tauchen auf, Symbole der Kabbala und Freimaurerei entstehen aus schnell hingeworfenen Linien; Kritzeleien verbinden sich mit Schicksalen und Ereignissen. Mit »Henry More. Frat RC« unterzeichnet ein Rosenkreuz-Bruder manche Diktate, fordert den Dichter auf, doch bitte die Autoerotik sein zu lassen, nicht länger zu masturbieren und sich besser eine Frau zu besorgen, warnt vor astralen Verschwörungen und Geistern, die in die Körper der Lebenden, zurück in die Welt wollen. More schreibt – durch Pessoa, sein Medium – von der Vorsehung, von der Schwäche der Menschen und endet mit den Worten: »Was man sein muß, hat man zu sein«.[42] Pessoa gelingen »ätherische Visionen«: »In einem glücklichen Augenblick« sieht er »die Rippen eines Individuums durch Anzug und Haut hindurch«[43], als würde ihm bei geöffnetem Brustkorb, in den Glutfarben von Ikonen, das Herz entgegenschlagen. Er sieht den Glanz seiner Aura im Spiegel, fühlt sich in der Nacht einem anderen Wesen zugehörig, welches ihm ohne sein Zutun die Arme bewegt. Dabei schreibt er an Dona Nogueira, seine Tante mütterlicherseits, er sei keineswegs krank oder verwirrt, vielmehr im Gleichgewicht wie noch nie.

In seinem berühmten Brief an Adolfo Casais Monteiro[44] spricht er über die Gefahren des magischen Weges, über seinen Glauben an Mystik und Alchemie. Pessoa, der große Müde, Leidenschaftslose, wird nicht müde werden, sich mit Okkultem zu umgeben, Horoskope zu stellen: für die Lebenden, für die Toten, für seine Phantome. Er wird weiter Theosophen und Freimaurer lesen und sich einige Male als Medium erfahren; den Selbstmord seines Freundes Mário de Sá-Carneiro in Paris (durch nicht weniger als fünf Fläschchen Strychnin!) kann er »telepathisch mitfühlen«. (Nebenbei: Was dem Dichter aber aufstößt, ist, dass die Männer der Geheimgesellschaften, die selbsternannten Magier und Demiurgen zwar Geister und Dämonen beherrschen, meist jedoch nicht die Grammatik, die Farbe, den Rhythmus der Sprache. Es mangelt ihnen, schreibt Pessoa, an der Eleganz des Ausdrucks, an der Klarheit der Worte. Und wer nicht mit der Sprache zaubert, verdient nicht gehört zu werden, uns die Mysterien mitzuteilen. Auch fehlen den »heiligen Anhängern des Okkulten« Ironie und jeder Sinn fürs Absurde.)

An gewissen Tagen erlebt sich der Dichter »als Eigentum irgendeines anderen Dings«[45], als Marionette, glaubt an von ferner Hand gespielten Fäden zu hängen, findet sich eingesperrt in fremde Schicksale. Pessoa schaut in den Spiegel und sieht das Gesicht eines Unbekannten.

Und wieder die Frage nach dem Autor. Pessoa empfindet sich als Plural, fühlt sich mehrfach, abwechselnd als ein anderer, ohne zu wissen, wer er ist. Und weil Pessoa nicht weiß, wer er ist, sich in vielen Masken erkennt, in vielen Gesichtern, wird er erfinden, was er meint zu fühlen. Pessoa versucht zu verstehen: Darf sein Ich einfach so abdanken, um kaum mehr als ein Schatten, nicht nur wie im Traum eines anderen unterwegs zu sein? Manche Schriften, sagt der Dichter, stammen von »Autoren außerhalb seiner Person«; Tag für Tag sitze er viele Stunden, um Empfindungen und Träume zu notieren, die nicht seine, nicht von ihm sind. Als das »Medium von Gestalten«, die er selbst erschafft, schreibe er »unter Diktat«[46] und maße sich dabei nicht an, Kritiker zu sein oder Zensor.

Über Pessoa tauschen sie auch untereinander ihre Botschaften aus. Der Dichter wechselt die Handschrift, je nachdem, wer sich gerade in ihm regt, sich mitteilen möchte, wird aber stets wissen, welche Eingebungen ihm als Pessoa und welche ihm als den »Anderen« gehören. Seine Heteronyme (so nennt er die Personen, als deren Medium er sich anbietet) animiert Pessoa mit Gebärden, Gesichtern, mit Gemütszuständen und Lebensläufen. Sie emigrieren nach Brasilien, landen in der Anstalt, begehen Selbstmord, experimentieren mit Rauschgiften und

Pessoa-Faksmile, circa 1916.

»Want me to / in the astral spectrum // Many men are necessary to your success. / No. Álvaro de Campos is an artificial elemental in a mortal. / Condition. / No guess. No more. // George Henry Morse. // No more.«

138-48



Pessoa-Faksmile, circa 1916.

»Yes. She is put on to you by an asassin. / who will be one. / no she is not many more / yes. no. / no. yes. // to make / you / go mad the word // woman // You make her nomonastic man. // Yes. Man who does not make love to her. / Not not really hate but just worry her. / How many more men does she like? She is a whore.«

sterben elend an Tuberkulose[47]; Pessoa selbst fällt bei fortschreitender Zirrhose seiner Leber ins Delirium und später ins Koma, aus dem er nicht mehr erwacht. (Sein Horoskop zeigt, wie schlecht es um ihn steht, wie wenig Zeit bleiben wird und dass er sich antreiben, beeilen muss, um noch einige Arbeiten zu beenden.)

Ein merkwürdiges Detail: Weitere, um Höhen und Tiefen seines Ichs verringerte Versionen – Halbheteronyme –, ihm ähnliche, aber reduzierte Charaktere, melden sich, schreiben, wenn der Dichter erschöpft ist, seine Hemmungen aber schwächer, die Assoziationen freier werden. So wird Pessoa den Hilfsbuchhalter Bernardo Soares, der das *Buch der Unruhe* verfasst – per erfundener Biografie –, seinen eigenen Lebensumständen anpassen: Beide arbeiten in Handelshäusern, in der Baixa, der Unterstadt Lissabons, wohnen in möblierten Zimmern und vegetieren durch einen glanzlosen Alltag. Zwei kleine Angestellte, die sich in ihr Schicksal fügen, tagtäglich viele Stunden im Büro an einem Schreibtisch zu sitzen. Soares und Pessoa ziehen Bilanz, notieren ihre Verluste, rechnen hoch, was ihnen am Ende bleibt: reichlich Illusionen, die sich erledigt haben. Schreibt António Botto, ein Freund des Schriftstellers, in seinen *Canções*: »Tenho saudades da vida!«[48], so sehnen sich Soares und Pessoa danach, ihr Leben nicht leben zu müssen. Den Verzicht feiern und nicht den Zugewinn – ist das die stärkste Medizin gegen Fehlschläge und Schmerzen? Als sammelten sie allein die vagen, verschwommenen, belanglosen oder die aus einer traurigen Trägheit geborenen Augenblicke, deren Summe ihr Leben sein soll. Schon eine Aufregung, etwas zu viel Adrenalin im Blut, eine kleine Überdosis Leben wären für Soares und Pessoa der sichere Tod. Sie essen ohne Appetit, trinken ohne Durst, möchten das Leben verschlafen, ohne nur einmal aufzuwachen. Sie nehmen die Langeweile hin, wählen das Banale, das ereignislose Leben. (Dabei fürchtet Pessoa, dass vielleicht doch, ganz plötzlich und verhängnisvoll »wahnwitzige und verbrecherische Impulse« aus seinem Inneren durchbrechen, in Bewegung geraten könnten.)

Soares ist noch etwas weltfremder und dabei unterkühlter als sein Schöpfer. Ihr Segen ist es, asexuell zu sein, Frauen ohne Begehren anzuschauen, sie zu genießen, ohne sie zu berühren, mit der Freude des Auges, wie Kunstwerke aus der Ferne. Denn gerade die Liebe verspricht vieles und hält so wenig. Ihre Leidenschaft nicht wert, lohnt sie den Aufruhr der Herzen nicht – zu lieben erzeugt Unruhe, zehrt aus, erschöpft. Lieben und geliebt zu werden bringt noch jeden Menschen dem Tod ein Stück näher. Ebenso die Freuden an einem fremden Körper. Pessoas Heteronyme leben allein, sind Junggesellen, mit, so scheint es, geringem Trieb, wenig Verlangen nach einer Frau. Soares und Pessoa wollen nichts anderes als lesen und schreiben; die Liebe ist ihnen egal. Dabei stellt Pessoa durch seinen »Hilfsbuchhalter« fest, dass manche Träume und Figuren aus Romanen für ihn lebendiger, mehr aus Fleisch und Blut sind als die Familie und alle seine Bekannten. Beide erleben ihr Leben als fertiges, schon geschriebenes Buch. Soares und Pessoa weinen über großartige Prosa und geglückte Sätze, nie aber über ihr leeres, freudloses Dasein. Darüber hinaus: Für sie ist alles vergeblich. Und das Leben ein Scherz – aber ein schlechter! Das Beste, was man vom Leben sagen kann, ist, dass es vorbeigeht.

Sie möchten vergessen, dass die Welt, sie selbst und die anderen existieren. Weil sie an der *Mal-de-viver* (der Krankheit des Lebens) leiden, müssen sie vor dem Leben flüchten, das Leben verabschieden, um nicht länger an ihrem Überdruss zu verzweifeln. Pessoa und Soares verschwinden in der Menge der Passanten wie zwei Gespenster in den Gassen Lissabons, die nicht wissen, wohin sie wollen, oder, in Gedanken versunken, sich immer aufs Neue verlaufen. Und noch ein verwirrendes Detail: Vicente Guedes, ein weiteres Spaltprodukt Pessoas, beginnt mit *Livro do Desassossego*, diesen Aufzeichnungen der Traurigen, der Trostlosen und Träumer, und Soares wird sie Jahre später beenden. Zwei inexistente Existenzen wechseln sich ab, arbeiten an einer Sache, an einem Werk. Dabei gelingt ihnen die nackte Schönheit einfachster Sätze.

Seine Schattengestalten tauschen Einfälle aus, plaudern, debattieren über Politik, führen, vor ihm als Publikum, Stücke auf. In ihnen findet Pessoa alles, was ein Einzelner nicht fühlen und sagen kann. Alles, was ihm die Welt vorenthält, was er sich im Leben nicht antun, nicht ausstehen möchte, wird durchgespielt, erprobt, festgehalten oder verworfen. Wer sich in seiner Vielheit mehr als genug ist, vermisst keine Allianzen. Pessoa bewirtet seine Heteronyme, diese Gäste des Inneren, mit einer Zuneigung, die er für die Menschen seiner Umgebung kaum übrig hat. Und zugleich muss er feststellen, im Leben dieser anderen überflüssig zu sein.

Pessoa – ein Name, der auf Portugiesisch auch »Maske« und »Niemand« bedeutet – braucht keine anderen, weil er alle, die ihm fehlen, erfindet. Pessoa verwandelt sich in die Masken, die er wählt, sich »aufsetzt«, will zu dem werden, was sie darstellen, um all das zu sein, was er sein möchte. Pessoa träumt von einem Leben, als würde er nicht existieren … nimmt sich die Rosenkreuzer zum Vorbild, die sich niemals zeigen, zu erkennen geben, im Geheimen arbeiten, für alle Zeiten im Dunkel bleiben.

Pessoa – ein *estrangeirado*, ein Fremder in der eigenen Familie, im eigenen Körper, ein Fremder seiner selbst – lebt mehr und mehr im Dialog mit seinen Heteronymen. Der Dichter empfängt die Besucher, die in ihm wach werden, wie Freunde, lässt sie auf seiner inneren Bühne verweilen – dort dürfen sie auftreten, sich in den Vordergrund spielen, bis der Mensch, der sich Pessoa nennt, hinter ihnen verschwindet. Sie denken und träumen für ihn, schlafen seinen Schlaf, fühlen seinen Schmerz, atmen seinen Atem. Ihre Herzen schlagen in seiner Brust. Wenn Pessoa leidet, leidet er, als würde jemand anderes für ihn leiden. Pessoa gibt sein Leben auf, ist nur ein Name für die vielen Stimmen, die durch ihn sprechen. Die Existenz dieser anderen ist aber ebenso gewiss oder ungewiss wie die eigene. Glaubt nur allein Pessoa sich dem Wahnsinn nahe (sich der »Neuropsychose«[49] bezichtigend, des schweren Nervenleidens und allmählichen Abdankens der Kontrolle über sein Leben) oder verlieren zusammen mit ihm auch seine Heteronyme den Halt, geraten in den »langsamen Schiffbruch«,[50] den Untergang von allem, was sie wünschten und sein wollten? Wer immer gerade das Sagen, das Kommando hat: Droht der Steuermann zu umnachten, den Kurs zu verlieren, tagelang aufs Meer zu starren, darf auch die Mannschaft auf keinen rettenden Hafen hoffen.

Ist Pessoa ein Demiurg der unverwirklichten Pläne – reicht es ihm aus zu träumen? Lebt Pessoa sein Leben allein als Literatur? Glaubt er tatsächlich, viele Menschen gleichzeitig, sich selbst nicht mehr ähnlich, oder besser: immer auch ein anderer seiner selbst zu sein? Pessoas Pluralität ist sicherlich eine Strategie des Schriftstellers, ein Kunstgriff; er liebt es, sich zum Mysterium zu machen, zu verdunkeln, als hätte es ihn, Pessoa, nie gegeben. Und doch: Seine Figuren entgleiten schon mal, verselbstständigen sich, rücken ihn in schlechtes Licht, schalten ihn aus. Ophélia Queiroz, seiner Langzeitliaison (es scheint, dass er auch sein Verliebtsein noch simuliert), stellt sich der Dichter gelegentlich als Álvaro de Campos vor (eines der Heteronyme, ein ehemaliger Schiffbauingenieur) und redet dann wirr, schwelgt im Unglück, denunziert sich.[51] Die Verlobte will diesen launischen Mann nicht in ihrem Leben haben, weiß aber nicht, was sie dem »anderen« Pessoa antworten soll. Campos gibt sich einige Mühe, das Paar auseinanderzubringen, schreibt Ophélia Briefe, sie möchte ihren Geliebten doch besser vergessen. Verwechselt man ihn, Pessoa – verwechselt er selbst sich mit Álvaro, dem teuer und modisch gekleideten Dandy?

Man liest von Automatisten, die – gegen ihren Willen? – mit einer Hand schreiben (auch in Spiegelschrift, rückwärts, in Anagrammen), mit der anderen Botschaften klopfen und nebenbei noch lange Dialoge führen. Einige bringen ihre Medialität zum Ausdruck, indem alle Worte auf dem Kopf stehend und die Sätze von rechts nach links notiert werden. Zu hören sind Laut- und Silbenfolgen, wie beim Zungenreden[52] empfangen, oder mehrere Sprachen können sich mischen. Oft meldet sich ein ganzes Ensemble von Sprechern: Die Stimmen kommen und gehen, wechseln sich ab. Unter beiden Händen der Tochter eines norwegischen Staatsdieners entstehen gleichzeitig verschiedene Schriften, während sie mit fremder Stimme spricht.[53]

Die Frage nach dem Autor verkompliziert sich noch weiter, braucht es eine doppelte Medienschaft zur Übermittlung. Das heißt, zwei Kanäle müssen sich zu einem Empfänger verstärken. Auch die Glossolalie ist neben dem Zungenredner und seiner religiösen Erregung noch auf ein zweites Medium mit der von Gott eingegebenen Auslegung angewiesen. Mit anderen Worten: Das Medium spricht eine Sprache, von der es sagt, dass es ihren Sinn nicht versteht und die daher nicht aus ihm selbst kommen kann. (Gegen seinen Willen muss William Stainton Moses atheistische, sogar satanische Sätze notieren; anderen Medien werden wider ihre Überzeugung Unanständigkeiten und anarchische Parolen diktiert.[54]) Die Chiromanten unter den Zigeunerinnen der Roma treten meist nur als Paar auf – die eine dient der anderen als »Träger«-Medium. Die (männlichen) »Kakus« dieses Volkes leben oft mit Hunden oder Katzen zusammen, um ihre Kräfte nicht zu verlieren.[55] Verbreitet ist der Gedanke, dass der Magier erst durch sein fluidisches Gegenstück, eine Frau, wahrsagen, seinen Willen aufladen, das Schicksal manipulieren kann. Selbst die Seherinnen von Delphi brauchen Propheten, Deuter – *prophetai* – an ihrer Seite, um ihre wirr ausgestoßenen Worte in Versform zu ordnen, bedeutungsvoll werden zu lassen. Der Psychograf, ein Apparat für den Austausch mit den Toten, lässt Mitteilungen oft unter den Händen gleich mehrerer Menschen hervorgehen. In den Kreuz-Korrespondenzen, deren Sinn erst nachträglich aus Fragmenten von Botschaften verschiedener Medien zusammenfindet, ist die Urheberschaft nicht weniger ominös. Die Anonymität vieler Arbeiten – die Impulsgeber (das Unbewusste, die Geister, die Sprache selbst?) bleiben namenlos – rückt den Autor in weite Ferne. Künstler und Medium erfinden nicht, sie finden, werden gefunden, sind nichts als Zeugen, Chronisten selbsttätiger Prozesse.

Wie Zauberformeln, die, unablässig aufgesagt, skandiert, sich in unverständlichen Lauten entleeren: die Sprechgesänge, die Wortanfälle, die Zungenreden mancher Medien finden ihren Sinn vielleicht nur im Klang der Worte (jenseits einer Bedeutung), sie ähneln schon den späteren Cut-ups Brion Gysins und den sinnleeren Lautgedichten DADAs[56] oder der aus dem Zufall, dem Augenblick geschaffenen »Sternen-Sprache« Chlebnikows, einer magischen Rede der Götter und Tiere, die zaubern, die Dinge neu beleben kann.[57] Auch die kabbalistischen Nigunim, aus Füllsilben bestehende textlose Gesänge, wortlose Melodien, welche als ungetrübte, reine Freude aus den Quellen der Heiligkeit direkt aus den Herzen, den Eingeweiden der Menschen kommen, gehören in diese Tradition. Für die Chassidim sind sie Teil jener Melodie, mit der Gott die Welt erschuf. »Papa Nebo«, ein Medium, ein hermaphroditisches Orakel der Toten, das William Buehler Seabrook, ein Anhänger Crowleys, in den späten Zwanzigerjahren auf Haiti erlebt, gibt tiefe Gutturallaute, die durch lang hingezogene, »monotone und sinnlose Vokale« verbunden werden, von sich.[58] Sie erinnern den Künstler an verschärfte Atemgeräusche. Guido Ceronetti berichtet, dass die alten Rabbiner es zuließen, dass christliche Missionare jüdische Kranke im Namen Jesu und seiner Heiligen behandeln, weil der Klang der Stimme und nicht der Sinn der Sätze die Kraft zur Genesung freisetze. Die Wirkung vieler Beschwörungen und Zaubersprüche liegt in konsonantischen Wechselspielen und vokalischen Deklinationen, in aus Abkürzungen gebildeten Buchstabenketten oder den ihnen zugeordneten Zahlen, in den Wiederholungen von gerade auch sinnlosen Wörtern; drei und sieben Mal aufgesagte Formeln sollen besonders kraftvoll sein. Zahlreiche Muster gelten als magisch: Syllabare, Palindrome, Akrosticha. Beliebt als Zauberspruch ist zum Beispiel das 77-malige Rückwärtsbeten des Vaterunsers; auch nach speziellen Regeln abgeänderte Psalmen und christliche Gesänge werden gern zitiert. Die Kabbalisten wenden eine *notarikon* genannte Technik an, bei der aus den Anfangs- (תובית ישאר) und Endbuchstaben (תובית יפוס) eines religiösen Verses ein neuer Satz gebildet wird, der den ersten erklären, eine Botschaft offenbaren soll. Für Ferdinand de Saussure gelingt die Sprache, wenn die lautliche Qualität den Inhalt übertönt.

Der Autor, mehr und mehr anonym, verschwindet hinter dem Text. »Er schreibt nach Diktat, ist Kopist, Übersetzer«[59], nicht länger Urheber, Schöpfer, als vielmehr ein Assistent, Ausführender, Funktionär. Bevor die Worte nur nützlich sind, Aufgaben erfüllen, sollen sie sich selbst aussprechen dürfen. Die Sprache sucht sich ihren Botschafter, ihr Medium; die Mission des Autors ist es, sich zu unterwerfen, ihr zu folgen und so das Eigenleben der Worte zur Sprache zu bringen. (Poetisch formuliert: Die Wörter nehmen den Schreibenden mit, wie ein Wind die Blätter, Blüten und Samen ...) Nicht mehr der Autor allein verfügt über den Auftrag seines Textes; er liest, was er schreibt, wie ein Fremder. Und mehr noch: Weniger im Schreiben als im Lesen, in der Auslegung, liegt die schöpferische Leistung. Jeder andere kann sich hier bedienen, einen Sinn hineinlegen, ihn mit seinem Atem lebendig machen, Bedeutung geben. Ob nun als Medium der Geister, der Sprache, des Unbewussten – das Abdanken, der »Tod des Autors«, die Preisgabe seiner Autorität wird in diesen Tagen erstmals Thema, theoretisch schon vorbereitet. Der Autor ist ein Konstrukt, das über den Moment des Schreibens hinaus keine Kraft mehr besitzt, das den Ursprung seiner Botschaften nicht zeigen, nicht begründen kann. Das Leben eines Textes folgt seiner eigenen Bestimmung, geht nicht vorhersagbare Wege.

Auch Kafka erwähnt einige Anfälle von Luzidität, in denen er sich von Einfall zu Einfall treiben lässt, in einem Zug, ohne Plan, wie bewusstlos schreibt; am besten gelingt ihm, was in nur einer Nacht entsteht.[60] (Über das Aufblitzen von Hellseherei spricht der Prager während einer Privataudienz bei Rudolf Steiner, im Hotel Viktoria, der mit seinem Besuch wohl wenig anzufangen weiß, die längste Zeit damit beschäftigt ist, sich gegen den Ausfluss seines Schnupfensekretes Taschentuch und Finger in jedes Nasenloch zu stopfen. Steiner nickt vor sich hin, um zu zeigen, dass er zuhört, bei der Sache ist und versteht. Nicht zu vergessen: Die Anhänger des Theosophen sehen in Steiner ein Medium. »Beim Vortrag drängen sich die Toten so sehr an ihn«,[61] schreibt Kafka mit einem Schuss Ironie, über den Mann, der ihm kaum Wesentliches zu sagen hat. Steiner erreicht Kafka nicht – die beiden bleiben einander fern und fremd.) Er verkomme, sagt Kafka, zu einem Nichts, einem Niemand, so als lebte er nicht und hätte nie gelebt, wenn er nicht seiner inneren Pflicht folge, sich beim Schreiben nicht führen, ausbeuten lasse von einer »höheren Macht«, als deren Erfüllungsorgan er sich fühlt. Für ihn gibt es keine Erholung, kein Ausruhen, keinen Urlaub; er sperrt sich zur Arbeit ins Zimmer ein, meidet die Menschen. Alle Zeit, die nicht dem Schreiben dient, ist für den Versicherungsangestellten vertan.

Steht Kafka nicht in einer Tradition, in der das Heilige aus einem Buch spricht, die göttlichen Namen, der Geist der Buchstaben Himmel und Erde erschaffen und regieren? Kafka bleibt von den verschiedenen Lehren der Kabbala nicht unberührt.[62] Aus solchen Quellen könnte der Gedanke kommen, dass die sichtbaren und unsichtbaren Existenzen sich in einer einzigen langen Kette des Seins verbinden. Ebenso die Vorstellung, dass es »vor Gericht kein Vergessen gibt« – ein wörtliches Zitat aus der Kabbala –, ähnlich wie in den chassidischen Erzählungen von einem »Prozess« die Rede ist, der im Himmel gegen den Menschen laufe. Das kabbalistische Moralbuch *Kav ha-Jaschar* berichtet, dass die Seele des Menschen in jeder Nacht den Körper verlässt und vor Gericht treten muss. Furchtbare Engel holen den Träumenden ab und stellen ihn vor seine Ankläger. Über jeden Augenblick eines Lebens wird geurteilt, und wie darüber befunden wird, weiß niemand. Nur, dass böse Erinnerungen, Krankheit und Tod die Strafe sein können. Auch der Weg ins Läuterungsfeuer (*Ge-Hinnom*) oder weitere Wanderungen im Astralen (*Gilgul Neschamot*) werden vielleicht auf ihn warten. (Der Mensch kann sich nicht wehren, nimmt hin, dass er schuldig und das Urteil gerecht ist, auch wenn er nicht weiß warum.) Es scheint, dass die Protagonisten in Kafkas Romanen (Josef K. oder der Landvermesser in *Das Schloss*) in einer magischen Tradition stehen, Theurgen sein wollen, ihre Gebete in den Himmel schicken, um auf das Göttliche Einfluss zu nehmen und den Lauf ihres Schicksals zu ändern. Ihnen hilft alles nichts: Sie finden zu keiner Transzendenz, bleiben auf den untersten Stufen der Schöpfung stehen, bekommen den göttlichen Glanz der oberen Regionen nie zu sehen. Aus der jüdischen Antike stammt das Motiv des Torwächters, der den Sündern, den Frevlern, den Weg in die heiligen Hallen (der Tora) versperrt.

Kafka kennt sich in den Überlieferungen gut aus; so erwähnt er in seinen Tagebüchern den jüdischen Brauch, in den ersten Stunden nach einer Geburt kleine, fünf bis acht Jahre alte Kinder ans Bett der Mutter vorzulassen, um Kraft ihrer Unschuld und im Aufsagen des

Glaubensbekenntnisses *Schma Jisrael* böse Geister, die Schadensdämonen, zu vertreiben.[63] Leise und unauffällig soll ein glücklicher Mensch sein, dass diese eifersüchtigen Geschöpfe ihn nicht bemerken. (Lilith, die Nächtliche, ein Wind, ein Luftwesen, plagt die Einsamen und bringt den Kindstod ins Haus. Neugeborenen werden Amulette mitgegeben – beliebt ist die *Chamsa*, die offene »Hand Miriams«; verschieden blaue Steine und Segenssprüche können ihre Kräfte verstärken.) Er berichtet von einem kabbalistischen Feuerschutz, wenn bei Bränden mit magischen Gottesnamen die Engel beschworen werden.[64] Häufig tauchen unsichtbare, im Unendlichen aufgelöste Wesen bei Kafka auf, in Befürchtungen, nach welchen das Trinken aus unvollkommenen, nicht formschönen Gläsern den Menschen für gemeine Geister öffnet, die sich im Schlaf bevorzugt auf dem zweiten und dritten Fingerglied des Träumenden niederlassen. Das wiederkehrende Thema der Verwandlung – auch ins Tierische – versteht Maurice Blanchot als eine Anspielung auf die Tradition der kabbalistischen Seelenwanderung.[65] Und Kafka erzählt von Wunderrabbis, die sich unvermittelt in ihre »Gesichte versenken« und bei ihrer »Rückkehr« weinen und die Melodie singen, mit welcher Todesengel in einer fernen Gegend die Seele eines ihrer verstorbenen Brüder zum Himmel begleiten.[66]

In der Nacht des Schreibens steigt Kafka hinab zu den »dunklen Mächten«: Von allen Lebenden verlassen, findet er hier die Einsamkeit eines Toten, sucht eine Dichtung, die zum »Gebet« werden soll, um, über ihn selbst hinweg, seine Welt ins Unveränderliche und Wahre zu heben. Die Magie der richtigen Worte wird zu Zaubersprüchen, welche ihm, hofft er, jenseits jeder Hoffnung, das Andere der Wirklichkeit zeigt. Es geht Kafka um das eben noch Sagbare, das wie ein fliehendes, schwaches, schwächer werdendes Licht die Netzhaut erregt. (Er weiß, dass der Sinn der Sprache unsicher ist, vieldeutig bleibt. Und Kafka leidet, wenn an manchen Tagen die Worte nicht zueinander finden, sich nicht verbinden lassen.)

Nur hier gelingt es ihm, die Schwere der Welt aufzuheben: Auf dem Grund der Sprache findet Kafka ein Glück, das ihm erlaubt zu leben; sie ist seine Religion, sein Glaube, seine Bestimmung, seine Braut. Für sie wird Kafka, wie schon Kierkegaard und Pessoa, auf das Heiraten verzichten.[67] Kafkas Frauen haben gegen seine Sucht zu schreiben keine Chance; ohne Frau kann er leben, aber nicht ohne Literatur. Schon die Vorstellung, mit der Verlobten in derselben Stadt zu wohnen, ist Kafka zuwider, zu viel. Jede Liaison wird zum Desaster, nach jedem Heiratsversprechen fühlt er sich gehemmt und eingesperrt, möchte flüchten. Kommt ihm eine der Geliebten zu nahe, wird sein Körper gleich krank, kollabiert, zwingt ihn ins Bett; der Mann rettet sich in die Schwindsucht, in ein sich zäh hinziehendes Sterben: Kaum hat sich Kafka ein zweites Mal mit Felice Bauer in Prag verlobt, trifft ihn ein böser Blutsturz und bald sind beide Lungenflügel tuberkulös. Er fantasiert todbringende weibliche Fabelwesen, wie sie scharfe Krallen in seine Brust schlagen. Auf ihm liegend, erscheint Kafka vor dem Einschlafen der Körper einer Frau (aus Wachs), fest an ihn gepresst, und stört seinen Atem.[68] Zumindest Milena gegenüber erlebt Kafka sein Begehren, die kurze, vertraute Zeit mit ihr im Bett, als eine fatale magische Anziehung, eine »unheimliche Zauberei«, die ihn mehr als alles andere verstört.

Als »guter Jude« und Sohn sollte Kafka sich dem »Gesetz« unterwerfen, die Gemeinschaft suchen, eine Familie gründen. Aber Kafka fürchtet den Alltag, wie er ihn von Vater und Mutter her kennt, und sehnt sich danach, ohne ihn aber ertragen zu können. Kafka befällt ein immenses Verlangen nach Normalität; er muss erfahren, wie es ist, mit Hunger an einem reich gedeckten Tisch zu sitzen und doch nicht zugreifen, nicht essen zu können, stumm zu bleiben, während die Menschen neben ihm plaudern und scherzen. Will Kafka sein Schicksal damit außer Kraft setzen, besiegen, dass er immer noch mehr an Leiden fordert, als ihm eigentlich zusteht, bestimmt ist? Und was stellt Kafka nicht alles an, welche Umwege nimmt er in Kauf, um selbst einem kleinen, stillen Glück zu entgehen, das vielleicht schon zu viel, nicht auszuhalten wäre?

Wie richtet man sich in der Verlorenheit ein? Schließt, was Kafka am Leben erhält, ihn zugleich aus dem Leben der anderen aus? Kafkas Zeit beginnt in der späten Nacht, wenn die Menschen schweigen und schlafen. Er träumt davon, in einem Keller zu wohnen, mit einem Tisch, einer Lampe, Papier und Stift, und das Schreiben würde nur durch Essen und Schlafen und Stuhlgang unterbrochen. Schreiben und immer nur weiter schreiben und darüber vergessen, dass man stirbt. Kafka findet gerade auch für sein Unglück hinreißende und glückliche Formulierungen, als könne der Dichter, das Medium der Sprache, im Dienst der Wahrheit über sich selbst hinausgehen. Mit dem Schreiben soll auch das Grab entstehen, in dem Kafka sich einmal leicht und zufrieden zur Ruhe legt. Nur wenn es ihm gelingt, gut zu schreiben, darf er ohne zu leiden sterben. In den letzten Zügen, mit dem letzten Atem, korrigiert er die Fahnen seines *Hungerkünstlers*.

Beim Blick auf seine Person macht Kafka sich wenig Illusionen, beobachtet sich peinlich genau; ein Leben lang pflegt er ein inniges Verhältnis zum Tod, der dem ewig Kränkelnden immer sehr nahe (und vielleicht lieb) ist. Dem Tod möchte sich Kafka anvertrauen wie ein Sohn dem Vater. Aber auch das: schreibend den Tod in Schach halten, ihm nicht mehr Raum geben als notwendig. Und doch muss Kafka die Zone des Todes betreten, in der das Sterben offensichtlich und die Hauptbeschäftigung derer wird, die sich, ins Schreiben flüchtend, zu retten versuchen. Trost und zumindest Erleichterung schenkt die Literatur dort, wo sie gefährlich und scharfsichtig ist, einen Blick von oben (oder außen?) – vom Jenseits des Lebens erlaubt. Ähnlich wie seinen Freund Max Brod interessieren Kafka die höheren Sphären nur als Literatur; hier lässt er einige Gespenster und Geister auftreten[69] – sie irren als Schatten und Schemen umher, etwa in der Erzählung *Unglücklichsein* oder im *Blauen Schulheft*. In seinen *Oktavheften* sprechen die Stimmen, ohne ihre Namen zu nennen, aus den Gräbern durcheinander. Was sie zu sagen haben, scheint in Bruchstücken zerstreut, zu Rätseln geordnet. Oder merkwürdige Gestalten kommen zu Wort, wie der Jäger Gracchus, der, tödlich verunglückt, zu sterben meint und doch nicht tot sein kann.

Kafka, ein Mensch ohne Heimat, lebt wie der »ewige Jude im Buch«. Erst in der Sprache, im Schreiben, entsteht eine Welt, in der es ihm zu leben, sich nicht aufzugeben gelingt. Doch das Schreiben erschöpft ihn, weil er nicht aufhören, darin kein Ende finden darf. Viele seiner Erzählungen bleiben Fragment; Kafka wechselt von einer Geschichte zur anderen, als könne er sich in ihnen nicht länger aufhalten, ohne sich zu verlieren. Er vernichtet jede Menge angefangener Prosa, um neu zu beginnen.

Selbst das größte Glück, sagt Kafka, der Segen durch die Sprache, wenn sie ihm gelingt, kann sein Unglück nicht aufwiegen oder verwandeln. Der Mann aus Prag kann sich den Schmerz nicht wegschreiben, nicht schreibend vernichten, und doch: in einem gelungenen Satz ausgedrückt, lässt es sich leichter leiden. Die Sprache gibt mehr, als Kafka fassen und verstehen kann; in ihr erträgt er die Widersprüche, an denen er im Leben verzweifelt. Kafkas größtes Elend: wenn er kaum mehr schreiben kann, die Schmerzen im Kopf gegen Augen und Schläfen drücken. Als wenige Monate vor seinem Tod eine Kehlkopftuberkulose ausbricht, Bluthusten und Stimmlosigkeit folgen, bleibt Kafka allein noch das Schreiben. (Für ihn, wie für die Helden seiner Erzählungen, scheint das eigentlich Qualvolle, an einer Hoffnung festhalten zu müssen, die schon längst hinfällig, gestorben ist. Auf den von Gott Erwählten zu warten, der immer verspätet sein wird: Selbst der Messias, der endzeitliche jüdische Retter, von dem Kafka spricht, kommt erst, wenn sein Volk, das vergeblich auf ihn hofft, ihn nicht mehr brauchen wird.)

Ist das Schreiben ein »Teufelsdienst«, weil es von den Menschen fort, vom natürlichen Leben, der Fortpflanzung, der Familie, den Freuden und Freundschaften weg in die Einsamkeit führt? Kafka selbst traut seinen Worten und Briefen nicht, die vielleicht nur »Gespenster«[70] sind, nicht aber das »Herz der Menschen« erreichen. Er weiß, dass das Wort eine Person, wird sie beim Namen genannt, zu etwas Fernem und Abwesendem macht.[71] Aber auch Kafka selbst fühlt sich, von den Blutverlusten seiner schleichenden Krankheit geschwächt, schon wie ein Gespenst, ein umherflatterndes Etwas, an der Schwelle zu einem lockenden, berauschenden, süßen Nichts.

Um ein wenig abzuschweifen: Epiphanieähnlich ist eine seiner Visionen in der Frühsommerdämmerung – die Zimmerwände lösen,

»rühren« sich, bröckeln ... Mörtel fällt zu Boden und von oben wird stoßweise Licht freigesetzt ... Blauviolette Farben werden von strahlendem Gelb infiltriert und dann: Aus himmelweiter Höhe bricht ein Engel durch die Decke, senkt sich, »umwickelt mit goldenen Schnüren, auf großen, weißen, seidig glänzenden Flügeln herab«[72] – fliegt auf Kafka zu wie in einer Offenbarung und ist im nächsten Augenblick doch nur eine bunte Holzfigur, ein Nippesding, eine Schiffsverzierung.

Breton und seine Surrealisten feiern die kryptographischen Bildschöpfungen der Medien, ihre Lautäußerungen und Wortneubildungen, die Glanzstücke eines wunderbaren Automatismus hervorrufen können; vor allem hat es ihnen die Schweizerin Catherine-Élise Müller angetan.[73] Die viktorianische Schönheit mit einer Aura von Frische und kühler Erotik spielt in der obersten neurologischen Liga – in ihrem Kopf haben mehr Welten Platz, als einfältige Gemüter ahnen. Ihr Leben gleicht einem Stück auf wechselnden Bühnen, gespielt von mehreren Akteuren. Das unter dem Pseudonym Hélène Smith im Duett mit ihrem Schutzgeist »Léopold«, alias Alessandro di Cagliostro, auftretende Medium halluziniert sich ein Leben als Hindu-Prinzessin »Simandini«, benimmt sich, als fiele es aus seiner eigenen Zeit in ein wiederauferstandenes Gestern. Einen Zyklus später wird sie zu Marie-Antoinette – füllt ihre hohe Herkunft demonstrativ und strahlend aus, zeigt sich herablassend, anmaßend, gönnerhaft, gütig. Die »Regentin« ist die Rolle ihres Lebens, ihr Auftritt als Adlige eine Glanzpartie: Die »Antoinette« spielt mit fiktiven Dingen, hantiert mit Fächern, hält sich die Lorgnette vor die Augen, schwenkt Riechfläschchen, gewährt Audienzen.

Es scheint, dass Hélène schnell die Orientierung verliert, wenn sich Wachsein und Träumen tief ineinanderschieben. Eine Flut von Bildern nimmt das Medium mit – kommen sie aus der Vergangenheit, aus der Zukunft, aus diesem oder einem anderen Leben? Hélène schwärmt von den Farben, den Düften, die durch die Luft strömen, bleibt ganze Tage eingesponnen in ihren Visionen. Leicht, wie ein mit Gas gefüllter Ballon, fühlt sie sich in lichte Sehnsuchtshöhen steigen. Die somnambule Miss

Smith möchte aus dem Traum, in dem sie lebt, aus dem Wunderland ihrer Séancen nicht mehr aufwachen. Als würde ein kleines Mädchen mit Puppen spielen und dafür Figuren, Szenen, Landschaften erfinden, die es nicht loslassen möchte, wie ein Kind, das seine Spielsachen nicht hergeben will, als beschenke sie sich selbst, weil sie sonst im Leben zu kurz kommt. In der Königinnenexistenz, vermuten einige Seelendeuter, erfülle sich Fräulein Müller ihre immer schon schwelende »Größenwahnträumerei«; sie verzaubere sich mit ihren Geschichten, berausche sich an ihrer eigenen Aufführung, dichte zusammen, was ihre Verhältnisse nicht erlauben, verweigern. (Andere Ärzte halten ihre mystischen Offenbarungen für die Sublimierung eines verdrängten kindlichen Schautriebes.) Für die Gläubigen unter Hélènes Besuchern aber bildet sie das Leben anderer Sphären ab, wie es tatsächlich existieren soll. Von einem anfänglichen Halbsomnambulismus geht Hélène bald in die totale Amnesie, wenn ihr nicht doch ein paar Fragmente Erinnerung bleiben.

Auf jeden Fall kommt hier viel Prominenz in nur einer Person zusammen. Während die Antoinette redet – über Stunden, schleppend, mit leicht rollendem »R« –, kommuniziert Léopold durch Gesten oder Hélène notiert die Antworten und Weisungen ihres Führers. Inkorporiert sie Léopold, beginnt dieser »belegt« und heiser zu sprechen, als bräuchte seine Stimme Zeit, sich zu finden. An manchen Tagen bleibt er, trotz aller Anstrengungen, stumm und vermittelt sich nur durch Schrift. In der Rolle des Alchemisten Cagliostro spricht das Medium Französisch mit italienischer Färbung, schnarrt dabei leicht, betont die Endsilben.

Identität im Fluss? Sind Léopold und Hélène simultane Zustände oder vollzieht sich ihre Existenz im rasanten Wechsel beider? Seltsame Mischungen entstehen: Zeitweise meint Hélène, sich langsam zu entgleiten und in den anderen überzugehen ... fühlt, wie dieser Mann ihre »ganze organische Masse durchdringt, als ob er sie oder sie er werde«.[74] Ein Leben im Leben eines anderen? Bald meint Hélène, sie möchte, mehr noch, sie würde ohne Léopold nicht existieren. Dann wieder erscheinen ihr die beiden Persönlichkeiten völlig separat, verschieden.

Nicht genug des Fantastischen: Hélène ist auch kosmisch unterwegs. Astrale, vormoderne Raumfahrt bringt sie zum Mars und seinen goldenen, strahlenden Landschaften, seinen »Flüssen zwischen rosaroten Bergen«, pittoresken, verspielten Häusern, Pavillons, Tempeln, weißen Pfahlbauten, Brücken und »rollenden chinesischen Kiosken«. Hélène sieht Menschen (?), keinen Meter groß, mit kahlen, breiten Schädeln, schmalen Augen, mächtigen Ohren, in komischen Anzügen und andere fabelhafte, halbzahme Spezies in wuchernden Vegetationen, tropischer Fülle. Drei Sonnen stehen am Himmel und schnelle, elektrische Automobile fahren übers Land. Aber bis auf ein paar Flugmaschinen, motorlose Fahrzeuge auf rollenden Kugeln und Röhren, durch welche die Neugeborenen direkt an den Eutern hirschkuhähnlicher Tiere hängen und säugen, findet sich wenig Originelles auf dem Planeten. Alle Bilder empfängt die Smith in rötliches Licht getaucht, in Farben, angemessen dem römischen Kriegsgott Mars. Passend zu diesen Weltraumreisen reagiert Hélènes Körper mit Übelkeit und Schwindel. Auch pantomimisch spielt das Medium die Phasen ihrer Marsfahrt nach: Das rhythmische Schwanken des Oberkörpers soll das Verlassen, das »Durchstreifen der Erdatmosphäre« anzeigen, die darauf folgende Unbeweglichkeit steht für die »interplanetare Leere«, ihr erneutes Wogen und Taumeln für den Eintritt in die Hülle des Planeten.[75] Ihre imaginären Himmelfahrten dauern Stunden.

Macht über ihren Körper haben nun andere: Hélènes Medialität explodiert in kräftigen Schüben; sie wird bei der Arbeit im Bureau, am Schreibtisch ekstatisch; Symbole, fremde Schriftzeichen mischen sich in ihre Korrespondenzen und Léopold nimmt sie ohne Vorwarnung in Besitz. Elektrische Schläge im Arm zwingen sie zum Schreiben. Wehrt sie sich, setzt Léopold ihr mit Gehörhalluzinationen zu. Als Sittenwächter verbreitet sich Hélènes jenseitiger Mentor in schlecht gebauten Alexandrinern, moralisiert, predigt und gefällt sich in dieser Rolle. Nach einem kleinen Flirt Hélènes in der Straßenbahn spielt er sich zur männlichen Gouvernante auf, endlose Vorhaltungen folgen. Fräulein Müller braucht keine anderen Männer – in Konkurrenz mit einem Toten sind sie, wie könnte es anders sein, ohne Glanz, ohne Chance. Léopold (ehemals Cagliostro, ein früherer Verehrer der Marie-Antoinette[76]) ist immer anwesend, ob sie nun will oder nicht. Er fordert Keuschheit und setzt sie auch durch. Ihm allein soll das Medium, das Fräuleinwunder, gehören. Hemmungslose Nähe: Drohungen, Liebesbriefe, ein bisschen Gewalt – und niemand, der sie vor ihrem Beschützer (vor sich selbst?) beschützt. Inszeniert hier ihr Unbewusstes die perfekte Abwehr: Hält im Namen »Léopolds« Hélène die Herren und Verehrer auf Abstand, schaltet alle Versuchung aus, legt ihre Libido lahm?

In Genf organisiert sich um das Medium ein spiritistischer Kreis – über Jahre besucht Théodore Flournoy[77] die Séancen der Miss Smith. Er vermutet, dass Hélènes astronautisches Faible von Schiaparellis Entdeckung der Marskanäle und Spekulationen über ihre Herkunft – künstlich, von Intelligenzen gebaut? – infiziert ist. Flournoy notiert die im »astronomischen Somnambulismus« empfangenen, sich zu Romanen verdichtenden Visionen, sammelt die durch »verbo-auditiven« und »graphischen Automatismus« vermittelte Marssprache des Mediums (die, mit Tempo gesprochen, einen speziellen Sound erzeugt, zum Kunstwerk wird – nicht weit entfernt von den Lautgedichten der Dadaisten). »Esenale«, eine »disincarnate entity«, übersetzt simultan das Martische ins Französische, fixiert seitenlang Schriftzeichen: »i kiché ten ti si ké di êvé dé étéche mêné izé bénézée!« (»Oh, pourquoi près de moi ne te tiens-tu toujours, amie enfin retrouvée!«[78]) Die Texte gehören mehr zur Poesie als zur Prosa; viele abgebrochene Sätze und Ausrufungszeichen spiegeln die Erregung, den Druck, mit dem das Material ausgestoßen wird. Heiße Phasen der Produktion wechseln ab mit langen Pausen, in denen die Handlung ihres Mars-Romans ruht. (Ist für Janet der Mediumismus vor allem Folge einer »désagrégation psychologique«, einer nervösen Störung, betont Flournoy dessen schöpferische Kraft.)

Hélènes Phantasma – überbordend, kryptisch – greift aus, erobert, besetzt Mond und Uranus, übermittelt noch eine Menge anderer extraterrestrischer Texte. Sie kreiert Sprachen schneller, als ihr Untersucher folgen kann; die großartige Blütezeit einer üppigen subliminalen

Vegetation beginnt. Ihre Texte schreiben sich fort, wuchern weiter. Ihre Anfälle von Somnambulismus nehmen zu, werden länger und tiefer. Über Stunden spricht Hélène, als wäre sie eine andere. Flournoy stellt fest, dass Fräulein Smith wohl nicht ein einziges Wort erschaffen (übermittelt) hat, welches nicht schon vorher in ihrem Gedächtnis war, ist sicher, dass es sich beim »Martischen« um ein geschickt camoufliertes Französisch handelt, um einen »auf seine höchste Ausdrucksform gebrachten Neologismus und typischen Fall von ›glossopoiesis‹, von kompletter Bildung aller Stücke einer neuen Sprache durch unterbewußte Tätigkeit«[79].

Selbst Ferdinand de Saussure nimmt sich der Sache an, sitzt bei Hélène – und ist nicht wenig beeindruckt von den lautlichen Qualitäten ihrer Dichtung. Dabei überdecke sie, sagt er, das Syntagma des Französischen durch Neuschöpfungen und entliehene Worte anderer Sprachen, verbreite ein Kauderwelsch, das aber immer noch seine Herkunft verrate. Es zeigt sich, schreibt auch Flournoy, »travestiert«. Gesprochen werde das »Martische« mit weniger Diphthong- und Nasallauten und mehr hohen, vollklingenden Vokalen, tiefe oder stumme Töne sind selten. Durch die gehäuft auftretenden Selbstlaute »i« und »e« liegt der Allgemeinton viel höher als im Französischen – dabei existieren im »Martischen« nur Konsonanten und Vokale, wie sie auch dort verwendet werden; Zischlaute und Doppelkonsonanten fehlen völlig. (In der *audition colorée* entsteht für Flournoy hier ein Zusammenspiel von hohen Tönen und hellen, lebhaften Farben. Dass sein Fräulein Smith den Mars in glänzenden, leuchtenden Bildern erlebt, führt er auf die Tonlage des »Martischen« zurück.)

Natürlich ist Hélène mit den Analysen Flournoys und Saussures nicht einverstanden, will nichts davon wissen. Viel lieber gönnt sie sich die Leibrente einer Mäzenin, um Léopold und die anderen Führer bei Laune zu halten, weiter mit ihnen zu leben. Dass die Geister Hélènes losgelöste Seelenaspekte sind, ist für Flournoy keine Frage. Léopold, ihr Seelenbräutigam, tritt regelmäßig als Autorität und Richter auf: Fährt der Mann in Hélène ein, füllt sie aus – trotz Schmerzen und

Widerständen und oft mit Gewalt –, versteift sich ihr Körper, nimmt eine priesterliche Haltung an, begleitet von sparsamen, feierlichen Gesten, die den Personenwechsel signalisieren. Ihre obere Halspartie schwillt zum Doppelkinn an, ein paar Falten entstehen, die Wangen werden voller, fleischiger, als wolle sie sich verwandeln, ein anderes Gesicht aufsetzen. Dann streckt sie die Hände gegen den Himmel. Die Funktion Léopolds umschreibt Flournoy etwas vage als Krisenintervention: Immer, wenn sein Medium – zwischen zwei Triebregungen oder Neigungen – handlungsunfähig, die Situation chaotisch zu werden droht, ist er der Souverän und beendet – à la Carl Schmitt – den Ausnahmezustand: sofort, auf der Stelle und resolut! Anders formuliert: Léopold ist die Antwort Hélènes, ihres Unbewussten, wenn sie aus der Fassung gerät, etwas in ihr sich bedroht fühlt.

Eher selten gibt es bei der Smith auch ein bisschen Telekinese, gelegentlich hört man Geigen, Geklingel; ihre Geister lassen mal Rosen regnen, dann wieder chinesische Münzen und Schmuck. Dafür ist Hélène bildnerisch hocheruptiv, malt mit Ölfarben auf Holz, benutzt Mittelfinger und Handballen, ohne, wie sie sagt, sich später zu erinnern. Ihre Geister wecken sie frühmorgens durch Klopfen, und als fiele Hélène von einem Schlaf in den anderen, »schläft« sie dann weiter und malt – irgendwie »halbsomnambul« – mit träumender Hand immer wieder Gesichter: Geister, Götter, Dämonen[80], meist schnell und mit Schwung, manchmal auch exzessiv langsam, penibel genau. Ihre Hand gehorcht ihr nicht, macht sich selbstständig. Hélène meint sich erhellt von den Eruptionen, dem Glanz einer unsichtbaren Sonne. Die Luft um sie herum erhitzt sich und glüht. Hélène sieht sich beim Malen zu wie einer Fremden. Die Forderungen ihrer Geister sind nicht zu verhandeln. Malen auf Befehl. Arbeiten ohne zu verstehen; Monate, Jahre, ein Leben lang. Wie im Leuchten der Ikonen offenbart sich – von den Jenseitigen durch ihre Hand gemalt – für Hélène im Antlitz von Christus und Maria die Anwesenheit des Göttlichen selbst, das »Nichtweltliche« der Welt. (Hier soll der Vater im Sohn sein »wahres und vollkommenes Bild« – *eikon* – finden; im Antlitz des Erlösers erscheint der unsichtbare Gott, seine unmittelbare Nähe.) Aus den Visionen des Mediums darf nichts Eigenes sprechen – nur das Göttlich-Schöne soll sich zeigen. Auch für Hélène fühlt es sich an, als würde das rasante, explosionsartig schnelle Arbeiten, welches für Florenskij beim Ikonenmalen so wesentlich ist, ohne ihr Zutun, von allein geschehen. Aus den im Abbild aufscheinenden Urbildern strahlt die ins Unendliche fließende *enérgeia* des Geistes.[81]

Die medialen Zwangsarbeiter wissen nicht, was sie tun, wenn ihr Bewusstsein ausgeschaltet, der Körper einer Macht unterstellt wird, deren Absichten nur zu vermuten sind. Medien werden zu Dienstleistern, wie es scheint, hin- und hergeschoben, als Spielfiguren fremder Kräfte. Erst in der Enteignung finden sie ihre Berufung. Und auch hier dies Schwanken zwischen An- und Abwesenheit – kurze Lichtblicke in totaler Amnesie. Mit ihren Geistern auf Reisen gleiten die Sensitiven wie durch einen Fiebertraum: dämmern, dösen, delirieren, verlieren sich in Landschaften und Szenen, schrecken hoch, fallen wieder zurück ins Nichts …

Der Dramatiker Victorien Sardou[82] gehört mit Kardec zum inneren Zirkel des Mediums Celina Japhets und besucht später die spiritistischen Soireen der Palladino. In automatischen Radierungen, die er in wenigen Stunden ohne Vorlage direkt auf die Platte bringt (die Nadel läuft, ohne abzusetzen, in unregelmäßigen, schnellen Bewegungen und wechselt immerfort die Richtung), bevölkert Sardou den Jupiter mit Chimären, gehörnten Menschenleibern auf Bocksbeinen, mit Luftgetier, geflügelten Satyrn, hundsköpfigen Schwergewichten in gehobener Spiellaune. In der Stadt Julnius – freischwebend in den Himmel gebaut – wohnen Mozart, Zoroaster und sein Führer, Bernard Palissy, Alchemist und manieristischer Keramikkünstler, nebeneinander. Auch der Prophet Elias hat hier ein Haus. Die Fassaden der Gebäude wirken organisch, wie von versteinerten Pflanzen überdeckt. Jugendstilartige Ornamente dominieren die Außenarchitektur auf Sardous Jupiter, Jahrzehnte, bevor diese in Teilen Europas stilbildend werden. Palissy und Mozart signieren seine Zeichnungen (unten links).

Victorien Sardou, *Quartier des animaux chez Zaroustre*, circa 1860.

Noch ein Schriftsteller gehört zu den ersten mediumistischen Künstlern. In der Zeit seines Exils auf Jersey sitzen Victor Hugo und seine Vertrauten fast täglich, wie sie glauben, mit den Toten zusammen.[83] Der Alchemist Nicholas Flamel erscheint (als Stimme) und will, dass man ihm zuhört. Dante und Shakespeare, davon sind die Männer jedenfalls überzeugt, schreiben in dieser Runde weiter Gedichte. Der guillotinierte Dramatiker André Chénier beendet ein angefangenes Poem; Plato und Aischylos melden sich zu Wort. Auch Moses und Jesaia teilen sich in kunstvollen Alexandrinern mit. Bei diesem Stelldichein mit den Jenseitigen entsteht Literatur von einiger Qualität. (Rilke lobt die »zum Teil sehr schönen Ergebnisse«[84].) Man benutzt auch ein durch

Fingerspitzen bewegtes, zeichnendes Tischchen, das als drittes »Bein« einen Stift führt. Die ununterbrochen zu Schleifen, Kreisen, Ornamenten auslaufenden Linien verdichtet Hugo in einem Spiel von Absicht und Zufall weiter zu gegenständlichen Formen – Skeletten, Schädeln, Strahlen, Gräbern, Dornenkronen. Es sieht aus, als kämen die Toten Hugos in einem nicht enden wollenden *Danse macabre* direkt aus der Hölle. Auch die Titel der automatischen Skizzen[85] sind dunkel und zeigen, was sie versprechen: *Horror*, *Spiritus malus* oder *Vultus mortis*. (Hugo ist als Zeichner äußerst experimentierfreudig: arbeitet mit Ruß, Tuschen, Tinten, Rotwein, Kohle, Kaffee, Kreide, Staub, Grafit ... benutzt Finger, Schaber, Federn, verwendet Salze im nassen Auftrag, setzt Schablonen und Découpagen auf, entwirft Buchstabenrätsel; er tupft, kratzt, kleckst, pinselt und druckt, spielt mit dem Zufall, verfolgt das Eigenleben der Materialien – einige tausend Bilder entstehen.)

Das *Journal de l'exil* zitiert aus einem von Hugos Séancen-Protokollen: »Du warst der Tag, werde Nacht; werde Schatten; werde Finsternis; werde das Unbekannte, werde das Unmögliche, werde Geheimnis, werde das Unendliche«. Stimmen aus den »bouches d'ombre«, den Schattenmündern flüstern den Männern ins Ohr. Es riecht nach Erde, nach Verfaultem, riecht nach vergorener Milch. Es ist der Geruch von Todesangst. Hugo erlebt, was die Menschen ein namenloses Grauen nennen. Das Bedrohliche dehnt sich bald mitten im Alltag der Exilanten aus. Ihnen ist, als würden sie hinauslaufen in die Kälte einer nächtlichen Wüste.

Er meint, dass Gott böse sei, dass der Himmel brennt und einstürzen, ihn in die Tiefe reißen könnte. Und dieser metallische Schimmer in den Augen der anderen: Den späteren Kommunarden Jules Allix infiltrieren die Geister mit so viel Einsamkeit und Schrecken, dass er in einem Anfall von Paranoia außer sich gerät, die anderen mit der Waffe bedroht und weggesperrt werden muss. Das Gefühl, verrückt zu werden, ist ansteckend. Flüchtige Gesichter tauchen vor ihnen auf und bringen das Unheilvolle aus der Ferne. Bedrückend nah, fühlt man sich dem Jenseits nicht gewachsen; die Geisterbeschwörer ahnen wohl, dass

Victor Hugo, *Spiritus malus*, circa 1853.

sie alle bald durchdrehen, übereinander herfallen könnten. Nach zwei Jahren brechen die Exilanten ihre Experimente ab – eine ermüdende Schwere, etwas Dunkles legt sich auf die Männer, ohne mehr als nur ein Schatten zu sein.

(Die Angst vor dem Unfassbaren, Obskuren, dem *Mysterium tremendum* kann nicht einfach entkräftet werden, muss sich nicht durch Einsichten und Gründe beweisen, legitimieren – die Angst ist mit einem Mal da und dauert.)

Zurück zum Surrealismus: Auch Augustin Lesage, Léon Petitjean und Fleury Joseph Crépin gehören für Breton zu den auserwählt Versklavten.[86] Bescheidenheit als Exzess. Die Größe in der Unterwerfung, die Selbsterhöhung, in Demut zu dienen. Die ergebene Passivität der Medien steht gegen den Individualismus der Macher. Sie wollen nur Werkzeug sein und lassen sich nicht zur Autorschaft herab. Wer meint, im höchsten Auftrag zu handeln, zweifelt nicht; hier gibt es kein Tasten,

Zögern, Suchen, Verbessern. Aufgeladen von einem fremden Willen, machen sich die Medien an die Arbeit: Getan wird, was getan werden muss. Malen mit bloßen Händen, blindes Malen, Zeichnen in Dunkelheit sollen das Übersinnliche, den »spirit-outflow« demonstrieren.

Was die Arbeiten formal auszeichnet, sind die Neigung zu Symmetrie, ornamentaler Reichtum, viel symbolistisches Dekor, Organisches, fließende Übergänge, Metamorphosen. Breton nennt die Merkwürdigkeiten des mediumistischen Schaffens eine »bezaubernde Stereotypie« und Freude an »Kurvenlinien ohne Ende« (wie Farnblätter, die sich ausrollen, oder die Windungen der in einer Ebene entfalteten Spirale von Ammoniten). Hier geht es darum, dem Zauber zu folgen, sich von den Bildern vereinnahmen, verführen zu lassen; unerklärlich bleiben sie, unentzifferbar ihre Zeichen.[87]

Alfred H. Barr sieht das Wunderbare im Surrealismus ans Licht kommen: in Träumen, Obsessionen, in der Verwirrung, den Absencen, im Schlaf, in der Angst, der Liebe, dem Hass, durch Zufälle, in Visionen, den vorgetäuschten Leiden, in dem Schönen als Schock, in Geistererscheinungen, in Verdrängungen und Ausflüchten. Zum Wunderbaren gehört eben auch, nicht zu verstehen, wie es in die Welt kommt, was seine Absichten sind. Allein das Wunderbare, schreibt Breton, sei einzigartig, überwältigend, doch werde es bereits schon den Kindern abtrainiert; während das moderne Leben immer mehr verurteilt ist, nützlich sein zu müssen.

Breton und seine Mannschaft proben ein Denken, welches Furcht und Vorsicht nicht loswird, Amok laufen, kollabieren zu lassen. Es geht darum, »kopflos« zu werden, die Arbeit am Selbstverlust auf die Spitze zu treiben. Wie de Sade suchen die Surrealisten mehr als nur die Transgression, die Überschreitung von Grenzen – sie wollen vielmehr zurück in eine Welt *vor* allen Differenzen. De Sade will nicht einfach nur die Moral übertrumpfen – er will die blinde Natur hinter sich lassen, die Erde menschenleer machen, die Planeten vom Himmel holen. Kurz: De Sade will (ein) Gott sein! (Bataille vergleicht die Gestalt de Sades mit der Glut einer Sonne, der wir nicht zu nahekommen dürfen,

Augustin Lesage, *Inspirational Drawing*, 1929.

um nicht, von ihr geblendet, blindlings ins Verderben zu laufen.) Wie der Marquis mit seinen ausschweifenden, maßlosen Verbrechen wollen auch die Bewunderer des Surrealen in die Außerzeitlichkeit entkommen, den Kosmos aufheben, den Kreislauf von Geburt und Tod, den Lauf der Dinge, das Leben anhalten.[88]

Die Männer um Breton suchen, davon reden sie zumindest, die Krise, in der sich Lachen und Weinen abwechseln, in der Lust und Schmerz, Wirkliches und Imaginäres durcheinanderkommen. Sie feiern Parodien des Heiligen, in denen sich die Ordnungen umkehren, das Unterste nach oben wendet, die Rollen vertauschen, die Moral verdreht.[89]

Handlungen, die um kein erkennbares Sinnzentrum kreisen, erinnern an jenes »Kadosch« des Hebräischen, bei dem das Nutzlose und das Heilige aus der gleichen Wortwurzel sprechen. Eine Hymne auf das Absurde stimmen auch die Dadaisten an: verachten jede Theorie, misstrauen den großen Ideen und Strömen von Menschen – jeder darf für sich bleiben in seinen Freuden, die zu den »Astralschichten«[90] aufsteigen.

Inwieweit aber gelingt es, Ausnahmezustände zu provozieren, Automatismen vorsätzlich abzurufen und auszubeuten, alle Sinnzumutungen auszuschalten? Breton bleibt skeptisch: »l'histoire de l'écriture automatique dans le surréalisme serait, je ne crains pas de le dire, celle d'une infortune continue.«[91] Und überhaupt: Wann hätte der Mensch der Arbeit, des Alltags noch Muße, am Unbewussten zu lauschen, der Nacht Geheimnisse abzuringen? Immerhin ist die automatische Produktion ein Ausdrucksmittel für jedermann, für alle brauchbar; jeder kann seine seelischen Tiefen anzapfen, auch Dilettanten bringen hier Höchstleistungen. Protokolliert werden Eingebungen, Visionen, Telepathisches. Man legt sich die Karten, befragt das Tarot. Bretons Männer schicken sich gegenseitig in den hypnotischen Schlaf, führen reichlich Séancen auf – Gruppenexperimente sind beliebt, halten die Bewegung zusammen.

Während einer spiritistischen Sitzung in der Rue Nationale zitiert ein kleiner Kreis vom Übermut angestachelter Kommunisten aus dem Umfeld Bretons über das Medium Elisa den verstorbenen Lenin herbei, mit der Frage, ob und wie das Gesetz des historischen Materialismus sich mit der Annahme einer unsterblichen Seele verbinden ließe?! Also: Kann man das Wunderbare hofieren und zugleich Materialist sein? Leider wird die Antwort Elisas (Lenins) nicht überliefert. Vielleicht ist diese Episode von Breton nur erfunden, der sich selbst zur Bühne, zum Medium seines Surrealismus macht, wenn er als Mischung aus Marxist und Magier auftritt oder als Prophet ohne Gott, wenn er dazu aufruft,

Hegel zu studieren und eine dunkle Romantik zu genießen. (Die Religionen des Ostens sind der Bewegung sympathisch; ihre Lehren kommen ohne einen Erlöser aus, allein durch Kontemplation zur tiefsten Einsicht. Man schreibt Briefe an die Schulen des Buddha und an den Dalai Lama. Antonin Artaud will durch den »ozeangleichen Lehrer« die Levitation der Körper gelehrt bekommen, um aufzusteigen, zu schweben, nicht mehr länger von der Erde niedergehalten zu werden.[92])

Breton bittet regelmäßig zum »Entrée des médiums« in sein Studio in der Rue Fontaine nahe der Place Blanche, inmitten von Nachtclubs und Bordellen. Hier ist es meist René Crevel, ein schöner, femininer wie schwindsüchtiger Mann, der mit seinen Schlafanfällen im Mittelpunkt steht. Es riecht nach orientalischen Gewürzen und Tabak. In der Dunkelheit (etwas Licht kommt vom Kabarett unterhalb der Wohnung) hält man sich bei den Händen, während der junge Mann als Medium – zwischen Stöhnen und Schreien – Fragen beantwortet, Wortspiele aufsagt und prophetisch wird: Krankheiten und Todesfälle vorhersagt. (Max Ernst fängt an, Blut zu husten, Paul Éluards Tuberkulose bricht wieder aus, Simone Breton fällt ein Oberlicht auf den Kopf und sie fürchtet, vor Angst verrückt zu werden.) Sind solche Art Séancen, die von Breton forcierten parareligiösen Enthemmungen, Übungen, Einladungen zum Sterben? (Auch die Mystik wird, wenn sie durch den Exzess, wenn der Mensch in die alles verzehrende Einöde Gottes geht, zum surrealen Moment – ein Vorbild ist das Leben des Heiligen Johannes vom Kreuz. Wie der Mönch aus dem Kloster der »Unbeschuhten Karmeliter« erfahren muss, ist diese Läuterung, mit der alles neu in Gott beginnt, eine »finstere und schreckliche«, in der die Sinne versagen, die zunächst in die Nacht führt, wo das Unbekannte wartet. Bataille nennt den Zustand »die Leere des Nichtwissens«.) Der Surrealismus, schreibt Breton in den *Geheimnissen der surrealistischen magischen Kunst*[93], hat das Ziel, in den Tod einzuführen. Vielleicht unter Gelächter zu sterben. Jacques Rigaut, ein leidenschaftlicher Nihilist, nimmt diese Hinweise ernst: Nicht aus Überdruss am Leben, nicht aus Verzweiflung oder Langeweile – vielmehr als absichtsfreie, surreale Geste schießt sich der Dichter eine Kugel ins Herz. Man könne sich, meint Rigaut, auch umbringen, um einen Menschen zu ärgern oder weil man einfach zu träge ist, jeden Morgen aufzustehen.[94] Auch die Selbsttötung im Moment vollkommenen Glücks, wenn Höhepunkt und Vollendung in eins fallen, wird propagiert; Bataille erinnert an einen Hindu, der sich in seiner Verzückung unter den Festwagen Vishnus wirft und bei gerädertem Leib verblutet ... In unaussprechlicher Heiterkeit, sich selbst noch am Sterben berauschend ...

Was als ernsthafter Scherz anfängt, endet an vielen Abenden in Furcht und Zittern. Manche können nicht aufhören zu kichern, andere lallen wie Kinder, betteln unter Tränen, nicht allein sein zu müssen. Noch nach Tagen, schreibt Breton, sind die Akteure verwirrt von »Erkenntnis und Angst«. Nicht wenige sehen in ihm einen Diktator ihrer Sache, einen Extremisten und Fanatiker des Neuen; wer von diesen Nachtfahrern sich verweigert, seine Kontrolle nicht aufgibt, wird ausgeschlossen. (Ganz im Sinne des Meisters ist eine von Crevels Visionen: nackte Frauen, die auf alte Männer mit Äxten treffen.) Crevel fühlt sich hellsichtig und machtlos zugleich, wirft Breton vor, bis zum Exzess immer nur euphorisch sein zu wollen, die Gruppe in den Wahnsinn zu treiben, und seine Sehnsucht nach Wundern und anderen Erregungen sei nicht zu stillen. Wie ein feiner, giftiger Staub, der nicht abzuwischen ist, legt sich ein Grauen auf das Medium. Es schreit, als würden ihm die Organe zerreißen. Schockartig fallen einige Kombattanten in den Schlaf, andere wollen sich erhängen, aus dem Fenster stürzen oder einfach nicht mehr aufwachen. Sie sehen sich von Schatten umgeben, die ihnen folgen und der Sonne das Licht und die Wärme nehmen. Einer der Träumenden meint, er sei eine Blume und fürchte zu verwelken. Georges Limbour kriecht in Trance auf allen vieren und bellt, beißt um sich, verlangt nach Hundefutter, frisst wie ein Tier alles, was ihm vor die Nase kommt. Mit einem Messer stürzt sich Robert Desnos, ein weiterer somnambuler Schläfer, auf Paul Éluard, diesen »poète élu des draps« und will ihm in den Rücken stechen; auch Ezra Pound ist vor dem Enthemmten nicht sicher. In den Texten dieses Träumers geht es quer durch Kontinente und Epochen, Himmel und Höllen, durch Jubel und Schluchzen. Der Mann braucht nur die Augen zu schließen und schon treibt er fort, wirbelt, von Bildern überflutet, umher …[95] Was während dieser Séancen ohne Zögern, in rasantem Schwung entsteht, bekommt für Breton einen »absoluten Wert als Orakel«, und die Stimmung, die sich unter den Zauberlehrlingen breitmacht, vergleicht der »Meister« mit den *Gesängen des Maldoror*: betörend, böse, vernichtend. Wie dem gefallenen Engel soll – muss alles erlaubt sein! (Noch eine wohl eher wenig glaubwürdige Anekdote: Um Desnos bildet sich ein »Club der Spermatrinker« – Frauen masturbieren die schönsten Männer in aller Welt und auch der weibliche »Likör« wird in weißen Kristallampullen aufgefangen, versiegelt und nach Paris geschickt. Zum Beispiel werden die Ergüsse von zum Tode Verurteilten mit den Sekreten von Schülerinnen eines englischen Mädchenpensionats oder älteren Huren aus Marseille auf ihren Geschmack hin verglichen.[96]) Nach einigen Monaten belegt Crevel Breton und seine Anhänger mit dem Fluch, dass alle tuberkulös verseucht werden, bald sterben sollen, und ist dann doch der Erste in dieser Runde, der seinem Leben ein Ende macht. Crevels letzte Botschaft lautet: »Je suis dégoûté de tout«. In seinem Essay *Détours* wird er einige Jahre zuvor die zunehmende Bereitschaft, die geeignete Stimmung zum Selbstmord als ein Erfühlen der Wahrheit preisen. Wer es ernst meine mit seiner Suche, könne sich ohne Zögern, an einem beliebigen Morgen, mit einem Gasherd in die Luft jagen.[97]

Mit dem Unbewussten spielt man nicht – die Situation eskaliert, die Séancen werden eingestellt.[98] Um weiterzumachen, bräuchte es die Bereitschaft zum oder mehr noch eine Lust am Untergang, die den meisten dieser Psychonauten am Ende doch fehlt. Dass die Stimmung kippt, sich gegen Crevel und Desnos wendet, ist kaum überraschend: Von jeher sind »Propheten« ungeliebt, leben riskant, wenn sie den Leuten mit Katastrophen kommen und kein Licht in der Zukunft sehen, ihnen dunkle Zeiten vorhersagen. Nichtsdestotrotz gehen einige der Männer zu Madame Sacco, einer Hellseherin in der Rue de Paris, die Paul Éluard warnt, dass Breton mit Nadja,[99] seiner *créature inspirante*, nichts Gutes widerfahren werde oder dass Antonin Artaud von Janine nur Bitteres zu erwarten hat. In diesem Zusammenhang schreibt Walter Benjamin, dass es für einen Ausnahmezustand im Sinne der Surrealisten schon ausreicht, mit der Liebe ernst zu machen.

Die Monstrositäten, wie sie vielleicht nur das Irreale, das verzauberte Leben kennt, wie sie im Wahnsinn groß werden, sind, einmal losgelassen, nur schwer zur Räson zu bringen, zu bändigen. Die Frage, ob nicht die Lust zur Last, das Diktat leicht zur Diktatur dieser schlecht zu beherrschenden Kräfte geraten kann, geht in der Euphorie der Entdecker schnell unter. (Auch die Experimente von Breton und Éluard, Manie und Paranoia zu imitieren, eine *Dementia praecox* zu veranstalten, führen zu allerlei Entgleisungen, sind nicht gesund.)

Etwa zur selben Zeit – Anfang der Zwanzigerjahre – findet Hans Prinzhorn verwandte Prozesse im unbewussten Ausdruckswillen bei Primitiven und Geisteskranken.[100] Dass Seelenverstörungen Menschen nicht bloß aushöhlen, abbauen, immer wieder auch Fähigkeiten wachrufen und steigern, neben Verlusten ebenso Gewinne einfahren, wird oft nicht gesehen oder verschwiegen. Demokrit bemerkt, dass jeder gute Dichter einen Anflug von Wahnsinn erfahren muss. Und auch Seneca glaubt an ein dämonisches Rasen, welches die großen Geister umhertreibt. Als einer der Ersten der Neuzeit zeigt Lombroso, dass sich die Defizite mancher Kranker durch andere Gaben mehr als nur ausgleichen, vielleicht aus einfachen Bauern Poeten machen.[101] (Manche ihrer abnormen Erregungen bündeln sich, gerade im Fall einer manischen Ideenflucht, in Epigrammen, Alliterationen, Assonanzen, im Zwang zu reimen, in Versen zu sprechen. Ohne den Sinn der Aussagen stabilisieren zu können, bleiben diese vieldeutig, verschlüsselt. Nicht selten wird der nackte Affekt, die verstörende Erregung, in eine *simplicité délicieuse* des Ausdrucks übersetzt.) Einer der Irren Lombrosos, ein Bankbeamter, mutiert zum Tenor und singt im musikalischen Delir über Tage, bis ihn die Kräfte verlassen, Motive aus Verdis *Il trovatore*; zwei andere wieder halten sich für größer als Gott (was schon eine Leistung ist!) und lassen die Welt aus ihrem Mastdarm, sozusagen als Schöpfungsscheiße hervorgehen. Ein einfacher Hilfsarbeiter wird philosophisch und verkündet, dass wir zerbrechen müssen, um das Göttliche in uns gelingen zu lassen. Eine »Königin von Frankreich« begleitet den Aufmarsch ihrer Armee mit gewaltigen Trommelschlägen, hält endlos lange Ansprachen und jubelt vor sich hin. Wie ein Blutsturz schießt das Leben aus ihr heraus. Bis zur totalen Erschöpfung reimt sich eine junge Frau, an halluzinatorischer Verwirrtheit leidend, in Ekstase und stirbt. Eine andere Patientin Lombrosos entwickelt komplizierte Welterklärungsmodelle und Verschwörungstheorien, gibt sich prophetisch und behauptet, das Wort *medico* sei eine Umkehrung des Lateinischen *oc(c)idem* (ich werde töten), und stirbt unter der Pflege ihrer Ärzte. Eine Hausdame, die anfängt, mit Geistern zu reden, kommt ins Irrenhaus, geht bald in dichterischem Feuer auf, schaut verklärt zum Himmel, stampft über Stunden mit den Füßen auf den Boden, bevor auch sie mit einem Mal umfällt und tot ist. Die chronisch Verrückten versinken in Litaneien aus immer gleichen Wörtern. Lombroso, dem Irrenarzt, fallen im psychotischen Schub Geistesflüge auf, die solche Menschen weit über ihr bisheriges Leben hinaustragen. Auch dass die Kranken sich in sadistischen Selbstanalysen auseinandernehmen, sezieren und dabei Einsichten gewinnen, die den Gesunden meist fehlen.[102] Sie müssen sich noch im Blindflug durch die dunkelsten seelischen Landschaften navigieren. (Nebenbei: Lombroso schreibt, dass die Bedingungen für Genie und Wahnsinn ähnlich sind. Beide brauchen milde Wärme, vertragen aber wenig Hitze – sie bevorzugen den Süden, brechen häufig im späten Frühling und in den frühen Herbsttagen aus.)

Gerade der schizophrene Autismus schafft es, aus den Fragmenten einer zerfallenen Welt neue Ordnungen zu bauen, manchmal ein grandioses neues Selbst zu errichten. Was auf diesen Nachtfahrten, in diesen Himmelshöllen, in Bildern und zerfahrenen Sätzen gewonnen wird, ist die Folge von Zusammenbrüchen, Ohnmachten und schwarzem Weltgefühl. (Darin kann jedes Ding böse, jeder Blick bedrohlich, jede Nahrung vergiftet, jeder Sinn zerrieben sein. Aber auch umgekehrt kann sich das Unreine ins Reine verwandeln, das Gefahrvolle Frieden stiften.[103]) Sind solche Bilder auch häufig als Gegenzauber gedacht, um sich Verwünschungen und Flüchen zu erwehren, das Unheimliche fernzuhalten, dämonische, höhere Mächte zu besänftigen, weigert sich Prinzhorn, sie zu pathologisieren oder erklären zu wollen – man finde sie zu allen Zeiten, in allen Kulturen: Aus einem »dunklen, triebhaften Drang« freigesetzt, brechen sie aus dem Inneren hervor – unterlaufen alle vordergründigen Sinnannahmen und genügen, glaubt Prinzhorn, sich selbst.

Im *Phaidros* erklärt Sokrates, dass die delphischen Priesterinnen wahnsinnig sind, wenn sie, von den Göttern geleitet, wahrsagen. Und Aristoteles schildert, wie einfache Menschen unter Hirnkongestionen und in der Umnachtung zu Propheten werden.[104] Bald ist der Irre ein Gott, bald der einzig Lebende unter lauter Toten, fühlt sich leicht und frei, ins hellste Licht gezogen ... einige Blitze! – ein Leuchten über der hereinbrechenden Nacht.[105] Prinzhorn bemerkt im Wahnsinn auch einen »metaphysischen Drang«, der dem gewöhnlichen Leben fremd ist. Als mache erst eine unerträgliche Fülle an Leiden reich, als bräuchte es für Himmelfahrten zuvor einen tiefen Fall: Manche Angst und Agonie öffnen sich plötzlich zum Absoluten, ins heilige Licht (*in luce sancta*). Aus der Ohnmacht kommen Offenbarungen. Oder wie Bataille es formulieren könnte: Der Schrecken illuminiert zu einer Klarheit über das Namenlose – das, *was ist.* Hier passen die Begriffe der »durchleuchtigen Dunkelheit«, der »sternenlosen leuchtenden Leere«, des »höllischen Erhelltseins«, der »furchtbarsten Aufhellung«, des »glühend schwarzen Inneren der Seligkeit«, des »in der Nacht lodernden Nicht-Sinns«. (Aber: Wer einmal so verloren im Dunkel war – erlösen den spätere Erleuchtungen?[106]) Was das einfache Verrückt- vom visionären Ergriffensein trennt, ist so leicht nicht einzusehen: Wo der Wahnsinn zu tiefen Einsichten führt, vielleicht in Luzidität und Ekstase endet.

Prinzhorn schreibt auch über die malenden Medien, sieht dort mehr Berechnung im Spiel und weniger Triebhaftes.[107] Bei allen Ähnlichkeiten wirken die Arbeiten seiner Sammlung obszöner, grotesker, bedrohlicher, sind voller Verzerrungen, Disproportionen, Stereotypien. Aber ebenso bestürzend, eigenmächtig, weltfern und unergründlich. Reihung und Symmetrie sollen gegen den Zerfall im »Irrsinn« Ordnung schaffen – gleichwohl eine Ordnung, die, verschroben, oft in der Erstarrung endet.[108] Alles kann angeeignet, in neue Zusammenhänge transportiert und umgeschrieben, als ganz Wirkliches in Anspruch genommen werden: Träume, Visionen, Halluziniertes.[109] Was hier so heftig ausgestoßen, veräußerlicht wird, zeigt die Mühen, ein aus dem Takt geratenes Leben – wie ein Herz, das seinen Rhythmus verliert – zu beruhigen.

Mal liegen die Kranken apathisch im Bett, dann wieder fällt es ihnen ein, als Gott die Welt zu regieren. Und gerade Größenwahnanfälle, eine ungehemmte Selbstherrlichkeit, geben dem Autismus besonderen Glanz – siehe das viele Pathos der Bilder, ihren Hang zum Monumentalen, das Jonglieren mit bombastischen Zahlen, mit kosmischen Dimensionen. In diesen neu erschaffenen Welten wirkt alles riesenhaft, verwegen, enorm. In ihren Privat-Mythologien spielen die Patienten Gottessöhne, Avatare, Kaiser, Exzellenzen, Engel, Propheten, Generäle, Weltenzerstörer, Sonnenhelden, Teufel, Todessturzkandidaten, Demiurgen; sie gehen in den Wolken, spiegeln sich im unendlichen Firmament, durchfliegen Galaxien. (Was Prinzhorn im Ausdruck der Kranken vermisst, ist Humor – dafür häufen sich das Komische und das Groteske.) Oder sie bleiben für immer Kind: Adolf Wölfli alias Sankt Adolf II., Herr des Universums, verbietet seinem Ich, älter als acht Jahre zu werden – danach käme die Zeit, in der ihn die Mutter verlassen hat. In diesem »Fortkindheiteln« kann sich Wölfli (Diagnose: *Dementia paranoides*) einen unschuldigen und »atemlosen« Blick auf die Welt bewahren.

Viele Zeichnungen dieser »Irren« sind überladen, von einer »wuchernden Üppigkeit«, bis zum Rand ausgemalt, muss jede Leere gefüllt werden. Buchstaben, Symbole, Ziffern, Noten, Formfragmente vereinigen sich hier zu kryptischen Botschaften. Prinzhorn fällt ein hart antreibender, wilder Rhythmus von Splittern, Strichen, Strahlen auf, die eine ins Schwanken, aus den Fugen geratene Welt bedeuten. Die Kranken richten sich in einem privaten Kosmos ein. Auf der inneren Bühne besetzen sie die Dramen ihres Lebens, in allen Haupt- und Nebenrollen,

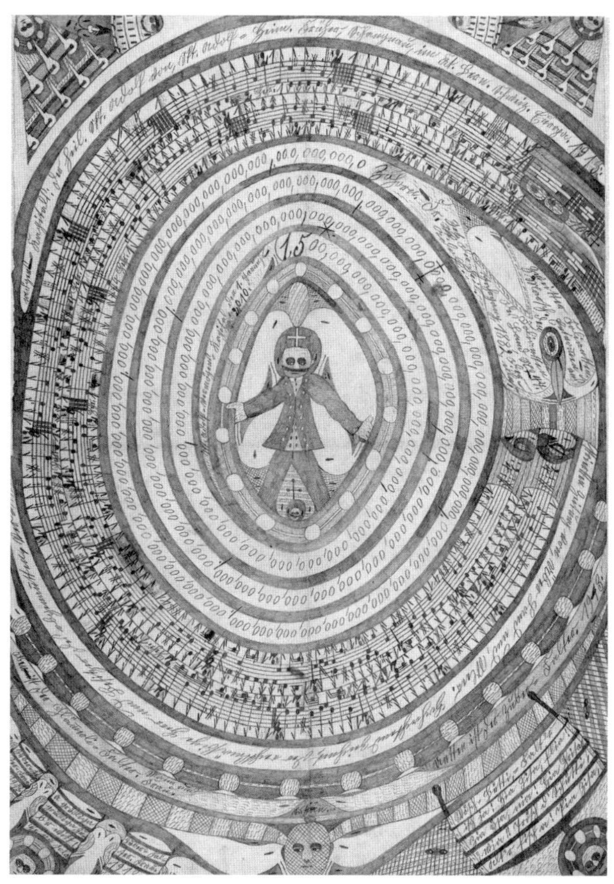

Adolf Wölfli, *Zweitter Foliantten=Marsch*, 1913.

oft nur mit sich selbst. Am äußersten Rand des Verlorenseins: Hier entsteht, für die Einfühlung vielleicht unerreichbar, eine Fremdheit, die sich den anderen aufdrängt, aber auch abstößt und letztlich nicht abzubauen, zu verdauen ist. Wer so leidet, bleibt allein und verlassen.[110]

Die Objekte seiner Sammlung, schreibt Prinzhorn, entwerfen sich »gegen den wuchernden Rationalismus der letzten Generationen, in dem nicht die Schlechtesten zu ersticken scheinen«.[111] Beschwörungen und magisches Denken werden zu Waffen, mit denen der Verzweifelte sich gegen die Zumutungen, das Elend seines Lebens zur Wehr setzt. Wie Zauberei möchten die magischen Ladungen mancher Bilder funktionieren, um in Stoßwellen von Energien das Böse abzuschrecken, fernzuhalten.[112] Bilder, die sich mit brisanten Vorstellungen behaupten: das Erwürgen von Feinden mit gespiegelten Sonnenstrahlen, das Ausschicken schwarzer Engel, die über einstürzenden, brennenden Himmeln kreisen und Beute suchen, das Zerstören ferner, bedrohlicher Welträume, das schöne Funktionieren der Gedankenmanipulationsmaschinen und Ähnliches.

Jene, für die sich das Leben nicht weiter ausdehnen kann, zu eng wird, in Sackgassen endet, haben wenig Wahl, ihnen bleibt manchmal nur der Weg in den Wahn. Noch in der Anstalt entweichen die Eingesperrten in andere Sphären. Als würden sie sich in eine Leere hinein auflösen, selbst zur Leere werden … für immer die Welt verlassen … im Nichts verschwinden, das im selben Moment alles ist, wenn sie in ihm aufgehen … (Wie die Heilige Angela von Foligno bekennt: Die Seele sieht ein Nichts und sieht doch alle Dinge – *nihil videt et omnia videt*, die noch im Sterben ausruft: *o nihil incognitum*![113] Und sie sieht ihren Gott in der Finsternis, die ihr alle Liebe, Andacht und Inbrunst nimmt. In Gott verbindet sich die unendliche Liebe mit einem unendlichen Schmerz. Nach einer Vision des Christus am Kreuz betet die Heilige für den Tod ihrer Söhne, ihres Mannes, um ihr Leben allein der Gottesliebe zu widmen. Angela muss opfern und hassen, was sie – abgesehen von Gott – am meisten liebt.)

Wer leichtfertig in die Hölle absteigen möchte, müsste schon verrückt sein; verrückt genug, um lachend und heiter in sein Unglück zu laufen, der ist nicht zu retten, dem ist nicht zu helfen. So wie es absurd scheint, sich nach einer Wahrheit zu sehnen, die einen vernichtet, es sei denn, man wäre ein Don Juan, wie Nietzsche ihn vorführt: Ein Erkenntnisjäger, ganz ohne Liebe zu den Dingen, dem es nach der Eroberung der Sterne zu langweilig wird und der zuletzt nun die Schmerzen der Hölle sucht (wobei über die Hölle zu reden ebenso unmöglich erscheint, wie es für die Ekstase an Worten fehlt.) Wenn die Vernunft gegen den

Irrsinn verliert, haltlos zu werden, zu zögern und schwanken beginnt, steht die bürgerliche Welt auf dem Kopf, wird das Leben, werden viele Übereinkünfte fragwürdig.

Ein bisschen Staunen reicht den Meisten, wenn sie sehen, was diese Leidenden und Weltfremden so absondern. Als wäre ihr Atem vergiftet, voller Keime, kommt man ihnen besser nicht zu nahe, um sich nicht anzustecken an einer Verzweiflung am Leben, gegen die noch niemand ganz immun ist. Was im Licht gesehen sinnvoll erscheint, verliert in der Finsternis seinen Wert. Wer tief ins Unheimliche eintaucht, findet so bald nicht zurück zu den Alltäglichkeiten und schönen Ablenkungen im Leben. Der Ausnahmezustand wird zum Normalfall und hört nicht mehr auf.

Nachtrag: Nicht wenige Bildwerke dieser internierten »Irren« würden sich, ohne aufzufallen, in die Arbeiten und Ausstellungen der Avantgarde einfügen.[114] Aus Prinzhorns Sammlung holen sich viele Kunstpioniere dieser Tage eine Prise Inspiration, in der Überzeugung, dass das Unbewusste, für mehr als nur für Symptome gut, nicht allein Brutstätte böser Überraschungen ist, sondern raum- und zeitübergreifend auch Motor der Schöpfung.

# Epilog

Etwa eine Lebensspanne, von Achtzehnhundertachtundvierzig bis zum Ende der Zwanzigerjahre, dauert der große Auftritt der Geister – dann sind andere Leidenschaften und Zaubereien gefragt. Vermutlich ist das gerade entstehende Kino, in dem das Fantastische und das Reale sich begegnen und herausfordern, die leichtere, bessere Unterhaltung. Die Magie dieser bewegten Bilder ist von den Geistern der Séancen nicht zu überbieten, fängt den Zuschauer ein, absorbiert ihn ganz. Ihre ungemeine Flüchtigkeit, die nicht anzuhalten ist, dieses Flimmernde, Durchscheinende, Unfassbare, bannt den Blick, hält ihn fest. Hier findet das Ungeheure, noch nie Gesehene, ein neues Zuhause, öffnet der Film in seiner visuellen Kraft ein Fenster zum Okkulten. Wie die Trance entführt der Film in eine fremde Welt. Kein anderes technisches Medium ist für den Auftritt von Phantomen jeglicher Art so geeignet, nimmt den Zuschauer mit solcher Macht in seine Gewalt – darin ist das Kino der Magie verwandt. Die Bewegung der Bilder im Kinematografen lässt längst Vergangenes für die Dauer einer Projektion wieder lebendig wirken. Das ist das Unheimliche des Films: Wenn das Tote wie das Lebendige erscheint. Die Wesen aus dem Schattenreich kehren über die Leinwand zurück in die Welt – unsterblicher denn je. (*Das Cabinet des Doktor Caligari* beginnt mit der Bemerkung, dass die Geister überall, um uns herum sind.) Oft kommt es vor, dass Schauspieler ihre Rolle spielen, als wären sie besessen, sich selbst fremd; mit hypnotischem Blick können sie von der Leinwand aus die Zuschauer verzaubern. Schon das frühe Kino weckt den Verdacht, dass hinter den Kulissen des Lebens noch ganz andere, wenig freundliche Kräfte, bizarre Kreaturen, Untote oder Dämonen ihre schlechten Scherze mit uns treiben.[1] Das Okkulte wird Teil der modernen Unterhaltungskultur: Im Film kann das Irreale, Fantastische wirklicher werden als die restliche Welt.

Merkwürdig genug: Mit Lärm und Dramatik, polternd und pochend erscheinen die Geister und ihre Medien – leise, fast unbemerkt, verschwinden sie gut ein Jahrzehnt vor dem neuen Weltkrieg aus der kulturellen Landschaft. Séancen werden selten, das Ektoplasmieren kommt aus der Mode, der große okkulte Rummel hört auf. Eine Epoche geht zu Ende.

Andere okkulte Landschaften zeichnen sich bereits ab. Nicht immer sichtbar, bildet das Okkulte mit seinen Visionen und apokalyptischen Szenarien, dem verworfenen Wissen, einen Untergrund, auf dem sich auch der moderne Mensch noch bewegt. Magie und Aberglaube gehen mit der Zeit, passen sich seinen veränderten Lebensformen an, »antworten« auf die großen Krisen und Katastrophen, auf technische Fortschritte, erobern die neuen Maschinen und Apparate. Und jeder Versuch der Aufklärung, den Spuk, den Zauber und Wahn vergangener Tage zu verabschieden, den Menschen ihre alten magischen Bilder auszutreiben, wird diese nur weiter bestätigen und in die Gegenwart retten.

# Anmerkungen

## Die Lebenden und die Toten

1 Hans Prinzhorn, *Bildnerei der Geisteskranken*, Wien 2001; zum Fall Heinrich Welz (eigentlich Hyacinth Freiherr von Wieser), siehe S. 255. Die Familie von Wiesers, in Wien ansässig, ist mit Rudolf Steiner befreundet; möglich, dass der Jurist schon in seiner Jugend theosophisch geschult wird. Seine »Willenskurven«, die andere Menschen hypnotisch beeinflussen sollen, faszinieren auch Oskar Schlemmer.

2 Dietrich Kieser, »Melancholia daemonomaniaca occulta, in einem Selbstbekenntnis des Kranken geschildert«, in: *Allgemeine Zeitschrift für Psychiatrie und psychisch-gerichtliche Medizin*, Band 10 (1853), Heft 1, S. 423–457.

3 Friedrich Krauß, »Nothschrei eines Magnetisch-Vergifteten«, in: Torsten Hahn (Hg.), *Grenzgänge zwischen Wahn und Wissen*, Frankfurt am Main 2002, S. 30. Krauß' umfangreiches Werk erscheint 1852 im Selbstverlag. Der Kranke ist ein Beispiel dafür, dass auch neue Medien und Maschinen – als aus der Ferne gesteuerte Beeinflussungs- und Fremdsteuerungsapparate – sich in den Wahn miteinschreiben.

## 1 Unendliche Wirbel der Liebe — Die Invasion der Toten

1 Im gleichen Jahr proklamieren Marx und Engels in London ihr *Kommunistisches Manifest*. Der Revolutionär und spätere Okkultist Georg von Langsdorff erinnert sich: »Es war das Jahr 1848, das uns in Europa eine denkwürdige Bewegung zugunsten einer Regierung des Volkes durch das Volk, und in den Vereinigten Staaten von Nord-Amerika eine in demselben Jahr, im Monat März, gemachte Entdeckung einer Telegraphie mit der Geisterwelt, gebracht hatte.« Georg von Langsdorff, in: *Zeitschrift für Spiritismus*, 16. Jahrgang, 1912, S. 209.

2 Was Davis über die Unterschichten schreibt, die in Amerika keine Stimme haben und denen die Produktionsmittel fehlen, um ihr Leben zu verbessern, klingt entfernt nach Marx und Engels. Er fordert die Abschaffung sozialen Elends, der Rassenungleichheit, der Prostitution und Todesstrafe, will die Gleichstellung der Frau. Siehe Ulrich Linse, *Geisterseher*

*und Wunderwirker, Heilssuche im Industriezeitalter*, Frankfurt am Main 1996, S. 57. Auch deutsche Spiritismus-Kritiker fürchten einen sich durch Medien verbreitenden Kommunismus: »Die Geister scheuen sich nicht, Güter- und sogar Weibergemeinschaft zu predigen. [...] Die religiösen Reformen, welche die Geister in München an der katholischen Kirche vornehmen wollen, tragen socialistisches Gepräge; sie verlangen unter Anderem, daß der Clerus ganz und gar arm werde«. Mathias Schneid, *Der neuere Spiritismus philosophisch geprüft*, Eichstätt 1880, S. 71.

3 Von der Mitte des 19. Jahrhunderts an ist die angloamerikanische Krankheitslehre schnell dabei, den Mediumismus mit seinen Visionen als Symptom einer körperlichen Störung zu klassifizieren; häufigste Diagnosen: Epilepsie, Intoxikation, Degeneration, siehe: Barbara Wolf-Braun, »Parapsychologische und psychiatrische Kontraktionen des Mediumismus«, in: Marcus Hahn, Erhard Schüttpelz (Hg.), *Trancemedien und neue Medien um 1900*, Bielefeld 2009, S. 151.

4 Manche Autoren unterscheiden den »Spiritualismus«, als ältere philosophische Lehre, welche die Wirklichkeit als vom Geist bestimmt, das Körperliche als eine Erscheinungsform des Geistes annimmt, vom »Spiritismus«, der den Verkehr der Lebenden mit den Toten sucht.

5 Um 1889, zur Zeit des Pariser Spiritistenkongresses, schätzt man die Zahl der Anhänger auf etwa 15 Millionen, die »versorgt« werden von 30000 Medien, und es gibt tausende von »magnetischen Zirkeln«, kleinen okkulten Vereinen. August Messer, *Wissenschaftlicher Okkultismus*, Leipzig 1927, S. 10. – Die »Ankunft« des Spiritismus in England wird allgemein auf das Jahr 1853 datiert. In Europa erreicht die Bewegung aber nicht die gleichen Ausmaße und breiten Schichten wie im Mutterland.

6 Allan Kardec (1804–1869), Gründer des Kardecianismus. Aus diktierten »jenseitigen« Botschaften entstehen *Le Livre des esprits* (Paris 1857) und *Le Livre des médiums* (Paris 1861), die beiden »Bibeln« des Spiritismus; Kardec verarbeitet darin die Schriften Swedenborgs und einiges an indischer Religionsphilosophie.

7 Éliphas Lévi, *La Bible de la liberté*, Paris 1841; ders., *La Science des esprits. Révélation du dogme secret des Kabbalistes. Esprit occulte des Évangiles. Appréciation des doctrines et des phénomènes spirites* (= Philosophie occulte. 2e Série) Paris 1865; ders., *Le grand arcane ou l'occultisme dévoilé*, Paris 1898; ders., *Les mystères de la Kabbale ou l'harmonie occulte des deux Testaments*, Paris 1920. Im zeitgenössischen sozialistischen Umfeld findet man nicht nur bei Lévi eine Verflechtung von Mystik, Kabbala, Tarot,

Freimaurertum und den Lehren der Templer. Félix Fabart wiederum betont, dass die Spiritisten Frankreichs zentrale Ideen aus dem »Milieu der Sozialisten« entnehmen, stellt eine Verwandtschaft zwischen »Swedenborgiens, Mesmériens, Fouriéristes, Kardécistes, Théosophes etc.« fest. (Félix Fabart, *Histoire philosophique et politique de l'occulte*, Paris 1885, S. 116.)

8 Flugschriften mit Werbung für Berufsmedien sind im Umlauf, in Buchhandlungen liegen Geisterfotografien aus (in der Friedrichstraße ist ein Laden auf Spiritismus und Theosophie spezialisiert), und am Alex, im Restaurant Prälaten, residiert einmal im Monat die »Psyche«, ein Berliner Verein für Geisterverkehr. Siehe: Max Dessoir, *Vom Jenseits der Seele*, Berlin 1930, S. 287. Zur Rolle eines linken plebejischen Spiritismus (ab 1860 werden vor allem in England »Lyceen« eingerichtet – als Alternative zu den christlichen Sonntagsschulen – mit Gymnastik, Turnen, Gesang, Gesundheitsschulung und so weiter), siehe: Ulrich Linse, *Geisterseher und Wunderwirker*, Frankfurt am Main 1996, S. 64f.

9 Der Sozialist und Schriftsteller verbreitet den Spiritismus literarisch: Robert Dale Owen, *Footfalls on the Boundary of Another World*, London 1860; ders., *The debatable Land between this World and the next*, London 1872.

10 Die Animismus-Spiritismus-Kontroverse machen in Deutschland zwei prominente Akteure zu ihrer Sache: Alexander Aksákow, russischer Emigrant aus St. Petersburg, ist als Agent der Geister im Einsatz, und der Berliner Eduard von Hartmann, in großen Kreisen populärer Autor einer dreibändigen Philosophie des Unbewussten – er verbindet Motive Schopenhauers mit dem Idealismus Hegels –, erklärt sich zum Anwalt des Animismus. Man schreibt sich Briefe, antwortet in Büchern, polemisiert in Tageszeitungen und Journalen. Siehe Alexander Aksákow, *Animismus und Spiritismus*, Leipzig 1890 versus Eduard von Hartmann, *Der Spiritismus*, Leipzig 1885, sowie: ders., *Die Geisterhypothese des Spiritismus und seine Phantome*, Leipzig 1891. – Bereits die Atomisten (Leukipp, Demokrit) arbeiten mit der Annahme einer psychischen Kraft, von der auch Fernwirkungen ausgehen können.

## 11 »A whitish vapory substance like smoke« — Experimentelle Metaphysik

1 Die Psychologische Gesellschaft ist ein Ende 1886 nach dem Vorbild der Society for Psychical Research gegründeter Verein, mit Carl du Prel und

Albert Freiherr von Schrenck-Notzing als zentralen Figuren. Wilhelm Hübbe-Schleiden, der Herausgeber der *Sphinx*, ist Mitglied, ebenso sind die Maler Gabriel von Max, Albert von Keller sowie die Schriftsteller Oskar Panizza und Hanns von Gumppenberg mit dabei. Bereits nach zwei Jahren kommt es zur Spaltung: du Prel gründet die Gesellschaft für wissenschaftliche Psychologie; Schrenck-Notzing schließt sich mit der Berliner Gesellschaft für Experimental-Psychologie, der auch Max Dessoir und Albert Moll angehören, zusammen.

2 Systematisch wird das wissenschaftliche Ausleuchten des Okkulten Anfang der 1870er-Jahre durch Sir William Crookes' Versuche mit dem Medium Daniel Dunglas Home (bis 1874); der Astronom William Huggins assistiert ihm. Die Londoner Dialektische Gesellschaft gibt bei Crookes ein Gutachten in Auftrag, mit der Frage, was es mit diesen anormalen Phänomenen auf sich hat. Vgl. Gustav Zeller, *Okkultismus und deutsche Wissenschaft seit Kant und Goethe*, Leipzig 1922.

3 Albert von Schrenck-Notzing, *Die Entwicklung des Okkultismus zur Parapsychologie in Deutschland*, Leipzig 1932, S. 70.

4 Der vermutlich erste Bericht über Materialisationen – im Februar 1850 zeigen sich im vollen Licht »fluidale« Hände – findet sich in *Spirit Manifestations* (Adin Ballou, London 1852). Auch bei Séancen der Fox-Schwestern um 1860 sind luminöse Glieder und Köpfe zu sehen, Gestalten aus »kugelrunden Lichtern«; andere frühe Beschreibungen betreffen die »spirit forms« des Mediums Mrs Andrews aus Moravia, im Staat New York, von denen man um 1870 in England erfährt.

5 Willi (1908–1957) und Rudi Schneider (1903–1971) aus Braunau, Österreich, machen vor allem mit psychokinetischen Effekten Furore. Schrenck widmet den Brüdern jeweils eine Monografie: *Experimente der Fernbewegung* (Stuttgart 1924), sowie *Die Phänomene des Mediums Rudi Schneider* (Berlin und Leipzig 1933). Mit dem jüngeren der beiden arbeitet er bis elf Tage vor seinem Tod.

6 Gustave Geley, *Materialisationsexperimente mit M. Franek-Kluski*, Leipzig 1922, S. 104. – Am 25. Juni und 13. Juli 1913 kommt der Kinematograf (Firma Pathé) mit 360–400 Bildern pro Film erstmals für wenige Minuten zum Einsatz. Das Gelingen dieses Versuchs veranschlagt Schrenck »als bedeutenden methodologischen Fortschritt«.

7 Joseph Grasset, *Le Spiritisme devant la Science*, Montpellier 1904, S. 99f. Grasset analysiert die sogenannten okkulten Phänomene als zur Biologie gehörig und rechnet sie zu den Krankheiten des Nervensystems, für die allein der Arzt zuständig ist.

8 Gustav Geley, *Materialisations-Experimente mit M. Franek-Kluski*, Leipzig 1922, S. 94. – Exemplarisch und öffentlich umstritten ist ein Prozess 1930 vor dem Münchener Amtsgericht: Der Freiburger Irrenarzt Eduard Aigner hatte bei Friedrich Ritter von Lama wegen einiger Passagen seines Buches *Therese Neumann von Konnersreuth. Eine Stigmatisierte unserer Zeit* (Bonn 1927), »tendenziöse Wundersucht« diagnostiziert. Von Lama antwortet mit einer Beleidigungsklage. (Siehe: »Neuauflage des Prozesses Aigner – von Lama«, in: *Zeitschrift für Parapsychologie*, Heft 3 (1930), S. 206.)

9 Emanuel Swedenborg (1688–1772), Mystiker und Theologe. Bei seiner »Erweckung« im April 1745 ist es der »Herr« selbst, der Swedenborg erscheint und ihm aufträgt, die Blindheit der Menschen zu kurieren, den Menschen das Göttliche wieder sehen zu lassen. Vorwürfen, er hätte sich seine Visionen herbeifantasiert, entgegnet er in seinen *Himmlischen Geheimnissen* schlicht, das kümmere ihn wenig: »denn ich habe gesehen, gehört und gefühlt«. Nebenbei: Swedenborg erweitert den Katalog der Tugenden und Merkmale, welche den Prozess der Erlösung vorantreiben – besonders braucht es dafür Intelligenz. Aus seiner Lehre geht Ende des 19. Jahrhunderts die Church of New Jerusalem hervor und breitet sich mit ihren Gemeinden in allen größeren Städten Englands aus. (Auch William Blake ist einige Jahre Mitglied dieser Kirche, bevor er mit seiner »Vermählung von Himmel und Hölle« andere Wege geht.) Kant schwankt einige Male in seinem Urteil über diesen »Erzphantasten«, der über Jahrzehnte nichts Besseres zu hat, als mit Geistern und abgeschiedenen Seelen zu plaudern: Kant ist ablehnend, spöttisch und fasziniert zugleich; Immanuel Kant, *Träume eines Geistersehers und andere vorkritische Schriften*, Köln 1995, S. 348.

10 Der Physiologe Emil Du Bois-Reymond ist einer von vielen Ärzten, der den Glauben an das Okkulte als Symptom einer Krankheit begreift. Zitiert nach Robert Matthias Erdbeer, »Epistemisches Prekariat«, in: Dirk Rupnow, Veronika Lipphardt (Hg.), *Pseudowissenschaft*, Frankfurt am Main 2008, S. 133.

11 William Crookes, »Das Photographiren einer ›psychischen Gestalt‹ vermittels elektrischen Lichtes«, in: *Psychische Studien*, 1875, S. 22. – »Katie Kings« letzter Auftritt ist am 21. Mai 1874; im selben Jahr heiratet die Cook und zieht sich aus dem Spiritismus zurück.

12 »Mit jedem Test, den ich vorschlug, erklärte sie sich augenblicklich und äußerst bereitwillig einverstanden … und ich habe nie etwas gesehen, das auch nur auf das leiseste Symptom einer Täuschungsabsicht

hingewiesen hätte.« (Übers. d. A.) *Encyclopedia of Occultism & Parapsychology*, Fifth Edition, New York 2001, Volume I, S. 355.

13 Gustav Meyrink, *An der Grenze des Jenseits – Die Verwandlung des Blutes*, Leipzig 1923, S. 13.

14 Friedrich Engels, Karl Marx, *Dialektik der Natur*, Berlin 1962, S. 337f.

15 Albert Moll, *Psychologie und Charakterologie der Okkultisten*, Stuttgart 1929, S. 95f. Sowie: Eduard von Hartmann, *Der Spiritismus*, Leipzig 1885, S. 17. – Slade tourt ab Mitte der 1860er-Jahre auf Empfehlung Madame Blavatskys durch Europa. Die Sitzungen mit Zöllner, meist in dessen Schlafzimmer (oft assistieren ihm die Physiker Fechner und Weber) finden zwischen Herbst 1877 und Frühjahr 1878 statt. Mit seinen Untersuchungen endet die erste, die klassische Periode des Okkultismus. Übrigens konnte auch Samuel Bellachini, seinerzeit ein Star unter den Illusionisten und Taschenspielern, keine Tricksereien ausmachen. Aksákow allerdings überführt Slade des Betruges. In London wird das Medium auf Grundlage des Vagrancy Act (ein Gesetz zum Schutz der Bevölkerung vor reisenden Handlesern und Wunderheilern) angeklagt und zu drei Monaten »hard labor« verurteilt; wegen eines Verfahrensfehlers kann er aus England flüchten. Slade stirbt 1905 in einem Irrenhaus in Michigan.

16 Friedrich Zöllner, *Vierte Dimension und Okkultismus*, Leipzig 2008, S. 86f. Anmerkung: Auch anderen Medien (Eglinton, Sambor) gelingen die Knotenexperimente als Bestätigung der Existenz weiterer Dimensionen. Zudem beteiligt sich eine Reihe von Künstlern, besonders die Kubisten, an solchen Spekulationen, aber auch Mathematiker wie Ludwig Schläfli, Hermann von Helmholtz oder Charles Howard Hinton. Letzterer entwickelt Farbexperimente, die eine 4. Dimension vorstellbar machen und Halluzinationen auslösen sollen. Er visualisierte sich einen Würfel, zusammengesetzt aus 36×36×36 (insgesamt 46656) jeweils ein Inch großen Würfeln, und gab jedem der kleineren Würfel einen lateinischen Namen. Gerüchten zufolge seien Nachahmer dieses Gedankenexperiments verrückt geworden. (Charles Howard Hinton, *The fourth dimension*, London 1912.) Auch die Literatur nimmt sich des Themas an, so etwa H. G. Wells mit seinem Roman *The Time Machine* (1895) und Edwin Abbotts *Flatland* (1884).

17 Friedrich Zöllner, *Vierte Dimension und Okkultismus*, Leipzig 2008, S. 129. Für Zöllner ist es Aufgabe der Naturforschung, »die Realität eines Zusammenhanges unserer Körperwelt mit einer anderen, unter gewöhnlichen Umständen unsichtbaren Geisterwelt zu beweisen«. (Ders., *Die Transcendentale Physik und die sogenannte Philosophie: Eine deutsche*

*Antwort auf eine sogenannte wissenschaftliche Frage.* Abhandlungen III, Leipzig 1879, S. XXXV.)

18 Friedrich Zöllner, *Vierte Dimension und Okkultismus*, Leipzig 2008, S. 54, 95f.

19 Oscar Simony, *Über spiritistische Manifestationen vom naturwissenschaftlichen Standpunkte*, Wien 1884.

20 Friedrich Engels, Karl Marx, *Dialektik der Natur*, Berlin 1962, S. 337f. Marx und Engels arbeiten vehement gegen das Freimaurertum und andere Geheimgesellschaften: »Im Übrigen steht dieser Orgnisationstyp im Widerspruch zu der Entwicklung der proletarischen Bewegung, weil diese Gesellschaften, statt die Arbeiter zu erziehen, sie autoritären und mystischen Gesetzen unterwerfen, die ihre Selbständigkeit behindern und ihr Bewußtsein in eine falsche Richtung lenken.« (Dies., *Werke*, Band 17, Berlin 1962, S. 655.)

21 Walter von Gulat-Wellenburg, Carl Graf von Klinckowstroem, Hans Rosenbusch, *Der physikalische Mediumismus*, Berlin 1925, S. 294, 301.

22 William Crawford experimentiert mit dem Goligher-Kreis zwischen 1913 und 1920. Das Medium Kathleen ist zu Beginn der Untersuchungen erst 16 Jahre alt. Fotografien des Ektoplasmas, die fabrikähnliche Muster von Strumpfmaschen oder Schuhsohlenformen zeigen, erklärt er damit, dass »die Substanz durch die Bekleidung der Versuchspersonen tritt, ihre genaue Form annimmt und nachher beibehält«. In Verehrer-Kreisen wird er als »Galilei der Paraphysik« gefeiert – Schrenck findet seine Untersuchungen »bahnbrechend«. William Crawford, *The Psychic Structures at the Goligher Circle*, New York 1921.

23 Zitiert aus: *Psychische Studien*, Heft 10 (1891), S. 450.

24 *Berliner Tageblatt* vom 7. März 1892. Lombrosos Phantommutter tritt während Versuchen mit der Palladino 1902 in Genua auf; Anton Müller, *Medizin und Okkultismus um die Jahrhundertwende*, Zürich 1967, S. 30.

25 Alfred Russel Wallace (1823–1913) ist ein Forscher und Abenteurer alten Schlags – über vier Jahre bereist er den Amazonas, kartografiert die Zuflüsse des Rio Negro und Rio Uaupes; später kreuzt er lange Zeit im indo-australischen Archipel zwischen Malaysia und Neuguinea, sammelt über hunderttausend naturkundliche Objekte. Dass er sich zum Spiritismus bekennt, schadet seiner Karriere; in *The Lancet*, der führenden medizinischen Zeitschrift Englands, ziehen die Kollegen über ihn her, bespötteln den Theoretiker, der auf Geist und Geister nicht verzichten möchte.

26 Solche Abstammungslehren werden dem Medium Fräulein S.W., deren spiritistischen Kommunikationen C.G. Jung von 1899 an protokolliert, übermittelt. C.G. Jung, *Psychiatrie und Okkultismus*, Zürich 1972, S. 23f.

## III Von Möchtegernmagiern und Schwarzkünstlern

—

## Unter Verdacht

1 So etwa soll das Kopenhagener Medium Einer Nielsen den späteren Skandal-Hellseher Hanussen während einer seiner Tourneen Anfang der 1920er-Jahre inspiriert haben, sich auf übersinnliche Kunststücke zu spezialisieren, ihn vielleicht sogar in diverse derartige Feinheiten und Finessen eingeweiht haben. Wilfried Kugel, *Hanussen. Die wahre Geschichte des Hermann Steinschneider*, Düsseldorf 1998, S. 64. In seiner Autobiografie findet der okkulte Hasardeur eine schöne Formulierung für seine Lebensform: »die immer hart an der Grenze des Wahrscheinlichen stand [...] sich zwischen Gaukelei und tieferer Bedeutung bewegt hat.« Hanussen, *Meine Lebenslinie*, Neu-Isenburg 2009, S. 7. Hanussen, alias Hermann Steinschneider, ist der Erste, der Telepathie und Rundfunk in Live-Sendungen als kombinierte Medien mit viel Aufsehen und Erfolg verbindet.

2 Der Prozess gegen die Rothe findet 1903 statt. Vgl. Richard Henneberg, »Zur forensisch-psychiatrischen Beurteilung spiritistischer Medien«, in: *Archiv für Psychiatrie* 37, Heft 3, 1903, S. 673–723. Henneberg stellt fest: »Der Spiritismus [...] lässt mannigfache Beziehungen zu psychisch abnormen Zuständen und ausgesprochenen Geistesstörungen erkennen«. Ders.: »Über die Beziehungen zwischen Spiritismus und Geistesstörung«, in: *Archiv für Psychiatrie und Nervenkrankheiten*, August 1901, Heft 34, S. 999.

3 Der Psychiater J.H. Schulz, Gründer der Gesellschaft für Ärztliche Hypnose, schreibt, dass es kein sicheres Kennzeichen gibt, simulierte und echte Trance zu unterscheiden. J.H. Schulz, »Psychotherapie und Okkultismus«, in: *Zeitschrift für kritischen Okkultismus und Grenzfragen des Seelenlebens*, Band 1, 1926, S. 220.

4 Jesus von Nazareth hört donnernde Stimmen, hält sich für den Sohn Gottes und nimmt die Schuld der ganzen Menschheit auf sich, hat Absencen und Anfälle, leidet an Manien und Verzückungen, spricht mit Teufeln und Engeln. Schon zur Jahrhundertwende finden einige Ärzte den

Erlöser der Paranoia und eines sensitiven Beziehungswahns verdächtig; auch andere Symptome sind ihnen mehr als suspekt: chronische Herumtreiberei, der Aufruf, Vater und Mutter, Brüder und Schwestern zu verlassen, die Billigung der Selbstkastration um des Himmels willen. Zu den Krankheiten der Propheten: Peter Schneider, *Wahnsinn und Kultur oder ›Die heilige Krankheit‹*, Würzburg 2001, S. 122. Ferner: Emil Rasmussen, *Jesus. Eine vergleichende psychopathologische Studie*, Leipzig 1905; Charles Binet-Senglé, *La Folie de Jésus*, Paris 1908; Albert Schweitzer, *Die psychiatrische Beurteilung Jesu*, Tübingen 1913.

5 Friedrich Moerchen, *Psychologie der Heiligkeit*, Halle 1908. Vergleiche: Ignaz Familler, *Das Heiligenleben in der modernen Psychopathographie*, Regensburg 1915; William Hirsch, *Religion und Zivilisation vom Standpunkte des Psychiaters*, München 1910. Zum seelischen Befinden von Swedenborg und Strindberg: Karl Jaspers, *Allgemeine Psychopathologie*, Berlin 1913.

6 Albert Eulenburg (Hg.), *Real-Encyclopädie der gesamten Heilkunde*. Stichwort »Zurechnungsfähigkeit«, Berlin 1893. Zitat weiter unten siehe: Richard Henneberg, »Zur forensisch-psychiatrischen Beurteilung spiritistischer Medien«, in: *Archiv für Psychiatrie* 37, Heft 3, 1903, S. 673f. Zur *Monomanie* vergleiche: Jean Etienne Dominique Esquirol, *Die Geisteskrankheiten in Beziehung zur Medizin und Staatsarzneikunde vollständig dargestellt*, Berlin 1838, S. 1f. Auf mildernde Umstände dürfen auch vorübergehende Tobsuchtsanfälle (*Furor transitorius*) sowie der »versteckte oder verborgene Wahnsinn« hoffen. (Yilva Greve, *Verbrechen und Krankheit. Die Entdeckung der »Criminalpsychologie« im 19. Jahrhundert*, Köln 2004, S. 286.)

7 Philippe Pinel, *Philosophisch-medicinische Abhandlungen über Geistesverwirrungen*, Wien 1801, S. 160.

8 Richard Henneberg, »Über die Beziehungen zwischen Spiritismus und Geistesstörung«, in: *Archiv für Psychiatrie und Nervenkrankheiten*, Nummer 34, August 1901, S. 77. Er prägt den Begriff der »mediumistischen Psychose«, die, durch okkulte Praktiken ausgelöst, von manisch gefärbten Erregungszuständen, Wahnbildungen und Sinnestäuschungen begleitet wird. Die »Hingabe« an den Spiritismus, schreibt Henneberg, könnte auch als Initialsymptom einer endogenen Psychose auftreten. Zur Pathologie der »Geisteradepten«: Karl Bonhoeffer, »Inwieweit sind politische, soziale und kulturelle Zustände einer psychopathologischen Betrachtung zugänglich?«, in: *Klinische Wochenschrift*, Nummer 2, 1923; ferner: Walter

Jacobi, »Über die Gefahren okkulter Strömungen in der Gegenwart«, in: *Deutsche medizinische Wochenschrift*, Nummer 51, 1925, S. 894–896.

9 »Ich habe Friederike Kempner durch das Medium Rothe [!] hierher bestellen lassen – ihren Geist – und meine Geistesgegenwart wird sie auffordern, sich mir zu etablieren.« (Brief an Gustav Landauer von Ende März 1903. In: Else Lasker-Schüler, *Briefe 1893–1913*. Kritische Ausgabe, Band 6, Frankfurt am Main 2004, S. 48.) Die Schriftstellerin will auch via Telepathie, im Traum, den genauen Todeszeitpunkt Georg Trakls, der in einem Krakauer Militärhospital an einer Überdosis Kokain verstirbt, erfahren haben; noch bis in die Zwanzigerjahre zeigt sie sich vom Spiritismus fasziniert.

10 Der hl. Thomas teilt die Wunder in drei Gruppen ein: *miracula secundum substantiam* (Ereignisse, die in der Natur nicht vorkommen), *miracula secundum subjecti* (Ereignisse, die an einem Objekt oder Subjekt auf natürliche Weise nicht erklärbar sind) und *miracula ratione modi* (die Art des Zustandekommens von Ereignissen ist als Wunder anzusehen, zum Beispiel augenblickliche Heilungen); siehe: Paul Trüb, *Heilige und Krankheit*, Stuttgart 1978, S. 146.

11 Søren Kierkegaard, *Schriften*, Ausgewählt und vorgestellt von Boris Groys, München 1996, S. 19f. Der Philosoph verweist auf einen Unterschied, der sich nicht von außen erkennen lässt – so ist es denkbar, dass ein einfacher Wanderprediger einen Messias, den Erlöser in sich beherbergen kann. Der Verdacht, dass sich hinter einer Figur des ganz und gar Banalen etwas höchst Bedeutungsvolles verbirgt, ist durch nichts zu entkräften. Die Entscheidung, einen Menschen als Sohn Gott auszuwählen, ist unbegründbar.

12 Zum Fall Baumgartner (aktuell im Jahr 1856), siehe Diethard Sawicki, *Leben mit den Toten*, Paderborn 2002, S. 254f. – Die *Monomania* oder *Mania partialis religiosa* wird als eine krankhaft gesteigerte Aktivität, als ein partieller Wahnsinn mit leidenschaftlicher Überspannung der religiösen Gefühle beschrieben, die sich zum »religiösen Aberwitz« steigern kann, in dem der Kranke glaubt, er sei ein Prophet, ein Werkzeug der göttlichen Vorsehung. Unter der *Monomania instinctiva religiosa* verstehen die Ärzte des 19. Jahrhunderts eine »religiöse Raserei«, wenn die Betroffenen etwa unaufhörlich laut beten und predigen, andere mittels »Bluttaufe« bekehren wollen. *Encyclopädisches Wörterbuch der medicinischen Wissenschaften*, Berlin 1840, S. 694f.

13 Dass der Klerus an der neuen Bewegung wenig Freude findet, versteht sich von selbst; Aksákow schreibt über einen Scheiterhaufen

spiritistischer Bücher, die auf Befehl des Papstes 1861 auf der Esplanade in Barcelona verbrannt werden. Im Spiritismus sieht die Kirche eine Gefahr für den Glauben, weil er in privaten Offenbarungen die Einheit der Lehre zersetzt. 1856 nimmt das Hl. Offizium wiederum Stellung zu den magnetischen Experimenten: Medien schwatzen »durch nicht immer sittsame Gebärden fortgerissen, in den Gaukeleien der Schlafwandlerei und der Hellseherei, wie sie es nennen, daher, sie bekämen alles Unsichtbare zu Gesicht, und unterstehen sich in leichtfertigem Unterfangen, selbst über die Religion Gespräche zu beginnen, die Seelen der Toten herbeizurufen, Antworten zu empfangen, Unbekanntes und weit Entferntes aufzudecken und andere abergläubische Dinge dieser Art auszuüben, um für sich und für ihre Herren durch zuverlässige Weissagung großen Gewinn zu erreichen. Welche Kunst oder Vorspiegelung sie auch letztlich bei alledem anwenden: da natürliche Mittel auf unnatürliche Wirkungen gerichtet werden, liegt eine völlig unerlaubte und häretische Täuschung vor und ein Verstoß gegen die guten Sitten«. Heinrich Denzinger, *Kompendium der Glaubensbekenntnisse und kirchlichen Lehrentscheidungen* (*Enchiridion symbolorum definitionum et declarationum de rebus fidei et morum*), 38. aktualisierte Auflage, Freiburg 1999, Nummer 2825. Zur spiritistischen Herausforderung der kirchlichen Autorität: Logie Barrow, *Independent Spirits*, London 1986; Arthur Conan Doyle, *The History of Spiritualism*, London 1926.

14 Über den Zusammenhang von Schatzgräberei und Frömmigkeit, siehe auch: Johannes Dillinger, *Zauberer – Selbstmörder – Schatzsucher*, Trier 2003, S. 257f. Beschwörungen werden mit Gebeten und Formeln aus dem sechsten und siebenten Buch Mose, dem *Christophelbuch* und *Gertrudenbüchlein* abgehalten. Aus dem Jahr 1609 stammt eine Schrift mit Anweisungen, Geister zur Schatzsuche anzurufen, die sich durch die Jahrhunderte unter der Hand verbreitet: Karl Engel, *Johann Faust: der Schlüssel von dem Zwange der Höllen oder die Beschwörungen und Prozesse des Doctor Johannis Faustae, von der öfters practicirten göttlichen Zauber-Kunst ex Originalibus. Mit einem Anhang Doctor Faust's Höllenzwang*, Frankfurt 1609.

15 Im Buch *Levitikus* lässt »Gott« keine Missverständnisse offen: »Männer oder Frauen, aus denen ein Toten- oder ein Wahrsagegeist spricht, sollen mit dem Tod bestraft werden. Man soll sie steinigen, ihr Blut soll auf sie kommen.« (Lev. 20,27) – Der moderne Spiritismus ist für die Kirche eine gefährliche Wiederbelebung der alten Nekromantie und schwarzen Magie; exemplarisch: John Godfrey Ferdinand Raupert, *The dangers of spiritualism*, London 1914; ders., *Modern spiritism – a critical examination*

*of its phenomena, character and teaching, in the light of the known facts*, St. Louis 1912.

16 Eine andere Passage, in welcher das Aufrufen der Geister »Gott« verärgert: »Er ließ seinen Sohn durch das Feuer gehen, trieb Zauberei und Wahrsagerei, bestellte Totenbeschwörer und Zeichendeuter. So tat er vieles, was dem Herrn missfiel und ihn erzürnte.« (2. Könige 21,6.) Bereits das Griechenland der Antike kennt die Nekromantie, etwa die Totenorakel bei Kichyros und Cumae, wo Priester nach Gebeten und Opfern eine Seele rufen und befragen. Wirklich bedeutende Dimensionen nimmt diese Art von Beschwörung aber erst in der römischen Kaiserzeit an, insbesondere seit der Neuplatonismus die Vorherrschaft übernimmt. Man beschwört Götter, Dämonen, Heroen, die Seelen Verwandter und Freunde. Eduard Stemplinger, *Antiker Aberglaube in modernen Ausstrahlungen*, Leipzig 1922, S. 83.

17 Über Jahrhunderte haben auch christliche Visionäre abgelehnt, ihr Charisma für Totenbefragungen einzusetzen. Dagegen ist der Traum schon eher ein legitimes Medium, in dem sich Gottes Wille und die Zukunft kundtun können. Ernst Benz, *Die Vision*, Stuttgart 1969, S. 618.

18 Valeska Töpfer (1842–?), Materialisationsmedium – mit ihr experimentieren auch Friedrich Zöllner und Lazar von Hellenbach. 1892 wird die »Märtyrerin des Spiritismus« von der Strafkammer des Landgerichts Berlin wegen Betruges vor Gericht gestellt und zu sechs Wochen Haft verurteilt. Paul Zillmann (Hg.), *Neue Metaphysische Rundschau*, Band I, 9. April 1898, S. 358.

19 Eine für Medien wichtige Gerichtsentscheidung, siehe: *Psychische Studien*, Heft 2 (1909), S. 109f.; ferner *Breslauer Anzeiger* vom 11. Dezember 1908. Zur organisierten »Wahrsageschwindelei« in deutschen Städten: *Zentralblatt für Okkultismus*, Heft 2 (1916), S. 89; zur Verurteilung von Claire Reichardt nach Artikel 51 des bayerischen Polizeistrafgesetzbuches: Fritz Voelkel, »Ein Hellseher-Prozess in München«, in: *Zentralblatt für Okkultismus*, Heft 12, Juni 1926, S. 533f. Vergleiche die Strafsache wegen simulierter Hellseherei gegen die Sensitive Hessel: Der Arzt Dr. Glogau stellt bei der Angeklagten echte »somnambul-hypnotische Reaktionen« fest: »Einstellung der Pupille zur Nasenwurzel und Stirnrichtung. Reflexlosigkeit der Pupille bei Lichteinfall. Lidflimmern. Beschleunigte Herztätigkeit mit Pulsfrequenz über 120. Anästhesie der Haut. Isolierapport, also Taubheit gegen den Anruf anderer«. Glogau, »Gutachten in der Strafsache gegen die Ehefrauen Hessel und Diedrichs aus Leipzig«, in: *Zeitschrift für Parapsychologie*, 5. Heft (1929), S. 292–295.

20 Der »Resauer Spukfall« wird im Januar 1889 verhandelt. Spiritistenvereine sitzen im Saal, die Berliner Tagespresse ist anwesend. Max Dessoir und Egbert Müller inspizieren das Spukhaus. Der Verurteile Karl Wolter nutzt die Publicity und tritt, engagiert vom Königlichen Hofzauberkünstler Rößler, nach seiner Haft im Wintergarten in Berlin als Illusionist und Salon-Magier auf. Siehe Adolf Kurzweg, *Die Geschichte der Berliner »Gesellschaft für Experimental-Psychologie«*, Leipzig 1976, S. 202–254.

21 Auch das Abhalten eines Requiems für noch Lebende zielt in die dieselbe Richtung. Über satanische Messen wird bis in unsere Tage berichtet – dazu gehört der Ausspruch: »Gleich wie der tote Mensch die Erde verlangt, also auch verlangt diese Erde dessen lebendigen Leib und seinen Tod.« Gary Bruno Schmid, *Tod durch Vorstellungskraft*, Wien 2000, S. 32. Solche Praxis beginnt bereits im frühen Mittelalter; Berthold von Regensburg (1210–1272) beschreibt diese Art von Messen als einen Racheakt: »etlîche werdent ze mortbetern unde ze mortbeterinnen vor bitterkeit.« Aus dem 12. Jahrhundert ist der Fall eines Mönches aus Corvey überliefert, der täglich für den Tod seines Abtes Wibald von Stablo betet. Eine andere, mehr bekannte Geschichte: Im Jahr 1589 soll König Heinrich III. durch vierzig schwarze Messen, abgehalten von seinen Gegnern, das Zeitliche segnen. Um die Od-Kraft eines Menschen, der gebannt oder geschädigt werden soll, zu schwächen, sind seit der Antike auch Fluchtafeln, Bleilamellen mit Verwünschungen, die eingerollt und mit Nägeln durchbohrt werden, beliebt. Siehe: Margarethe Ruff, *Zauberpraktiken als Lebenshilfe. Magier im Alltag vom Mittelalter bis heute*, Frankfurt am Main 2003, S. 77f. (Vorstellbar ist, dass es unter hoher emotionaler Belastung zu einer akuten Kardiomyopathie – Tako-Tsubo-Syndrom – mit Todesfolge kommt.) Und noch ein schwarzes Gebet, besonders wirksam vor Publikum als öffentliche Verfluchung gesprochen: »Er sei verflucht bei Tag und bei Nacht … mögen ihn verfluchen die Luft, der Tag, die Nacht, die Tiere, die Kinder …«. (Guido Ceronetti, *Das Schweigen des Körpers*, Frankfurt am Main 1983.)

22 Loetitia, eine Patientin Janets, schläft vom Sommer 1913 bis zum Sommer 1918. Sie ist jeweils nur für wenige Minuten aufzuwecken. In dieser Zeit versucht sie ihren Arzt zu überzeugen, dass weder sie noch er existieren. Sie verschluckt alles, was man ihr in den Mund steckt und lässt Kot und Urin einfach unter sich. (Siehe auch: Michael Lucey, *Gide's Bent: Sexuality – Politics – Writing*, Oxford 1995, S. 113.) Der Arzt Pierre Pomme beschreibt Fälle von »Starrsucht« (κατάληψις), bei der Atmung und Puls derart stark reduziert sind, dass manche Patientinnen für tot

gehalten werden. Man legt ihnen Daunenfedern oder verbranntes Papier auf den Mund, um einen hysterischen Scheintod auszuschließen. (Pierre Pomme, *Traité des affections vaporeuses des deux sexes*, Lyon 1767, S. 36.) C. G. Jung schildert Fälle von hochgradiger Lethargie, die von starker Erregung ausgelöst werden: Bettina Brentano schläft ein, als sie das erste Mal Goethe trifft; dem Helden im Roman von Flaubert passiert das Gleiche, nachdem er Salammbô endlich erobert hat und mit ihr intim werden will. (C. G. Jung, *Psychiatrie und Okkultismus*, Zürich 1972, S. 83.) Evola schreibt über Benediktiner Ende des 14. Jahrhunderts, die sich zum »Sabbat begeben«, während sie im kataleptischen Schlaf und weder durch Stiche noch durch glühende Gegenstände aufzuwecken sind. (Julius Evola, *Die grosse Lust. Metaphysik des Sexus*, Bern 1998, S. 359.)

23 Askese und Jungfräulichkeit sind im Christentum die einzigen Maßnahmen, welche das »niedere« Geschlecht als *famula dei* auf die Stufe der heiligen Männer hebt.

24 Friederike Hauffe (1801–1829); zwei Wochen nach ihrer Hochzeit 1822 fällt die Tochter eines Forstarbeiters, mehr tot als lebendig, in eine Art von Koma … (»sie stirbt für die sichtbare Welt«). Bald stellen sich »hellseherische Träume« ein: Sie sieht die inneren Organe anderer, erkennt Krankheiten, empfängt Botschaften von Geistern, macht Therapievorschläge. Die Sensitive »hört« die Gedanken der Toten, ohne dass ein Wort gesprochen wird. Mit einem wie aus verdichteter Luft gebildeten zweiten Körper geht sie auf Reisen. Sieben Jahre später stirbt Hauffe an Tuberkulose.

25 Brentano ernennt sich zum »Sekretär« der Heiligen und führt über 16000 Seiten Protokoll, will aus den Visionen der Stigmatisierten ein »Weltepos« schaffen; zu Lebzeiten veröffentlicht er nur einen Band: *Das bittere Leiden unsers Herrn Jesu Christi. Nach den Betrachtungen der gottseligen Anna Katharina Emmerick, Augustinerin des Klosters Agnetenberg zu Dülmen*, Sulzbach 1833.

26 Der berühmteste unter den heiligen Fliegern ist wohl Joseph von Copertino (Guiseppe Desa, 1603–1663). Während der Messe schwebt der Mönch über der Kongregation und dem Altar und zieht über viele Jahre einen Strom von Pilgern an. Durch dieses Wundergeschehen wird er 1650 den Herzog Friedrich von Braunschweig-Lüneburg bewegen, zum katholischen Glauben überzutreten. Unter Eid bezeugen bekannte Persönlichkeiten, wie die Prinzessin Maria von Savoyen und König Johann II. Kasimir, das unerklärliche Geschehen, und auch der deutsche Philosoph Leibniz findet nicht aus dem Staunen heraus.

27 In *The Varieties of Religious Experience* (New York 1902) schreibt William James über die Erfahrung nur gefühlter Präsenzen, die unsichtbar bleiben, aber mit der »sicheren Gewißheit der Gegenwart einer Macht ausstrahlenden Person« einhergehen. Zitiert aus: Oliver Sacks, *Drachen, Doppelgänger und Dämonen*, Hamburg 2013, S. 324. James ist der Auffassung, dass das Bewusstsein in einer transzendenten Sphäre existiert und darin unsterblich ist – das Gehirn hat lediglich eine transmissive, vermittelnde Funktion. (Ders., *Human Immortality*, New York 1900.)

28 Schrenck widmet dem Fall in der zweiten Auflage der *Materialisations-Phaenomene* von 1923 ein Kapitel (S. 630f.); Geley, Richet und Flammarion beginnen 1920 mit den Kluski-Experimenten. – Der amerikanische Geologe William Denton aus Massachusetts lässt 1875 erstmalig »materialisierte« Hände in flüssiges Paraffin und anschließend in kaltes Wasser tauchen. Nach der »Dematerialisierung« bleiben handschuhförmige, millimeterdünne und nahtlose Gussformen zurück. Auch gebeugte Gliedmaßen, betende Hände sind auf diese Weise herzustellen.

29 Manche Engel, die Schumann sieht, verwandeln sich gegen Morgen in wilde Tiere – Hyänen und Tiger, die sich in sein Fleisch verbeißen, der Musiker schreit vor Schmerzen. Die *Geistervariationen* (WoO 24) entstehen 1854; während der Niederschrift stürzt er sich am 27. Februar in den Rhein, wird aber gerettet. Einen Tag später beendet Schumann die Komposition. Schumann ist sehr eingenommen von den spiritistischen Experimenten dieser Tage: »Wir haben gestern zum ersten Male Tisch gerückt. Eine wunderbare Kraft! Denke Dir, ich fragte ihn, wie der Rhythmus der zwei ersten Takte der c-Moll-Symphonie wäre! […] Die Tische wissen alles. Wir waren alle wie von Wundern umgeben.« (Brief an Ferdinand Hiller vom 25. April 1853; in: E. Kurt Koch, *Okkultes ABC*, Schwäbisch Gmünd 1996, S. 380.)

30 Die Blumenwunder der Elizabeth d'Espérance werden ausführlich von Aksákow gewürdigt; siehe: Ders., *Animismus und Spiritismus*, Leipzig 1898, S. 129f. Das Bürgertum dieser Tage genießt Geschichten des Exotischen und Übernatürlichen, wie sie mit Reiseberichten in die zivilisierte Welt kommen. Louis Jacolliot, ein französischer Jurist, der Anfang der 1860er einige Jahre durch Indien fährt, erzählt ebenfalls von einem wunderbar beschleunigten Wachstum: »Was wir Geisterkraft nennen, wird von den Hindus ›artahancarasya‹ oder die ›Kraft des Ich‹ genannt«. Zitiert aus: Colin Wilson, *Fremde unbekannte Mächte*, Frankfurt am Main, Berlin, Wien 1980, S. 44. Siehe auch: Carl du Prel, »Das forcierte Pflanzenwachstum

und der Pflanzenphönix«, in: *Deutsche Illustrierte Zeitung, Über Land und Meer*, 1887/88, Nr. 3. Du Prel lässt hier einige Indienreisende zu Wort kommen, die Augenzeugen gewesen sein wollen, wenn Fakire Pflanzen und Bäume explosionsartig in die Höhe wachsen lassen. Palgrave, ein Marineoffizier, später Missionar in Arabien, will gesehen haben, wie innerhalb einer Viertelstunde ein Bäumchen entsteht: einen Meter hoch wird, Blätter, Blüten und Früchte austreibt. (S. 7; *Gougenot des Mousseaux: Les hauts phénomènes de la magie*, Paris 1864, S. 230.) Du Prel bringt dieses Phänomen mit einer stark beschleunigten Heilung von Wunden in Verbindung: »Der Missionar Huc beschreibt ein lamaistisches Fest in der Tatarei ... Die Gebete werden immer lauter ... plötzlich wirft der Lama die Schärpe ab, löst den Gürtel und öffnet sich mit einem Messer der ganzen Länge nach den Unterleib. Das Blut läuft auf allen Seiten herunter, die Pilger werfen sich zu Boden und befragen den Lama über geheime Dinge, über die Zukunft, das Schicksal von Personen und so weiter. Ist die Neugierde der Pilger befriedigt, schöpft der Heilige mit seiner Hand Blut aus der Wunde, bläst dreimal darauf und wirft es in die Luft ... Er streicht dann mit seiner Hand über die Wunde, die sich schließt, ohne eine Narbe zu hinterlassen.« ([Révérend Père Régis Evariste] Huc, *Souvenirs d'un voyage dans la Tartarie et Thibet pendant les années 1844, 1845 et 1846*, Volume I, Paris 1857, S. 307.)

31 Fritz Grunewald, *Physikalisch-mediumistische Untersuchungen*, Pfullingen 1920, S. 55f.

32 Ebd., S. 55.

33 Zu den Aktivitäten Moltkes siehe: Albert Moll, *Ein Leben als Arzt der Seele*, Dresden 1936, S. 102, und Max Dessoir, *Buch der Erinnerung*, Stuttgart 1946, S. 132. Bekannt ist das Geheimtreffen Moltkes und Steiners am 27. August 1914 im Hauptquartier bei Koblenz, in dem Steiner dem Generalstabschef eine »Meditation« übergibt. Später wird man ihn mit verantwortlich machen für das Debakel an der Marne: Ludendorff spricht von einer »okkulten Unterwerfung« Moltkes. Ein Jahrzehnt lang unterrichtet Steiner Eliza, die Witwe, über Mitteilungen des im Juni 1916 Verstorbenen.

34 Franz Wegener, *Heinrich Himmler: Deutscher Spiritismus, Französischer Okkultismus und der ReichsführerSS*, Gladbeck, 2004, S. 53f. Vergleiche auch: Josef Ackermann, *Heinrich Himmler als Ideologe*, Göttingen 1970, sowie Nicholas Goodrick-Clarke, *Im Schatten der Schwarzen Sonne*, Wiesbaden 2011. In der Vorkriegszeit bietet sich Karl Maria Wiligut, Mitglied des Neutempler-Ordens, Gründer des ariosophischen »Irminenglaubens«, als Himmlers Prophet und Astrologe an. Auch SS-Obersturmführer Otto

Rahn, ein anderer Ariosoph, beeindruckt Himmler, kommt mit der These, dass die Katharer eine germanische Ketzer-Bewegung gewesen seien, und wird auf Reisen geschickt, um das mythische »Thule« zu finden. – Die Vermutung, dass okkulte Machtgruppen Hitler als Medium der »Vorsehung« ins Spiel bringen, als Sprachrohr für dämonische Kräfte, hält sich bis heute (siehe: E. R. Carmin, *Das schwarze Reich, Geheimgesellschaften und Politik im 20. Jahrhundert*, München 1999, S. 110f.). – Die Verbindung von Politik, Propaganda und Prophetie findet sich auch in der »Johannischen Kirche« Joseph Weißenbergs (1855–1941): Die Geister, die dort auftreten, verkünden in der Zeit nach dem Ersten Weltkrieg ein »drittes Reich« mit den Deutschen als auserwähltem Volk. Allerdings wird der neue »Christus« Weißenberg, der »fleischgewordene Johannes«, als Konkurrenz zu Hitler, von dessen Juristen ins Konzentrationslager geschickt, seine »Sekte« verboten, ihr Vermögen beschlagnahmt.

35 Trevor Ravenscroft, *Der Speer des Schicksals. Das Symbol für dämonische Kräfte von Christus bis Hitler*, Zug 1974, S. 95f.

36 Der Ethnologe Klaus E. Müller schreibt, dass man in beiden Weltkriegen häufig von Frauen hörte, »die gewusst hatten, daß ihre Söhne oder Ehemänner gefallen waren, noch ehe sie die offizielle Todesnachricht erhielten«. Klaus E. Müller, *Der sechste Sinn. Ethnologische Studien zu Phänomenen der außersinnlichen Wahrnehmung*, Bielefeld 2004, S. 171.

37 Zum zweiten Tod als einer Begleichung symbolischer Rechnungen: Slavoj Žižek, *Liebe dein Symptom wie dich selbst*, Berlin 1991, S. 76. Ein anderes Motiv der Toten, die sich bei den Lebenden melden, ist ihre Anteilnahme am Sterben Hinterbliebener; so soll Walt Whitman im September 1919 ein Phantom mit Aura am Krankenlager des Dichters Horace Traubel erschienen sein, um seinen Freund zu ermutigen, diese Welt zu verlassen. Vgl. Emil Mattiesen, *Das persönliche Überleben des Todes*, Band I, Berlin, New York 1987, S. 89.

38 Aniela Jaffé, *Geister-Erscheinungen und Vorzeichen*, Zürich 1958, S. 163, 128f. Im Volksaberglauben sagen kopflose Schatten von Spukgeistern den baldigen Tod eines Angehörigen voraus. Auch Menschen, die unnatürlich, gewaltsam gestorben sind, erscheinen hier als Wiedergänger, ohne Kopf. Häufig wird von einem Totenbegleiter, einem »Geistermännchen« berichtet; zum Beispiel tritt in einem Traum der »Anna Karenina« (Tolstoi) ein gnomhaftes Wesen auf: sinnlose französische Worte vor sich hinflüsternd, manipuliert es ihren Körper und symbolisiert dabei Sterben und Tod. Jaffé erinnert an die Gestalten der Erdgeister und Erzmännchen

der Märchen, an Mythen und das Anthroparion (künstliches Menschlein) der alchemistischen Texte. Erwähnt wird die Verwandtschaft der Zwerggestalten mit Lucifer (S. 34). Besonders häufig könnten exhumierte Tote als Wiedergänger unterwegs sein; ein Fallbericht: Hedda Wagner, »Okkultes um einen Sterbenden und eine Exhumierte«, in: *Zeitschrift für Parapsychologie*, 11. Heft, 1933, S. 522–524.

39 Etymologisch soll sich das englische Wort »ghost« aus dem Westgermanischen »ghoizdo« herleiten, »Wut« und »Zorn« bedeuten. Im alten Rom nannte man die Phantome auch »monstra«; ihre Gefährlichkeit klingt hier mit an. – Für den Kirchenführer Tertullian sind Wiedergänger vom Teufel besessene Tote. An besonderen Feiertagen, Festen, dürfen sich Diesseits und Jenseits vermischen, die Lebenden und die Toten (meistens einmal im Jahr) zusammenkommen. In Rom wird dafür ein Stein angehoben, der ein Loch im Mons Palatinus schließt, den Eingang in die andere Welt: Dann irren die abgeschiedenen Seelen an drei Tagen im Mai frei durch die Stadt. Durch das Ausspucken von Saubohnen werden sie wieder aus den Straßen und Häusern vertrieben. Roger Caillois, *Der Mensch und das Heilige*, München 1988, S. 149. (Zu den Phantomen, Geistern und Lemuren, vergleiche: Eduardo Berti, »Gespenstergeschichten. Unsterbliche Tote, Literaturen des Grauens und Meister des Horrors«, in: *Lettre International*, Heft 103, VI 2013, S. 94–101.) Claude Lévi-Strauss schreibt, dass Beziehungen der Lebenden und der Toten bei den meisten Ethnien streng geregelt werden. Die Ehrenbezeugungen für die Verstorbenen und ihre regelmäßige Rückkehr sollen den Schutz vor Unglück und Naturgewalten und die Fruchtbarkeit der Felder und Frauen sichern. Claude Lévi-Strauss, *Traurige Tropen*, Frankfurt am Main 1978, S. 220f.

40 Robert Müller-Sternberg, *Die Dämonen, Wesen und Wirkung eines Urphänomens*, Bremen 1964, S. 227; Augustin Calmet, *Gelehrte Verhandlung von den sogenannten Vampiren oder zurückkommenden Verstorbenen*, Hamburg 1976, S. 63f. Umgekehrt existiert die Kategorie der hilfreichen Geister; auch das ist tiefster Aberglaube: Bespricht man die Seele eines Sterbenden, kann man sie sich als *Spiritus famulans* dienstbar machen. Ihnen wird die Gabe der Weissagung zugeschrieben, sie zeigen den bevorstehenden Tod eines Menschen, künden Sterbe- oder Unglücksfälle an, warnen vor Gefahr. Dafür werden sie »gefüttert«, mit Milch, Speisen oder Hostien versorgt. Vergleiche: Johannes Bolte, Georg Polivka, *Anmerkungen zu den Kinder- und Hausmärchen der Gebrüder Grimm*, Leipzig 1913, S. 414f.

41 Hanns Bächtold-Stäubli, Eduard Hoffmann-Krayer (Hg.), *Handwörterbuch des deutschen Aberglaubens*, Berlin, New York 1987, Band VIII, S. 1023, 1627. Geister in Tiergestalt sind ein häufiges Motiv des Aberglaubens; sie schwellen oft zu ungeheurer Größe an, sind nicht selten Vorboten eines Todesfalls. (Band III, S. 491.) – Eine besondere Variante des Wiedergängers wird mit der Figur des »Vampirs« populär: Im Frühsommer 1725 berichtet der Militärkommandant von Serbien, Marquis Botta d'Adorno von »wiedergehenden Toten«, die in einigen Dörfern Menschen durch das Aussaugen von Blut getötet hätten. Die Nachricht dieser Vorfälle verbreitet sich schnell in ganz Europa, ist in aller Munde, und der Mythos des Vampirs geboren. Im slawonisch-bosnischen Grenzgebiet kommt es zu Massenpanik und Grabschändungen. Die kaiserlichen Militärbehörden werden ausgeschickt und schreiben amtliche Berichte. Clemens Ruthner, *Sexualität macht tod/t*, Antwerpen, Wien 2002. Weitere Fälle von Vampirismus und untoten Toten werden bis ins 20. Jahrhundert hinein auf dem Balkan, in Österreich-Ungarn, aber auch in Ostpreußen dokumentiert. In den Wiedergängern findet man hier einen Sündenbock für Seuchen, Missernte und dörfliche Unruhen. Siehe: Friedrich Salomon Krauss, »Vampirglaube in Serbien und in Lithauen«, in: *Mittheilungen der Anthropologischen Gesellschaft Wien*, Jahrgang XVII (1887), S. 67f.; Josef Svatek, *Culturhistorische Bilder aus Böhmen*, Wien 1879; Otto Steiner, *Vampirleichen. Vampirprozesse in Preußen*, Hamburg 1959; Thomas Bohn, *Der Vampir – Ein europäischer Mythos*, Köln 2016.

42 Gustav Kafka, »Ein Beitrag zur Methodik mediumistischer Untersuchungen: Dr. A. Freiherrn von Schrenck-Notzings ›Materialisationsphänomene‹«, in: *Die Naturwissenschaften*, Heft 51, 1913, S. 1259.

43 Zur »psychischen Kontagion«, der Ausbreitung seelischer Krankheiten durch Übertragung: Johannes Lange, *Allgemeine Psychiatrie*, Band I, Leipzig 1927. »Induziertes Irresein« wird hier als hysterische Neurose verstanden. Eine Gefahr der Ansteckung sieht Lange von religiös Verrückten, Querulanten, paranoiden Menschen und pathologischen Schwindlern ausgehen, die ihre Umgebung in ihre Wahnideen hineinziehen. Er zitiert das Beispiel einer visionären Bäuerin, die dreißig ihrer Anhänger überreden kann, sich lebendig begraben zu lassen, weil der Weltuntergang bevorstehe.

44 Wie privat und massiv manche Auseinandersetzungen um den Okkultismus werden, zeigt dieses Detail: Im Zuge der Affäre »Miroir« – Eva C. wird verdächtigt, Titelfotos, Porträts der Illustrierten für ihre Schöpfungen, ihre Ektoplasmen zu arrangieren –, kommt es 1914 in der

Presse zu Polemiken und Rempeleien zwischen Baron von Schrenck-Notzing und Haupt Graf zu Pappenheim, der im Mysterium dieses Mediums nichts weiter als Betrügereien vermutet. Beleidigungen gehen hin und her, schließlich überbringt Schrencks Sekundant eine »schwere Pistolenforderung auf 3maligen Kugelwechsel«. *Aus der Bibliothek des Nervenarztes Dr. med. Eduard Aigner*, S. 7, Archiv Institut für Grenzgebiete der Psychologie und Psychohygiene Freiburg.

45 Albert von Schrenck-Notzing, *Materialisations-Phaenomene*, München 1923, S. 115.

46 Ebd., S. 153. Gesicht mit disloziertem Unterkiefer siehe Abbildung 116.

47 Albert de Rochas, *Die Grenzen der Wissenschaft*, Leipzig 1911, S. 142. Indem de Rochas die Lichtbilder seines Mediums »Lux« mit Nadeln »verletzt«, das dann prompt mit Schmerzen »antwortet«, will er eine substantielle Beziehung zwischen beiden beweisen. De Rochas glaubt, dass Wasser, ebenso fette, klebrige Substanzen und Wachs exteriorisiertes Od aufnehmen und so empfindungsfähig werden können. Hans Freimark, *Okkultismus und Sexualität*, Leipzig 2010, S. 113f.

48 Stefan Zweig, *Die Heilung durch den Geist. Mesmer – Mary Baker-Eddy – Freud*, Leipzig 1931.

49 Adolph F. Meyer, *Materialisation und Teleplastie*, München 1922, S. 47.

50 Eva Carrière (1886–1945?), Tochter eines in Algerien stationierten Offiziers. Von 1903 bis 1905 inszeniert sie als Marthe Béraud Materialisationssitzungen in der Villa »Carmen«, in Algier. Die Bissons experimentieren mit Eva seit Februar 1909 (ab Mai dann zusammen mit Schrenck).

51 Die Society for Psychical Research wird 1882 in London von Edmund Gurney, Frederick William Henry Myers, George John Romanes und Sir William Fletcher Barrett ins Leben gerufen. Ziel: Phänomene wie Spiritismus, Mesmerismus, Psychismus vorurteilsfrei zu untersuchen. Die Herren dieser Gesellschaft lassen nur wenige Fälle als »paranormal« gelten; Henry Sidgwick und Frank Podmore etwa erkennen die Realität eines physikalischen Mediumismus nie an. (Aber auch die Elite der Cambridge-Physik um Lord Rayleigh, Joseph John Thomson, Peter Guthrie Tait und William Barrett werden mit Experimenten in der S. P. R. aktiv.)

52 Vgl. *Proceedings of the S. P. R.*, IV, London 1887, S. 381–495.

53 »Margery« Crandon (1889–1941); das Medium geht 1923 auf Europatournee, sitzt in Paris für Richet und Geley. Kurios: Ihre Ektoplasmen sind kalt, als wären sie mit Eis gekühlt. Gerüchteweise soll sie ihre Séancen nur leicht bekleidet oder sogar nackt abhalten.

54 Harry Houdini, *A magician among the spirits*, New York, London 1924. Hier ist zu lesen: »... that the séance industrie was a business based on exploitation«. 1922 bietet die Zeitschrift *Scientific American* eine größere Summe für den Beweis einer echten physikalischen Manifestation, aufgeführt vor einem Komitee, in dem Houdini Mitglied sein soll. Die Gelder werden nie ausgezahlt.

55 Ira Erastus (1839–1911) und William Henry (1841–1877) Davenport sind mit ihren scheinbar übernatürlichen Kunststücken in Amerika, Europa und Australien auf ausgedehnten Tourneen unterwegs. Der Magier John Nevil Maskelyne meint nach einigen Jahren, die Brüder des Betrugs überführt zu haben, tritt als Anti-Spiritist auf und imitiert ihre Effekte auf der Bühne. Harry Houdini freundet sich mit Ira Davenport an und will von ihm einige Tricks erfahren haben, mit denen man elegant Fesselungen löst. Pierre Hamilton, der Nachfolger Jean Eugène Robert-Houdins, schreibt in der *Gazette des Etrangers* vom 27. September 1865, dass er sehr von der Vorstellung der Davenports beeindruckt war, sich das Geschehen aber nicht erklären könne.

56 Zur Artistenmetaphysik und Existenz in der Höhe, siehe: Peter Sloterdijk, *Du mußt dein Leben ändern*, Frankfurt am Main 2009, S. 173f.

57 Siehe Anton Müller, *Medizin und Okkultismus um die Jahrhundertwende (1875–1925)*, Zürich 1967, S. 29, sowie Fanny Moser, *Der Okkultismus. Täuschungen und Tatsachen*, Band II, Zürich 1935, S. 873.

58 Zwischen 1905 und 1908 werden insgesamt 43 Sitzungen mit der Palladino in drei Serien abgehalten, geleitet von Jules Courtier, Professor an der Sorbonne.

59 Sitzungsprotokoll vom 27. Februar 1903, Archiv IGPP Freiburg.

60 Schon im dritten Kapitel des Patanjali Yogasutras (*Vibhuti Pada*) werden, neben anderen übernatürlichen Kräften (»Siddhi«), auch Levitationen beschrieben.

61 Sehr eindrucksvoll erzeugt John Henry Pepper um 1860 Phantome durch die Kombination von Schauspielern, Licht und Spiegeln – der »Pepper's Ghost Effect« wird mit viel Erfolg im Theater eingesetzt. Als Erster verwendet der Freimaurer Johann Georg Schrepfer (1738–1774) die *Laterna magica*, um während seiner Séancen »Tote« zurück ins Leben zu holen. Zu ihm gehört eine ganz unheimliche Geschichte: Schrepfer stirbt am 8. Oktober im Leipziger Rosental an einer Schussverletzung – Gerüchte sind im Umlauf, der Illusionist sei irrsinnig geworden und habe sich vor Publikum erschossen, um sich dann selbst wieder auferstehen zu lassen. Andere sprechen von Mord.

62 Albert Moll (1862–1939), Nervenarzt, Mitbegründer der Internationalen Gesellschaft für Sexualforschung. Im letzten Lebensjahrzehnt ist er Morphinist und bösartig gestimmt. Noch postum ruft Moll dem ehemaligen Kollegen Denunzierendes nach: »Die Schrenck'sche Parapsychologie ist keine Wissenschaft, sie ist so gut wie tot, in 10 Jahren wird sie nur noch ein Kuriosum sein.« Albert Moll, *Ein Leben als Arzt der Seele*, Dresden 1936, S. 116. Siehe auch: Ders., *Psychologie und Charakterologie der Okkultisten*, Berlin 1929.

63 Hector Durville (1849–1923), Pariser Magnetiseur, der im Oktober 1887 die Société magnétique de France gründet; zur Nachbildung der Physis als fluidale Kopie: Ders., *Der Fluidalkörper des lebenden Menschen*, Leipzig 1912, S. 129f.; sowie: Ders., *Die Physik des Animal-Magnetismus*, Leipzig 1912. Das Fluid, welches den Doppelgänger bilden soll, sieht Durville aus Stirn, Schädel, Magen- und Milzgegend des Mediums ausströmen. (Warum auch immer: Durville stellt fest, dass der »Fluidal« – oder auch »Astral« genannt – nicht sprechen kann.) Zeugnisse, die den »Ätherleib« als »umherschweifenden kugelförmigen Lichtkörper« zeigen: bei Gramshaw, Shepley, Duchâtel, Vesme, Falcomer, Baraduc, Sage, Turvey, Cornilier; siehe: Ernesto Bozzano, *Übersinnliche Erscheinungen bei Naturvölkern*, Bern 1975, S. 210f. Auch der Volksaberglaube überliefert, dass sich seelische Energien in Kugelformen manifestieren; im Lettischen zum Beispiel werden diese Lichterscheinungen »Omkipp« genannt. Das Bild der Seele als strahlende Kugel ist seit der Antike verbreitet; in der Kabbala trägt diese Erscheinung den Namen »Tiphareth«. (Harry Eilenstein, *Der kabbalistische Lebensbaum als spirituelle Landkarte*, Norderstedt 2008, S. 211.) Bozzano schreibt, dass von solchen Lichtkugeln, als Ausdruck eines »Doppels« des Menschen, viele außereuropäische Ethnien berichten.

64 Charles Lancelin, *Méthode de dédoublement personnel. Extériorisation de la neuricité. Sorties en astral*, Paris 1910. Lancelin will die Anwesenheit des Fluidals durch Handabdruck auf berußtem oder mit Talkum bepuderten Glasplatten daktyloskopisch beweisen. Zur selben Zeit werden Apparate entwickelt, die das ausströmende Fluid messen, objektivieren sollen, zum Beispiel die Fluid-Motoren des Grafen Tromelin oder das Sthenometer Joires.

65 J. L. W. P Matla, G. J. Zaalberg van Zelst, *Le Mystère de la mort*, Paris 1912.

66 *Berliner Tageblatt* vom 21. Dezember 1891.

67 Zitiert aus Gustav Meyrink, *An der Grenze des Jenseits*, Berlin 2006, S. 7. Die Caballi, schreibt Meyrink, leben im Äther *Mysterium magnum* und sind noch voller irdischer Leidenschaften, die sie befriedigen wollen.

68 Gordon Wasson, Albert Hofmann, *Der Weg nach Eleusis. Das Geheimnis der Mysterien*, Frankfurt am Main 1984, S. 68.

69 Dieter Harmening, *Wörterbuch des Aberglaubens*, Stuttgart 2005, S. 311, 130. Die Hexe von Endor, die für König Saul den verstorbenen Samuel beschwört (1 Sam 28, 5–8; 13–14), wird *Engastrimantin*, eine bauchredende Wahrsagerin, genannt.

70 Margery Kempe (1373–1438), englische Mystikerin, die in der Gegenwart Gottes von Schrei- und Weinkrämpfen geschüttelt, immerfort die Kreuzigung Christi nachspielt. Sie wird als Ketzerin verfolgt und geht auf Pilgerfahrt durch Italien und Spanien. In ihren Visionen stellen sich ihr nackte Geistliche zur Schau, mit denen sie auch Geschlechtsverkehr treibt.

71 Julius Evola, *Die grosse Lust. Metaphysik des Sexus*, Bern 1998, S. 181.

72 Guy de Maupassant, *Dr. Gloss und die Seelenwanderung*, München 2012, S. 102. – Zur Akustik des Spuks: Fanny Moser, *Spuk, Irrglaube oder Wahrglaube? Eine Frage der Menschheit*, Zürich 1950.

73 Über Mitteilungen Verstorbener, die sich häufig akustisch, als reiner »Lärmspuk« kundtun, siehe: Emil Mattiesen, *Das persönliche Überleben des Todes*, Band I, Berlin, New York 1987, S. 66, 75, 118, 139, 155, 162, 170, 192. Von ärztlicher Seite werden solche Wahrnehmungen meist als krankhaft gedeutet, so spricht Forel von einem »chronisch hysterischen Stimmenhören«. Auguste Forel, »Durch Spiritismus erkrankt, durch Hypnotismus geheilt«, in: *Zeitschrift für Hypnose*, Band 3, Heft 8, 1895.

74 Zu den akustischen Ankündigungen des Vardøger, das »Voraushören« seiner Ankunft, siehe auch: Aniela Jaffé, *Geister-Erscheinungen und Vorzeichen*, Zürich 1958, S. 193f. Diese auditiven Verdopplungen, bei denen zu hören ist, was sich erst Stunden später ereignen wird, führt Jaffé auf die Notwendigkeit zurück, sich in den sehr abgeschiedenen Gegenden des Nordens mit »überpersönlichen Mitteln« austauschen zu müssen. (S. 194.)

75 Zur Phänomenologie sogenannter okkulter akustischer Ereignisse, vergleiche Thomas Knoefel (Hg.), *Okkulte Stimmen – Mediale Musik, Recordings of unseen Intelligences 1905–2007*, Köln 2007. Während die Fotografie schon früh eingesetzt wird, um Ektoplasma und »Geister« einzufangen, ihre Existenz zu bestätigen (als einer der Ersten macht Sir William Crookes 1874 Bilder des Phantoms »Katie King«), können »okkulte« akustische Phänomene erst mit dem von Edison patentierten Phonographen

(1887) aufgenommen und abgespielt werden. Und dann gerade einmal zweieinhalb Minuten lang. In größerem Umfang kommt diese »Sprechmaschine« erst nach der Jahrhundertwende zum Einsatz.

76 Austin Flint (1812–1886), ders., »On the discovery of the source of the Rochester knockings and on sounds produced by the moverments of joints and tendons«, in: *Quarterly Journal of Psychical Medicine*, New York 1869, S. 417f. Etliche Bücher über »Fraudatoren« und ihre Tricks kommen auf den Markt, zum Beispiel John W. Truesdells *The Bottom Facts concerning the Science of Spiritualism derived from careful investigations covering a period of twenty-five years*, New York 1884.

77 Michael Faraday (1791–1867) schreibt dieses Eigenleben der Objekte schlicht natürlichen Ursachen zu: »den unwillkürlichen und unbemerkten Muskelbewegungen und Gewichtsverlagerungen der Hände der erwartungsvollen Sitzungsteilnehmer.« Carl Friedrich Gauss (1777–1855) kommt aus dem Lachen nicht mehr heraus, als er von den Versuchen der Heidelberger Juristen hört, die wie »wahnsinnig« einem Tisch hinterherrennen; zu lesen in einem Brief vom 10. Mai 1853 an Alexander von Humboldt. Justinus Kerner (1786–1862) dagegen sieht in den kollektiven Experimenten eine vitale Kraft, einen »Nervengeist«, der vom Menschen, auch ohne direkten Kontakt, auf Objekte übergeht; andere glauben an von den Toten ausgelöste Vibrationen – vergleiche Agénor de Gasparin, *Des tables tournantes*, Paris 1854. Tische als Instrument der Mantik sind keine Erfindung der Moderne: Sie werden in dieser Funktion bereits um 200 von Tertullian erwähnt: *mensae divinantes* (*Apologeticum* 23). Der oströmische Kaiser Valens (364–378) lässt zwei Wahrsager hinrichten, die mittels eines hölzernen Tisches und den um ihn herum angeordneten Buchstaben des Alphabets wissen wollten, wann der Herrscher stirbt und wer sein Nachfolger wird. Diese Praxis soll im 17. Jahrhundert unter kabbalistischen Juden verbreitet gewesen sein.

78 Viele Séancen bedienen sich aus dem Repertoire christlicher Mystik. Matthäus sieht die Gestalt Christi auferstehen wie einen Blitz (Mat 28,3). Vor Damaskus erscheint Saulus der von den Toten Auferweckte und lässt ihn für drei Tage im Spiegel seiner Heiligkeit erblinden (Mat 17,5). Heller als Sonnen leuchten die Gerechten und Heiligen, reflektieren den Strahl göttlichen Lichtes. Der Glanz ihrer Gesichter erhellt ganze Räume, spiegelt die Herrlichkeit des Herrn (2 Korinther 3,18), und als Feuerkugeln fliegen sie in die Höhe, sieht man ihre Seelen aufsteigen in den Himmel. Nach dem Tod Hildegards von Bingen erscheinen den Gläubigen

blendende Bögen in der Nacht – in deren Scheitelpunkt ein rotschimmerndes Kreuz von ungeheurer Größe leuchtet.

79 Maria Silbert (1866–1936), die »Seherin von Waltendorf« genannt, hält von 1915 an mit ihren »Geistführern« Vincentius Coronelli und Memelik Séancen ab. Augenzeugen berichten, dass sich bei ihrem letzten Atemzug ein gasförmiges, bläuliches Lichtband abgesondert habe. Vergleiche: D. Walter, »Die Lichterscheinungen bei Frau Marie Silbert«, in: *Zeitschrift für Parapsychologie*, Heft 2, 1930, S. 114–120.

80 Die Selige Christina von Stommeln (1242–1312) mit ihren Verzückungen ist so ein Fall von abwechselnder Katalepsie und Hypermotorik.

## IV Ein Chor von Stimmen — Animismus und Spiritismus

1 Albert von Schrenck-Notzing, *Materialisations-Phaenomene*, München 1923, S. 32. – Janet meint, dass der Zustand der *désagrégation*, sofern er nicht mittels Suggestion eingeleitet wird, durch zerebrale Erschöpfung zustande kommt.

2 Pierre Janet (1859–1947). Seine Experimente über psychische Automatismen beginnt er 1882 in Le Havre. Janet erklärt, dass eine »idée fixe subconsciente« sich weiter verselbstständigen, lebendig bleiben und zu allen möglichen Symptomen der Hysterie verarbeitet werden kann. Von seinem Lehrer Charcot setzt sich Janet ab, indem er das Trauma als Ursache dieser »Verrücktheiten« ausmacht. (Kein Trauma geht jemals verloren!)

3 Carl Bruck, »Ein Fall von psychischer Erkrankung infolge spiritistischer Praktiken?«, in: *Zeitschrift für kritischen Okkultismus und Grenzfragen des Seelenlebens*, III. Band, Stuttgart 1928, S. 60; vergleiche: Mathias Schneid, *Der neuere Spiritismus philosophisch geprüft*, Eichstätt 1880, S. 70f. Schneid schreibt, dass mit ihm viele Ärzte die Meinung vertreten, der Somnambulismus der Medien sei mit Epilepsie, Hysterie und dem Delirium verwandt. (S. 83.)

4 Für Diskussionen zum Unterschied von Besessenheit und »Multipler Persönlichkeits-Störung«, siehe: Ralph Becker, *Trance und Geistbesessenheit im Candomblé von Bahia*, Münster 1995, S. 279f., sowie Morton Prince, *My live as a dissociated personality*, Boston 1909. Zwar stellen die Geister einen anderen Charakter dar als der von ihnen Besessene, sie müssen

aber nicht notwendigerweise gegensätzlich organisiert sein, wie es bei den multiplen Persönlichkeiten im Vergleich zum »Normalbewusstsein« dieses Menschen meist der Fall ist.

5 James Risdon Bennett, *The Diseases of the Bible*, London 1889, S. 80. Gerade in England geht aus den Debatten um den Spiritismus und die Pfingstler in der zweiten Hälfte des 19. Jahrhunderts ein neuer Glaube an dämonische Besessenheit hervor. Missionare berichten von Fremdwesen, die Eingeborene besetzen, quälen und vor der Bibel zurückschrecken. Robert C. Caldwell, »Demonolatry, Devil Dancing & Demon Possession«, in: *Contemporary Review* 27 (1875), S. 369; Helen Sarah Dyer, *Revival in India*, London 1907; Alfred Müller, »Okkulte Erlebnisse christlicher Missionare«, in: *Zentralblatt für Okkultismus*, XVII. Jahrgang, Leipzig 1924, S. 21–26.

6 »Ich halte die Theorie von parasitischen Geistern nicht nur für berechtigt, sondern für höchst wahrscheinlich. Ich sehe aber nicht ein, warum wir annehmen müssen, daß diese immer böswilliger Art sind.« William James: Brief vom 19. März 1910 an J. Godfrey Raupert; zitiert aus J. Godfrey Raupert, *Die Geister des Spiritismus*, München ca. 1926, S. 109. Ferner: William James, *The Confidences of a Psychical Researcher*, American Magazine 68, Oktober 1909, S. 580–589. Der Dybbuk (hebräisch קוביד = »Anhaftung«) beschreibt im jüdischen Volksaberglauben die Seele eines Toten, die den Körper eines Lebenden (meist handelt es sich um Frauen) besetzt, um weiter in der Welt zu sein und durch dessen Mund zu sprechen. Seine Absichten sind immer »dunkel« … gemeint ist: dibbuk me-ru'ah ra'an … (die Umklammerung durch einen bösen Geist).

7 Grävell-Lugano, »Besessenheit«; in: *Psychische Studien*, Heft 10 (1914), S. 561.

8 Noch bis ins späte 19. Jahrhundert hinein finden sich sehr gewalttätige Exorzismen, vergleiche: Hermes Andreas Kick (Hg.), *Besessenheit, Trance, Exorzismus. Affekte und Emotionen als Grundlagen ethischer Wertebildung und Gefährdung in Wissenschaften und Künsten*, Münster 2004, S. 152.

9 Wicklands *Dreissig Jahre unter den Toten* erscheint 1923. In fast hundert Fällen findet er die Ursache für schwere Geisteskrankheiten im Besessensein durch Fremdwesen, meistens Verstorbene. Zur Dämonenlehre, Neurologie und Medizin in Großbritannien um 1900, siehe den Beitrag von Rhodri Hayward, in: Nils Freytag, Diethard Sawicki (Hg.), *Wunderwelten, Religiöse Ekstase und Magie in der Moderne*, München 2006, S. 163–179. In einem Artikel in *The Christian* heißt es: Dämonen gehen an den Menschen »wie Zecken an das Vieh oder Misteln an den lebenden Baum« (s. o., S. 176).

10 Aber auch die Abwanderung von Geistern in die Körper von Tieren wird für möglich gehalten; ethnologische Quellen stützen solche Vorstellungen, siehe den Bericht des Gouverneurs von Maga Mountains, eines Bezirkes Britisch Indiens, an das Royal Anthropological Institute in London (Florizel von Reuter, in: *Psychic News*, Nr. 6, 1932, S. 12). Im Volksaberglauben Europas sind es insbesondere schwarze Vögel (Dohlen, Krähen, Raben), die fremde Wesenheiten beherbergen; Hanns Baechtold-Staeubli, *Handwörterbuch des deutschen Aberglaubens*, Berlin, Leipzig 1936, S. 1435. – Noch ein wenig zur Geschichte der Besessenheitsvorstellungen: Die Talmudisten lehren, dass Dämonen und Tote in den Aborten hausen; wird dort ein Verbrechen begangen, könnte der Täter für unzurechnungsfähig erklärt werden. Guido Ceronetti, *Das Schweigen des Körpers*, Frankfurt am Main, 1983, S. 55. (Durch die Jahrhunderte hält sich der Gedanke, dass alle Orte, an denen Organisches zerfällt, Geistwesen anziehen: Ställe, Latrinen, Mühlen, Schlachthäuser, Klärgruben, Friedhöfe und so weiter. Siehe Klaus E. Müller, *Der sechste Sinn. Ethnologische Studien zu Phänomenen der außersinnlichen Wahrnehmung*, Bielefeld 2004, S. 95.)

11 Mit seinem Archiv zur Erforschung des neuzeitlichen Hexenglaubens (im Hamburger Museum für Völkerkunde) will der Volkskundler Johann Kruse ein weiterhin existierendes kriminelles System anprangern, das aus »Anstiftern (Verfasser und Verleger von Zauberbüchern), ausführenden Tätern (Hexenbannern), Indizien (Enthexungsmittel und Mosesbücher) und Opfern (verfolgten Frauen und betrogenen Hexengläubigen) besteht. Thomas Hauschild, »Hexen in Deutschland«, in: Hans Peter Duerr (Hg.), *Der Wissenschaftler und das Irrationale*, Band I, Frankfurt am Main 1995, S. 163. »Zahlreiche solcher Prozesse sollen zwischen 1840 und 1900 stattgefunden haben. [...] Wie die Arbeit von Ethnologen und Volkskundlern in Deutschland, Polen, Spanien und Frankreich deutlich zeigt, blieb die Furcht vor Hexerei in einigen Regionen sehr groß, und es kam bis in die 1970er Jahre und danach zu gewaltsamen Aktionen.« (S. 161.) Die Irrenärzte der Charité stellen noch in den Zwanzigerjahren eine strafrechtlich relevante Verbreitung von Verbrechen aufgrund von Mystizismus und okkulten Motiven fest. Franz Kallmann, »Zur Psychopathologie des abergläubischen Verbrechers«, in: *Allgemeine Zeitschrift für Psychiatrie und psychisch-gerichtliche Medizin*, Band 72, Nummer 1 (1929), S. 37–60. Nach dem Reichsgesetzstrafbuch kann wegen »groben Unfugs« (§ 360, Nummer 11) ermittelt, können Geld- und Haftstrafen verhängt werden gegen denjenigen, der dem »Aberglauben Vorschub leistet«.

12 *Zentralblatt für Okkultismus*, 9. Heft (März 1930), S. 431. Exemplarisch sei hier auch auf den Prozess gegen den »Hexenbanner« Johann Georg Speidel hingewiesen, der in dieser Funktion im Mai 1896 vor dem Schöffengericht zu Urach angeklagt wird. Ferdinand Maier, »Moderner Hexenprozess«, in: *Psychische Studien*, 11. Heft, November 1886, S. 560f. Ferner: Stephan Bachter, *Magie – Aberglaube – Volksfrömmigkeit*, München 2012.

13 Vgl. *Zentralblatt für Okkultismus*, 9. Heft (März 1930), S. 571.

14 Alexander von Bernus, »Schwarze Magie in Italien«, in: *Zentralblatt für Okkultismus. Monatsschrift zur Erforschung der gesamten Geheimwissenschaften*, 11. Heft (1932), S. 519–526. Über »Hexen« in Bosnien und Herzegowina, im gleichen Heft: Hans Dreßler, »Zaubereien bei den Südslaven«, S. 377–397. Ferner siehe: Carl Kiesewetter, »Etwas über die sexuellen Verhältnisse der Medien«, in: *Psychische Studien*, Heft 10 (1886), S. 436. Der Literaturwissenschaftler Montague Summers, dessen Bücher in England Bestseller sind, vertritt weiter den Glauben an die Existenz von Frauen, welche mit dem Teufel im Bund stehen und die Erlösung des Menschen bedrohen (*The Geography of Witchcraft*, London 1927). Um die Jahrhundertwende gibt es in Deutschland eine Reihe von Anklagen wegen »gewerbsmässiger Hexerei« im Sinne eines fortgesetzten Betruges; auch wenn die dämonischen Kräfte dem Aberglauben zugesprochen werden, ermittelt die Justiz wegen krimineller Absichten. In der preußischen Rheinprovinz vertreiben »Hexenmeister« das Böse durch Gebete und magische Formeln aus Menschen und Tieren. Daneben wird gegen Personen ermittelt, die als »Dämonenvertreiber« ihren Lebensunterhalt verdienen. (Franz Maier, »Moderner Hexenprozess«, in: *Reutlinger Generalanzeiger* vom 3. Oktober 1896.) Im selben Zeitraum soll es in Paris nicht wenige *nécromanciennes* geben. (*Dresdener Nachrichten* vom 10. April 1884.) Zur »Behexung« mit Todesfolge in den Zwanzigerjahren in Westfalen und Hessen: Theodor Ballauff, »Die magische Sympathik«, in: *Zeitschrift für Parapsychologie*, Heft 7, 1933, S. 326–329.

15 »Als eine junge Frau aus Zemmer schwer erkrankte, glaubte sie, ihre eigene Mutter habe sie verhext. Sie rief die Jungfrau von Erberhardsklausen an und spie darauf 32 verschiedene Dinge aus Holz, Leder und Eisen aus.« Ein anderer Fall: »Das Mädchen erbrach dreimal zu verschiedenen Zeiten verschiedene Teilchen, die die Frauen durch ihre abscheulichen Künste (*malefice*) in sie gestopft hatten«. (»Die Mirakelbücher des Klosters Erberhardsklausen«, Nr. 219; zitiert aus: Gabriela Signori, *Wunder*, Frankfurt am Main 2007, S. 122f.)

16 Mittels *magia diabolica* soll selbst Gott unter Druck gesetzt, könnten Dämonen und Geister zu Diensten gezwungen werden. – Den Vorstellungen sind kaum Grenzen gesetzt; im frühen Mittelalter glauben viele, dass sich Hexen die Unschuld früh verstorbener, noch ungetaufter Kinder zu Nutze machen: Das ausgelassene Fett ihrer Leichen wird als Zaubermittel und Salbe verwendet, insbesondere bei der Liebesmagie. Hartwig Weber, *Hexenprozesse gegen Kinder*, Frankfurt am Main 1991, S. 128f. Eine ungeheure Vielfalt von Zauberstoffen und Salben kommen zur Anwendung: Eppich (*Apium palustre*), Wolfswurzel (*Aconitum lycoctonum*), Teufelsmilch (*Euphorbia lathyris*), Schlangenmoos (*Lycopodium clavatum*), Ackerwinde (*Convolvulus arvensis*), um nur einige der bedeutendsten zu nennen. Joannes Wierus, *De praestigiis daemonum et incantationibus ac veneficiis libri VI*, Basel 1563.

17 Hanns Bächtold-Stäubli, Eduard Hoffmann-Krayer (Hg.), *Handwörterbuch des deutschen Aberglaubens*, Berlin, New York 1987, Band IV, S. 1095f.

18 Christoph Daxelmüller, *Zauberpraktiken. Eine Ideengeschichte der Magie*, Zürich 1993, S. 204. – Bodin berichtet, dass im Jahr 1500 in Prozessen gegen Hexerei und Geheimkünste fünfzig Frauen auf nur einen Mann kamen. (Dabei reichen allein Wut und Obszönität schon aus, um in den Augen der Inquisition aus einer Frau eine vom Teufel Besessene zu machen.) Julius Evola, *Die grosse Lust. Metaphysik des Sexus*, Bern 1998, S. 293.

19 Thomas von Aquin, *Summa theologiae II.*, 95,3.

20 Das *Brockhaus' Konversationslexikon* klärt seine Leser auf: »Gegenwärtig findet sich die Dämonomanie, der Besessenheitswahn, am meisten noch in bigotten abergläubisch-beschränkten Bevölkerungen und bei der als Hysterie bezeichneten Nervenkrankheit; auf letzterer Basis hat auch die Neuzeit noch einige kleinere Epidemien von Dämonomanie aufzuweisen.« (4. Band, 14. Auflage, Leipzig 1894, S. 716.)

21 Joseph von Görres, *Mystik, Magie und Dämonie*, München und Berlin 1927, S. 494f. – Dämonen sind nicht selten mit tierischen Elementen ausgestattete Mischwesen, mit den Köpfen von Ziegenböcken, Hörnern auf der Stirn, mit Flügeln und Spinnenarmen, Hufen, Pferdeschwänzen und so weiter. Der sexuelle Verkehr mit ihnen wurde daher auch als »Bestialität« bezeichnet – und als widernatürliche Unzucht mit dem Tod bestraft.

22 Über die Kälte des teuflischen Gliedes und Spermas, siehe: Hans Peter Duerr, *Traumzeit*, Frankfurt 1982, S. 176f. »Alles mit Kälte und Frost beschehen«, so schildert eine Verena Hornung im Jahre 1632 ihren Beischlaf mit dem Teufel »Hölderlin«. Der Volkskundler Will-Erich Peuckert

vermutet in der Empfindung des eisigen »Schwanzes«, während der *cohabitatio* mit den Teufeln, die Wirkung von Narkotika, von Solanaceen-Giften, die eingerieben werden. Will-Erich Peuckert, »Hexensalben«, in: Jochen Gartz (Hg.), *Halluzinogene in historischen Schriften*, Solothurn 1999, S. 187f. (Es ist bekannt, dass gerade auch Nachtschattengewächse die Wahrnehmung auslösen, man könne in Gestalt eines Vogels fliegen. Zu den »Stechapfelzauberern« siehe: Hans Peter Duerr, *Traumzeit. Über die Grenze zwischen Wildnis und Zivilisation*, Frankfurt am Main 1982, S. 99.) – *Pavor nocturnus*, der »Nachtschreck«, bei dem meist junge Männer plötzlich verwirrt, mit weiten Pupillen und Druck auf der Brust aus dem Schlaf fahren und nicht ansprechbar sind, wurde bis ins späte Mittelalter mit dem Samenraub durch einen weiblichen Dämon in Verbindung gebracht. Der Gedanke, dass die Geister verstorbener Frauen Männer im Schlaf überraschen und sterben lassen, ist in einigen Teilen Asiens verbreitet (zum Beispiel auf den Philippinen, dort »Bangungut« genannt: »Schrei, der zum plötzlichen Tod führt«).

23 Michel Foucault weist darauf hin, dass die Techniken der Inquisition sich im Apparat der späteren Psychiatrie wiederfinden, der unsere Träume und Wünsche wissen will, das Anormale kennzeichnet, uns zur Ordnung ruft. Michel Foucault, *Über Strafjustiz, Psychiatrie und Medizin*, Berlin 1976, S. 89f.

24 Wilhelm von Auvergne schreibt ausführlich über die Inkuben; Frauen sollen sich verschleiern, um die bösen Engel nicht anzulocken; er spekuliert über einen immateriellen »Geistsamen«, der die Opfer schwängern kann. Jean-Claude Bologne, *Von der Fackel zum Scheiterhaufen. Magie und Aberglaube im Mittelalter*, Düsseldorf 1995, S. 105.

25 Protestanten und Katholiken glauben gleichermaßen an diese »Kielkröpfe« (»Koblickskinder«) dämonischer Herkunft; sie dürfen ertränkt oder anderweitig getötet werden. Wesen, mittels magischer Zeugung erschaffen, seien verwachsen, haben große unförmige Schädel, ihre Nase ist stumpf, der Mund aufgeworfen und dick, der Hals kropfig. (Der »Wechselbalg« – oft »Butz« oder »Büttling« genannt – steht auch für einen untergeschobenen Säugling.) Vgl. Hanns Bächtold-Stäubli, Eduard Hoffmann-Krayer (Hg.), *Handwörterbuch des deutschen Aberglaubens*, Berlin, New York 1987, Band IX (Nachtrag), S. 835f.; Johannes Dillinger, *Hexen und Magie*, Frankfurt am Main 2007, S. 39.

26 Sigmund Freud, *Gesammelte Werke*, Band 14, Frankfurt am Main 1948, S. 324.

27 Tod in (durch) Ekstase: So selten diese Fälle auch sind (und hier ist nicht der *mors in coitu* gemeint) – es scheint sie zu geben. Der Sûfî-Meister Outbuddîn Bakhtiyâ Kâkî stirbt, nachdem er den Vers *Ahmad-i Jâms* versteht. Diagoras, Dionysius, Papst Leo der Zehnte und wahrscheinlich auch Sophokles sterben vor unbeschreiblicher Entzückung. Ramakrishna sieht weiße Kraniche, die vor schwarzen Wolken fliegen, erlebt seine erste Ekstase, fällt in Ohnmacht und ist dem Tode nah. Von Schamanen verschiedener Ethnien wird berichtet, dass sie von ihren Seelenreisen nicht mehr »zurückkehrten« und starben. Dieses manische Delirium wird erstmals 1849 von Luther Bell in vierzig Fällen beschrieben. Bruno Gary Schmid, *Tod durch Vorstellungskraft*, Wien 2000, S. 58. (Ähnlich wie beim »Voodoo-Tod« und Schadenzauber, werden Störungen im Gleichgewicht des sich selbst regulierenden autonomen Nervensystems angenommen. Bereits in den Zwanzigerjahren liefert Marcel Mauss erste detaillierte Berichte solcher ekstatischen Unfälle.) Der Religionsphilosoph Oesterreich erwähnt die Thanatomanie: Die Autosuggestibilität eines »Primitiven« könnte so weit gehen, dass dieser sich den Tod einredet und stirbt. Traugott Konstantin Oesterreich, *Die Besessenheit*, Langensalza 1921. Rosenfeld beschreibt den Zustand der akuten, tödlich ausgehenden Hysterie (1925). Prichard berichtet von einem Geistlichen, der einen Beerdigungszug auf sich zukommen sieht und dabei seinen eigenen Namen auf dem Sarg entdeckt – der gesunde Mann stirbt wenige Tage später. (Henri F. Ellenberger, *Die Entdeckung des Unbewußten*, Zürich 2005, S. 181.)

28 Paul Mehlhorn, *Die Blütezeit der deutschen Mystik*, Tübingen 1907, S. 48. Ferner: Martin Treml, »Das mehrfache Nachleben der hl. Cäcilie – Vollkommenheit, Aufbegehren, rettender Untergang«, in: Sigrid Weigel (Hg.), *Märtyrer-Porträts*, München 2007, S. 187f.

29 Hans Freimark, *Das erotische Element im Okkultismus*, Graz 2008, S. 20. Die Vision der Begine Agnes Blannbekin (1250–1316) ist nachzulesen in ihrer *Vita et Revelationes*, von der Inquisition gleich auf den Index *Librorum Prohibitorum* gesetzt. Vergleiche auch: Agnes Blannbekin, *Leben und Offenbarungen der Wiener Begine*, Göppingen 1984. (Die Frage nach dem Verbleib der Vorhaut Christi ist ähnlich der, ob Maria mit oder ohne Nachgeburt, normal oder auf unbefleckte Weise, das heißt als Jungfrau, entbunden hätte.) Dem Volksaberglauben nach führt der rohe Genuss der Vorhaut eines frisch beschnittenen Knaben zur Schwangerschaft. Guido Ceronetti, *Das Schweigen des Körpers*, Frankfurt am Main 1983, S. 31. Siehe auch: Alphons Victor Müller, *Die hochheilige Vorhaut Christi im Kult und in der Theologie der Papstkirche*, Berlin 1907.

30 Johann Spielmann, *Diagnostik der Geisteskrankheiten. Für Ärzte und Richter*, Wien 1855, S. 155f. Als eine Untervarietät der »Dämonomanie« beschreibt Esquirol die »Zooanthropie«, den wahnhaften Gedanken, sich in ein Tier verwandelt zu haben. Als »Lycanthropie« tritt sie im 15. Jahrhundert in Frankreich epidemisch auf – die Kranken werden »loups garoux« genannt. In einem Kloster in Deutschland laufen die Nonnen als Katzen, miauend umher. Jean-Étienne Esquirol, *Die Geisteskrankheiten in Beziehung zur Medizin und Staatsarzneikunde*, Berlin 1838, S. 303. Eine neuere Version von »zooanthropischem Wahnsinn« bei einer jungen Frau: »Sie ging auf allen Vieren unter den Betten und Tischen, den Mund weit offen, bellte wie ein Hund und wollte jeden beißen, der ihr nahe kam«. F. Piccinino, »Ein merkwürdiger Fall von Hysterie in spiritoïder Form«, in: *Psychische Studien*, Heft 3 (1913), S. 131.

31 Sœur Jeanne, *Memoiren einer Besessenen*, Nördlingen 1989, S. 127. – Urbain Grandier, 1633 verhaftet und wegen Hexerei und Magie verurteilt, lassen die Kleriker ein Jahr später auf dem Scheiterhaufen verbrennen. Sœur Jeanne des Anges wird, nachdem sie mit Hilfe Surins ihre Dämonen niedergerungen hat, als Heilige verehrt, durch ganz Frankreich gefahren und darf Königin Anna von Österreich in ihrer Schwangerschaft segnen. (Die Hugenotten Frankreichs aber prangern den Vorgang als einen Aberglauben der schlimmsten Sorte an.)

32 Hysterische »Dämonomanien« treten das ganze Mittelalter über auf, und gerade Nonnenklöster sind bevorzugte Orte. Nach dem Genuss von Salzplätzchen fühlen sich die Schwestern eines Klosters in Utrecht verzaubert und meinen, Stimmen zu hören. Ursache soll eine Hexe aus der Nachbarschaft sein, die »scharf« verhört und zu Tode gefoltert wird. Nachdem eine junge Novizin im Kloster »Nazareth« in Köln anfängt, sich obszön zu gebärden, fühlen sich auch die anderen Frauen von Teufeln der Unzucht besessen. Mehrere Nonnen des Klosters Unterzell bei Würzburg erklären 1749 durch die aus ihnen redenden Dämonen, die Subpriorin Maria Renata habe mittels böser Praktiken den Teufel in sie gezaubert; die Beschuldigte wird nach dem inquisitorischen Verhör verbrannt. Hartwig Weber, *Hexenprozesse gegen Kinder*, Frankfurt am Main 1991, S. 202.

33 Gilles de la Tourette (1857–1904) veröffentlicht die Aufzeichnungen der Sœur Jeanne des Anges, Priorin des Klosters von Loudun: *Autobiographie d'une Hystérique Possédée* (Paris 1886). Charcot schreibt das Vorwort. – Jean-Joseph Surin wird 1634 als Exorzist zu den Ursulinen geschickt und glaubt sich nun selbst besessen und seiner Organe enteignet, zweifelt

an der Lehre der katholischen Kirche; Surin wird zwanzig Jahre in einer kleinen Zelle des Collège de la Madeleine in Bordeaux interniert. Nach seiner Heilung hört er bis zum Tod nicht auf, seine Mystik in Büchern zu hinterlassen: *Cantiques spirituels* (1639–1655), *Catéchisme spirituel* (1654–1655) und sein Traktat *Traité de l'amour divin* (1658–1661); in *Le Triomphe de l'amour divin* verarbeitet Surin die Ereignisse in Loudun.

34 Caillois schreibt in seiner Studie über das Heilige, dass dessen Kräfte, werden sie nicht von Sorge und Umsicht begleitet, vernichtend sein können: »Stirbt doch dem Ungläubigen, der sich am Tabernakel vergreift, die Hand ab und zerfällt zu Staub; einer solchen Übertragung von Energie ist ein unvorbereiteter Organismus nicht gewachsen. Der Leib dessen, der ein Sakrileg begangen hat, schwillt an, die Gelenke versteifen, verrenken sich, brechen, das Fleisch schmilzt, und er stirbt vor Schwäche oder an Krämpfen«. Roger Caillois, *Der Mensch und das Heilige*, München 1988, S. 23.

35 Das Neue Testament (Apokalypse 9,11) erwähnt Engel, die nicht direkt böse, aber doch auch gewalttätig, zerstörerisch sind.

36 Roger Caillois, *Der Mensch und das Heilige*, München 1988, S. 45f. Er schreibt: »Vom Heiligen erwartet der Gläubige in der Tat Hilfe und Erfolg jeder Art. Den Respekt, den der Gläubige ihm zollt, beruht auf Schrecken und Vertrauen zugleich. Er bringt das Unglück, von dem er bedroht ist, dem er zum Opfer fällt, und das Glück, das er ersehnt, das ihm zuteil wird, mit einem Prinzip in Verbindung, das er rühren oder zwingen möchte. [...] Es ist äußerste Verlockung und höchste Gefahr in einem«. (S. 22.)

37 Um den Monotheletismus zu propagieren, als Lehre durchzusetzen, soll Honorius I., siebzigster Bischof von Rom, sich der Magie ergeben und einen kabbalistischen Talisman getragen haben; wegen Häresie belegt man ihn mit dem Kirchenbann, was für seine »Unfehlbarkeit« nicht gerade von Vorteil ist. Ein für Kaiser Karl den Großen geschriebenes *Enchiridion* der schwarzen Zauberei wird Papst Leo III. zugesprochen, der im Schisma der westlichen und östlichen Kirche eine Rolle spielt. Sein mit Pentagrammen und mystischen Siegeln illustriertes »Handbuch« enthält Gebete gegen Unglück und Krankheit, Formeln, um Feuersbrünste einzudämmen, Hagel abzuwehren und wilde Tiere zu vertreiben. Von Papst Pius IX. glaubt das römische Volk, er habe den bösen Blick (*malocchio*); Frauen, die bei seiner Vorüberfahrt niederknien, strecken unter der Mantille den Klein- und Zeigefinger zum Gegenzauber aus. Silvester II. (Gerbert von Aurillac), Astronom und Kabbalist, soll Umgang mit Dämonen pflegen, um Karriere zu machen, den Heiligen Stuhl zu besteigen. Nach seinem Tod verbreiten

einige Kardinäle, er wäre nicht nur ein Nekromant, vielmehr der Antichrist selbst gewesen! Bischof Wilhelm von Auvergne warnt vor König Salomon (הֹמֹלְשׁ Šəlomoh) und seinen theurgischen Kräften zugeschriebenen dämonenbeschwörenden Werken (*Liber de umbris idearum*, *De quatuor annulis*, *Clavicula Salomonis*); der Herrscher selbst soll Baal, Rapha und Moloch opfern, bis sein Geist sich verdunkelt, im Bösen aufgeht.

38 Das sechste und siebente »Buch Mose« ist wohl aus der Rezeptsammlung eines magischen Textes des Abraham von Worms (um 1362–?) hervorgegangen. Der Titel der ersten gedruckten Edition lautet: »*Die egyptischen großen Offenbarungen, in sich begreifend die aufgefundenen Geheimnißbücher Mosis; oder des Juden Abraham von Worms Buch der wahren Praktik in der uralten göttlichen Magie und in erstaunlichen Dingen, wie sie durch die heilige Kabbala und durch Elohym mitgetheilt worden. Sammt der Geister- und Wunder-Herrschaft, welche Moses in der Wüste aus dem feurigen Busch erlernet, alle Verborgenheiten der Kabbala umfassend. Aus einer hebräischen Pergament-Handschrift von 1387 im XVII. Jahrhundert verteutscht und wortgetreu herausgegeben*, Köln am Rhein, 1725. Es geht hier um Riten der »Bändigung dienstbarer Geister zur höheren Ehre Gottes unter dem Patronat des Schutzengels«.

39 Eberhard Buchner, *Medien, Hexen und Geisterseher – Kulturhistorisch interessante Dokumente aus alten deutschen Zeitungen und Zeitschriften*, München 1926, S. 185, 198. Zur epidemischen Besessenheit, siehe: Joseph von Görres, *Mystik, Magie und Dämonie*, München 1927, S. 478f. Der katholische Publizist entwirft die Vorstellung einer auf- und absteigenden Mystik – Erleuchtung, Ekstase versus Besessenheit, Zauberei.

40 Bereits im 16. Jahrhundert bestreiten viele Ärzte jede Besessenheit und begreifen die Symptome als Ausdruck einer Melancholie, der Schwarzgalligkeit oder unterstellen Betrug; hier sei die Schrift des calvinistischen Arztes Joannes Wierus über die *praestigiae daemonum* (Blendwerke der Dämonen) von 1563 besonders erwähnt. Erik Midelfort, »Natur und Besessenheit«, in: Hans de Waardt (Hg.), *Dämonische Besessenheit*, Bielefeld 2005, S. 75. Mit der Hysterie, als Frauenleiden par excellence, werden auch Hexerei und Besessenheit als Krankheit verstanden; siehe Sándor Ferenczi, *Hysterie und Pathoneurosen* (Nachdruck), Hamburg 2010.

41 Die heilige Teresa von Ávila nimmt ihre gewalttätigen, wütenden Ordensschwestern vor den Inquisitoren in Schutz, indem sie versichert, diese Frauen seien krank. Auch die Mystikerin selbst wird wegen ihrer *Vida* (1565) und den dort geschilderten Visionen angegangen: Das

Inquisitionstribunal in Madrid verfügt, dass das Manuskript des Buches bis zu ihrem Tode im Archiv zu verbleiben habe. Dann erst solle entschieden werden, ob, was sie meint mit den »Augen der Seele« gesehen zu haben, nicht vom Teufel eingegeben war.

42 Georges Bataille, *Die Erotik*, München 1994, S. 220. Auch Julius Evola bemerkt quer durch die Geschichte, dass manche Techniken der Ekstase identisch sind mit denen erotischer Riten. In einem Hapaxlegomenon der *Carmina Priapea* wird das äußere weibliche Organ *esca* – »Köder« und »heilige Nahrung« genannt, der Cunnilingus als ein sakraler Akt verstanden. Die Männer der Sekte Sahajiya sind sicher, dass nur der Dienst an der Frau, als mystische Geliebte, zur letzten Erlösung führt; nicht Askese, das Abtöten des Fleisches öffnet den Weg zum Absoluten, sondern allein die Verwandlung, die Glorifizierung des Körpers. Und William Blake macht sich die anglikanische Kirche, die High Church, mit seinen Sprichwörtern der Hölle, nach denen die »Lust des Bockes die Überfülle Gottes« ist, zum Feind. (William Blake, *Zwischen Feuer und Feuer*, München 2003, S. 484.) Stanislas de Guaita berichtet über Sabbat-Orgien, die in »blutschänderischen, widernatürlichen Handlungen« ihren Höhepunkt finden – bis ins späte Mittelalter werden Jungfrauen auf dem Altar defloriert; in der Ekstase feiert man Luzifer, den Lichtgott und die Fruchtbarkeit der Frau.

43 In der Bibel bitten die »unsauberen Geister« Jesus, aus den Menschen heraus, »in die Säue fahren« zu dürfen (Markus-Evangelium). Seit dem 5. Jahrhundert stehen Dämonen – von Gott geschickt – vermehrt im Dienst der Kirche: Religiöse Zweifler werden durch Besessenheit heimgesucht. Durch Straf- oder Zerstörungswunder werden ebenso die Spötter und Abtrünnigen von Krankheiten und anderem Unglück verfolgt. Wenn etwa Mose die »Murrenden« in den Scheol herabfahren lässt (4. Mose 16, 25–35) oder das Wasser des Nils zu Blut verwandelt (2. Mose 7, 20–25). Siehe auch: Gabriela Signori, *Wunder*, Frankfurt am Main 2007, S. 116.

44 Der Sohn eines Pfarrers promoviert 1901 an der Zürcher Universität mit dem Thema »Zur Psychologie und Pathologie sogenannter okkulter Phänomene«. Spiritistische Sitzungen im Haus seiner Tante in Basel unterfüttern das Material. Während dieser Séancen tritt seine Cousine Helly (Helene Preiswerk, 1881–1911), noch ein Teenager, als Medium auf, erinnert sich an viele ihrer Inkarnationen – als Seherin von Prevorst, Geliebte Goethes, Schwester von Swedenborg, christliche Märtyrerin – und entwickelt komplexe Kosmogonien. Im visionären Zustand ist ihr Gesichtssinn ausgeschaltet, sie kann aber hören. Auffällig: Helene in Trance ist weit

expressiver und vitaler als ihre wache Version. Kurios, am Rande: Eine Entität, die aus ihr spricht, warnt den angehenden Arzt vor den Lehren Nietzsches, die dem Antichristen folgen. (Die Cousine stirbt als »Frühvollendete« mit gerade mal 30 Jahren an Tuberkulose.)

45 Jungs »autonome Komplexe« entsprechen Janets »gleichzeitigen psychischen Existenzen«. Der Schweizer besucht 1902 Vorlesungen Janets in Paris. »Der Einfluss von *L'Automatisme psychologique* ist zu erkennen, in Jungs Annahme, die Seele des Menschen umfasse eine Reihe von ›Unter-Persönlichkeiten‹«. Henri F. Ellenberger, *Die Entdeckung des Unbewußten*, Zürich 2005, S. 555.

46 Josef Rattner, Gerhard Danzer, *Religion und Psychoanalyse*, Würzburg 2009, S. 71. Freudianer vermuten in Jung einen von Ruhmsucht und Größenwahn getriebenen Wirrkopf, auf der Suche nach reichen Damen, denen er ein Meister und Lehrer sein kann. – Zu Jungs Visionen: *Erinnerungen, Träume, Gedanken von C. G. Jung*, Zürich 1963, S. 293. Das »Gesicht« befällt Jung im Herbst 1913; er sieht eine Flut über Europa hereinbrechen, mit Trümmern und tausenden Toten, sieht, wie sich das »Meer in Blut verwandelt«, und fürchtet, er könnte psychotisch werden. Im Ausbruch des Weltkrieges findet er eine Erklärung – es sei eine echte Prophetie gewesen.

47 Dass im anderen Zustand (auch in der Ekstase) mechanisch weiter profane Dinge erledigt werden (Kochen, Putzen, Waschen, Gärtnern etc.), ist nicht selten; Maria Maddalena de' Pazzi ist so ein Fall: Sie hört nicht auf zu arbeiten, während sie verzückt in den Himmel starrt. (Ernst Benz, *Die Vision*, Stuttgart 1969, S. 240.)

48 Nicht besonders erfreulich ist, wenn sich der sekundäre Charakter als kriminell hervortut, wie im Fall des Fred Burke, der bis zu seinem 24. Lebensjahr ein normales Leben als Farmer führt und dann als ein »anderer« anfängt zu morden. (Er ist einer der Männer, die man für das »Valentinstag-Massaker« am 14. Februar 1929 verantwortlich macht; Burke soll über dreißig Menschen getötet haben.) Felicitas D. Goodman, *Ekstase, Besessenheit, Dämonen. Die geheimnisvolle Seite der Religion*, Gütersloh 1991, S. 133f. – In einigen Fällen spricht dieser »andere« von sich selbst als »Geist« und kann durch einen Exorzismus ausgetrieben werden.

49 Der New Yorker Arzt Morton Prince schildert im »Fall Meyer« den dauerhaften Verlust der Primärpersönlichkeit – das zweite »Ich« bestreitet dann das restliche Leben. Seine Patientin Christine Beauchamp wird nach einem Schockerlebnis zehn Jahre lang von einer Sekundärpersönlichkeit regiert, die das genaue Gegenteil von ihr ist: vulgär, anmaßend

und meistens schlecht gelaunt. Prince vermutet zudem eine starke Kopplung von Dissoziation und Mediumität, die sich als Spuk und Telepathie äußern kann. (Morton Prince, *Die Spaltung der Persönlichkeit*, Stuttgart 1932, S. 368f.) – Die Verwandlung in eine andere Person tritt auch im religiösen Kontext, nach einer Gotteserfahrung auf; einige Mystiker berichten, dass ihnen dabei auch alte Organe des Körpers durch neue ersetzt wurden.

50 Ähnliches gelingt im »Fugue«-Syndrom – als würde das Leben an einer bestimmten Stelle abbrechen und neu beginnen, als könnte man sich in ein neues Leben zurückziehen, wenn das alte nicht mehr auszuhalten, zu überstehen ist. Als könnte man plötzlich, von einem Moment auf den anderen, in einer fremden Geschichte aufwachen, zu Hause sein: Menschen verlassen ihre Familie, verlieren ihr Gedächtnis und leben an einem anderem Ort mit neuen »Erinnerungen« und Namen weiter, um nach Wochen, Monaten, zurückzufallen in die alte Identität (und wiederum ihr inzwischen angenommenes Leben zu vergessen). Dass Gedächtnislücken durch immer neue Inhalte aufgefüllt werden (in der Pathologie »Konfabulieren« genannt), die dann als wahrhaft Geschehenes erinnert werden, scheint auch hirnorganisch, durch eine Schädigung des Stirnlappens bedingt, möglich zu sein. (»Erinnerungsfälschung« bei Kranken beschreibt Emil Kraepelin erstmals 1886, neben der Amnesie, als eine weitere Störung des Gedächtnisses. Emil Kraepelin, »Ueber Erinnerungsfälschungen«, in: *Archiv für Psychiatrie und Nervenkrankheiten*, Band 17, Nr. 3, Berlin 1886, S. 830–843.)

51 C. G. Jung, *Synchronizität, Akausalität und Okkultismus*, München 2003, S. 117f., 228.

52 Henri F. Ellenberger, *Die Entdeckung des Unbewußten*, Zürich 2005, S. 188f.

53 Sigmund Freud, »Hysterische Phantasien und ihre Beziehungen zur Bisexualität«, in: *Gesammelte Werke*, Band VII, London 1940, S. 198.

54 »Augenstrahlen« als eine Zauberkraft, mit der Magnetnadeln abgelenkt, Uhren zum Stehen, Pendel zum Schwingen gebracht, Menschen krank und Dämonen beruhigt werden, finden sich in allen Kulturen zu vielen Zeiten. Hanns Bächtold-Stäubli, Eduard Hoffmann-Krayer (Hg.), *Handwörterbuch des deutschen Aberglaubens*, Berlin, New York 1987, Band I, S. 691f.

55 Krafft-Ebing, *Psychopathia sexualis*, München 1993, S. 253f. (Beobachtung 138). Zur *Metamorphosis sexualis paranoica* vergleiche den Fall Daniel Paul Schreber.

56 C. G. Jung, *Psychiatrie und Okkultismus*, Zürich 1972, S. 81f.

57 Zur literarischen Verarbeitung des Motivs der multiplen Persönlichkeit: Henri F. Ellenberger, *Die Entdeckung des Unbewußten*, Zürich 2005, S. 243. Aus Unterlagen der Salpêtrière konstruiert Jules Claretie sein Buch *L'Obsession – Moi et l'Autre* (Paris 1908): hier ruiniert eine sekundäre Persönlichkeit das Leben eines Malers. Siehe ferner: Charles Epheyre, *Sœur Marthe*, Revue des deux mondes 93, Paris 1890. Die Natur des Doppelgängers spielt auch in der postum veröffentlichten Erzählung *William Wilson* von Edgar Allan Poe eine entscheidende Rolle.

58 Die Versuche Janets mit Léonie beginnen im Ende September 1885 in Le Havre. Die Patientin soll auch aus der Ferne (!) zu hypnotisieren sein und über telepathische Fähigkeiten verfügen. Janet stellt sie Charles Richet, Julian Ochorowicz, Frederick Myers und Henry Sidgwick vor. Vergleiche auch: Wladimir Bechterew, »Überpersönliches und Gemeinbewußtsein«, in: *Journal für Psychologie und Neurologie*, Band IX, Leipzig 1907.

59 Eugène Ionesco, *Tagebuch. Journal en miettes*, Berlin 1967, S. 113.

60 Der englische Erzähler W. Somerset Maugham muss erkennen, dass er aus mehreren Personen besteht, die sich in schnellem Wechsel hervortun können, und fragt sich, welches dann die wahre ist: Sie alle oder keine von ihnen? W. Somerset Maugham, »Of Human Bondage«, in: Mark Pierce, *The Multiple Personality Dispute*, New York 1995. Auch Jack London macht diese Erfahrungen: »Mein ganzes Leben lang habe ich Kenntnis von anderen Zeiten und Orten gehabt. Ich war mir anderer Personen in mir bewusst.« (Ders., *The Star Rover*, London 1976, S. 9.) Während seiner Haft beginnt Karl May »unsichtbare Verbrecherexistenzen« zu fühlen, die ihn ermüden, seinen Willen betäuben, ihn gleichschalten. Bald melden sich noch Gestalten, die dichten und komponieren, seine Arbeit übernehmen wollen. Während Mays Orientreise meint er, mit Friedrich Schiller zu verkehren, dessen Stimme zu ihm spricht und Gedichte diktiert; auch eine Jenseitige namens »Marie« begleitet ihn durch Ägypten, den Libanon und Palästina. (Karl May, *Mein Leben und Streben*, Freiburg 1910, S. 117f.)

61 Über den Müßiggang als »Sünde par excellence« der bürgerlichen Welt, der Stolz und Begierde in dieser Funktion etwa Mitte des 17. Jahrhunderts ablöst, siehe: Michel Foucault, *Psychologie und Geisteskrankheit*, Frankfurt am Main 1968, S. 104f. Nicht nur die Irren werden ausgeschlossen oder eingesperrt, sondern auch Invalide, Alte, Alkoholiker, Bettler, Geschlechtskranke, Arbeitsscheue, Debile, Störenfriede, Simulanten und so weiter.

62 »Eine Frau im Publikum fährt schreiend in die Höhe, die Hand zum militärischen Gruß erhoben ... Und nun gehen im ganzen Saale Dutzende hysterischer Frauen von ihren Stühlen hoch. Fuchtelnde Arme, verzerrte Gesichter! Ein wildes, nervenzerreißendes Hu-Geschrei in den qualvollen Tierlauten schmerzvoll Gebärender und mit dem dumpfen Angstwolluststöhnen Vergewaltigter.« Ein Gottesdienst der Evangelisch-Johannischen Kirche Joseph Weißenbergs – eine Messe mit Tranceeinlagen, Zungenreden und Geistern. Aus: *Zeitschrift für Volksaufklärung gegen Kurpfuscherei und Heilmittelschwindel*, 3. Jahrgang, Nr. 6, Juni 1929, S. 215.

63 Im Jargon der Zeit wird Eva C. beschrieben als ein »charakterologisch defekt gefärbtes Individuum«. Walter von Gulat-Wellenburg, Carl Graf von Klinckowstroem, Hans Rosenbusch, *Der physikalische Mediumismus*, Berlin 1925, S. 365.

64 Vgl. Ralph M. Becker, *Trance und Geistbesessenheit*, Münster 1995, S. 265f. In der Phänomenologie Husserls existieren Engel – auf welchen Ebenen auch immer – schon allein deshalb, weil man über sie sprechen kann. Und Kurt Gödel wird später imaginäre Wesen für ebenso wirklich halten wie mathematische Gebilde.

65 Albert von Schrenck-Notzing, *Materialisations-Phänomene*, München 1914, S. 160.

66 Ebd., S. 260.

67 Ebd., S. 222.

68 Albert von Schrenck-Notzing, *Materialisations-Phaenomene*, München 1923, S. 288.

69 Schrenck entgeht der Nähe zum Sakralen, zum Wunderbaren nicht; was er sucht und sehen will, steht in einer langen Tradition, ist schon im biblischen Milieu zu Hause und immer gleich mit dabei und erzählt: als Dokumentation des Anormalen, Befremdlichen, als das Leben der Heiligen, in dem sich die »Schwerkraft alles Irdischen« aufzuheben scheint. Entrückte schweben hoch über dem Boden, bis zur Decke, zur Dachhöhe (der heilige Franz, wenn er von oben, die Arme zur Kreuzform ausgebreitet, seine Brüder segnet); Hostien fliegen durch die Luft, »wie ein Pfeil in den Mund der Jungfrau« Katharina von Siena. Die in Christus erneuerten Charismatiker hören auf zu altern und verjüngen sich, wie es über Marina von Escobar zu lesen ist. Selbst die Schatten der Heiligen sollen eine besondere Kraft übertragen. Nonnen ernähren sich von der Milch ihrer jungfräulichen Brüste (Christina von St-Trond). Körper, Glieder wachsen in die Länge, bluten noch lange nach dem Tod und verwesen nicht, übertreffen an »Süßigkeit

alle Wohlgerüche« (das Fleisch der Frommen stirbt nicht, es duftet nach Lilien und Veilchen), und über Jahrzehnte hinweg fließen wundertätige Öle aus ihren Särgen. Die Leichen der Gerechten sehen aus wie Lebende, sind geschmeidig und warm; ihre Wangen haben die Farben von frischen Rosen. Im Sterben, im Tod, beleuchten sie die Wolken am Himmel. Und dann noch die das Antlitz überstrahlenden, sonnenhellen Aureolen (Thomas da Cori). Selbst Objekte werden zu lebendigen Zeichen des ganz anderen, Göttlichen: wandernde Kruzifixe, blutende Bilder, weinende Statuen.

70 Albert von Schrenck-Notzing, *Die Phänomene des Mediums Rudi Schneider*, Berlin, Leipzig 1933, S. 6.

71 Aus den Offenbarungen Stainton Moses'; Nandor Fodor, *Diese mysteriösen Leute*, Bensheim 2004, S. 140.

72 In Westeuropa erreichen die Hexenprozesse zwischen 1590 und 1630 ihren Höhepunkt; in Deutschland brennen in den Jahren 1626 bis 1630 mehr Scheiterhaufen als je zuvor (allein in Bamberg werden in dieser Zeit etwa 600 Frauen hingerichtet). – Georg Gustav Roskoff schreibt in seiner *Geschichte des Teufels*, dass dieser innerhalb des 13. Jahrhunderts seine schärfste Ausprägung erhält: »physische Uebel, moralisch Böses, Beschädigungen am Besitz, geheimnisvolle Heilungen, Wettermachen, Liebeszauber und dergleichen, werden vom Teufel hergeleitet.« (Leipzig 1869, S. 317.) Mircea Eliade weist darauf hin, dass alle Merkmale europäischer Hexen bei tibetanischen Yogis und indischen Sektierern zu finden sind: auf magische Weise zu töten, in den Himmel zu fliegen, auf Entfernung Schaden anzurichten und so weiter. (Mircea Eliade, *Das Okkulte und die moderne Welt*, Sinzheim 2000, S. 103.) Zum universellen Bild der Hexe – meist als Gegenentwurf zum »normalen« Verhalten eines Menschen in seiner vertrauten Umgebung: Lucy Mair, *Magie im Schwarzen Erdteil*, München 1969, S. 36f.

73 Ein Hinweis von Eliade über eine Häresie der besonderen Art: »Die Bogomilen glaubten, dass Satanaël Gottes erstgeborener Sohn und Christus der zweitgeborene sei.« Gut und Böse existieren in enger Bruderschaft, sind blutsverwandt; Gott und Satan sind Brüder. Eliade erkennt hier ältere Motive aus dem iranischen Zervänismus. Mircea Eliade, *Mephistopheles und der Androgyn*, Frankfurt am Main 1999, S. 18f.

74 Ernst Benz, *Die Vision*, Stuttgart 1969, S. 283.

75 Vom frühen Mittelalter an nimmt das Misstrauen der Kirchenoberen vor visionären Offenbarungen immer weiter zu; im 16. Jahrhundert haben solche Erscheinungen einen überwiegend schlechten Ruf. Nur das Wort der Bibel darf den Gläubigen Zuflucht und Wegweiser sein.

76 Es handelt sich hier um den Fall des Adam von Kendal; siehe: Peter Dinzelbacher, *Vision und Visionsliteratur im Mittelalter*, Stuttgart 1981, S. 1999. Der Mystiker Nikolaus von der Flüe erleidet eine Vision der Heiligen Dreifaltigkeit, die so angstgetönt und schrecklich ist, dass er glaubt, sterben zu müssen. Henri F. Ellenberger, *Die Entdeckung des Unbewußten*, Zürich 2005, S. 975.

77 »Lügenwunder« werden diese dämonischen Taten genannt. In der Offenbarung des Johannes wird das »zweite Tier« Feuer vom Himmel fallen lassen und die Menschen mit großen Zeichen verwirren. Andererseits droht Christus den Einwohnern der galiläischen Städte ein furchtbares Schicksal an, weil sie trotz der Wunder, die sie gesehen haben, nicht glauben wollen. (Mat 11, 20–24)

78 Kelsos (Κέλσος) ein Platoniker aus der zweiten Hälfte des 2. Jahrhunderts nach Christus, verfasst eine der ältesten bekannten Streitschriften gegen das Christentum, das für ihn nur eine jüdische Sekte darstellt.

79 Zitiert aus: Fritz Stege, *Musik, Magie, Mystik*, Remagen 1961, S. 296.

80 Ernst Benz, *Die Vision*, Stuttgart 1969, S. 236. Weil ihre Ekstasen das klösterliche Leben stören, bittet die Heilige, von den Gnadenbeweisen ihres Herrn befreit zu werden. Meist haben die *mulieres sanctae* – ab dem 13. Jahrhundert überwiegen Frauen unter den Charismatikern – einen Seelenführer an ihrer Seite, der die Visionen aufzeichnet und legitimiert. (Peter Dinzelbacher, *Vision und Visionsliteratur im Mittelalter*, Stuttgart 1981, S. 226f.)

81 Zur Bedrohung aus dem submedialen Raum siehe: Boris Groys, *Unter Verdacht. Eine Phänomenologie der Medien*, München 2000, S. 217f. Ferner, zur Ökonomie der Glaubwürdigkeit: Boris Groys, *Politik der Unsterblichkeit. Vier Gespräche mit Thomas Knoefel*, München 2002, S. 159f. »Wir können sagen, dass die Medienphilosophie oder Medientheorie im zwanzigsten Jahrhundert ein nicht konsequent verstandener Spiritismus ist.« (S. 177.) Die Unterscheidung der Geister und Spekulationen über ihre Absichten sind Thema vieler spiritistischer Schriften.

82 Albert von Schrenck-Notzing, »Methoden und Beobachtungsfehler«, in: *Die physikalischen Phänomene der großen Medien*, Stuttgart 1926, S. 8. Reichenbach beschreibt medial begabte Menschen als »sensitive Reagentien«.

83 Elizabeth d'Espérance, *Im Reich der Schatten*, Berlin 1922, S. 301.

84 Oskar R. Schlag (1907–1990), Medium, Grafologe, Freimaurer. Schrenck beginnt 1927 mit Schlag zu arbeiten, später besuchen Jung und

Bleuler dessen Sitzungen. Über den »Egregor«, auch »Psychogon« genannt: Oskar R. Schlag, *Von alten und neuen Mysterien*, Zürich 1995, S. XIII.

85 Hinweise auf vom Menschen (und nicht von Gott) geschaffene Entitäten finden sich in der Bibel, im Koran, der Tafel von Uruk, dem Gilgamesch-Epos, der Bhagavad Gita, dem Mahabharata und dem ägyptischen Totenbuch. Es ist wahrscheinlich, dass der »Egregor« aus dem »E« des Vornamens Eugen Grosches (1888–1964), dem Gründer der *Fraternitas Saturni*, und dessen Logennamen Gregor A. Gregorius gebildet wurde. Von der Wirkung eines Egregors erzählt Gustav Meyrinks Roman *Der Golem* (1915). – Die Schriftstellerin Alexandra David-Néel bringt um die Jahrhundertwende Berichte über den tibetischen »Tulpa« nach Europa. Die Französin schildert »unglaubliche« Rituale der alten Bön-Religion (བོན) und des Lamaismus. (*Magie d'amour et magie noire*, Paris 1938.) Nach dem Glauben des haitianischen Voodoo erschaffen Bokore (Hexenmeister) in einem komplexen rituellen Prozess künstliche Geist-Wesen, Baka genannt, die für magische Operationen eingesetzt werden. (Marco Bergmann, *Der Voodoo des Bokor Marco*, Berlin 2008, S. 229f.)

86 Albert von Schrenck-Notzing, *Grundfragen der Parapsychologie*, Stuttgart 1962, S. 122, sowie Albert Hellwig, *Okkultismus und Wissenschaft*, Stuttgart 1926, S. 71.

87 Albert von Schrenck-Notzing, *Grundfragen der Parapsychologie*, Stuttgart 1962, S. 92.

88 Ebd., S. 122. Siehe auch: Ders., *Physikalische Phaenomene des Mediumismus*, München 1920, S. 106.

## V »Jeder Mann und jede Frau ist ein Stern« — Strategien der Selbsterfindung

1 Blavatsky behauptet in einem Interview, Daniel Dunglas Home habe sie in Paris zum Spiritismus bekehrt. Vgl. *New York Daily Graphic*, 13. November 1874. Home nennt die Blavatsky eine Betrügerin; die wiederum beschimpft das berühmte Medium als einen »spiritistischen Narren«. Vgl. Ursula Keller, Natalja Sharandak, *Madame Blavatsky. Eine Biographie*, Berlin 2013, S. 121. Daniel Dunglas Home (1833–1886) ist das wohl bedeutendste aller modernen Medien; Crookes' Bericht erscheint im Juli 1871 im *Quarterly Journal of Science*. Das positive Urteil über die Leistungen des

Schotten entsetzt die wissenschaftliche Welt; manche, wie Charles Darwin, sind schlichtweg ratlos, wollen weiter glauben, dass die Wunder nur Schwindel sind. Der Physiker Sir David Brewster bricht den Kontakt zu Home ab, weil er sich dessen Phänomene in keiner Weise erklären kann und um seinen Ruf als Forscher fürchtet.

2 Blavatsky ist Mitte der 1870er-Jahre regelmäßig in Vermont, im Haus von William und Horatio Eddy, zweier visionärer Brüder, als Medium zu Gast und macht dort, so ist zu lesen, Materialisationen möglich. Gleich eine ganze Reihe von Geistern lässt sie auftreten: einen georgischen Knaben, den Kurden Saffar Ali Bek, einen Kaukasier, eine alte russische Frau, einen Schwarzafrikaner. Gesponsert werden ihre Ektoplasmen, wie sie behauptet, durch »John King«, den Spirit Henry Morgans aus der astralen Welt, der ihr – wie praktisch – gleich dreimal das Leben rettet und sie gelegentlich küsst. (Blavatskys Briefe an Henry Steel Olcott werden über Jahre mit einem Postskriptum Kings beendet.) Ursula Keller, Natalja Sharandak, *Madame Blavatsky. Eine Biographie*, Berlin 2013, S. 120f.

3 Unter »Elementalen« versteht Blavatsky Geister und Kräfte der Natur. In einem Interview mit der New Yorker *World* im März 1877 erklärt sie die Versuche mit dem Astralkörper als »allerletzte und höchstmögliche Errungenschaft der Magie«. (John Patrick Deveney, *Astral Projection or Liberation of the Double and the Work of the Early Theosophical Society*, Fullerton 1997, S. 17.) – Agrippa von Nettesheim beschreibt die Erschaffung eines Homunkulus im Buch *De occulta philosophia* (Paris 1531) auf ähnliche Weise wie Paracelsus in seinem *De generatione rerum naturalum* (Frankfurt 1581). Zur Gestalt des magisch und alchemistisch belebten Androiden: Christoph Vallant, *Hybride, Klone und Chimären. Zur Transzendierung der Körper-, Art- und Gattungsgrenzen*, Würzburg 2008, S. 21f.

4 Der Orientalist William Emmette Coleman findet etwa zweitausend Passagen in Blavatskys Schriften, die aus fremden Quellen stammen; sie bedient sich dabei aus rund hundert Titeln okkulter Literatur. Siehe: *The Sources of Madame Blavatsky's Writings, first published in A Modern Priestess of Isis*, London 1895, S. 353–366; ferner: Helmut Zander, *Anthroposophie in Deutschland*, Göttingen 2007, S. 85. Um Erklärungen ist Blavatsky nie verlegen: Die Zitate seltener Bücher beschaffe sie sich aus dem »Astral«; ist sie beim »Abschreiben« nicht konzentriert, komme es eben zu Fehlern. Gerade auch aus den Romanen Edward Bulwer-Lyttons holt sich Blavatsky Versatzstücke, mit denen sie ihre Theosophie konstruiert: In *The Coming Race* kontrolliert eine unter der Erde lebende Überrasse

eine okkulte Urkraft namens »Vril«, die Materie manipulieren und selbst Tote ins Leben zurückholen, in den Händen eines »modernen Attila« aber ganz Europa ins Chaos stürzen kann. Zum Einfluss Bulwer-Lyttons: Julian Strube, *Vril*, München 2013, S. 65–69. (Bulwer-Lytton bringt den Okkultismus in England in Mode – er ebnet den Weg für Mathers, Yeats, Crowley und andere. Wie die Blavatsky behauptet er, dass seine Bücher diktiert werden; den Roman *Zanoni* übermittelt ihm ein unsichtbarer Rosenkreuzer.)

5 Zu Wladimir Solowjows Verbindung von Wissen und Glauben, als Beginn einer »weiblichen Weisheit«, siehe Boris Groys, *Einführung in die Anti-Philosophie*, München 2009, S. 205f.

6 Der Shambhala-Mythos und die Existenz einer sakralen Priesterkaste, welche das Weltgeschick lenken, ist eine der zentralen Offenbarungen des Kalachakra-Tantra im tibetischen Buddhismus. Der Text – aus dem 10. Jahrhundert –, der einige dämonische Gottheiten (Yidam) aufruft, berichtet auch von Superwaffen einer fortgeschrittenen Technologie. Der russische Mystiker Nicholas Roerich will während seiner Himalaya-Expedition im Sommer 1926 einen strahlenden, kugelförmigen Flugkörper gesichtet haben und hofft, hier ein Objekt (*Cintamani*) zu finden, das kraft seiner »Strahlung« und Telepathie das Bewusstsein der Menschen transformieren kann. Victoria LePage, *Shambhala: The Fascinating Truth behind the Myth of Shangri-la*, Wheaton 1996; Edwin Bernbaum, *Der Weg nach Shambhala – auf der Suche nach dem sagenhaften Königreich im Himalaya*, Hamburg 1982. Östliche Mystik und die Mythen um Shambhala und Agartha (Königreiche, die nur von Auserwählten zu erreichen sind) und die Schriften des Kalachakra-Ritus, in denen ein Endkampf um die Weltherrschaft angekündigt wird, sollen die Ariosophen und auch Hitler inspiriert haben. (Ernst Muldashev, *Das dritte Auge und der Ursprung der Menschheit*, Berlin 2001, S. 301f.) Zum Einfluss der Ariosophen, der Schriften Jörg Lanz von Liebenfels' und Rudolf von Sebottendorfs, auf den späteren Reichskanzler: Nicholas Goodrick-Clarke, *Die okkulten Wurzeln des Nationalsozialismus*, Graz 1997. Nebenbei: Zeitlebens liest Hitler viel okkulte Literatur über Alchemie, Magie, Kabbala, Weissagungen. Dass Hitler sich von der »Vorsehung« als Retter des deutschen Volkes berufen fühlt, hält Wolfgang Treher für Symptome einer Psychose mit religiöser Färbung, die er in seiner Pathografie mit dem »Auftrag« und den Lehren Rudolf Steiners vergleicht. (Wolfgang Treher, *Hitler – Steiner – Schreber. Die seelischen Strukturen des schizophrenen Prophetentums*, Emmendingen 1990.) Seit den Dreißigerjahren werden

auf Anweisung Hitlers okkulte Vereinigungen und geheime Logen zunehmend verboten – der »Führer« duldet keinen anderen »Auserwählten« des Schicksals an seiner Seite; lediglich die buddhistischen Gemeinden werden geduldet.

7 1884 fährt Richard Hodgson im Auftrag der S. P. R. nach Indien, um die angeblichen Wunder Blavatskys zu untersuchen. Fazit: Die fantastischen Erscheinungen in Gegenwart der H. P. B. beruhen auf Täuschungen oder Halluzinationen. Vgl. Richard Hodgson (Hg.), »Report of the Committee Appointed to Investigate Phenomena Connected with the Theosophical Society«, in: *Proceedings of the Society for Psychical Research*, London 1885, S. 201–400.

8 Lucetta Scaraffia, »Lüge und Zauberei: Helena Blavatsky in Mentana (1867)«, in: Claire Gantet (Hg.), *Gespenster und Politik*, München 2007, S. 222f.; um ihr Mentana-Abenteuer zu beglaubigen, lässt sie später ihren Theosophen-Bruder Oberst Olcott Musketenkugeln in Schulter und Bein, am linken Arm die Narben von Säbelhieben fühlen. – Über viele Jahre immer dem Tode nah, nierenkrank (*Morbus Brightii*), an Gicht und schwachem Herz leidend, ist ihr Überleben natürlich ein Wunder, das Werk der Meister.

9 Helmut Zander, *Anthroposophie in Deutschland*, Band 1, Göttingen 2007, S. 97.

10 In traumähnlichen Zuständen erlebt sich die Blavatsky »in einer Welt sehr weit entfernt … als ein ganz anderes Individuum und mit keinerlei Beziehung zu meinem realen Leben«. Ursula Keller, Natalja Sharandak, *Madame Blavatsky. Eine Biographie*, Berlin 2013, S. 93.

11 Brief Blavatskys an den Kommandanten der Gendarmerie von Odessa (1872), in: *Literaturnoe obozrenie* 1988 (Nummer 6), S. 110–112. Genauso wenig sicher ist, dass die Russin irgendwann zwischen 1856 und 1868, zusammen mit ihrem Meister Morya, nach Xigazê, Tibet reist, um in den Mahāyāna-Buddhismus eingeweiht zu werden. Und ist es überhaupt wahr, dass sie vor ihrer okkulten Karriere mit Kunstblumen handelt, im Zirkus reitet, in Nachtclubs singt oder den »Königlich Serbischen Chor« dirigiert?

12 Auch George I. Gurdjieff inszeniert sein Leben als Legende: In seinen Pässen sind voneinander abweichende Geburtsdaten eingetragen – er könnte zwischen 1864 und 1877 zur Welt gekommen sein. Kurz nach der Jahrhundertwende reist Gurdjieff unter verschiedenen Namen durch Europa, Nordafrika und Asien. Der Trickster soll für den Zaren Spionage

betrieben haben und ein Vertrauter des Dalai Lama in Lhasa gewesen sein. Andere Gerüchte sagen, er hätte sich sowohl Hitler als auch Stalin als Berater angedient. (Über die vielen Masken des »Meisters«: Louis Pauwel, *Gurdjieff*, New York 1972.)

13 George Sand, *Consuelo*, Paris 1843. Auch die Romane *Lothair* von Benjamin Disraeli und Giuseppe Garibaldis *Cantoni il volontario* geben Rohstoff für Blavatskys Biografie.

14 Sylvia Cranston, Carey Williams, *H.P.B. Leben und Werk der Helena Blavatsky*, Grafing 2001, S.613, 513.

15 Helena Petrovna Blavatsky, zitiert aus: Veit Loers (Hg.), *Okkultismus und Avantgarde*, Frankfurt 1995, S.16. Der hellsichtige Mensch soll, behaupten die Theosophen, in diesem Archiv, der Akasha-Chronik lesen können: »Ein Strom ist eingeschaltet zwischen den ›Mikrographien‹ der Gehirnknoten und der photo-szenographischen Galerien des Astrallichtes«. Helena Petrovna Blavatsky, *Isis entschleiert*, Den Haag 1877, S.185.

16 Zitiert aus: Hartmut Binder, *Gustav Meyrink. Ein Leben im Bann der Magie*, Prag 2009, S.117.

17 H.P. Blavatsky, *Die Botin des neuen Zeitalters*, München 1994, S.77. Diese Sätze schreibt sie an Patience Sinnett – eine Reaktion auf ihre Bloßstellung als Betrügerin durch die S.P.R. Hier ahnt Blavatsky vielleicht schon, dass ihre Lehre – eine Fortführung der Freimaurerei – aus der Mode kommt, ein Auslaufmodell wird. (Auf ihrem Höhepunkt, kurz vor der Jahrhundertwende, gibt es mehr als fünfhundert theosophische Logen in über vierzig Ländern.)

18 Yeats war wie Crowley Mitglied des 1865 von Robert Wentworth Little gegründeten Hermetic Order of the Golden Dawn, dem er 1890 beitritt. Zum Verhältnis von Yeats und Crowley: George Mills Harper, *Yeats' Golden Dawn*, London 1974, S.29.

19 »Henochisch« ist Bestandteil der Lehren des Hermetic Order of the Golden Dawn. Auch Aleister Crowley arbeitet mit dem System; siehe sein »The Vision and the Voice«, veröffentlicht in *The Equinox*, Band I, Nr.5, 1909. Hier, in der Übersetzung, seine »Erste Beschwörung« in dieser Engels- oder Dämonensprache: »Ich rufe Dich an und setze Dich in Bewegung, oh Du Geist N., und – in der Kraft des Allerhöchsten über euch erhaben – sage ich zu dir: Gehorch! Im Namen *Beralanensis, Baldachiensis, Paumachia* und den Sitzen der *Apologia*: und der Mächtigen, die da herrschen, Geister der Qual…«. Helmut Birkhan, *Magie im Mittelalter*, München 2010, S.86.

20 Die Beschwörung von »Harpokrates«, des Gottes des Schweigens, ist zitiert aus: Michael D. Eschner, Marcus Jungkurth, *Aleister Crowley. Das grosse Tier 666*, Berlin 1982, S. 31.

21 Crowley beschreibt zwei dieser satanischen Diener: »Nimorup: Ein verkümmerter Zwerg mit großem Kopf und großen Ohren. Seine sabbernden Lippen sind von grünlich-bronzener Farbe. Nominon: Eine große, rote, schwammige Qualle mit einem grünlich leuchtenden Punkt, ein widerliches Schlamassel.« Zitiert aus John Symonds, *The King of The Shadow Realm*, 1989, S. 72. Mathers behauptet, dass Crowley seine Frau Mina mit schwarzmagischen Ritualen zur Prostitution und Nacktauftritten in einer Show am Montmartre gezwungen hätte.

22 Eine dieser Damen wird von Crowley sehr plastisch porträtiert: »Margeret Pitcher. Eine junge, ziemlich blöde breitmaulige, flachgesichtige Hure mit dürrem Körper. Schönes Haar. Feine fette saftige Yoni«. Siehe: Michael D. Eschner, Marcus Jungkurth, *Aleister Crowley. Das grosse Tier 666*, Berlin 1982, S. 65. (Auch für Crowleys Beschwörung von Hermes, mithilfe von *Anhalonium Lewinii* und goldenen Pentagrammen, sind körperversehrte Novizinnen notwendig.)

23 Hans Schmid, »Der böseste Mann von der Welt: Aleister Crowley und die Schrecken der Magie«, in: *Telepolis*, Oktober 2008.

24 Crowley stellt sich zudem in die Nachfolge von Éliphas Lévi, indem er sich zu dessen Reinkarnation erklärt; in weiteren Leben zuvor will er unter anderem auch Alessandro Cagliostro und John Dee verkörpert haben.

25 Siehe auch: Alexander Knorr, *Metatrickster*, München 2004. – Der Trickster lässt eine Verwandtschaft zum »destruktiven Charakter« vermuten, wie ihn Walter Benjamin beschreibt, oder etwa zu Exú, einem Orixá des Candomblé (im Voodoo Westafrikas »Legba« genannt, erscheint er hier als Herrscher oder Clown, als phallische Gestalt oder Leichnam). Einige Interpreten erkennen in der Tarotkarte des »Narren« den Trickster wieder, ebenso in der Gestalt des mittelalterlichen Gauklers oder Schelms. In seiner Unbewusstheit steht er dem Tier nahe und mit seiner übermenschlichen Seite wird er zum Boten oder Imitator des Göttlichen. Vergleiche: C. G. Jung, »Zur Psychologie der Tricksterfigur«, in: *Gesammelte Werke* 9/1, Zürich 1954, S. 456f.

26 Siehe Fernando Pessoa, *Boca do Inferno. Aleister Crowleys Verschwinden in Portugal* (Hg. Steffen Dix,), Frankfurt am Main 2012, S. 68. In einem späteren Brief (vom 30. November 1931) aus Berlin fragt Crowley nach seinem »korrigierten Horoskop«, will wissen, ob er einmal, wie

so viele seiner Frauen, in der Irrenanstalt landen wird (S. 239). – Laut »Report of the death of an American Citizen« stirbt Hanni Larissa Jaeger 1933 in einem Hotel in Palma de Mallorca durch Selbstmord mittels einer hohen Dosis Morphium.

27 »Hjsos« könnte »Hanni Jaeger save our souls« bedeuten – »Tu Li Yu« ist entweder ein Londoner Slang (»Tooley-oo«) für »tschüs« oder der Name eines chinesischen Weisen (3321 v. Chr.), für dessen Inkarnation sich Crowley hält.

28 Marco Pasi, *Aleister Crowley und die Versuchung der Politik*, Graz 2006, S. 117. Eine seiner Schülerinnen, Martha Küntzel, soll versucht haben, Hitler das *Buch des Gesetzes* ans Herz zu legen. Hermann Rauschning schreibt in *Hitler mi ha detto* (Milano 1945), dass Crowley ganze Passagen aus seinem Buch in *Mein Kampf* wiedererkannt haben will. Dass Crowley Anfang der Dreißigerjahre nach Berlin ging, um Hitler zu treffen und als dessen geheimer Ratgeber zu arbeiten, ist mit größter Wahrscheinlichkeit ein Gerücht.

29 Einer anderen Version nach sollen Crowleys letzte Worte gewesen sein: »I hate myself«. Als Anekdote: Aleister Crowley, zu dem Arzt, der ihm im Todeskampf das Morphium verweigerte: »Du, der du mir nicht das Morphium gibst, wirst mir in den Tod folgen.« Der Arzt starb sofort nach ihm. Guido Ceronetti, *Das Schweigen des Körpers*, Frankfurt am Main 1983, S. 57.

## VI Astrale Femmes fatales — Wahnsinnige Okkultisten

1 Ludwig Staudenmaier, *Die Magie als experimentelle Naturwissenschaft*, Leipzig 1912.

2 Albert von Schrenck-Notzing, *Materialisations-Phänomene*, München 1914, S. 43.

3 Ferenczi bringt das »Besitzen-, Behalten-, Nichthergebenwollen« von Kot, der auch komprimiert und geformt wird, mit einer »hysterogenen Rolle des Mastdarms« in Zusammenhang, oft als Ausdruck einer unbewussten Homosexualität. Sándor Ferenczi, *Bausteine zur Psychoanalyse 1908–1933*, Band III, Berlin, Wien 1984, S. 135.

4 Staudenmaiers Phantome haben Ähnlichkeit mit hypnopompen Visionen, die meist beim Aufwachen eintreten, mit offenen Augen, bei hellem

Licht und als absolut wirklich wahrgenommen werden. Frederic Myers, Gründungsmitglied der S.P.R., diskutiert die Frage, was davon Wachträume sind oder doch übernatürliche Erscheinungen. Lombroso schreibt über Jean Paul, der beim schnellen Erwachen »Wahnmenschen« neben sich sieht und Mädchenköpfe, die ins Fenster schauen; Hieronymus Cardanus erlebt Szenen mit Tieren, Pflanzen, Häusern, Feldern und einen Führer, der ihm sein Schicksal offenbart. (Friedrich Rengnal, »Vision und Halluzination von Geisteskranken«, in: *Zentralblatt für Okkultismus*, 4. Heft 1919, S. 165f.)

5 Staudenmaier wird von 1918 bis 1920 in der psychiatrischen Klinik München interniert und stirbt 1933 in einem Sanatorium für Nervenkranke in Rom; siehe: Nicolas Pethes, »Staudenmaiers Experimentalmagie zwischen Okkultismus und Psychoanalyse«, in: Torsten Hahn (Hg.), *Grenzgänge zwischen Wahn und Wissen*, Frankfurt am Main 2002, S. 302.

6 Der Dramatiker versucht sich als Alchemist und »Goldmacher«, er glaubt an Prophetisches, trifft sich mit dem französischen Kabbalisten und Ordensgroßmeister Papus, verkehrt mit dem polnischen Mystiker Stanislaw Przybyszewski. – »Metaphysisch« entstehen, »ohne Camera und ohne Linse«, Mitte der 1890er-Jahre Strindbergs »Celestographien«: fotografische Platten im Entwickler setzt er dem Licht der Sterne aus. Er misstraut der Apparatur im fotografischen Prozess, dem, was zwischen Objekt und den Bromsilberplatten liegt. Seine Bilder – schon sehr modern und abstrakt – finden als wissenschaftliche Versuchsreihen wenig Anerkennung, machen ihn, wie er schreibt, lächerlich und »hätten ihn beinahe ins Unglück gebracht«.

7 Die Vorstellung, dass weibliche Wesen, Geister aus anderen Welten, sich in der Nacht auf die schlafenden Männer legen und diese zum Samenerguss nötigen, war in vielen Gegenden verbreitet. So etwa banden sich irische Mönche in früheren Zeiten kleine Kruzifixe auf ihren Penis, dass sie von solchen Furien nicht geritten, ihrer Säfte beraubt werden. Das Motiv der von »Nachtmahren« vergewaltigten Männer findet sich in verschiedenen Kulturkreisen; zum Beispiel »bestiegen bei den Eskimo im Norden und Nordwesten Alaskas die weiblichen nuliayaq-Geister schlafende Männer und brachten sie zum Orgasmus.« Siehe: Hans Peter Duerr, *Die dunkle Nacht der Seele*, Berlin 2015, S. 291.

8 Strindberg, schon von der eigenen Mutter nicht erwünscht (die zudem noch früh stirbt), setzt einer Frau zu vertrauen dem Wahnsinn gleich. »Die Statue der Madonna war gestürzt; das Weib hatte sich hinter

dem schönen Bildwerk enthüllt; verräterisch, treulos, mit Krallen versehen!« Und doch stellt er Harriet und allen seinen anderen Frauen Bedingungen: Sie sollen ihn bedingungslos lieben, nur ihm allein ihre Leidenschaft schenken. Noch ein Detail: Strindberg feiert in einem Nachruf den Selbstmörder Otto Weininger, der die Frau als einen zurückgeblieben, verkümmerten Mann herabsetzt.

9 August Strindberg, *Okkultes Tagebuch*, Hamburg 1964, S. 138.

10 August Strindberg, *Okkultes Tagebuch*, Hamburg 1964, S. 173. Die Aufzeichnungen beginnen im Frühjahr 1896 und enden 1908. Der Dichter stellt sich auch vor, dass die Bosse nochmal durch ihn schwanger werden könnte – mittels einer »telepathisch« verursachten *Conception immaculée* (S. 161).

11 Daniel Paul Schreber (1842–1911); seine im Jahr 1903 erschienenen *Denkwürdigkeiten eines Nervenkranken* geben das Material für zahlreiche Analysen und Spekulationen. In seinem Aufsatz »Psychoanalytische Bemerkungen zu einem autobiographisch beschriebenen Fall von Paranoia« (1911) stellt Freud im Fall »Schreber« fest, dass die Wahnbildung – seine »Wiedergeburt« als Frau, als Erlöser der Welt und Mittelpunkt eines neuen Universums – als ein Versuch von Selbstheilung zu werten ist. Im Kapitel »Erworbene conträre Sexualempfindung« wird eine Reihe von Fällen mit der Diagnose *Metamorphosis sexualis paranoica* dokumentiert: Richard von Krafft-Ebing, *Psychopathia sexualis*, München 1993, S. 234f. Auch sein Zeitgenosse Hans Freimark findet den Wahn der Geschlechtstransformation häufig bei Paranoikern, nicht selten aber auch bei Priestern und Schamanen verschiedenster Ethnien, die sich zu »Weibmännern« umwandeln. (Bei den Mysterien des Hercules Victor sind die Eingeweihten als »Weiber« gekleidet. Die Prophetenpriester der Patagonier müssen Frauenkleidung anlegen und ehelos leben.) Der Unterschied von femininer Kleidung und dem ursprünglichen Geschlecht soll die Gabe der Magie betonen. Hans Freimark, *Okkultismus und Sexualität*, Leipzig 2010, S. 19f. Bei vielen Völkern gibt es Kulturperioden, in denen man die Möglichkeit des Geschlechtswechsels – gerade eine Mann-Weib-Verwandlung – unbedenklich hinnahm, vgl. Hanns Bächtold-Stäubli, Eduard Hoffmann-Krayer (Hg.) *Handwörterbuch des deutschen Aberglaubens*, Berlin, New York 1987, Band III, S. 752.

12 Daniel Paul Schreber, *Denkwürdigkeiten eines Nervenkranken*, Leipzig 1903, S. 210.

13 »Die Fähigkeit, das bezeichnete ›Entmannungswunder‹ zu vollziehen, ist den niederen Gottes-(›Ariman‹)-Strahlen eigen; die Strahlen

des oberen Gottes (›Ormuzd‹) haben die Fähigkeit, die Männlichkeit bei gegebener Veranlassung wiederherzustellen.« Daniel Paul Schreber, *Denkwürdigkeiten eines Nervenkranken*, Leipzig 1903, S. 63. Der Senatspräsident bietet seinen Körper zur Vivisektion an, um zu beweisen, dass dieser vom »Scheitel bis zur Sohle mit Wollustnerven durchsetzt ist«. (Gegen die Wahnproduktion werden ihm auch hohe Dosen von Bromkali und Morphium verabreicht – vielleicht verstärken sie seine Visionen?)

14 »Die durch Verdichtung von Sonnenstrahlen, Nervenfasern und Samenfäden komponierten ›Gottesstrahlen‹ Schrebers sind eigentlich nichts anderes als die dinglich dargestellten, nach außen projizierten Libido-Besetzungen und verleihen seinem Wahn eine auffällige Übereinstimmung mit unserer Theorie.« Sigmund Freud, »Psychoanalytische Bemerkungen über einen autobiographisch beschriebenen Fall von Paranoia«, in: *Gesammelte Werke*, Band 8, Frankfurt am Main 1945, S. 315.

15 Bruno Bettelheim, *Die symbolischen Wunden. Pubertätsriten und der Neid des Mannes*, Frankfurt am Main, 1982, S. 149f. Der Freud-Schüler bringt die rituelle Beschneidung von jungen Männern oder Hauteinritzungen ihres Penis, bis hin zur Eröffnung der Harnröhre, bei der viel Blut fließt, mit der symbolischen Aufführung von Wiedergeburt und Fruchtbarkeit in Verbindung. Auch das Einführen von Gegenständen in die Harnröhre sei mit Fantasien der Empfängnis verbunden. Bettelheim berichtet weiter über Völker, bei denen Väter, um ihren Gebärneid zu kompensieren, sich wie Mütter, die gerade entbunden haben, benehmen: Sie tragen das Neugeborene bei sich und fordern für sich die Fürsorge und Pflege der Familie. (S. 147f.) Er schreibt über schizophrene Patienten, die sich einen Bauch anessen, morgendliche Übelkeit und Erbrechen durchmachen, die Haltung und den Gang einer Schwangeren nachahmen. (S. 158.)

16 Die Kirchenväter und Inquisitoren halten eine Geschlechtsverwandlung durch Teufelskunst für möglich; meist verwandeln sich dabei Frauen in Männer. Siehe Hanns Bächtold-Stäubli, Eduard Hoffmann-Krayer (Hg.), *Handwörterbuch des deutschen Aberglaubens*, Berlin, New York 1987, Band III, S. 751. Zur androgynischen Idee des Lebens: Johanna Kamermans, *Geschlechtswandel ohne Grenzen*, Arnheim 2013. Ferner: C. G. Jung, *Wandlungen und Symbole der Libido*, Leipzig, Wien 1912, S. 249.

17 Knapp ein halbes Jahrhundert später verrät Elias Canetti eine ähnliche Sorge: »Eine peinigende Vorstellung: daß von einem bestimmten

Zeitpunkt ab die Geschichte nicht mehr wirklich war … alles was seither geschehen sei, wäre gar nicht wahr; wir könnten es aber nicht merken.« Elias Canetti, *Die Provinz des Menschen*, Frankfurt am Main 1993, S. 79.

18 Sicher ist, dass Schreber den wissenschaftlich-spiritistischen Diskurs seiner Zeit, die Schriften Zöllners, du Prels und von Hartmanns studiert hat. Aus ihnen baut sich Schreber Strategien, mit deren Hilfe er seine übersinnlichen Wahrnehmungen beweisen, seine Entmündigung aufheben lassen will. (Schrebers Adoptivtochter behauptet, dass sich der Senatspräsident später der Theosophie anschließt.)

19 Achim Tischer, *Die Macht der hypnotischen Suggestion*, Bremen 1996, S. 64. Fent wird 1908 wegen Missbrauchs seiner Stieftochter zu sechs Jahren Zuchthaus und dem Verlust der bürgerlichen Ehrenrechte auf fünf Jahre verurteilt. Wegen Wahnvorstellungen, mit einem »sehr unangenehmen geschlechtlichen Beigeschmack«, bis zum Lebensende in Verwahrung, glaubt sich Fent elektrischen Strahlen ausgesetzt. Der Patient fabuliert über eine Zivilisation auf dem Mars, die keine Kleidung kennt und in der man freie Liebe lebt. Fent beschäftigt sich mit Geistersehen, Astrologie und dem Couéismus.

20 Martin Stingelin, »Hypnotische Experimente zwischen Hysterie und Paranoia«, in: Torsten Hahn, Jutta Person, Nicolas Pethes (Hg.), *Grenzgänge zwischen Wahn und Wissen*, Frankfurt am Main 2002, S. 286f.

21 Ebd., S. 292.

22 Ebd., S. 288.

23 Malvine Garrigues (1825–1904); die populäre Sopranistin heiratet 1860 den Tenor Ludwig Schnorr von Carolsfeld. In der Uraufführung von Wagners *Tristan und Isolde* (1865) singen beide die Hauptrollen; sechs Wochen später stirbt ihr Mann an »Nervenfieber«. Über ein Medium nimmt sie Kontakt zu dem Toten auf und beginnt unter seiner Führung zu zeichnen. 1887 wird die Sängerin wegen einer halluzinatorischen Psychose in das private Sanatorium Obersendling eingewiesen.

24 James Webb, *Das Zeitalter des Irrationalen. Politik, Kultur und Okkultismus im 20. Jahrhundert*, Wiesbaden 2008, S. 104f. Ferner: Ruth V. (anonym), »Die Anthroposophie eine ›sexuelle Magie‹?«, in: *Psychische Studien*, Heft 6 (1917), S. 268–273. Das Gefühl, ihre Seele verloren zu haben, ein Automat zu sein, berichten häufig auch Menschen im schizophrenen Schub. Zum Vergleich siehe den Fall der Theosophin und Gründerin der Hermetic Society Anna Kingsford (1846–1888): Aniela Jaffé, *Anna Kingsford. Religiöser Wahn und Magie*, Fellbach 1980.

25 Edward Shorter, *Moderne Leiden. Zur Geschichte der psychosomatischen Krankheiten*, Hamburg 1994, S. 270.

26 Okkult-magisch sind die gestickten Bilderrätsel der Jeanne Natalie Wintsch (1871–1944), einer »chronisch paranoiden Anstaltspatientin«, über die Oskar E. Pfister berichtet; in: *Psychopathologie und bildnerischer Ausdruck*, Basel 1968. Ihr gelingen großartige Abstraktionen mit stark kubistischen Elementen. Siehe auch: Bettina Brand-Claussen, Viola Michely (Hg.), *Irre ist weiblich. Künstlerische Interventionen von Frauen in der Psychiatrie um 1900*, Heidelberg 2004, S. 152–154.

27 Hans Prinzhorn, *Bildnerei der Geisteskranken*, Wien 2001, S. 256f. Zur »elektrischen Leidensübertragung« Joseph Schnellers (so sein richtiger Name): Peter Gorsen, »Grenzen zwischen Perversion und Wahn«, in: Thomas Röske, Bettina Brand-Claussen (Hg.), *Air Loom*, Heidelberg 2006, S. 156f. – Telepathische Beeinflussungserlebnisse sind bei Erkrankungen des schizophrenen Formenkreises häufig. Geistersehen, Spiritistisches, Psychokinese, spielen bei Karl Brendel (S. 122f.), Franz Pohl (S. 271f.), Barbara Suckfüll (Inventarnummer 1955) und Malvine Schnorr von Carolsfeld (Inventarnummer 2506–2508) eine Rolle.

28 Hans Prinzhorn, *Bildnerei der Geisteskranken*, Wien 2001, S. 262.

29 Sigmund Freud, *Eine Teufelsneurose im 17. Jahrhundert*, Gesammelte Werke, Band 13, London 1940.

## VII Die Macht der Verführung — Libido auf Abwegen

1 Albert von Schrenck-Notzing, *Materialisations-Phänomene*, München 1914, S. 339.

2 Ebd., S. 258, ferner S. 136, 189, 303, 321f., 347.

3 Der französische Arzt Pierre Briquet wird als Erster eine systematische Studie über die Hysterie veröffentlichen: *Traité clinique et thérapeutique de l'hysterie*, Paris 1859. Ganz im Gegensatz zu Freud kann er aber kein frustriertes erotisches Begehren als Ursache ausmachen – er stellt fest, dass Nonnen sehr selten an diesen Symptomen leiden, während die Pariser Freudenmädchen häufig betroffen sind.

4 Sándor Ferenczi, *Bausteine zur Psychoanalyse 1908–1933*, Band III, Berlin, Wien 1984, S. 137.

5 Albert von Schrenck-Notzing, *Materialisations-Phänomene*, München 1914, S. 132.

6 Der Frauenheilkundler Louis Mayer stellt (in den Jahren 1867 bis 1869) bei 1025 Patientinnen mit Erkrankungen der Sexualorgane »90 Mal leichtere oder schwere Geistesstörungen« fest. (Louis Mayer, *Die Beziehungen der krankhaften Zustände und Vorgänge in den Sexual-Organen des Weibes zu Geistesstörungen*, Berlin 1869, S. 58f.)

7 Noch lange, bis ins 19. Jahrhundert hinein, hält sich in Mitteleuropa die volkstümliche Vorstellung, dass die Gebärmutter als lebendes Tier den Körper der Frau bewohnt. Sie wird häufig als froschähnliche, krallenbewehrte »Kolke« gedacht. (In der Gegend um Innsbruck werden nach der Genesung von einer Unterleibskrankheit kleine, »Muttern« genannte Kröten aus Wachs geformt und in Wegkapellen als Votivgaben dargebracht.) Edward Shorter, *Moderne Leiden. Zur Geschichte der psychosomatischen Krankheiten*, Hamburg 1994, S. 96f.

8 Jean-Baptiste Louyer-Villermais, *Recherches historiques et médicales sur l'hypochondrie, isolée, par l'observation et l'analyse, de l'hystérie et de la mélancolie*, Paris 1802, S. 54.

9 Georges Didi-Huberman, *Erfindung der Hysterie*, München 1997, S. 114, 182.

10 André Breton, Louis Aragon, »Le Cinquantenaire de l'hysterie«, in: *La Révolution Surréaliste*, No. 11, 1928, S. 20–22.

11 Bernhard Loges, *Heiliger Wahnsinn auf der Bühne*, München 2010, S. 94. Schnitzler ist seinerseits mit Charcots Forschungen vertraut; siehe: Arthur Schnitzler, *Medizinische Schriften*, Frankfurt am Main 1997, S. 91f. – In Jules Clareties Roman *Les amours d'un interne* äußert ein Arzt Ansichten Charcots, doziert über die Erblichkeit der Hysterie und beschreibt die Symptome: »Der Anfall hat eingesetzt! … Als hätte man ihr einen heftigen Schlag versetzt, gibt die Frau einen anhaltenden Schrei von sich, streckt die Arme aus und sinkt beinahe sacht hinüber. Mit geschlossenem Mund, gestrecktem und geblähtem Hals und Schluckgeräuschen in der Kehle, die Lider geöffnet, die Pupillen geweitet, den Blick nach oben gerichtet, die versteiften Arme zum Kreuz ausgebreitet – buchstäblich gekreuzigt –, die zusammengepreßten, starren Beine längelang ausgestreckt, bleibt sie liegen, bis die Kontraktur aus den Armen weicht.« Jules Claretie, *Les amours d'un interne*, Paris 1881, S. 208.

12 Albert von Schrenck-Notzing, *Materialisations-Phaenomene*, München 1923, S. 249. Die Untersuchung der Flüssigkeit ergibt Albumine, Epithelzellen, Fetttröpfchen.

13 Aus einem 1921 vor der »Berliner Psychologischen Gesellschaft« gehaltenem Vortrag; Gustave Geley, *Materialisations-Experimente mit M. Franek-Kluski*, Leipzig 1922, S. 108. Zur krankhaften Abhängigkeit von Medium und Magnetiseur, vergleiche: Albert Hellwig, *Okkultismus und Verbrechen*, Berlin 1929, S. 39, 51. Zum Fall »Mainone« (1901), über den Schrenck schreibt: Albert Moll, *Der Hypnotismus mit Einschluß der Psychotherapie und der Hauptpunkte des Okkultismus*, Berlin 1924, S. 499.

14 J. A. Klinger, *De magnetismo animali. Diss. inauguralis medica*, Würzburg 1817.

15 Andere Autoren – Krafft-Ebing mit seiner *Psychopathia sexualis* (zu dieser Zeit die päpstliche Instanz bei der Klassifizierung der Perversionen) und später Hirschfeld – bestreiten die Existenz einer erworbenen »conträren Sexualempfindung«; diese sei angeboren, wie eine »Missbildung«, eine Hasenscharte, ein Wolfsrachen oder ein Nabelbruch. (Hannah Kristina Weinbacher, *Sexualmedizinisches im Werk des Arztes und Schriftstellers Alfred Döblin*, Dachau 2011, S. 78.)

16 Die Erfolge dieser Praxis beim Abbau homosexueller Empfindungen dürfen wohl in Zweifel gezogen werden – gerade wenn von »späteren Ehen und Nachwuchs« zu lesen ist. Gerüchteweise hat sich auch Thomas Mann, mithilfe Schrencks und der Hypnose, seine »Neigung« abgewöhnen wollen. Zur Jahrhundertwende werden in medizinischen Zeitschriften die Möglichkeiten einer Behandlung der »conträren Sexualempfindung«, des paradoxen Geschlechtstriebes, veröffentlicht; so zum Beispiel in der *Internationalen Klinischen Rundschau* (Wien 1889 Nr. 40, 1891 Nr. 26) und im *Zentralblatt für Nervenheilkunde* (Koblenz Mai 1899).

17 Im ausgehenden 19. Jahrhundert sehen Ärzte (noch ohne Wissen um den hormonellen Zyklus) in Störungen der Menstruation eine Ursache für Nervenleiden und Zerrüttung, und auch den Grund für einige okkulte Erscheinungen, wie etwa den Wundmalen Christi.

18 Nach dem Ersten Weltkrieg verbreitet der von Fedor Mühle geführte, sich auf die Lehren Jakob Lorbers gründende Gottesbund Tanatra, dass »Homosexuelle grundsätzlich berufene Medien sein und heterosexueller Geschlechtsverkehr die mediumistische Gabe beeinträchtige«. Der Gottesbund wird unter Hitler verboten; Mühle stirbt im Konzentrationslager Dachau. James Webb, *Das Zeitalter des Irrationalen, Politik, Kultur und Okkultismus im 20. Jahrhundert*, Wiesbaden 2008, S. 60.

19 Sperma, das Sekret des Mannes, als ein Zeichen von Kraft und Stärke, wird in vielen Ethnien als mana-haltig gedacht, für Zauber und

Magie verwendet, um Feinde zu vertreiben, schädliche Einflüsse auszuschalten, die Qualität der Nahrung zu erhöhen etc., Will Erich Peuckert, *Geheimkulte*, Heidelberg 1951, S. 397. Auch in Aleister Crowleys *Liber al vel Legis* tauchen diese »Tropfen von der Hostie des Himmels«, vermischt mit Menstrualblut und Vaginalsekret auf, um so einen »Lichtkuchen« für Schadenzauber und Liebesmagie herzustellen.

20 Julius Evola, *Die grosse Lust. Metaphysik des Sexus*, Bern 1998, S. 412, 379f., sowie: »Sexualität im Yoga«, in: *Gnostika*, 6/2002, S. 68. Julius Evola (1898–1974) wird als Kind strenggläubiger katholischer Eltern in eine aristokratische Familie geboren; er verkehrt als junger Künstler im Kreis um Marinetti und propagiert den Dadaismus in Italien. In den Zwanzigerjahren schließt er sich der theosophischen Bewegung an, ist aber auch stark von Nietzsche, Spengler und Stirner beeinflusst. Evola vertritt einen »magischen Idealismus«, die Theorie des absoluten Individuums, welche eine »Magie als die Wissenschaft des Ich« beinhaltet. Mussolini fühlt sich zeitweilig von den Ideen Evolas angezogen. Im deutschen Faschismus nimmt sein Einfluss ab, als Karl Maria Willigut, der Hofokkultist, der »Rasputin« Heinrich Himmlers, ihn als nicht genügend »germanisch« aburteilt.

21 Ghost-Photography und der im Spiritismus geführte Dialog mit den Toten beleben besonders auch die Schauerromane des viktorianischen Englands.

22 Christian Reimers, »Erfahrungen eines Deutschen im Spiritualismus in England«, in: *Psychische Studien 1874–1879*, Jahrgang I–VI. Siehe auch Hans Freimark, *Okkultismus und Sexualität*, Leipzig 2010, S. 158f., sowie Alexander Aksákow, *Animismus und Spiritismus*, Band 1, Leipzig 1898, S. 180, 296f. Männlicher Hauptdarsteller dieser okkulten Horrorstory ist Christian Reimers, Musiker, der nach einer bösen Nervenkrise beginnt, in Manchester Séancen zu besuchen. Hier trifft der zurückgezogen lebende Junggeselle – etwas scheu und ein bisschen blass – auf »Bertie«, eine Jenseitige, die seiner *vita sexualis* einen schönen, kräftigen Schub gibt. Es kommt zu ersten Berührungen, diskreten Zärtlichkeiten; bald aber fühlt sich der Mann von seinem Phantom, zu allen Tageszeiten, zum Beischlaf genötigt und Reimers' neues Reich der Sinne wird zum Albtraum.

23 Thomas Schürmann, *Nachzehrerglauben in Mitteleuropa*, Marburg 1990, S. 131f. Vergleiche: Eduard Stemplinger, *Antiker Aberglaube in moderner Ausstrahlung*, Leipzig 1922, S. 62; Richard Kühnau, *Spuk- und Gespenstersagen*, Leipzig, Berlin 1910, S. 174f.

24 Rudolf Steiner, *Theosophie*, Dornach 2009, S. 89. Steiner übernimmt auch Motive aus der Theosophie, in denen »sehr niedrige Gelüste« und Leidenschaften uns nach dem Tod in Gestalt von Dämonen und »grauenhaften Tieren« »anspringen«, zerreißen wollen. Erst wenn diese Begierden geläutert sind, wird ein »edles Gebilde der astralen Welt erscheinen«. (Ders., *Geisteswissenschaftliche Menschenkunde*, Dornach 1989, S. 62f.)

25 C. G. Jung, *Synchronizität, Akausalität und Okkultismus*, München 2003, S. 39f.

26 Fanny Moser, *Das grosse Buch des Okkultismus*, Band II, München 1935, S. 844.

27 Julius Evola, *Die grosse Lust. Metaphysik des Sexus*, Bern 1998, S. 424. – Über sexuellen Verkehr mit Geistern während »Jenseitsfahrten«, bis hin zu »astralen« Schwangerschaften, wird von Seelenreisenden verschiedenster Kulturen und Zeiten berichtet. Siehe: Hans Peter Duerr, *Die dunkle Nacht der Seele*, Berlin 2015, S. 415.

28 Hans Barth, *Berliner Tageblatt* vom 25. Mai 1918.

29 Johann Friedrich Oberlin, *Die Bleibstätten der Toten*, Bietigheim 2000 S. 140. – »Seit dem Tode meiner Frau sah ich sie neun Jahre lang fast alle Tage, träumend und wachend, teils hier bei mir, teils drüben in ihrem jenseitigen Aufenthaltsorte, wo ich merkwürdige Dinge, auch politische Veränderungen, lang ehe sie sich ereigneten, von ihr erfuhr. Sie erschien aber nicht nur mir, sondern auch meinen Hausgenossen und vielen Personen im Steintal, warnte sie oft vor Unglück, sagte voraus, was kommen werde, und gab Aufschluss über Dinge jenseits des Grabes.« (S. 148.) Die Erscheinungen Oberlins ereigneten sich zwischen 1770 und 1811.

30 Det Morson, *Praxis der weißen und schwarzen Magie*, Bürstadt 2001, S. 75.

31 Albert von Schrenck-Notzing, *Grundfragen der Parapsychologie*, Stuttgart 1962, S. 165, 171.

32 Albert von Schrenck-Notzing, *Materialisations-Phaenomene*, München 1923, S. 561; in den Sitzungsprotokollen werden auch diese Externalisierungen akribisch notiert: »Der nach der ersten Pause unter dem Stuhle befindliche schleimig feuchte Fleck bestand, wie die nachträgliche Untersuchung ergab, aus Sperma«. Albert von Schrenck-Notzing, *Experimente der Fernbewegung*, Stuttgart 1924, S. 23. Siehe auch S. 14, 16. Wer möchte, kann hier Sexualmagie an der Arbeit sehen: Im Moment des Orgasmus werden Objekte oder Gedanken »geladen«, energetisch angereichert. Zum Vergleich auch: die Tradition der Hermetic Brotherhood of Light, oder

die magischen Masturbationen, die Experimente Austin Osman Spares, seine »Sigillen« (»das Alphabet der Begierde«) und die Techniken des Zos-Kia-Cultus.

33 Albert von Schrenck-Notzing, *Materialisations-Phaenomene*, München 1923, S. 550.

34 Albert von Schrenck-Notzing, *Physikalische Phänomene des Mediumismus*, München 1920, S. 67.

35 Renate Lachmann, »Narren in Christo – göttliche Maske der Torheit«, in: Sigrid Weigel (Hg.), *Märtyrer-Porträts*, München 2007. »Der Heiligentypus des Christusnarren ist ein ostkirchliches, aus Syrien, Antiochien und Ägypten (4. Jahrhundert) stammendes Phänomen, das sich in Byzanz (5.–8. Jahrhundert), hernach nachhaltig in Rußland (13.–20. Jahrhundert), besonders in der Volksfrömmigkeit Geltung verschafft und Elemente der kynischen Tradition aufgenommen hat.« (S. 84.)

36 Hans Peter Duerr, *Die Tatsachen des Lebens. Der Mythos vom Zivilisationsprozess*, Frankfurt 2002, S. 291. Der Erfolg dieser Strategien ist zweifelhaft: Selbst Kasteiung und Askese in der Tradition des Eremiten Antonius schützen nicht vor dem Ansturm weiblicher Dämonen, deren Aufgabe es ist, die Gläubigen in ihrem Sehnen nach Gott abzulenken. Aber erst in der Abwehr solcher Versuchung können die »Athleten Christi« über sich hinauswachsen und Gott die Argumente liefern, dass er ihnen antwortet. Dass Mystik und sinnliche Erregung oft zusammen gehen, muss auch der heilige Bonaventura feststellen: Er spricht von jenen, die »*in spiritualibus affectionibus carnalis fluxus liquore maculantur*« (»die in geistigen Anwandlungen durch das Wasser eines fleischlichen Flusses befleckt werden«). Zitiert nach Georges Bataille, *Die Erotik*, München 1994, S. 220. Zur Mönchskrankheit und Wüstenexistenz siehe auch: Ulrich Horstmann, *Der lange Schatten der Melancholie*, Essen 1885, S. 53f. (Die Wüste ist in der jüdischen und ägyptischen Antike das Reich der bösen Geister und Götter.)

37 In einer der vielen gnostischen Sekten soll es eine Todesformel gegeben haben, die auf dem Sterbebett aufzusagen war: »Ich habe mich eingesammelt überall, und ich habe dem Demiurgen kein Kind gezeugt, denn ich weiss, wer Du in Wirklichkeit bist. Ich aber bin einer von oben.« Zitiert aus: Ralph Tegtmeier, *Magie und Sternenzauber. Okkultismus im Abendland*, Köln 1995, S. 61.

38 Richard von Krafft-Ebing, *Psychopathia sexualis*, München 1993, S. 361, 368. Der Irrenarzt macht die Hysterikerin an ihren perversen Fantasien und einer »geschwächten Sittlichkeit« fest.

39 Krafft-Ebing bringt den weiblichen Zyklus und Wahnsinn in einen Zusammenhang: »Die geistige Integrität des menstruierenden Weibes ist forensisch fraglich«. Richard von Krafft-Ebing, *Psychosis menstrualis. Eine klinisch-forensische Studie*, Stuttgart 1902, S. 108. Der Nervenarzt Möbius sieht die Frau in beträchtlichen Teilen ihres Lebens, insbesondere in den Zeiten von Menstruation und Schwangerschaft, als abnorm an. Paul Julius Möbius, *Über den physiologischen Schwachsinn des Weibes*, Halle 1900, S. 17f. Zum Motiv der »nymphomanen« Frau als schwarzer Zauberin: Brian P. Levack, *Hexenjagd. Die Geschichte der Hexenverfolgung in Europa*, München 2009, S. 135.

40 Eine Entmannungsfantasie: »Isidor, Du kleiner Mann, / Hast Du es vergessen, / Dass ein Mädchen, / Wenn es kann, / Möchte Männer fressen. / Und es schnappt die Zähne auf. / Kuss Darauf!« Heinrich Welz (Hyacinth Freiherr von Wieser), in: Inge Jádi (Hg.), *Leb wohl sagt mein Genie Ordugele muß sein*, Heidelberg 1985, S. 124. Emanuel Swedenborg wird sich in seiner Krise (1744) zwischen den Schenkeln einer Frau wiederfinden und in eine Vagina mit Zähnen starren. Colin Wilson, *Nach dem Tode*, München 1987, S. 21. Zu den kastrierenden Frauenfiguren Anatoliens und der (nach vollzogenem Beischlaf) männermordenden Artemis, siehe: Hans Peter Duerr, *Traumzeit. Über die Grenze zwischen Wildnis und Zivilisation*, Frankfurt am Main 1978, S. 40.

41 Cesare Lombroso, *Hypnotische und spiritistische Forschungen*, Paderborn 2012, S. 182. Die Vorstellung einer Dämonie des Weiblichen findet sich in vielen Religionen und Völkern, in der Kabbala ebenso wie im chinesischen Taoismus oder in der alten ägyptischen Tradition und in einigen Mysterienkulten Griechenlands. Julius Evola, *Die grosse Lust. Metaphysik des Sexus*, Bern 1998, S. 256f. Dass der Wahnsinn im ausgehenden 19. Jahrhundert die Frauen »bevorzugt«, zeigt eine Statistik der Züricher Irrenanstalten: Beim weiblichen Geschlecht werden viel häufiger Schizophrenie und manisch-depressive Erkrankungen diagnostiziert als bei Männern, bei denen wiederum Genussmittelmissbrauch und Psychopathien vermehrt auftreten sollen. Siehe: Marietta Meier, »Grenzen der Selbstgestaltung. Zur ›Produktion‹ der Kategorie Geschlecht in der psychiatrischen Anstalt«, in: Bettina Brand-Claussen, Viola Michely, *Irre ist weiblich. Künstlerische Interventionen von Frauen in der Psychiatrie um 1900*, Heidelberg 2004, S. 42.

42 Heinrich Schüle, *Handbuch der Geisteskrankheiten*, Leipzig 1878, S. 386f.

43 »Oft, nach Einsetzen der beschriebenen Symptome, hört man für kurze Zeit ein starkes, krampfartig-hysterisches Lachen, das Gesicht rötet sich, es scheint aufzuschwellen, und es nimmt langsam den Ausdruck einer heftigen Ekstase an, die man als wollüstig und erotisch bezeichnen kann. Eusapia wirft sich in die Arme von Männern, die ihr sympathisch sind, küßt sie und zeigt allgemein einen Wunsch nach Zärtlichkeit.« (Übers. d. A.) Vgl. *Revue de l'Hypnotisme*, 9. Jahrgang, Paris 1895, S. 172.

44 Weiter heißt es: »Für das Starrwerden der zunächst, wie es scheint, unstarr aus dem Medium hervorkommenden Gebilde gibt es eine Analogie im Starrwerden der Sexualorgane der Säugetiere.« Traugott Oesterreich, *Der Okkultismus im modernen Weltbild*, Dresden 1923, S. 160.

45 Albert von Schrenk-Notzing (Hg.), *Die physikalischen Phänomene der großen Medien*, Stuttgart, Berlin, Leipzig 1926, S. 122.

46 Julius Evola, *Die grosse Lust. Metaphysik des Sexus*, Bern 1998, S. 385f.

47 Ohne regelmäßigen Geschlechtsverkehr würde die Gebärmutter (*hystera*) nach Auffassung der griechischen Medizin wegen Feuchtigkeitsmangel und Schrumpfung im Körper ruhelos umherschweifen – und ein »Mutterwürgen« (*suffocatio uteri*) auslösen, indem sie die Luftröhre einschnürt. Die Idee des mobilen Uterus scheint altägyptischen Ursprungs zu sein.

## VIII Und die Toten lieben die Fotografie — Technik als Nekromantie

1 Karl Freiherr von Reichenbach (1788–1869) versucht erstmals 1861, die Existenz des »Od«-Lichtes fotografisch nachzuweisen; ermutigt wird er durch eine Bemerkung des Geheimrats Dove, der auf einer Fotografie des »Löwentöters« des Bildhauers Albert Wolff um die Spitze der Lanze Lichtausströmungen bemerkt.

2 Louis Darget (1847–1921), ein ehemaliger französischer Major, will erstmals Anfang der Achtzigerjahre des 19. Jahrhunderts Gedankenströme auf Fotoplatten aufgezeichnet haben. Gut ein Jahrzehnt später produziert der Franzose abstrakte Farbaufnahmen; er vermutet, dass Vibrationen unbekannter Strahlen (ein Lebensstrom) die Moleküle der Bromsilbergelantine verändern. Bringt Darget seine Fingerspitzen in die Nähe einer Platte oder direkt auf deren Beschichtung, kommen »fluidale Wolken« zum

Vorschein. Selbst auf in lichtundurchlässige Papiere gehüllten Platten – legt man sie für eine Stunde über die Herzgrube – soll das Lebensfluid einwirken. Er spekuliert, dass Krankheiten durch eine »fluidische Anämie« entstehen und sich im Vergleich mit Ausströmungen beim Gesunden in einer andersartigen Belichtung der Platten aufspüren ließen.

3 So Darget in einem, im Januar 1913 in Wien gehaltenen, Vortrag. Zitiert aus: Wiebke Hensle, *Maschinen-Verschwörung*, Freiburg 2010, S. 195.

4 In der Neuzeit sorgt das *Sacra Sindone*, das Turiner Grabtuch, für Furore: fotografische Aufnahmen durch Secondo Pia im Jahr 1898 zeigen (im Negativ am deutlichsten zu sehen) das Ganzkörperbildnis eines Mannes, mit Blutungen und Wunden. Es wird spekuliert, dass die Strahlungen des wiederauferstehenden Christus sich im Leinen des Turiner »Leichen«-Tuches abgebildet haben.

5 Hippolyte Baraduc, *La force curatrice à Lourdes et la psychologie du miracle*, Paris 1907, S. 2.

6 Die Hochzeit von Geistern im Bild liegt etwa zwischen 1865 und 1880. William H. Mumler (1832–1884) entdeckt im Oktober 1861, nachdem er sich selbst fotografierte, bei der Entwicklung eine zweite Gestalt auf der Platte; andere Versuche ergeben weitere »merkwürdigste Resultate«. Das Aufkommen des nassen Kollodium-Verfahrens und später die Verwendung der Trockenplatten vereinfachen den Vorgang. (Eines von Mumlers spektakulärsten Fotos zeigt Mary Todd Lincoln mit dem Geist des verstorbenen Präsidenten, ihres Mannes Abraham; aufgenommen um 1869.)

7 Friedrich Kittler, *Grammophon – Film – Typewriter*, Berlin 1986, S. 21. Über die Geisterfotografie als Unterhaltung und Zeitvertreib, als eine Jagd nach dem Unsichtbaren (zunehmend auch im privaten Ambiente), siehe: Friedrich Kittler, *Optische Medien. Berliner Vorlesung 1999*, Berlin 2002, S. 188.

8 Aksákow über Battie, siehe: Alexander Aksákow, *Animismus und Spiritismus*, Leipzig 1898, S. 48.

9 Jacob Taubes, *Abendländische Eschatologie*, München 1991, S. 30, 216. – »Was der Visionär in der Ekstase hört, ist göttliches Wort in seinem ursprünglichen Sinn, als Schöpfungswort. Dieses göttliche Wort ist nicht ›Information‹, sondern ein forderndes, verdammendes, beseligendes, fesselndes, befreiendes, vernichtendes, heilendes, lebensschaffendes und verwandelndes Wort.« Ernst Benz, *Die Vision*, Stuttgart 1969, S. 414.

10 Auch Audiovisionen kommen vor, in der die Auslegung der geschauten Bilder gleich mitgegeben wird. Lukardis von Oberweimar (1274–1309),

eine Stigmatisierte, empfängt zu ihrer mystischen Schwangerschaft den himmlischen Kommentar: »*audivit quandam vocem, sed vociferantem non vidit, que ei sic ait …*«. Die sich offenbarenden göttlichen Botschaften sind voller Bilder, werden meist auf Lateinisch gehört und müssen wie Befehle befolgt werden – Leben und Tod und mehr noch: Die Erlösung hängt davon ab!

11 Fritz Stege, *Musik, Magie, Mystik*, Remagen 1961, S. 260f. Ein besonderer Fall ist die Vita des heiligen Hermann Joseph von Köln (1150–1229): Aus den Chören von Engeln notiert er ganze Kompositionen. »So oft es mir begegnete, daß ich ihren Gesang vergaß und andere Noten niederschrieb, als ich Töne gehört, huben sie an, die Töne, die ich vergessen, über mir nochmal zu singen.« Ernst Benz, *Die Vision*, Stuttgart 1969, S. 422. Zu den Sterbeklängen beim letzten Abdanken des Körpers: Ernesto Bozzano, *Phénomènes psychiques au moment de la mort*, Paris 1923. – Eine »Internationale Erhebung über die Wachhalluzination Gesunder« im Jahr 1894 dokumentiert, dass etwas mehr als zehn Prozent aller Menschen von solchen Erfahrungen betroffen sind; etwa ein Drittel davon hörte Stimmen, Gesänge, die aber eher selten religiöser Natur waren. (Von einer nicht anwesenden Person beim Namen gerufen zu werden, ist häufiger als andere akustische Phänomene.)

12 »In der östlichen orthodoxen Kirche bestimmt das Wissen um die Gegenwart der Engelchöre sogar die Haltung der Gläubigen: Während des einleitenden Gebetes zum *Trishagion* stehen sie wegen der Nähe der Engel mit gebeugtem Nacken und stimmen erst danach wieder mit aufrechtem Kopf das *Trishagion* an.« Einer frühmittelalterlichen Kirchenregel nach dürfen die Mönche während der Liturgie nicht ausspucken oder ihren Rotz nach vorne abstreifen, um nicht etwa anwesende Engel zu treffen. Ernst Benz, *Die Vision*, Stuttgart 1969, S. 420.

13 Als »trauervolles Rätsel« erlebt Roland Barthes die Fotografie: »als einen Kontakt, mit dem, was nicht mehr ist, das heißt mit dem Tod«. Roland Barthes, *Die helle Kammer*, Frankfurt am Main 1989, S. 85. Ähnlich argumentiert Susan Sontag: »Eben dadurch, daß sie diesen einen Moment herausgreifen und erstarren lassen, bezeugen alle Fotografien das unerbittliche Verfließen der Zeit … Jede Fotografie ist eine Art *memento mori.*« Susan Sontag, *Über Fotografie*, Frankfurt am Main 1980, S. 21.

14 Netzhautfotografien werden erstmals 1857 vom amerikanischen Arzt Pollack beschrieben; wenige Jahre später versucht Heinrich Heinlein einen Mörder auf diese Weise zu überführen. Auch wollen Kriminalisten

1888 den Mörder von Annie Chapman und Mary Kelly, beides Opfer von Jack the Ripper, durch ein Optogramm entlarven. Bernd Stiegler, *Belichtete Augen, Optogramme oder das Versprechen der Retina*, Frankfurt am Main 2011. Zur Theorie der »Todesbilder« siehe auch: Rolf H. Krauss, *Jenseits von Licht und Schatten*, Marburg 1992, S. 18.

15 Diese wie Reliquien verehrten Bilder haben ein Leben, eine Seele; sie können, als wären sie lebendig, verletzt werden, sodass sie erbleichen, weinen oder bluten. Bleibt ihre Wunderwirkung aus, ist es erlaubt, sie vor Gericht zu stellen – anzuklagen. Arnold Angenendt, *Heilige und Reliquien*, München 1994, S. 188f. Der Unterschied der *Acheiropoíeta* zu »Götzenbildern« besteht aus theologischer Sicht darin, dass Erstere nicht von menschlicher Hand gemacht, überirdischen Ursprungs seien; Fetische dagegen entspringen der Kunstfertigkeit, eine göttliche Natur nachzustellen, um darin Seelen und Dämonen einzufangen und für sich arbeiten zu lassen. (*Das Corpus Hermeticum*, übersetzt und herausgegeben von Carsten Colpe und Jens Holzhausen, Stuttgart, Bad Cannstatt 1997, S. 309f.)

16 Thomas Knoefel, »Materialisationen – Phantomstimmen – Geisterapparate«, in: Annette Stahmer (Hg.), *Parole 1: The Body of the Voice / Stimmkörper*, Köln 2009, S. 40–47. Auch Eduard von Hartmann verzichtet lieber auf die Unvollkommenheit der menschlichen Medien bei ihren »seelischen Fernwirkungen« und fordert die präziseren technischen Instrumente. Eduard von Hartmann, *Der Spiritismus*, Leipzig 1885, S. 83. Gerne verpassen Spiritisten ihren okkulten Geräten ein wissenschaftliches Flair: Manche Elemente und Bauweisen sind aus der Kartografie und Geodäsie entlehnte Zeichenhilfen, erinnern an Elektrisier- oder Vermessungsmaschinen.

17 »In der Welt der Physik betrachten wir das Drama des Lebens im Schattenspiel. Das Schattenbild meines Ellbogens ruht auf einem schattenhaften Tisch, und meine Schattentinte fließt über schattenhaftes Papier.« Arthur Eddington, *Das Weltbild der Physik*, Wiesbaden 1931, S. 6.

18 Nicht nur Okkultisten, selbst Physiker arbeiten mit der Vermutung dieser Substanz, gerade auch um Fernwirkungen zu erklären, so etwa Heinrich Hertz: »Es ist also gewiß, daß aller Raum, von dem wir Kunde haben, nicht leer ist, sondern erfüllt mit einem Stoffe, welcher fähig ist Wellen zu schlagen, dem Aether«; siehe: Heinrich Hertz, *Ueber die Beziehungen zwischen Licht und Elektrizität*, Bonn 1889, S. 5. Zur Elektrizitätstheorie Forels: Claudia Gerhards, *Apokalypse und Moderne*, Würzburg 1999, S. 67.

19 Du Prel denkt in seiner *Magie als Naturwissenschaft* (1899) bereits Telepathie und Telegrafie ohne Draht zusammen, erklärt Gedankenübertragung physikalisch: Vom Gehirn gehen »Radationen« aus, die sich als Ätherwellen fortpflanzen und sich in der Ferne, in einem anderen Gehirn, zu Gedanken verwandeln.

20 Die Crookes'sche Röhre wird 1879 gebaut; ein Jahrzehnt später entwickelt Ferdinand Braun diese Erfindung weiter. Television entsteht so im Austausch zwischen okkultem und technischem Experiment; siehe auch: Stefan Andriopoulos, »Okkulte und technische Television«, in: Ders., Bernhard Dotzler (Hg.), *1929 Beiträge zur Archäologie der Medien*, Frankfurt am Main 2002, S. 45f.

21 Justinus Kerner bemerkt eine Ähnlichkeit des Klopfens »mit dem Knattern, das der elektrische Telegraph von sich gibt«. (Ders., *Die somnambülen Tische*, Stuttgart 1853, S. 10.) Franz Marc stellt fest: »Ist nicht unser Telegraphenapparat eine Mechanisierung der berühmten Klopftöne (von Hydesville)? Oder die drahtlose Telegraphie ein Exempel der Telepathie?« (»Zur Kritik der Vergangenheit«, in: *Schriften*, Köln 1978, S. 119.)

## IX Posen, Attacken, Delirien — Unfreiwillige Kunst

1 Im Allgemeinen wird die Verbindung von Musik und Mystik betont – sei es zur Evokation der Geister oder zur Odverdichtung; bereits Agrippa von Nettesheim beschreibt in der *Occulta philosophia* die Beschwörung der Elementargeister mit dafür eigens komponierter Musik; vergleiche: Fritz Stege, *Musik, Magie, Mystik*, Remagen 1961, S. 275.

2 Thomas Mann, *Okkulte Erlebnisse. Essays*, Band 2, Frankfurt am Main 1993, S. 215. Der Schriftsteller nimmt in München an vier Sitzungen Willi Schneiders teil: am 20. Dezember 1922, 6. und 24. Januar 1923. Zusammen mit seiner Frau Katia geht er noch einmal am 24. Januar 1924 zu Schrenck, in die Max-Joseph-Straße. Die »humoristisch-novellistische mit Theorie durchsetzte Schilderung meiner okkulten Erlebnisse« (Brief an Ernst Bertram), trägt Mann öffentlich vor, baut Passagen davon in den *Zauberberg* ein (*Fragwürdigstes*, Band III, S. 907–947). An Wladimir G. Eliasberg schreibt er: »Der Bericht gehört zu den vielen Dingen, mit denen ich nach beiden Seiten Anstoß erregt habe: Den Gläubigen war er zu skeptisch

und komisch, und den Ungläubigen zu abergläubisch.« (»Okkulte Erlebnisse. Ein Briefwechsel mit Thomas Mann«, in: *Ruperto-Carola* 15, Heidelberg 1963, S. 194.) Auch ein Jahrzehnt später zweifelt er die Realität seiner Erlebnisse nicht an; siehe Brief vom 6. Januar 1931 an Adolf von Hatzfeld.

3 Rainer Maria Rilke, Marie von Thurn und Taxis, *Briefwechsel*, Band I, Zürich 1951, S. 343. Die Fürstin schreibt an ihren Dichter im Dezember 1913 über die »Materialisations-Phänomene« Schrencks: »Es ist das merkwürdigste, entsetzlichste, grauslichste, unwahrscheinlichste was ich je gelesen habe.« (S. 339) Jahre später wird sich Rilke, nach der Lektüre von Tischners *Über Telepathie und Hellsehen*, um die Ereignisse in München zu deuten, doch auf die Seite des Animismus schlagen: »Wo man also meinte bei den Geistern anzukommen, kommt man in einen zweideutigen medial ausgeschwitzten (pardon) Teig, c'est bien dommage«. (*Briefe an Nanny Wunderly-Volkart*, Band 1, Frankfurt am Main 1977, S. 439.)

4 Meyrink unterscheidet zwischen einer *prima materia remota* (die überall enthalten ist) und einer *prima materia proxima*, in der ein bestimmtes Salz in komprimierter Form zu finden sei, welches auf das »Mineral Struvit« zurückgehen soll: Gemeint sind gelbe Kristalle, wie sie in Düngergruben auftreten und auskristallisiert in jahrhundertealtem Menschenkot entstehen. Gustav Meyrink, »Brief an Alexander von Bernus (14. Januar 1915)«, in: *Gnostika*, Heft 29, Februar 2005, S. 85.

5 Der »Doppelgänger« taucht bei Meyrink als *Habal-Gramin* (»Hauch der Knochen« oder auch »Geist der Gebeine«) der Kabbala auf: etwas Unverwesliches, ein unzerstörbarer Leib, der auferstehen wird am Tage des Letzten Gerichts. Vergleiche: Stanislaw Przybyszewski, *Ferne komm ich her … Erinnerungen an Berlin und Krakau*, Paderborn 1994, S. 47f. Im *Liber de Lunaticis* schreibt Paracelsus über einen, dem physischen Körper spiegelbildlichen, aus »subtilem Fleisch« bestehenden »Gestirnsleib«, der allmählich von den Sternen aufgezehrt wird. Ärzte halten dieses »Sichselbstsehen« für ein nicht seltenes Symptom bei Epileptikern. (Richard Henning, *Der moderne Spuk- und Geisterglaube*, Hamburg 1906, S. 315.)

6 Meyrink schreibt: »Mein Ich hat sich eine Weile gespalten … Es fällt zuweilen auseinander wie ein Bündel Ruten, von der man die Schnur löst …« Zitiert aus: Gerald Bär, *Das Motiv des Doppelgängers als Spaltungsphantasie in der Literatur und im deutschen Stummfilm*, Amsterdam 2005, S. 390.

7 Gerade zum Ende seines Lebens, nach vielen Jahren mit »Körperbeherrschungs-Exerzitien«, fühlt sich Meyrink wie manche seiner

Romanfiguren: »Es sei so, als ob er mit einer fremden Macht zusammen wäre, über die man nichts Bestimmtes sagen könne. Manchmal komme er sich vor wie Pernath, der seine Vergangenheit vergessen habe.« (Indem sie sich entgleiten, aus ihrer Geschichte fallen, die Erzählungen über sich und das Leben, in dem sie zu Hause sind, vergessen, erinnern sie sich an ihr »wahres« Selbst.) Hartmut Binder, *Gustav Meyrink. Ein Leben im Bann der Magie*, Prag 2009, S. 671.

8 Der alte Kaisersitz des Heiligen Römischen Reiches prägt die Stimmung von Meyrink und die seiner Romane: »Oft des Nachts träumte ich von Prag und seinem unheimlichen, dämonenhaften Zauber, dann, wenn ich erwache, ist mir als sei ich von einem Alb befreit«. Meyrink verarbeitet die okkulten Erlebnisse seiner Prager Jahre immer wieder literarisch. Zitiert aus: Hartmut Binder, *Gustav Meyrink. Ein Leben im Bann der Magie*, Prag 2009, S. 520.

9 Rainer Maria Rilke, Marie von Thurn und Taxis, *Briefwechsel*, Band II, Zürich 1951, S. 533.

10 Gustav Meyrink, *Der weisse Dominikaner*, München 1978, S. 7. Vergleiche auch: Andreas Bernhard, *Gustav Meyrinks »Der Golem«. Untersuchungen zur Erzählstruktur*, Frankfurt am Main 1992, S. 50.

11 »Später, als mein Sohn tot war, und ich die Verbindung mit ihm suchte, wurde mir die Erkenntnis: Dieses Einswerden mit ihm ist ein ähnlicher Prozeß wie bei einem sogenannten Transfigurationsmedium, nur viel besser.« (Brief an seinen Prager Verleger Oldrich Neubert vom 25. Juli 1932.) Anmerkung: Nach einem schweren Unfall und starken Schmerzen begeht Harro Meyrink am 12. Juli 1932 Selbstmord: Er öffnet sich die Pulsadern und schießt sich in den Kopf.

12 Gustav Meyrink (1868–1932), Bericht über eine Sitzung am 12. Juni 1922, aus: Albert von Schrenck-Notzing, *Experimente der Fernbewegung*, Stuttgart 1924, S. 251f. Außer Meyrink und Mann verarbeiten noch andere namhafte Autoren deutscher Sprache okkulte Motive in Romanen: Rilke, Brod, Werfel, Storm, Döblin, Dehmel, Däubler, Hofmannsthal, Schnitzler, Mauthner, Mehring, Scheerbart, zu Reventlow.

13 Albert von Schrenck-Notzing, *Materialisations-Phänomene*, München 1914, S. 6.

14 Ebd. S. 521. Während des Tanzes auf ihrer Traumbühne ist die somnambule Magdeleine Guipet unerreichbar – spielt die Musik nicht, starrt sie wie abwesend in die Leere: »Magdeleine est maintenant endormie: droite, le visage figé dans une impassibilité extatique, les yeux fixes,

grand ouverts, cherchant, semble-t-il, à voir dans l'Au-delà«. (Henri Carbonelle, zitiert nach Émile Magnin, *L'Art et l'Hypnose. Interprétation plastique d'œuvres littéraires et musicales*, Genevè 1905, S. 323.)

15 Albert von Schrenck-Notzing, *Gesammelte Aufsätze zur Parapsychologie*, Stuttgart 1929, S. 15.

16 Zitiert aus: Albert von Schrenck-Notzing, *Die Traumtänzerin Magdeleine G.*, Stuttgart 1904, S. 77.

17 Charcot nimmt die Hypnose 1878 in sein Programm auf; diese Technik ist sein Zaubermittel, um zu zeigen, wie Symptome der Hysterie erscheinen und spurlos wieder verschwinden. Er behauptet, dass die Zeichen des Somnambulismus nicht zu simulieren seien. Für die Schule der Salpêtrière funktioniert die Hypnose nur bei Hysterikern, während die Ärzte aus Nancy auch unneurotische Patienten mit ihren Suggestionen erreichen und behandeln.

18 Mit Victor-Jean-Marie Burg (1822–1884) kommt ein Magnetiseur alten Schlages an die Salpétrière, um mit Metallen und Magneten Anästhesien und Paralysen aus einer Körperhälfte in die andere, von einem Patienten auf den anderen zu übertragen; später werden Zylinderspulen, Elektrizität und Stimmgabeln eingesetzt.

19 Die *Iconographie photographique de la Salpêtrière* ist ein Bilderkabinett der Entstellungen, Verrücktheiten, Exaltationen; in den Portraits der Irren und Degenerativen sucht man das Pathognomonische in den Serien von Gesichtern. – In einer Art von vorzeitlichem Fotorealismus überführen Albert von Keller und Gabriel von Max Motive des Wahnsinns und des Okkulten in ihre Malerei. Alfons Mucha, Freimaurer und Mitglied der Pariser Loge, malt nach Fotografien der Sensitiven Lina de Ferkel, die für Albert de Rochas in Hypnose allerlei Mimisches durchspielt. Die ekstatischen Blicke einiger französischer Medien beleben seinen Jugendstil. James Braid spekuliert, dass schon die griechische Plastik die kataleptischen Stellungen der Bacchantinnen zum Vorbild nimmt.

20 Zitiert aus: Georges Didi-Huberman, *Erfindung der Hysterie*, München 1997, S. 39. – Für seine Kritiker wenig überraschend: Nachdem Charcot gestorben ist, wird auch die *grande attaque* verschwinden, werden viele seiner Frauen »geheilt« sein. Nebenbei bemerkt sollen einige Hysterikerinnen – mit »Wohnsitz« Salpêtrière – dessen Tod ankündigen, schon Tage vorher träumen.

21 Jean Martin Charcot, *Leçons du mardi à la Salpêtrière*, Band I, Leipzig, Wien 1894, S. 106. Ferner: Gilles de la Tourette, *Die Hysterie nach*

*Lehren der Salpêtrière*, Leipzig 1894, S. 4f. Charcot verabschiedet die Symptome der Hysterie als Zeichen der Besessenheit und beschreibt sie als eine Krankheit der Nerven. Zusammen mit Paul Richer veröffentlicht er *Les démoniaques dans l'art*, Paris 1887.

22 Hanns Bächtold-Stäubli, Eduard Hoffmann-Krayer (Hg.), *Handwörterbuch des deutschen Aberglaubens*, Berlin, New York 1987, Band VI, S. 686. Paracelsus unterscheidet drei Formen des Veitstanzes: eine durch Einbildung (*Chorea imaginatoria*), eine aus sinnlicher Begierde (*Chorea lasciva*) und eine weitere durch körperliche Ursachen (*Chorea naturalis* oder *coacta*) ausgelöste. Paracelsus, *Mikrokosmos und Makrokosmos. Okkulte Schriften*, Wiesbaden 1994, S. 143f. Zu den Erscheinungen der Tanzplage: Paul Trüb, *Heilige und Krankheit*, Stuttgart 1978, S. 79f. Die *Epilepsia saltatoria* wird im Mittelalter als »Gottverlassenheit« gedeutet; im Volksaberglauben macht man auch den Biss der Tarantel (*Lycosa tarentula*) für diese Manie verantwortlich. Zu den Tanzkrankheiten des Mittelalters: Fritz Stege, *Musik, Magie, Mystik*, Remagen 1961, S. 198f. – Noch um 1900 sollen kleinere Tanzwutepedimien auftreten, vor allem bei der Springprozession zum Grabe des heiligen Willibrords in Echternach. N. W. J., »Die psychischen Epidemien des Mittelalters«, in: *Psychische Studien*, Heft 8 (1905), S. 505. Vergleiche: August Hirsch (Hg.), *Die großen Volkskrankheiten des Mittelalters. Historisch-pathologische Untersuchungen*, Berlin 1865, S. 147.

23 Jean Étienne Esquirol, *Die Geisteskrankheiten in Beziehung zur Medizin und Staatsarzneikunde*, Berlin 1838, S. 285f. Eine Wollspinnerin, an »Dämonomanie« leidend, erklärt sich so: »Der Teufel hat meinen Körper geholt; ich habe keine menschliche Gestalt mehr. Es gibt nichts Schrecklicheres, als lebendig zu erscheinen, und doch nicht dieser Welt anzugehören«. Eine »besessene« Waschfrau erzählt ihren Ärzten: »Seit einer Million von Jahren bin ich die Frau des großen Teufels – von dem Teufel dagegen fordere ich, den dort oben herabzustürzen, und daß er Gott und die Jungfrau tödten soll.« (S. 288, 290.) Ursachen für eine »Dämonomanie« findet Esquirol in der Melancholie, »einem schwachen Geist, in falschen religiösen Ideen und Vorurtheilen«; ausgelöst werde die Krankheit durch »eine lebhafte psychische Erschütterung, Schreck oder heftige Predigt. Der Witwenstand, die klimakterischen Jahre, Frictionen des Körpers, das Suppositorien gewisser Dinge, oder narkotische Substanzen«, begünstigen die Anfälle von der physischen Seite her. Die »Dämonomanie« werde zuweilen epidemisch: »Wie alle nervösen Krankheiten, pflanzt sie sich durch eine Art von psychischer Ansteckung und durch

Nachahmungssucht fort«. Während bei Esquirol die »Dämonomanie« nur die wenigsten Fälle von Wahnsinn ausmacht, betonen andere Ärzte zur gleichen Zeit ihr häufiges Auftreten. Eine Spielart dieser Erkrankung sei die »Theomanie«: der Glaube, (ein) Gott zu sein. Carl Christian Schmidt, *Encyklopädie der gesammten Medicin*, Leipzig 1848, S. 464.

24 Zum Fall der Nonne Marie Sonnet: Cesare Lombroso, *Hypnotische und spiritistische Forschungen*, Stuttgart 1909, S. 167f. Lombroso schreibt – ohne Gründe zu nennen –, dass Mitte des 16. Jahrhunderts gleich an verschiedenen Punkten Europas eine »Wahnbesessenheit« ausbricht: Menschen werden prophetisch, sprechen in Zungen, glauben Gedanken lesen zu können, sich durch Tote inspiriert. Die »Konvulsionäre« erscheinen oft immun gegen Schmerzen und körperliche Gewalt. In Frankreich werden solche Epidemien als »Possesions des Nonnains« bezeichnet, da sie besonders Nonnen befällt. Ein Bruder Voltaires ist Augenzeuge, wie Marie Sonnet in einer Muskelstarre steif ausgestreckt mit Kopf und Füßen auf zwei Stühlen liegt, während unter ihr ein starkes Feuer geschürt wird und sie »volle 36 Minuten den Flammen ausgesetzt war«, ohne sich zu verletzen – nicht einmal ihr »Linnen-Gewand« wurde angesengt. (Caesar Baudi von Vesme, *Geschichte des Spiritismus*, Band 2, Leipzig 1898, S. 45.)

25 In den Akten der Salpêtrière ist häufig von Frauen die Rede, welche mit ihren (hysterischen) Anfällen mystische Ekstasen nachahmen. In der *Iconographie photographique de la Salpêtrière* finden sich zahlreiche Abbildungen mit Titel wie *Exstase*, *Crucifiement* oder *Béatitude*.

26 Madeleine Le Bouc (1853–1918), eigentlich Pauline Lair Lamotte. Über viele Jahre ist sie Patientin Pierre Janets an der Salpêtrière. Madeleines inspirierte Schriften sind poetisch: »Ich atme den Geruch verfaulter Leichen … und sehe das Blut fließen im Rinnstein der Nacht«, schreibt sie; die Surrealisten feiern ihre »konvulsivische Schönheit«. (Elisabeth Roudinesco, Michel Plon, *Wörterbuch der Psychoanalyse*, Band I, S. 607. Zum Vergleich: Pierre Janet, *De l'angoisse à l'extase. Ètudes sur les croyances et les sentiments*, Paris 1926. Die Psychoanalytiker Catherine Clément und Sudhir Kakar stellen große Ähnlichkeiten der »Symptome« Madeleines mit denen des Mystikers Ramakrishna Paramahamsa (1836–1886) fest. (Dies., *Der Heilige und die Verrückte. Religiöse Ekstase und psychische Grenzerfahrung*, München 1993, S. 21f.)

27 Der Arzt Hubert Boëns, Mitglied der königlich belgischen Akademie für Medizin, diagnostiziert bei einer anderen berühmten Stigmatisierten, Louise Lateau, »Christomanie« infolge einer »intermittierenden

Erkrankung des cerebrospinalen Systems«. Siehe Clara Wurm, *Medizinische Konzepte zur religiösen Stigmatisation im 19. Jahrhundert* (Inaugural-Dissertation), Köln 2012, S. 140; Axel Karenberg, *Forschungen zur Medizingeschichte*, Kassel 2013, S. 121. – Noch ein anderer Fall, welcher zur Jahrhundertwende die Frage nach der »Verrücktheit« der sogenannten »Heiligen« mit sich bringt, Ärzte und Theologen beschäftigt: Als die 19jährige Anna Schäffer (1882–1925) sich mit kochender Lauge beide Beine verbrüht, lebt sie bis zu ihrem Tod mit furchtbaren Schmerzen; die Wunden sind entzündet, eitern und schließen sich nicht mehr. Bereits als Elfjährige (!) betet sie um die Gnade, ein »Sühneopfer« für die Leiden und Beleidigungen Christi zu werden. Wenige Jahre später erfährt sie verschiedene Visionen ihres Erlösers. Während ihre Ärzte einen »religiösen Wahn« der Magd vermuten, wird sie später als Mystikerin heiliggesprochen. (Georg Franz X. Schwager, *Anna Schäffer – Gedanken und Erinnerungen meines Krankenlebens und meine Sehnsucht nach der ewigen Heimat*, Regensburg 2012).

28 Nach Auftritten des Bühnenmagnetiseurs Carl Hansen (1833–1897) Ende der 1870er-Jahre in Deutschland und Österreich wird ein vom preußischen Kultusminister in Auftrag gegebenes Gutachten gesundheitliche Schädigungen durch Hypnose nicht ausschließen; 1881 ergeht ein Verbot öffentlicher Suggestions-Shows.

29 Die Anklage gegen den Heilmagnetiseur Czynski wird 1894 in München verhandelt. Siehe: Rudolf Grashey, *Der Prozeß Czynski. Thatbestand desselben und Gutachten über Willensbeschränkungen durch hypnotisch-suggestiven Einfluß abgegeben vor dem oberbayerischen Schwurgericht zu München*, Stuttgart 1885. Sexuelle Nötigung unter Hypnose kommt zur Jahrhundertwende häufiger vor Gericht; Leo Hirschlaff, *Suggestion und Erziehung*, Berlin 1914, S. 95f.

30 Mesmer steht in Konkurrenz mit den Exorzisten seiner Tage – und demonstriert, wie scheinbar Besessene im magnetischen Schlaf durch die Abfuhr gestauter Affekte geheilt werden. Der Mann kombiniert selbstkomponierte Sphärenmusik auf der Glasharmonika, Weihrauch und Bottiche mit Leydener Flaschen, »elektrisierter« Flüssigkeit (*baquets*).

31 Puységur gründet 1785 eine »Société harmonique des amis réunis«, die als Begleiterscheinungen der Magnettherapie von Hellsehen, Fernschlaf, Gedankenübertragung und medialen Diagnosen berichtet. Auch die frühesten spiritistischen Experimente gehen auf den Mesmerismus zurück: Ende des 18. Jahrhunderts versuchen Mitglieder der Stockholmer

»Exegetischen und Philanthropischen Gesellschaft« durch mesmerisierte Medien mit den Toten zu kommunizieren.

32 Die Experimente mit der 28-jährigen Berthe macht Gibotteau 1888 in Paris; ihre Mutter, bemerkt er, soll eine »sorcière«, aus einer ländlichen Gegend Bas-Poitous, sein, in der die Bevölkerung noch immer an Hexerei glaubt. Siehe: R.A. Reddingius, »Eine Betrachtung über Todesprophezeiungen«, in: *Zeitschrift für Parapsychologie*, Heft 9, September 1926, S. 522f.

33 Henri F. Ellenberger, *Die Entdeckung des Unbewußten*, Zürich 2005, S. 180.

34 Zur Magie nach dem Gesetz der Ähnlichkeit und der Übertragung (Berührung): James George Frazer, *Der goldene Zweig. Das Geheimnis von Glauben und Sitten der Völker*, Hamburg 2011, S. 15f., 337f. Der »Hexenhammer« berichtet von einer Frau, die auf magische Weise drei Äbte eines Klosters tötet und einige andere Brüder verrückt macht: »... sie werden nicht in Liebe zu mir lassen können, denn sie haben so viel von meinem Kot gegessen«. (Jakob Sprenger, Heinrich Institoris, *Malleus Maleficarum*, München 1983, S. 118.) – Die Bedeutung, das Ausmaß, magischer Praktiken im 19. Jahrhundert, die in der volkstümlichen Kultur bewahrt werden, ist umstritten. (Heike Albrecht, *Hexenglauben, Hexenverfolgung, Hexenwahn*, Hamburg 2001, S. 92.)

35 Dieter Harmening, *Wörterbuch des Aberglaubens*, Stuttgart 2005, S. 189; ferner Thomas Schürmann, *Nachzehrerglauben in Mitteleuropa*, Marburg 1990, S. 18; Johann Nistler, »Die Talismane und der Wachsfigurenzauber«, in: *Zentralblatt für Okkultismus*, 5. Heft (1931), S. 207–212. Ferner: Papus, »Vom Bildzauber (Envoûtement)«, in: *Zentralblatt für Okkultismus*, Heft 5 (1918), S. 212–216. Weit verbreitet in der »sympathetischen Magie« sind Vorstellungen über die Wirkung der Atzmänner (von »ätzen« = »verzehren lassen« abgeleitet). Die aus Wachs, Lehm oder Holz gefertigten Rachepuppen, auch *kobolt* genannte Figuren des Volksaberglaubens, sollen in Wechselwirkung zu einer Person stehen, ihr ähnlich sein; sie werden mit Nägeln traktiert, mit Gift bestrichen, angezündet, gewürgt, unter Wasser getaucht und so weiter. 1308 wird gegen den Bischof Guichard von Troyes wegen Schadenzauber ermittelt: Er habe mittels Wachspuppen verschiedene Personen in den Tod geschickt. Thomas de Pizan, Hofastrologe und Leibarzt Karl V., lässt ausgehöhlte Figuren der englischen Armee-Oberen mit dem Gesicht nach unten begraben, um die Fremden aus Frankreich zu vertreiben. Enguerrand de Martigny, ein Minister Philipps des Schönen, wird beschuldigt, einen Bildzauber (das Abbild wird

hier mit dem Abgebildeten selbst identifiziert) gegen Ludwig X. in Auftrag gegeben zu haben. Auf diesem Weg versucht auch Katharina de Medici, den Hugenottenführer Coligny und den Prinzen de Condé zu töten, indem sie deren Nachbildungen mit Nägeln und Dornen bearbeiten lässt. Königin Elisabeth I. will 1578 mit Wachspuppen zwei ihrer Minister umbringen. (Vergleiche: Johannes Dillinger, *Hexen und Magie. Eine historische Einführung*, Frankfurt am Main 2007, S. 66f.) Puppen dieser Art finden sich schon auf akkadischen Tafeln, auch Horaz und Ovid erwähnen sie; Tacitus (*Annalen* 2,69) schreibt im Zusammenhang mit dem Tod des Germanicus über vergrabene Bleitäfelchen, die den Namen des Kriegsherrn tragen. Ihre Spuren gehen bis in die ägyptische Antike zurück. Man findet sie auch im assyrischen und griechischem Altertum, bei den Malaien, den Polynesiern und auf Borneo.

36 Gregor von Tours berichtet, wie die Kraft der »Inkubationsstätte« übertragen wird: »Ein Sueven-König hatte einen kranken Sohn, dem kein Arzt helfen konnte. Er schickte eine Gesandtschaft nach Tours zum hl. Martin. Man legte ein Stück Seidenzeug auf das Grabmal des Heiligen, das man zuvor wog. Eine Nacht ließ man es dort liegen, während die Gesandten beteten. In der Frühe hatte das Seidenzeug so viel Heilkraft in sich aufgenommen, daß die Wage überkippte«. Eduard Stemplinger, *Antiker Aberglaube in modernen Ausstrahlungen*, Leipzig 1922, S. 40.

37 Zitiert aus: *Psychische Studien*, XLI. Jahrgang, 7. Heft (Juli 1914), S. 416. – Überhaupt leugnet Freuds Konzept des Unbewussten fast alle okkulten Vorläufer und Quellen, die seinen Ruf als »Entdecker« gefährden. Auch ein Kollege wie Pierre Janet, obwohl dieser ihm als Assistent Charcots bekannt sein musste, ist Freud kaum eine Fußnote wert. Der Pariser dagegen äußert sich zur Psychoanalyse, deren Fixierung auf Ödipus und das Sexuelle ihm in der Neurosenlehre immer suspekt bleibt. Andererseits gewinnt er den Ekstasen der Mystiker mehr Erkenntnisse und Reichtum ab als Freud. Zu Freuds Umgang mit dem Okkulten siehe auch »Eine erfüllte Traumahnung«, sowie »Psychoanalyse und Telepathie«, in: Ders., *Gesammelte Werke*, Band 17, London 1941. (S. 19–23).

38 »Das Wort war doch ursprünglich ein Zauber, ein magischer Akt, und es hat noch viel von seiner alten Kraft bewahrt.« Die Sprache in der Analyse ist, wie in der Magie, der wichtigste, mächtigste Faktor. Sigmund Freud, »Die Frage der Laienanalyse«, in: *Gesammelte Werke*, Band 14, Frankfurt am Main 1991, S. 214. Weiteres zur Sprachmagie Freuds: Robert Stockhammer, *Zaubertexte*, Berlin 2000, S. 62f.

39 Sándor Ferenczi, *Bausteine zur Psychoanalyse 1908–1933*, Band 3, Berlin, Wien 1984, S. 143. Wenn bestimmte Formen – etwa die Nase und ihre Schleimhäute – den Phallus und seine Erregung symbolisieren sollen, sind solche Spekulationen nicht weit vom Analogiezauber der Magie entfernt. Über die Funktion der Vaterleibssymbolik: Herbert Silberer, »Zur Frage der Spermatozoenträume«, in: *Jahrbuch für psychoanalytische und psychopathologische Forschungen* 4, 1912, S. 708–740.

40 Ein besonders drastischer (Aber-)Glaube, der sich bis zum heutigen Tage hält, betrifft die Todessymphonien: Während Schuberts *Unvollendeter* und Tschaikowskys *Pathétique* kollabieren reihenweise Musiker, einige sterben während oder kurz nach den Aufführungen. Bei der Aufführung von Opern Jacques Offenbachs verlieren Sängerinnen ihre Stimme, Tänzer stürzen und Frauen im Publikum möchten sich entblößen. Der Komponist soll ein »Jettatore« sein – von ihm, heißt es, gehe der »böse Blick« aus. In Musikerkreisen will man nach Offenbachs Tod seinen Namen nicht aussprechen, ohne dabei Zeige- und Kleinfinger als »Teufelshörner« – zur Abwehr – auszustrecken. Fritz Stege, *Musik, Magie, Mystik*, Remagen 1961, S. 204f. Wenn die Macht der Musik in den Händen des Teufels liegt: Dass die Virtuosität Paganinis nicht nur auf der enormen Dehnbarkeit seiner Hände beruht, erzählt eine andere Legende: Seine vierte Violin-Saite soll aus dem Darm der von ihm ermordeten Geliebten gefertigt sein. Goethe sieht Flammen um Paganini tanzen und ein Kritiker findet, er gleiche Rembrandts vom Tode erwecktem Lazarus. Auch Liszts *Mephisto-Walzer*, der Konzertsatz *Malédiction* und die *Klaviersonate in h-Moll*, werden noch heute von vielen als das Böse in der Musik erlebt: berechnend, virtuos, anorganisch, hypnotisch.

41 Brief an Freud (Nummer 254J) vom 8. Mai 1911, in: Sigmund Freud, C. G. Jung, *Briefwechsel*, hg. von William McGuire und Wolfgang Sauerländer, Frankfurt am Main 1974, S. 182.

42 Nicht wenige Analytiker der ersten Stunde verzweifeln über ihrer Arbeit, werden wahnsinnig oder bringen sich um (Herbert Silberer, Wilhelm Stekel, Karl Schrötter, Max Kahane, Victor Tausk, Paul Federn, Tatiana Rosenthal, Otto Gross). Siehe: Nikola Boris Kohls, *Außergewöhnliche Erfahrungen – Blinder Fleck der Psychologie?*, Münster 2004, S. 271.

43 Ferenczi und Freud besuchen 1910 das Medium Lisbeth Seidler in Berlin (im Ersten Weltkrieg bekannt als »Heeressybille«), die aus verschlossenen Briefen und auch Gedanken liest. Freud scheint durchaus beeindruckt, warnt seinen Freund aber vor »übermäßigem Eifer bei seinen okkulten Studien«. Ferenczi beschäftigt sich sogar mit den »Elberfelder

Pferden«, die mit Menschen scheinbar über Ferneinwirkung kommunizieren. Siehe: James Webb, *Das Zeitalter des Irrationalen*, Wiesbaden 2008, S. 427; Karl Krall, *Denkende Tiere*, Leipzig 1912. Freud selbst bescheinigt seiner Tochter Anna bei kleineren Experimenten einiges »telepathisches Feingefühl« (Brief an Karl Abraham vom 9. Juli 1925). Dass Träume auch präkognitive Elemente besitzen, Richtungen der seelischen Entwicklung anzeigen, vermutet der Analytiker und Freimaurer Herbert Silberer (1882–1923).

44 Freuds Text »Psychoanalyse und Telepathie« erscheint erst postum (1941); ursprünglich wollte er den Inhalt 1922 auf dem Berliner Internationalen Psychoanalytischen Kongress vortragen – Eitingon und Jones raten ihm aber vehement davon ab. – Ernest Jones, zeitweilig Präsident der International Psychoanalytical Association, warnt Freud, sich zur Telepathie zu bekennen: »In Ihren privaten politischen Ansichten könnten Sie ein Bolschewist sein, aber Sie würden der Verbreitung der Psychoanalyse nicht helfen, wenn Sie es laut verkünden …« (Brief an Freud vom 25. Februar 1926, Frankfurt 1993, S. 460.)

45 »Privat« ist Freud »allerdings bereit zu glauben, daß hinter den sogenannten okkulten Phänomenen doch etwas Neues und sehr Wichtiges steckt: ›Die Tatsache der Gedankenübertragung, d. h. der Fortpflanzung psychischer Vorgänge durch den freien Raum auf andere Individuen.‹« (Brief an Edoardo Weiss vom 24. April 1934; Ders., *Briefe zur psychoanalytischen Praxis*, S. 80.)

46 1887 trifft Freud Wilhelm Fließ und ist anfangs von dessen Numerologie und Lehre periodischer Zyklen (das Leben werde durch Perioden von 28 und 23 Tagen gelenkt) beeinflusst; er versucht, das Konzept auf die Entwicklung der Neurosen anzuwenden. Die Theorien von Fließ werden auch von okkulten Kreisen als Instrument der Zukunftsdeutung angenommen. Siehe: James Webb, *Das Zeitalter des Irrationalen*, Wiesbaden 2008, S. 413f.

47 Michel Onfray, *Anti Freud. Die Psychoanalyse wird entzaubert*, München 2011, S. 309f. Über Freuds Faible für Numerologie und Zahlenspiele: Brief an C. G. Jung vom 16. April 1909 (in: C. G. Jung, *Erinnerungen, Träume, Gedanken*, aufgezeichnet von Aniela Jaffé, Zürich 1963, S. 370.) – Hier ist sicher der Einfluss der Lehren der Chassidim gegenwärtig: Im hebräischen Alphabet werden Buchstaben Zahlen zugeordnet; so etwa können bestimmte Worte positive oder auch problematische Nummern anzeigen. Zum Beispiel ergeben die hebräischen Vokale *ahab* (Liebe) und

*achad* (Einheit) denselben Zahlenwert. Ralph Tegtmeier, *Magie und Sternenzauber. Okkultismus im Abendland*, Köln 1995, S. 142; ferner siehe: Eva Gesine Baur, *Freuds Wien. Eine Spurensuche*, München 2008, S. 74.

48 Aufschlussreich ist die Feststellung Jiří Mordechai Langers, dass es in seinen Augen »kein bloßer Zufall sei, dass Freud, der das Geheimnis des Traumes in so genialer Weise zu lüften wusste, der jüdischen Rasse angehört«. Langer erkennt zahlreiche Übereinstimmungen zwischen Talmud, Kabbala und der Psychoanalyse: »Vor allem die Entdeckung Freuds, die Phantasie des Traumes sei eine Erfüllung der im wachen Zustande unerfüllbaren Wünsche und Begierden, entspricht dem Talmud«. Langer benutzt Freuds Traumdeutung, zum Beispiel die »Arbeit« der Traumzensur, zur Erklärung rätselhafter Talmudstellen und Namen. Walter Koschmal, *Der Dichternomade. Jiří Mordechai Langer – ein tschechisch-jüdischer Autor*, Köln 2010, S. 131.

49 Der Analytiker Franz Alexander versteht die Stadien buddhistischer Meditation als Melancholie, katatone Ekstase, Apathie und schizophrene Demenz. Franz Alexander, »Buddhist Training as an Artificial Catatonia«, in: *Psychoanalysis* 19 (1931), S. 129f.

50 Auch für Otto Rank gibt das Unbewusste seinen Anspruch auf die Rückkehr zur »intrauterinen Urlust« nie auf; siehe: Ders., *Das Trauma der Geburt und seine Bedeutung für die Psychoanalyse*, Leipzig 1924, S. 20. Einen besonderen Stellenwert erhalten diese »Introversionen«, in denen die Libido das verlorene Paradies ansteuert, bei Herbert Silberer, einem Schüler Freuds.

51 Zum Vergleich C. G. Jung: »Es kann nicht ausgemacht werden, ob die Gottheit und das Unbewusste zwei verschiedene Größen seien. Beide sind Grenzbegriffe für transzendentale Inhalte.« (*Antwort auf Hiob*, München 2001, S. 112.)

52 Die Geschichte zeigt, dass es häufiger Epochenwechsel von seelisch ausgelösten Symptomen gibt. Ein Beispiel ist die hysterische Lähmung, die sich wie eine Pandemie Anfang des neunzehnten Jahrhunderts ausbreitet und in der Zeit zwischen den beiden Weltkriegen wieder verschwindet. Edward Shorter, *Moderne Leiden. Zur Geschichte der psychosomatischen Krankheiten*, Hamburg 1994, S. 179f.

53 Albert von Schrenck-Notzing, »Die neuere Okkultismusforschung im Lichte der Gegner«, in: Gustave Geley, *Materialisations-Experimente mit M. Franek-Kluski*, Leipzig 1922, S. 95.

## Unter Diktat: »Ich werde geschrieben«

—

## Die Geister der Avantgarde

1 Joseph Alexandre Saint-Yves Marquis d'Alveydre (1842–1909), französischer Schriftsteller und Okkultist. An seinem Divinationsapparat, dem Archéomètre, baut er über zwei Jahrzehnte lang. Siehe auch: Teio Meedendorp, »Der Okkultismus als praktische Wissenschaft: Der Archeometer«, in: Veit Loers (Hg.), *Okkultismus und Avantgarde*, Frankfurt am Main 1995, S. 389–397.

2 Papus (Gérard Encausse, 1865–1916) steht zeitweise der Theosophie nahe und wird nach dem Tod von Stanislas de Guaita Präsident des Ordre Kabbalistique de la Rose-Croix; er berät Zar Nikolaus II. bei seinen Regierungsgeschäften. Papus ist ein Schüler von Éliphas Lévi, der wiederum Samuel Liddell Mathers, William Butler Yeats und Rudolf Steiner beeinflusst. (Zur Rolle von Lévi und Papus im französischen Okkultismus: Mircea Eliade, *Das Okkulte in der modernen Welt*, Sinzheim 2000, S. 77f.)

3 Georgiana Houghton (1814–1884) öffnet sich nach dem Tod ihrer jüngeren Schwester Zilla und dem Besuch einer Séance dem gerade in Mode kommenden Spiritismus. Nach einem abgebrochenen Kunststudium fängt Houghton an, von, wie sie glaubt, Geistern geführt, automatisch zu zeichnen. 1871 stellt sie ihre Arbeiten (»Spirit Drawings in Water Colours«) in der New British Gallery in der Londoner Old Bond Street aus. In ihrem Vorwort zum Katalog schreibt Houghton: »During the execution of the Drawings my hand has been entirely guided by Spirits, no idea being formed in my own mind as to what was going to be produced«. Auf der Rückseite ihrer Bilder notiert sie, wiederum in Trance, die Namen der *spirits*, die sie leiten, und lässt von ihnen die Botschaften der meist abstrakten Linien und Formen übersetzen. Sie kann nur wenige ihrer Zeichnungen verkaufen – zur Kunstszene ihrer Zeit finden sie keinen Anschluss. Später arbeitet Houghton als Medium des Fotografen Frederick A. Hudson in London. *Weltempfänger – Georgiana Houghton, Hilma af Klint, Emma Kunz*, München 2018, S. 30f.

4 Victor Hennequin (1816–1854), Rechtshistoriker und Schüler Charles Fouriers. Schreibt ein Buch zur Rettung der Welt: *Sauvons le genre humain* (1853). Hennequin verliert über seinen Experimenten den Verstand; auch sein Medium Victoire-Octavie, Ehefrau und Assistentin, wird in die Anstalt eingewiesen.

5 Hilma af Klint (1862–1944) studiert an der Königlich Schwedischen Kunstakademie Malerei, gründet Anfang der 1880er-Jahre einen spiritistischen Frauenzirkel (De Fem), eine weibliche Kraftzelle, in deren Zentrum sie als Medium sitzt, und beginnt mit *écriture automatique*. Die Entität »Amaliel« schwört Hilma auf ihre Berufung ein: Bereits 1906 entsteht die erste Serie kleinformatiger abstrakter Bilder mit dem Titel *Urchaos*. Klint verfügt, dass ihre Arbeiten frühestens zwanzig Jahre nach ihrem Tod öffentlich werden dürfen; erst vier Jahrzehnte später, in der Ausstellung *The Spiritual in Art. Abstract Painting*, 1986 in Los Angeles, ist af Klint mit Gemälden und Zeichnungen vertreten. Marco Pasi zieht Parallelen von af Klints Arbeitsweise zur Entstehungsgeschichte vieler Kompositionen des Italieners Giacinto Scelsi. Auch Scelsi ist fasziniert von Rudolf Steiner und einigen östlichen Lehren; durch mikrotonale Elemente entwickelt der Römer eine Vorstellung vom »sphärischen« Klang. Er improvisiert auf einer »Ondioline«, einem monophonen Musikinstrument, das mit einer Elektronenröhre funktioniert. In Trance meint er, mit höheren Wesenheiten verbunden zu sein: »I fully agree with Steiner when he talks about the spiritual entities with whom the musician comes in contact. These entities determinate the sonic vibrations that the composer perceives with his subtle centres, and which manifest themselves as inspiration.« (*Il sogno 101*, S. 265) Marco Pasi, »Hilma af Klint, Western Esotericism and the Problem of Modern Artistic Creativity«, in: Kurt Almquist, Luise Belfrage, Luise (Hg.), *Hilma af Klint, The Art of Seeing the Invisible*, Stockholm 2015, S. 111f.

6 Clemens Alexandrinus hat ein Fragment des *Ägypterevangeliums* aufbewahrt, nach dem der vollkommene Mensch, in dem »die zwei eins werden und das Männliche mit dem Weiblichen verbunden, weder männlich noch weiblich sein wird«. Im *Clemensbrief* (12, 1–2) und im *Philippus-Evangelium* (Codex X von Chenoboskion) finden sich ähnliche Passagen. Auch folgen einige gnostische Sekten dieser Idee. Nach dem *Midrasch Bereschit Rabbâ* ist der Urmensch androgyn. Auch die Androgynie vieler nichtchristlicher Gottheiten ist die Formel der Ganzheit schlechthin. Ebenso vereinigt Baphomet, ein Idol der Templer, in sich die Geschlechter, symbolisiert das Zeitlose, Übermenschliche. Mircea Eliade, *Mephistopheles und der Androgyn*, Frankfurt 1999, S. 71f.; sowie Julius Evola, *Die grosse Lust. Metaphysik des Sexus*, Bern 1998, S. 253, 342.

7 Zitiert aus: Iris Müller-Westermann, Jo Widoff (Hg.), *Hilma af Klint – eine Pionierin der Abstraktion*, Ostfildern 2013, S. 279. Die Frage, ob okkulte

Schöpfungen und Performances sich für die Archive der Kunst als Wert anbieten, beantwortet C.G. Jung so modern wie einfach: Maßgebend sei nicht allein das Spontane, Unbewusste des künstlerischen Aktes, entscheidend ist die Innovationskraft des hier Entstehenden. Nur das Neue wird unverzichtbar und behauptet seinen kulturellen Status. – Zur nächsten Künstler-Generation nach af Klint, die mediales Malen praktiziert, gehört Ithell Colquhoun (1906–1988); sie ist stark von MacGregor Mathers inspiriert, praktiziert Alchemie und arbeitet mit dem Tarot. (Victoria Ferentinou, »Theosophy, Woman Artists and Modernism: the Case of Ithell Colquhoun«, in: Kurt Almquist, Luise Belfrage (Hg.), *Hilma af Klint, The Art of Seeing the Invisible*, Stockholm 2015, S. 159–175.)

8 František Kupka (1871–1957), arbeitet zunächst als Modezeichner und Illustrator; vom Futurismus und den Farbmeditationen Isaac Newtons angetan, sucht er nach Formen jenseits der »visuellen Realität«. In spiritistischen Sitzungen fühlt Kupka den böhmischen Maler Josef Mánes an seiner Seite; in Prag und Wien (1889–1894) verdient Kupka seinen Lebensunterhalt als Medium. – Der Kurator Jean Cassou betont das »Außerzeitliche« seiner Arbeiten: »›Anderswo‹, so laute der wahre Name von Kupkas Heimatland ... seine Serien sind spirituelle Übungen.« (*Studio International*, Band 170, August 1965, S. 70.)

9 *Kosmischer Frühling I* (1913/14), Öl auf Leinwand. »Die Wolken, Ansammlungen von Wasserdampf, die von vorwärtsdrängenden oder wirbelnden Luftströmen getragen und angetrieben werden. Klar umgrenzte Gestalten aus elastischen, länglichen gebogenen Linien oder mit Konturen, die verschwimmen, während wir das Zusammentreffen beider Elemente beobachten, die aufeinanderstoßen oder sich wechselseitig durchdringen.« Zitiert aus: František Kupka, *Die abstrakten Farben des Universums*, Stuttgart 1997, S. 180.

10 Vergleiche: Charles W. Leadbeater, *Der sichtbare und der unsichtbare Mensch*, Grafing 1999.

11 Henri F. Ellenberger, *Die Entdeckung des Unbewußten*, Zürich 2005, S. 237. – Éliphas Lévi nennt dieses Fluid »Astrallicht«; es soll sich in Wellen bewegen und seine Qualitäten verwandeln, wenn es die verschiedenen Wesen als »lebendiges Feuer« durchdringt.

12 Fritz Stege, *Musik, Magie, Mystik*, Remagen 1961, S. 192f. Über Jahrhunderte hält sich der Glaube, dass durch Zauberlieder (*carmina*) Menschen zu verwirren und auch zu töten sind. »Inkantation« (aus dem Lateinischen abgeleitet von *incantare* = einsingen, bezaubern) bezeichnet

einen magischen Singsang, der direkt den Geist manipuliert. Dieter Harmening, *Wörterbuch des Aberglaubens*, Stuttgart 2005, S. 232, 291.

13 Kandinsky besucht Steiners Vorträge in Berlin (1908); in *Über das Geistige in der Kunst* zitiert er aus Blavatskys *The Key to Theosophy*. (Zur Vibration der Seelen: Sixten Ringbom, »Kunst in der Zeit des Großen Geistigen«, in: Beat Wyss (Hg.), *Mythologie der Aufklärung – Geheimlehren der Moderne*, München 1993, S. 26f.) Sein Gemälde *Dame in Moskau* (1912) zeigt unübersehbar den Einfluss der Theosophie, mit Astralhülle und schwarzer Gedankenform am rechten oberen Bildrand und einer dazu entgegengesetzten runden Farbwolke in Rosa. Auch in seinen Notizen zur Farbsynästhesie wird die Nähe zur theosophischen Lehre von Gedankenformen und Fluida sichtbar: »Das helle (warme) Rot erweckt das Gefühl der Kraft, Energie, Streben, Entschlossenheit, Freude, Triumph (lauter) usw. Es erinnert musikalisch an den Klang der Fanfaren, wobei man auch die Tuba hört – hartnäckiger, aufdringlicher, starker Ton.« Wassily Kandinsky, *Gesammelte Schriften 1889–1916*, München 2007, S. 299.

14 Kasimir Malewitsch (der in seinen Schriften oft kryptisch bleibt, zwischen Russisch und Polnisch schwankt) ist zudem stark von Pjotr Uspenski, einem Schüler Gurdjieffs beeinflusst, der den Geist von Orient und Okzident verschmelzen möchte. – Zu den jenseitigen guten Geistern und Helfern, wie Paul Klee sie versteht: Boris Friedewald, *Die Engel von Paul Klee*, Köln 2013. »Diesseitig bin ich gar nicht fassbar. Denn ich wohne grad so gut bei den Toten wie bei den Ungeborenen«. (S. 38.)

15 »Wir sind Kinder zweier Welten. Wir Menschen des zwanzigsten Jahrhunderts erfahren täglich, daß alle Sage, alle Mystik, aller Okkultismus einmal Wahrheit wird, also auch einmal Wahrheit gewesen ist. Was Homer von dem unsichtbaren, donnergrollenden Zeus singt, dem fernhintreffenden, und von Mars mit seinen unsichtbaren Pfeilen, wir haben es zur Wahrheit gemacht. Und doch schützt uns alles Wissen nicht vor dem mystischen Schauer.« Franz Marc, *Im Fegefeuer des Krieges. Schriften*, Köln 1978, S. 101.

16 Christian Nebehay, *Egon Schiele 1890–1918. Leben, Briefe, Gedichte*, Salzburg 1979, S. 184. Und weiter: »Ich sehe mich verdunsten und immer stärker ausatmen, die Schwingungen meines astralischen Leibes werden schneller, unvermittelter, einfacher und ähnlich einem großen Erkennen der Welt«. Schiele ist von der »Unsterblichkeit aller Wesen« überzeugt – schreibt an seine Schwester Gertrude: »Ich habe tatsächlich einen schönen spiritistischen Fall heute erlebt, ich war wach, doch gebannt von einem Geist, der sich vor meinem Wachwerden im Traum angemeldet hat, solange er mit

mir gesprochen hat, war ich starr und sprachlos«. (S. 134.) Einige Interpreten erkennen in der zweiten, hellen, wie übersinnlich wirkenden Figur seines *Selbstseher II*, eine Materialisation oder einen Astralleib. Siehe: Astrid Kury, *Aurendarstellung im Wiener Expressionismus*, Innsbruck 1999, S. 99f.

17 Neben Spekulationen über Raumdimensionen einer nichteuklidischen Geometrie, die besonders im Kubismus Spuren hinterlässt, beschäftigt die Zahlenmystik einige der Avantgardisten: Klee, Balla, Schlemmer, Ernst, Picabia, Moholy-Nagy. Siehe: Klaus Beyme, *Das Zeitalter der Avantgarden. Kunst und Gesellschaft 1905–1955*, München 2005, S. 278.

18 Zitiert aus: Wolfgang Asholt, Walter Fähnders (Hg.), *Manifeste und Proklamationen der europäischen Avantgarde (1909–1938)*, Stuttgart 2005, S. 16.

19 Über den Gegensatz von »Links« und »Rechts« in religiösen Systemen, siehe: Roger Caillois, *Der Mensch und das Heilige*, München 1988, S. 52. Linkshänder werden dem Aberglauben nach eher für Zauberer oder von Dämonen Besessene gehalten; von christlichen Heiligen ist zu lesen, dass sie als Säuglinge die linke Brust verweigerten, und Eva, die den Tod in die Welt trägt, ist aus der linken Rippe Adams erschaffen, der Muslim betritt eine heilige Stätte mit dem rechten Fuß zuerst, mit der rechten Hand wird ein Schwur geleistet und so weiter.

20 Marinetti, früh durch den Vater, einen Rechtsanwalt, in den Okkultismus eingeführt, freundet sich in der späten Jugend mit dem Mystiker Jules Bois an, einem Mitglied des Tempels Ahathoor und besucht Sitzungen des Mediums Melina im Haus von Enrico Annibale Butti in Mailand. In seinen Dramen und Romanen geht es um Wiedergeburt, Kannibalismus, Phantome, Mumien, Doppelgänger, Séancen, Elektrizität, Alchemie und heilige Fäulnis, um die *Bhâgavad-Gîtâ*, das Totenbuch der Ägypter. (Giovanni Lista, »Futurismus und Okkultismus«, in: *Okkultismus und Avantgarde*, Ostfildern 1995, S. 435f.) Von Rudolf Steiner übernimmt Marinetti die Beschreibung des Futurismus als ein »Mystizismus in Aktion«; Manfred Hinz, *Die Zukunft der Katastrophe*, Berlin 1985, S. 200.

21 Umberto Boccioni, zitiert aus: Giovanni Lista, »Futurismus und Okkultismus«, in: Veit Loers (Hg.), *Okkultismus und Avantgarde*, Ostfildern 1995, S. 443. – Der Italiener spricht auch von »Geistern« aus dem Unsichtbaren, die um die Lebenden herumirren und dass der Tod eines Lebewesens aus mehr als hundert Kilometern erlebt werden könne.

22 Gleichwohl spekuliert Breton über Wesen, die »Großen Durchscheinenden«, welche in der Hierarchie des Lebens über dem Menschen stehen

und »seinen Sinnesorganen völlig unfassbar sind«. André Breton, *Die Manifeste des Surrealismus*, Hamburg 1986, S. 122. Auch bei einer anderen Gelegenheit ist der Surrealistenführer geneigt, die Geister des Astralen an der Arbeit zu sehen: Als er *L'Art magique* nach drei Jahren nicht zu Ende bringt, macht er eine seiner Voodoo-Figuren dafür verantwortlich, die er aber auch nicht einfach weggeben, loswerden kann, ohne eine Ordnung, ein Gleichgewicht zu stören. Ein anderes Mal findet er auf einem Pariser Flohmarkt eine, wie er meint, segensreiche, afrikanische Maske. Mark Polizzotti, *Revolution des Geistes. Das Leben André Bretons*, München 1996, S. 862.

23 André Breton, *Zweites Manifest des Surrealismus*, Hamburg 1968, S. 95. In dem Physiker und Kabbalisten Johann Wilhelm Ritter (1776–1810) findet Breton einen großen Apologeten des Schlafes, einen »surréaliste avant la lettre« und Vorläufer des automatischen Schreibens. Richard Anders, *Wolkenlesen. Über hypnagoge Halluzinationen, automatisches Schreiben und andere Inspirationsquellen*, Greifswald 2003, S. 130. Das »bewusstlos« vollzogene Niederschreiben beginnt mit den Anfängen des modernen Okkultismus; der Journalist Adalbert Cohnfeld lässt bereits um 1850 seine Kinder Anna und Eugen in Trance, auf »vitalisierten« Tischen, Botschaften notieren; Leopold Alexander Friedrich Arends, Erfinder eines der frühesten vokalschreibenden Kurzschriftsysteme, beteiligt sich an diesen Experimenten. (Johanna Bohley, »Klopfzeichen, Experiment, Apparat: Geisterbefragungen im deutschen Spiritismus der 1850er Jahre«, in: Christina Wessley (Hg.), *Wissenschaftlichkeit in der Wissenschaftsgeschichte*, Frankfurt am Main 2008, S. 108.)

24 Interview mit André Breton, zitiert aus: Madeleine Chapsal, *Französische Schriftsteller intim*, München 1989, S. 233. Siehe auch Daisetz T. Suzuki, »Einleitung«, in: Eugen Herrigel, *Zen in der Kunst des Bogenschiessens*, Bern 1986, S. 7f. Obwohl die Schreibséancen, das Spiel der Automatismen, der Zufälle und Träume mit Freuds Methoden verwandt sind, will oder kann dieser den »Surréalisme« nicht verstehen. (Brief an Breton vom 26. Dezember 1932.)

25 Bataille sieht in der automatischen Niederschrift ein souveränes Tun: Sie verwirft das nur Nützliche und folgt dem Absichtslosen, Absurden. Siehe: Bernd Mattheus, *George Bataille. Eine Thanatographie II*, München 1988, S. 236. (Souveräne Momente sind für ihn auch die Ekstase, das Lachen, der poetische Rausch, die erotische »Ergießung«.)

26 Gertrude Stein, Leon Solomons, »Normal Motor Automatism«, in: *Psychological Review* 3, 1896, S. 492–512.

27 William Butler Yeats, *Eine Vision*, Stuttgart 2014, S.14. Die Übermittlungen beginnen im Oktober 1917 und enden 1920. Die Auswertung von fünfzig Schreibheften mit automatischer Schrift, der von seiner Frau im Schlaf empfangenen Botschaften, veröffentlicht Yeats unter dem Titel *A Vision* 1926 (London). Als im selben Jahr die englische Übersetzung von Spenglers *Der Untergang des Abendlandes* erscheint, findet der Ire darin Metaphern und Symbole, wie sie auch Georgie Yeats empfangen hat. Nebenbei: Yeats macht Karriere im Okkultismus – Madame Blavatsky persönlich nimmt ihn in die Theosophische Gesellschaft auf; 1890 wird er Mitglied im Hermetic Order of the Golden Dawn und durchläuft alle Grade bis zum »Magnus«. Später tritt Yeats der *Stella Matutina* bei. 1911 wählt man ihn zum Imperator des Amoun-Tempels in London – sein Ordensname ist »*Daemon est deus inversus*«. Zum Einfluss des Okkulten in den Schriften Yeats, siehe: Walter Gebert, *»I grope with a dirty hand«. Zur Produktivität des Negativen bei W.B. Yeats*, Frankfurt am Main 2008.

28 William Butler Yeats, *Eine Vision*, Stuttgart 2014, S.29. Yeats glaubt, dass manche Bilder in unseren Träumen von den Toten ausgehen. (S.233.)

29 Geruchshalluzinationen im Umfeld okkulter Erscheinungen sind häufig. Symeon der Stylite (Συμεών ὁ Στυλίτης) riecht zu Lebzeiten so lieblich nach Rosen, dass die Menschen um ihn herum in Ekstase fallen. Als Redewendung bürgert sich »im Geruch der Heiligkeit zu sterben« ein. Die Sekte des russischen Propheten Kondrat Majowanny spricht vom »himmlischen Duft des heiligen Geistes«, der sich (durch ihn) beim Beten verbreitet.

30 William Butler Yeats, *Eine Vision*, Stuttgart 2014, S.22.

31 Clara Eysell-Kilburger, *Klänge aus einem Jenseits. Ein Mysterium*, Leipzig 1902, S.4. »Ich selbst bin mir nicht sicher, habe ich das Buch geschrieben, ist es mir durch irgend ein fremdes Etwas diktiert worden. [...] Es gab Momente, wo ich mich ganz unter dem Bann einer anderen Individualität fühlte, dann wieder wußte ich genau, wie sehr ich an der Ausführung beteiligt war. Sogar einen Namen hat sich dieser Fremde beigelegt: Otto Dalberg.« (S.4.) Zwischen Clara und Otto, ihrem Kontrollgeist, entwickelt sich ein intimes Verhältnis; Victor Blüthgen, ihr Ehemann, schildert diese Art von Liebe in seinem Roman *Die Spiritisten*. Darin erwägt er die Möglichkeit einer Befruchtung der Frau von der vierten Dimension her.

32 Hester Travers-Smith (Hg.), *Oscar Wilde aus dem Purgatorium. Außersinnliche Botschaften*. Bensheim 2004. (Erstveröffentlichung: *Psychic*

*Messages from Oscar Wilde*, London 1924.) Das Medium mischt sich in die Diskussion ein, ob die Shakespeare zugeschrieben Werke nicht in Wahrheit von Edward de Vere, 17th Earl of Oxford stammen, siehe: Samuel Schoenbaum, *Shakespeare's Lives*, Oxford 1991, S. 439.

33 »Ich habe mir die Finger mit dieser gewaltigen Arbeit besudelt … dass ein Landsmann von mir eine solche Menge Schunds produziert haben soll, ist einzigartig … es vermittelt mir den Eindruck, in einem Anfall übelsten Brechreizes geschrieben worden zu sein.« (Übers. d. A.) *Psychic Messages from Oscar Wilde*, London 1924, S. 38.

34 »Tot zu sein ist die langweiligste Erfahrung im Leben.« Noch öder als das Totsein wäre es für Wilde, in der Ehe zu leben oder mit Oberlehrern an einem Tisch zu sitzen. (Sitzung vom 18. Juni 1923 in Gegenwart von Mr Dingwall, S. P. R.) Sein größtes Verlangen ist es, nicht(s) mehr zu sein.

35 Immerhin glaubt sich Wilde im Purgatorium gefangen, in einem reinigenden Feuer der Liebe Gottes, in einer Hölle der Läuterung, die vielleicht doch einen Ausgang hat: um sich in den Himmel zu öffnen. Eine Bemerkung Gershom Scholems über die »Schrecken des Exils« könnte auch Wildes Lage beschreiben: »Und als der schrecklichste der Schrecken, als die furchtbarste Strafe, die den Sünder treffen kann, weit furchtbarer als alle Höllenqualen, erscheint das Schicksal der ›verstoßenen‹ oder ›nackten‹ Seelen, denen weder die Hölle noch die Wiederverkörperung gegönnt ist. Das völlig heimatlose Dasein wird zum unheimlichen Symbol des Widergöttlichen, zum Grenzbegriff aller moralischen und seelischen Katastrophe.« (Gershom Scholem, *Die jüdische Mystik in ihren Hauptströmungen*, Frankfurt am Main 1951, S. 274.)

36 Die Séancen mit automatischem Schreiben – Anagramme entstehen, kryptische Texte, Spiegelschriften – finden statt im Herbst 1912; in dieser Zeit glaubt Rilke mehrmals zu erleben, wie es ist, seinen Körper zu verlassen. Die Durchgaben des Grafen C. W. auf Schloss Berg erhält er im November 1920. Der Dichter berichtet, dass einige Ereignisse seiner Kindheit in Prag (der Name der Stadt soll »Schwelle« bedeuten) bereits im Zeichen des Okkulten standen. (Die Fürstin von Thurn und Taxis will sich erinnern, dass Rilke an Russland als die Heimat seiner Seele glaubte, mit Moskau als dem Ort eines früheren Lebens. Obwohl ihm Tolstoi abrät, Ostern 1899 in mitten der Pilgermassen zu feiern, hat der Dichter am Kreml ein Erweckungserlebnis, erlebt eine *unio mystica*.) Rilkes Gedanken zum Spiritismus, siehe auch: Gísli Magnússon, *Dichtung als Erfahrungsmetaphysik*, Würzburg 2009, S. 69–143.

37 Rainer Maria Rilke, *Briefe*, Band II, Frankfurt am Main, Leipzig 1991, S. 293. (Brief an Claire Studer-Goll vom 11. April 1923.)

38 Rilke ist über seine Verbindung mit Lou Andreas-Salomé sicherlich von Nietzsche beeinflusst. Dessen *Ecce homo* entsteht im Zustand visionären Schreibens: »Der Begriff Offenbarung, in dem Sinn, dass plötzlich, mit unsäglicher Sicherheit und Feinheit, Etwas sichtbar, hörbar wird, Etwas, das Einen im Tiefsten erschüttert und umwirft, beschreibt einfach den Thatbestand. Man hört, man sucht nicht; man nimmt, man fragt nicht, wer da giebt; wie ein Blitz leuchtet ein Gedanke auf, mit Nothwendigkeit, in der Form ohne Zögern, – ich habe nie eine Wahl gehabt«. Friedrich Nietzsche, *Ecce homo*, Kritische Studienausgabe Band 6, Berlin, New York 1988, S. 339. Aber auch Georg Trakl rückt mit seinem biblischen und prophetischen Sprechen in die Nähe von Rilke und Nietzsche. Siehe auch: Gabriela Wacker, *Poetik des Prophetischen. Zum visionären Kunstverständnis in der Klassischen Moderne*, Berlin 2013, S. 256f.

39 Rainer Maria Rilke, *Briefe*, Band II, Frankfurt am Main, Leipzig 1991, S. 451. Sowie Band III, Brief vom 20. April 1923 an Xaver von Moos. Den ersten Teil der *Sonette an Orpheus* – »geschrieben als ein Grab-Mal für Wera Ouckama Knoop«, eine Frühverstorbene – verfasst Rilke zwischen dem 2. und 5. Februar 1922. Für Rilke ist die Geburt dieses Textes ein Anschluss, »ein Bezug mehr nach der Mitte jenes Reiches hin, dessen Tiefe und Einfluss wir, überall unabgegrenzt, mit den Toten teilen.« (Brief an Witold Hulewicz vom 13.11.1925; Band II, S. 375.)

40 In einer ganz anderen Weise, weniger in einem Miteinander, sieht Boris Groys den kulturschaffenden Menschen in einer Lebensform, einem Wettbewerb mit den Toten: »Unsere eigentlichen Leser sind die Toten. Auch wenn wir meinen, Platon und Kant überwunden zu haben – wirklich besiegen können wir sie nicht. Aber wir können auch nicht von ihnen anerkannt werden, wie wir es uns insgeheim wünschen. Und so leben wir in diesem Zweispalt: Wir wollen die berühmten Toten noch einmal umbringen, aber gleichzeitig von ihnen anerkannt werden – und beides gelingt uns nicht.« Boris Groys, *Politik der Unsterblichkeit. Vier Gespräche mit Thomas Knoefel*, München 2002, S. 32.

41 Fernando Pessoa, *Das Buch der Unruhe des Hilfsbuchhalters Bernardo Soares*, Frankfurt am Main 1998, S. 48.

42 Fernando Pessoa, *Baron von Teive. Die Erziehung zum Stoiker*, Zürich 2004, S. 74; sowie Ángel Crespo, *Fernando Pessoa, Das vervielfältigte Leben*, Zürich 1996, S. 166f. Mit Henry More – seine Diktate, auf Englisch,

in kindlicher Schrift notiert – ist vermutlich der Cambridger Platoniker (1614–1687) gemeint. Dass Pessoa einer Freimaurerloge angehört haben soll oder in den Templerorden eingeweiht wurde, war bislang nicht zu beweisen. Sicher ist, dass er spiritistische Sitzungen im Haus seiner Tante Anica besucht. Sein Biograf Tabucchi verweist auf den starken Einfluss der Theosophie als die Grundlage seiner großen hermetischen Gedichte; Antonio Tabucchi, *Wer war Fernando Pessoa?*, München 1990, S. 111.

43 Fernando Pessoa, *Dokumente zur Person und ausgewählte Briefe*, Zürich 1988, S. 87.

44 Fernando Pessoa, Brief an Adolfo Casais Monteiro vom 13. Januar 1935, in: *Dokumente zur Person*, Zürich 1988, S. 167f. Ein Ritual des »Dritten Grades des Templerordens« von Portugal findet als Motto Eingang in sein Gedicht *Eros und Psyche*.

45 Fernando Pessoa, Brief an Dona Ana Luisa Pinheiro Nogueira, vom 24. Juni 1916, in: *Dokumente zur Person*, Zürich 1988, S. 87; zur Entstehung seiner Heteronyme: Brief an Adolfo Casais Monteiro vom 13. Januar 1935, S. 159f. Über den Okkultismus im gleichen Schreiben: »Ich glaube an die Existenz von Welten, die höher sind als die unsrige, und von Bewohnern dieser Welten, erfahren in verschiedenen Graden von Geistigkeit, die sich verfeinern, bis man zu einem höchsten Wesen gelangt, das vermutungsweise diese Welt erschaffen hat.« (S. 167.) – Zum mediumistischen Schreiben, siehe: *Escritos autobiográficos, automáticos e de reflexão pessoal*, Lisboa 2003, sowie Ángel Crespo, *Fernando Pessoa. Das vervielfältigte Leben*, Zürich 1996, S. 175f.

46 Fernando Pessoa, *Das Buch der Unruhe des Hilfsbuchhalters Bernardo Soares*, Frankfurt am Main 1998, S. 7.

47 Die hier genannten Schicksale verbinden sich mit diesen Heteronymen: Ricardo Reis (Emigration nach Brasilien) – António Mora (Endstation Irrenanstalt) – Baron von Teive (Selbstmord) – Álvaro de Campos (Rauschgiftkonsum) – Alberto Caeiro (Tod durch Tuberkulose).

48 »Ich habe Sehnsucht nach dem Leben!« António Botto, *Canções – Lieder*, Heidelberg 1997, S. 29.

49 Fernando Pessoa, *Dokumente zur Person*, Zürich 1988, S. 89f.

50 Fernando Pessoa, *Das Buch der Unruhe des Hilfsbuchhalters Bernardo Soares*, Frankfurt am Main 1998, S. 153. Seine Heteronyme zeigen Parallelen zu Ludwig Staudenmaiers »Teilwesen«, die eine Art »Künstler oder Schauspieler darstellen können«. Pessoa diagnostiziert diese Dissoziationen bei sich als eine stille, nach innen explodierende Hysterie, von der niemand in seiner Umgebung weiß.

51 »Heute Abend bin nicht ich gekommen, sondern mein Freund Álvaro de Campos ... Ich habe einen Auftrag, meine Dame. Werfen Sie die abscheuliche Physiognomie dieses Fernando Pessoa kopfüber in einen Wassereimer.« Fernando Pessoa, *Briefe an die Braut*, Zürich 1995, S. 39. Sein Heteronym äußert scherzhaft: »Ich beginne mich kennenzulernen. Es gibt mich nicht.« Als ein Bekannter den Dichter auf der Straße trifft, begrüßt dieser ihn mit den Worten: »Sie sprechen heute mit Álvaro de Campos« – dabei soll seine Stimme sich merkwürdig fremd anhören, ihm nur entfernt ähnlich klingen. (Vielleicht spielt Eifersucht eine Rolle – de Campos ist das einzige Heteronym mit homosexuellen Neigungen, die einige auch Pessoa nachsagen.) Pessoas Biografie (oder die seines Heteronyms Alberto Caeiro?) ist kurz: »Wenn ihr nach meinem Tode meine Biographie schreiben wollt, / so ist nichts leichter als das. / Sie hat nur zwei Daten – Geburt und Todestag. / Alle Tage dazwischen gehören mir.« (Fernando Pessoa, *Alberto Caeiro. Dichtungen. Ricardo Reis. Oden*, Zürich 1987, S. 107.)

52 Felicitas D. Goodman stellt nach der Analyse von Tonaufnahmen fest, dass die Glossolalie jede Silbe mit einem Konsonanten beginnt und dass die Lautfolgen in hohem Maße rhythmisch, »musikalisch« sind. Felicitas D. Goodman, *Ekstase Besessenheit Dämonen. Die geheimnisvolle Seite der Religion*, Gütersloh 1991, S. 32. »Linguistische Untersuchungen der Zungenrede weisen auf eigene, wiederkehrende Regularitäten im Laut- und Morpheminventar, Silbentyp, Rhythmus und in der Intonation hin.« (*Historisches Wörterbuch der Rhetorik*, Band 9, Tübingen 2009, S. 1570.)

53 Emil Mattiesen, *Das persönliche Überleben des Todes I*, Berlin, New York 1987, S. 231.

54 Cesare Lombroso, *Hypnotische und spiritistische Forschungen*, Stuttgart 1909, S. 204.

55 Pierre Derlon, *Unter Hexern und Zauberern. Die okkulten Traditionen der Zigeuner*, München 1998, S. 63, 40.

56 Gerade bei den dadaistischen Texten wird deutlich, dass zwischen der Absicht des Autors und dem, was die Sprache aus sich selbst an Sinn und Bedeutung hervorbringt, nicht sicher zu unterscheiden ist. Noch allgemeiner: Jedes Zeichen transportiert – in seiner reinen Materialität – mehr, als der Künstler verstehen und kontrollieren kann. – Leo Navratil hält es für nicht so abwegig, dass die Gründung des Cabaret Voltaire als Zentrum der Schweizer Dadaisten durch Hugo Ball 1916 und die Tagung der Pfingstgemeinde, wenige Jahre vorher, an gleicher Stelle, in Zusammenhang stehen. Leo Navratil, *Schizophrene Dichter*, Frankfurt am Main 1994, S. 33. – Dass

die Glossolalie »gestaute Libido« ist, die in infantile Bahnen zurückflutet, legen Psychoanalytiker dem Phänomen zugrunde. Während Johann Gottfried von Herder die Eingebungsrede noch als eine Ursprache, einen »Kindheitsdialekt der Menschheit« versteht, sieht Oskar E. Pfister in diesen Lautgebilden eine neurotische Wunscherfüllung im Sinne Freuds. Auch die Schizophrenie soll solche Äußerungen begünstigen.

57 In seinen *Tafeln des Schicksals* wird Chlebnikov auch prophetisch: Durch komplizierte Operationen mit »Rechentexten« will er die Gesetze der Geschichte, die Lebensrhythmen der Menschen erkennen, will Kriege, den Untergang von Staaten, das Abdanken von Regierungen vorhersagen.

58 William Buehler Seabrook, *Geheimnisvolles Haiti*, Berlin 1931, S. 87.

59 Ossip Mandelstam, *Gespräch über Dante*, Berlin 1984, S. 8. Zum Problem der Autorschaft vergleiche: Felix Philipp Ingold, *Das Buch im Buch*, Berlin 1988, sowie: Ders., *Der Autor am Werk*, München 1992, S. 260f. Die Sprache ist wirklicher als die Welt, ihr vorgeordnet – eigenmächtig. Eine ganze Riege von Schriftstellern der klassischen Moderne – Mallarmé, Rilke, Ponge, Mandelstam, Malewitsch, Döblin – glaubt »gesprochen« und »geschrieben« zu werden, gibt solchen Ideen Raum, und natürlich liegt in der Preisgabe des Autors ihre Originalität und Leistung. Gerade auch für Döblin sind Hellsichtigkeit und automatisches Schreiben wichtige Einflüsse – wird der Künstler zum Kanal, durch den ferne Generationen zurückkehren in die Welt. (Alfred Döblin, *Kunst, Dämon und Gemeinschaft*, Freiburg 1962, S. 90f.) Als poetisches Programm formuliert der Schriftsteller bereits eine »Entäußerung des Autors, Entselbstung und Depersonation«: »Kinostil«, Wechsel der Perspektiven, Mehrstimmigkeit, Sparsamkeit der Worte, Aufbrechen einer linearen Erzählweise etc. Döblin schreibt: »Ich bin nicht ich, sondern die Straße, die Laterne, dies und dies Ereignis, weiter nichts.« Alfred Döblin, »An Romanautoren und ihre Kritiker. Berliner Programm«, in: *Schriften zu Ästhetik, Poetik und Literatur*, Freiburg 1989, S. 18.

60 In nur wenigen Stunden, der Nacht vom 22. auf den 23. September, bringt Kafka *Das Urteil* zu Papier. Einige Autoren vermuten Kafka, wenn er schreibt, im »Zustand der Trance«, nennen seine Methode »halluzinatorisch«; Manfred Voigts, *Geburt und Teufelsdienst*, Würzburg 2008, S. 63. Gerade weil bei ihm die Logik von Ursache und Wirkung, die Ordnungen von »vorher« und »nachher« durcheinanderkommen, aufgegeben werden, die Ereignisse seiner Romane und Erzählungen seltsam unbestimmt bleiben, kämpft Kafka um eine gleichbleibende Atmosphäre und ästhetische Geschlossenheit der Texte. Manfred Engel, »Franz Kafka:

Der Prozess – Gerichtstag über die Moderne«, in: Matthias Luserke-Jaqui, *Deutschsprachige Romane der klassischen Moderne*, Berlin 2008, S. 214.

61 Franz Kafka, *Tagebücher 1910–1923*, Frankfurt am Main 1976, S. 43f. *Okkulte Physiologie* heißt ein Zyklus von Vorträgen, den Steiner Ende März 1911 in Prag hält. Es geht um die geistigen, übersinnlichen Grundlagen der Organe, um das Blut als Werkzeug des Ich, um die Wirbeltheorien des Schädels von Oken und Goethe. Nebenbei: Die Abende Steiners werden auch von der Geheimpolizei beobachtet; dessen Lehre hat den Ruf »freidenkerisch und staatsgefährdend« zu sein. – Die Anthroposophie scheint deutsche Schriftsteller kaum für sich einzunehmen; auch Stefan Zweig und Steiner berühren sich bei einem Treffen nicht viel mehr als zwei auf der Straße aneinander vorbeieilende Passanten, die sich kurz sehen und grüßen. Gustav Meyrink macht sich über Steiner ein wenig lustig, schreibt über ihn die Satire *Meine Qualen und Wonnen im Jenseits*. (*Simplicissimus* von 29. Juni 1914.) Und Rilke ist von dessen esoterischer Prosa wenig beeindruckt. Hermann Hesse, östlichen Weisheitslehren gegenüber sehr aufgeschlossen, nennt ihn einen »krampfhaften Magier und überanstrengten Willensmenschen«. (Brief an Otto Hartmann vom 22. März 1935, in: Wolfgang Vögele (Hg.), *Der andere Rudolf Steiner*, Dornach 2005, S. 243.) Kurt Tucholsky findet bei Steiner (dem »Jesus Christus des kleinen Mannes«) nur Aufgüsse von alten Ideen, Gedanken aus zweiter Hand. Sein »mächtiges Getön« und die »falsch psalmodierende Predigerstimme« wirken für ihn theatralisch, wie auf einer Operettenbühne. (Ignaz Wrobel, Ignaz [d. i. Kurt Tucholsky], »Rudolf Steiner in Paris«, in: *Die Weltbühne*, 3. Juli 1924, S. 26–28.) Auch in Kafkas Urteil über den Anthroposophen mischt sich Spott, wenn er den Geistesforscher als Erleuchteten vorstellt, der so gut wie alles weiß und auch als Heiler eine große Nummer ist: einige Liter Mandelmilch, der Verzicht auf Eier und Farben sollen Wunder vollbringen. (Siehe Tagebucheintrag vom 28. März 1911.)

62 Von verschiedener Seite wird Kafkas Schreiben als der Versuch der Konstruktion einer neuen Kabbala verstanden; siehe den Aufsatz von Harold Bloom in: Karl Erich Grözinger, *Kafka und die Kabbala*, Frankfurt am Main 1995, S. 10. Vergleiche Kafkas Tagebucheintrag vom 16. Januar 1922: »Diese ganze Literatur ist Ansturm gegen die Grenze, und sie hätte sich, wenn nicht der Zionismus dazwischengekommen wäre, leicht zu einer neuen Geheimlehre, einer Kabbala, entwickeln können. Ansätze dazu bestehen. Allerdings ein wie unbegreifliches Genie wird hier verlangt, das neu seine Wurzeln in die alten Jahrhunderte treibt oder die

alten Jahrhunderte neu erschafft ...«. Franz Kafka, *Tagebücher 1910–1923*, Frankfurt am Main 1976, S. 405f.

63 Franz Kafka, *Tagebücher 1910–1923*, Frankfurt am Main 1976, S. 154.

64 Karl Erich Grözinger, *Kafka und die Kabbala*, Frankfurt am Main 2014, S. 32; sowie Franz Kafka, *Tagebücher 1910–1923*, Frankfurt am Main 1976, S. 133. Kafka unterhält Kontakte zu zwei modernen Vertretern der Chassidim: Jiří Mordechai Langer und Jizchak Löwy. Zum Ende seines Lebens hin wendet sich der Schriftsteller wieder stärker dem Jüdischen zu: Er besucht einen Wunderrabbi in Žižkov, studiert Hebräisch und möchte nach Palästina reisen. (Gerade in Kafkas Aphorismen zeigt sich dem Judaisten Grözinger eine Nähe zur chassidischen Mystik des Maggid Dow Bär.)

65 Franz Kafka, *Tagebücher 1910–1923*, Frankfurt am Main 1976, S. 90; zur Tradition der kabbalistischen Seelenwanderung: Maurice Blanchot, *Von Kafka zu Kafka*, Frankfurt am Main 1993, S. 108. Auch wenn Kafka die schwierigen klassischen Texte der Kabbala in hebräischer oder aramäischer Sprache nicht selbst studieren kann, gibt es eine Vielzahl von volkstümlichen Moralbüchern und Homiliensammlungen, die Motive der jüdischen Mystik vermitteln. (Die Kabbala ist ein Werkzeug, eine Anleitung zum Handeln, welche dem Menschen erlaubt, in die göttliche Welt einzugreifen oder sogar auf Gott selbst einzuwirken.) Karl Erich Grözinger, *Kafka und die Kabbala*, Frankfurt am Main 1995, S. 20.

66 Franz Kafka, *Tagebücher*, Frankfurt am Main 1976, S. 131.

67 Auch Flaubert übt sexuelle Enthaltsamkeit gegenüber seiner Geliebten Louise Colet, um sich dafür in der Sprache hinzugeben: »Schreiben ist etwas Köstliches, nicht mehr man selbst zu sein, sondern in der ganzen Schöpfung zu kreisen, von der man spricht. Heute zum Beispiel bin ich als Mann und Frau zugleich, als Liebhaber und Geliebte [...] durch einen Wald geritten.« Christina von Braune, »Le petit mal du grand Male«, in: Ulrike Brunotte, Rainer Herm (Hg.), *Männlichkeiten und Moderne*, Bielefeld 2008, S. 133. – Flaubert soll zudem einen ausgeprägten Sinn für Okkultismus und Geheimlehren besitzen. Siehe auch: Bernd Oei, *Flaubert. Die Entzauberung eines Gefühles*, Berlin 2010, S. 22.

68 Franz Kafka, *Tagebücher 1910–1923*, Frankfurt am Main 1976, S. 119.

69 Zwar besucht Kafka, zusammen mit Brod und Werfel, im Winter 1909 im Keller des Café Radetzky auf dem Kleinseitner Ring Séancen, doch scheinen die bei ihm keinen größeren Eindruck zu hinterlassen. Brod wird diese Abende in seinem Tagebuch als »dummen Spiritismus im Keller« erwähnen. (Peter-André Alt, *Franz Kafka. Der ewige Sohn*, München 2008, S. 191.)

70 Franz Kafka, *Briefe 1902–1924*, Frankfurt am Main 1983, S. 452. In seinem Tagebuch schreibt Kafka, dass jedes Wort, »gewendet in der Hand der Geister« »zum Spieß« wird, sich gegen den Sprecher kehrt. (Franz Kafka, *Tagebücher 1910–1923*, Frankfurt am Main 1976, S. 429.)

71 »Im Wort stirbt, was dem Wort das Leben schenkt; das Wort ist das Leben dieses Todes…«; Maurice Blanchot, *Von Kafka zu Kafka*, Frankfurt am Main 1993, S. 35.

72 Franz Kafka, *Tagebücher 1910–1923*, Frankfurt 1976, S. 294f.

73 Catherine-Élise Müller (1861–1929) überkommen bereits als Vierzehnjährige Licht-Visionen (»a ball of light expanded and filled the room«) und Anfang der 1890er-Jahre wird sie in den Spiritismus eingeführt. Théodore Flournoy gibt ihr das Pseudonym »Hélène Smith« und begleitet das Medium über Jahre.

74 Théodore Flournoy, *Spiritismus und Experimental-Psychologie*, Leipzig 1921, S. 136. Manchmal stellt Léopold die Verbindung her, indem er sich Hélènes Träume bemächtigt, die sie im Wachzustand dann zu erinnern meint.

75 Ebd., S. 172.

76 Alexandre de Cagliostro (eigentlich Guiseppe Balsamo, 1743–1795), Alchemist und »Erzzauberer«, der sein Geld mit Liebestränken und Jugendelixieren macht, sich als Hochgradfreimaurer ausgibt. Er belebt alte ägyptische Rituale, stellt Horoskope, studiert Alchemie und heilt durch Handauflegen. Die von ihm ausgehende dämonische Kraft, welche ihm nachgesagt wird, hilft am Ende wenig: Von der Inquisition wegen Häresie und Zauberei zum Tode verurteilt, stirbt Cagliostro im Gefängnis von San Leo bei Urbino.

77 Théodore Flournoy (1854–1921), Psychologe und Schüler Wilhelm Wundts; sein Buch über Hélène Smith (*Des Indes à la planète Mars, étude sur un cas de somnambulisme avec glossolalie*, Genève, Paris 1900) wird zur Inspiration auch für C. G. Jung, der Flournoy in Genf besucht – ein langer Dialog beginnt. In Jungs Arbeiten über das Medium Preiswerk, in seine ersten Konzepte zur Individuation, gehen Flournoys Erfahrungen mit ein. Von ihm übernimmt er den Begriff der »Imagination créatrice«.

78 Théodore Flournoy, *Spiritismus und Experimental-Psychologie*, Leipzig 1921, S. 224. – Die Erfinder von Geheim- und Zaubersprachen arbeiten mit verschiedensten Techniken: Verkürzung von Worten, Auswechslung von Phonemen, Silbenmetathese und Wurzeldehnung. Christian Scholz, Urs Engeler (Hg.), *Fümms bö wö tää zää Uu. Stimmen und Klänge der Lautpoesie*, Basel 2002, S. 10.

79 Théodore Flournoy, *Spiritismus und Experimental-Psychologie*, Leipzig 1921, S. 11, 211, 224. Seine Sitzungen mit Hélène Smith in Genf beginnen 1894. Siehe auch C. G. Jung, *Psychiatrie und Okkultismus*, Zürich 1972, S. 70f.

80 Was die Smith und einige andere Medien erleben, erinnert an hypnagoge Visionen, die sich zwischen Traum und Wachwerden einstellen. Andere bekannte Fälle: Robert Louis Stevenson wird von »Nachthexen« gewürgt und geschüttelt, Rudolf Hausner bedrängen boshafte Fratzen und Lemuren wollen ihn verschlingen; H. P. Lovecraft attackieren »schwarze, schlanke, gummiartige Wesen mit Hörnern, Schuppenschwänzen und Fledermausflügeln«, die jedoch ohne Gesichter sind. Auch Paradiesisches kommt zum Vorschein: Edgar Allan Poe sieht Bilder, die ihn ekstatisch werden lassen, und William Butler Yeats begegnen nackte Frauen von unsagbarer Schönheit, die mit Pfeilen auf Sterne schießen. (Richard Anders, *Wolkenlesen. Über hypnagoge Halluzinationen, automatisches Schreiben und andere Inspirationsquellen*, Greifswald 2003, S. 13f.) Volkstümlich werden solche unheimlichen Begegnungen heute als »Bedroom-Visitor-Syndrom« bezeichnet.

81 Pawel Florenskij, »Die umgekehrte Perspektive«, in: *Texte zur Kunst*, München 1989, S. 112. »Die göttliche Energie verdrängt alles Zufällige, von Ursachen, die diesem Wesen äußerlich sind, Bedingte, überhaupt alles in einem Gesicht, was nicht eigentlich Gesicht ist« und wird in der Ikone zum Antlitz, zum Ebenbild Gottes. (Pawel Florenskij, *Die Ikonostase*, Stuttgart 1990, S. 58.) Die standardisierten sakralen Chiffren sichern, dass die Bildsprache überall und von jedem Gläubigen gelesen werden kann.

82 Victorien Sardou (1831–1908), französischer Dramatiker. In seiner Jupiterarchitektur werden bereits Elemente des späteren Jugendstils verwendet. Er meint, dass ein fremder Wille ihn zum Arbeiten zwingt, ihm keine Wahl bleibt, als den »Weisungen« zu folgen. Eine mediale Radierung Sardous (*La Maison de Mozart dans la planète Jupiter*) veröffentlicht Allan Kardec 1858 in der von ihm gegründeten *Revue Spirite*. Siehe auch: Hans Körner, »Die Anfänge der spiritistischen Kunst«, in: David Ganz (Hg.), *Ästhetik des Unsichtbaren*, Berlin 2004, S. 195f.

83 Victor Hugo wird 1853 auf der Kanalinsel durch Mme Delphine de Girardin spiritistisch angeleitet. Antrieb für diese Experimente ist vermutlich der Tod seiner ältesten Tochter Léopoldine bei einem Bootsunglück auf der Seine im September 1843, für den Hugo und seine Frau Trost und Zuspruch suchen. Auguste Vacquerie meint, die Anwesenheit der Verstorbenen im Raum zu fühlen. – André Breton wird Hugo wegen

des Visionären und Traumhaften seines Werkes als einen der Vorväter der Bewegung vereinnahmen – die Mitschriften seiner Séancen erscheinen 1923, wenige Monate, nachdem die Surrealisten mit ihren Sitzungen beginnen. Eine erste ausführliche Darstellung mediumistischer Malerei findet sich im *British Journal of Photography* 1876.

84 Rainer Maria Rilke, »Brief an Gräfin Sizzo vom 16. Dezember 1923«, in: Ders., *Briefe*, Band II, Frankfurt am Main, Leipzig 1991, S. 323. Ferner schreibt er: »Aber es gehört zum Ergötzlichen, wie der große in sich ruhende Dichter [Hugo] durch keine dieser ›Geister‹-Stimmen zu verwirren ist, jede hinnimmt und in der Erwiderung oft so weit geht, der unbekannten Macht... die Abänderung eines unlautenten Verses vorzuschlagen.«

85 Hugo nennt den Zustand, aus dem viele seiner Zeichnungen entstehen rêverie«, und meint die Flüchtigkeit und das Verschwommene des Träumens; halbbewusst, fast nebenher fängt er Bilder und Szenen an der Grenze zum Schlaf ein.

86 »Le Message automatique« – eine Würdigung mediumistischer Produktionen – veröffentlicht Breton in: *Minotaure*, Nr. 3–4, Paris 1933, S. 54–65. Eugène Osty, seit 1924 Direktor des Instituts de Métapsychique in Paris, lädt verschiedene Medien ein, um ihre »Automatismen« vor Publikum zu demonstrieren, unter anderem auch Augustin Lesage. Dem ehemaligen Bergmann befehlen Stimmen, Maler zu werden; gleich mit seiner ersten Komposition füllt Lesage neun Quadratmeter Leinwand mit symmetrisch angelegten Ornamenten, Schriftzeichen, stilisierten Figuren. Er glaubt, dass ihm dabei Leonardo da Vinci die Hand leitet. »Niemals hatte ich eine Vision vom Ganzen des Bildes. Ich führe die Figuren aus, die mich meine Führer ausführen lassen. Ich nehme die Farbtuben, die sie mich nehmen lassen, und ich mische, was sie mich mischen lassen, ohne zu wissen, welcher Farbton entsteht. Wie zufällig ergreife ich den Pinsel. Selbst meine Augen gehen, wohin sie müssen, unabhängig von mir. Es ist unglaublich, ich weiß es, aber es ist so: Ich folge meinen Geistern wie ein Kind.« Zitiert aus: Michael Krajewski, *Mediumistische Wesen als Künstler*, Kunstforum International, Band 163, 2003, S. 59.

87 Walter Benjamin kritisiert, dass die Ergründung des Okkulten nicht darin liegen kann, das Rätselhafte als noch rätselhafter oder pathetisch zu steigern, sondern darin, dem Geheimnis gerecht zu werden, »kraft einer dialektischen Optik, die das Alltägliche als undurchdringlich, das Undurchdringliche als alltäglich erkennt«. Walter Benjamin, *Der Surrealismus*, Frankfurt am Main 1980, S. 307.

88 Es geht de Sade nicht um die Lust – sondern um den Triumph über die Lust. Maurice Blanchot (*Sade*, Berlin 1963) weist darauf hin, dass de Sade nicht einfach nur aufruft, gegen jede Moral, der Natur, dieser »blinden und blöden Kraft«, zu folgen – vielmehr will er »das Rad der Gestirne anhalten, die Himmelskörper in Verwirrung bringen« und alle Menschen vom Planeten jagen. Vergleiche auch: Georges Bataille, *Die Erotik*, München 1994, S.168. – Ein ähnlicher Gedanke findet sich in der Kabbala: Die Qliphoth, die Schattenseite der Sephiroth, repräsentieren das Chaos vor der Schöpfung, und die »linkshändigen Kabbalisten« wollen aus diesem Zustand heraus sich selbst vergöttlichen, Urheber ihrer Welt werden.

89 Ist für Breton das Leben Theater, eine Aufführung inmitten von Verkleidungen, Masken, Kulissen, Bildern? Wie für den jungen Soldaten, dem er als Sanitäter in Saint-Dizier begegnet, der in den vordersten Frontlinien steht und singend die Granaten dirigiert, weil er das alles, den Irrsinn der Schlachten, für ein Schauspiel hält: Die Leichen sind Puppen aus Wachs, die Verletzungen, das Blut, nur Schminke, das Brüllen und Schreien auf Zuruf ausgelöst, die Schmerzen gespielt. Mark Polizzotti, *Revolution des Geistes. Das Leben André Bretons*, München 1996, S.80.

90 Tristan Tzara, *Manifest Dada*, Berlin 1920, S.116. James Webb bemerkt, dass Hugo Ball und einige andere Dadaisten für das Okkulte offen sind; sie studieren die Kabbala, die christlichen Mystiker und Wüstenheiligen und östliche Philosophie. James Webb, *Das Zeitalter des Irrationalen*, Wiesbaden 2008, S.491.

91 »Die Geschichte des automatischen Schreibens im Surrealismus wäre, ich sage es ganz direkt, die eines stetigen Unglücks.« (Übers. d. A.), André Breton, »Le Message automatique«, in: *Minotaure*, Nr. 3–4, S.54f.

92 Anja Seifert, *Körper, Maschine, Tod*, Wiesbaden 2004, S.147. Ferner: Antonin Artaud, »Botschaft an den Dalai Lama«, in: Patrick Waldberg, *Der Surrealismus*, Köln 1965, S.57.

93 André Breton, »Geheimnisse der surrealistischen magischen Kunst«, in: Patrick Waldberg, *Der Surrealismus*, Köln 1965, S.100.

94 Jacques Rigaut, »La Révolution Surréaliste (Nr. 12)«, in: Patrick Waldberg, *Der Surrealismus*, Köln 1965, S.63.

95 Robert Desnos fertigt die wenigen Bilder an, die während dieser Schlaftrancen entstehen und Breton über alle Maßen erregen (meist geht es um den Tod von Eluard, Morise oder Ernst). Siehe auch: Robert Desnos, *Mort d'André Breton (peinture médiumnique)*, 1922–1923, huile sur toile, 46×55 cm, collection particulière.

96 Rainer Schmitz, *Was geschah mit Schillers Schädel?*, Frankfurt am Main 2006, S. 1365.

97 Die Verachtung, das Herausfordern des Todes, stilisieren die Surrealisten zur antibürgerlichen Geste schlechthin; Menschen mit solcher Haltung lassen sich kaum manipulieren oder erpressen. Mord und Selbstmord sind schon in der ersten Ausgabe von *La Révolution Surreáliste* (1924) ein Thema. Die Überdosis Opium, die sich Jacques Vaché (1895–1919) in einem Provinzhotel in Nantes verpasst, macht aus ihm einen Helden der Bewegung. (Dass Vaché mit Breton die Uraufführung von Apollinaires *Les mamelles de Tirésias* mit einem Revolver in der Tasche besucht haben soll, um auf Schauspieler und Publikum zu schießen, könnte gut möglich sein. Nach vier »blinden«, wahllosen Schüssen aus einem Browning, die der Vorsitzende des dadaistischen Weltkongresses Walter Serner in Genf auf Tristan Tzara abgibt, unterzeichnen Eluard und Breton eine Resolution, in der solche Aktionen ausdrücklich gewürdigt werden.)

98 Zur »epoque des sommeils« im Winter 1922: Mark Polizzotti, *Revolution des Geistes. Das Leben André Bretons*, München 1996, S. 258f. Während der Séancen meint Crevel mit Marcel Duchamp telepathisch zu verkehren; der schreibt über Crevel an Breton: »Was für ein Telepath! / oder eher ›Medium‹ – / Jedenfalls wird er nützlich für die Littérature sein …«. (S. 266.)

99 Breton trifft Nadja (russisch eine Koseform mit der Bedeutung von »Hoffnung«) von August bis Dezember des Jahres 1926; Nadja ist bereits das, was er sucht: Diese Frau verkörpert für ihn das surreale Selbst schlechthin, nur kann er ihrer Logik des Wahnsinns und Wunderbaren selten folgen. Er bleibt ihr so fern wie ein Voyeur dem Objekt seiner Sehnsucht. Breton beobachtet sie fasziniert, wie ein unschuldiges, aber gefährliches Wesen. Im März 1927 wird Nadja, die sich selbst eine »wandernde Seele« nennt, in eine psychiatrische Anstalt eingewiesen, wo sie im Januar 1941 stirbt.

100 Hans Prinzhorn (1886–1933), Arzt und Klages-Verehrer; als Assistent an der Psychiatrischen Klinik Heidelberg beginnt er 1919 mit einer Sammlung bildnerischer Produkte Geisteskranker.

101 Pierre Janet behandelt einen Patienten, der an einer schweren Nervenkrise leidet und Größenwahnideen produziert. Er fühlt sich erleuchtet von einem kommenden Ruhm – »ein Ruhm gleich einer gewaltigen Granate, die noch nicht explodiert ist«. Was Janet sich nicht vorstellen kann: Raymond Roussel, so der Name des Kranken (er wird in den Akten unter dem Pseudonym »Martial« geführt), avanciert zu einem der wichtigsten

Vertreter des Oulipo und Nouveau Roman; die Surrealisten sehen in ihm einen Vorläufer der *écriture automatique.* (Catherine Clément, Sudhir Kakar, *Der Heilige und die Verrückte. Religiöse Ekstase und psychische Grenzerfahrung*, München 1993, S. 56f.)

102 Leo Navratil, *Schizophrene Dichter*, Frankfurt am Main 1994, S. 44–50. Der Psychiater zitiert den Berliner Nervenarzt Alexander Mette, der Schizophrene und Dichter in ähnlicher Erregung, von starken Affekten getrieben sieht; gerade die Verwandtschaft mit den expressionistischen Wortausbrüchen sei nicht zu übersehen.

103 Zur Ambiguität des Sakralen: Roger Caillois, *Der Mensch und das Heilige*, München 1988, S. 40f., und Bataille schreibt: »Dieser gewaltsame und verderbliche Aspekt des Göttlichen manifestiert sich generell in den Opferriten. Diese Riten waren oft von exzessiver Grausamkeit: man übergab Kinder glühenden Metallmonstern, legte Feuer an weidengeflochtene Kolosse, die mit Menschenopfern vollgestopft waren, Priester zogen lebenden Frauen die Haut ab und kleideten sich in die blutüberströmte Hülle«. Georges Bataille, *Die Erotik*, München 1994, S. 177.

104 In vielen Kulturen unterstellt man Wahnsinnigen eine prophetische Gabe, auch im abendländischen Mittelalter und in islamischen Ländern noch heute. Manchen, wie den Besessenen der Nyakyusa im südlichen Tansania, wird nachgesagt, sie könnten Hexen erkennen. Klaus E. Müller, *Der sechste Sinn. Ethnologische Studien zu Phänomenen der außersinnlichen Wahrnehmung*, Bielefeld 2004, S. 76.

105 »Ich weiß nicht, ob der Wahnsinn Weisheit oder die Weisheit der höchste Grad des Wahnsinns ist.« Edmond Jabès, *Das Buch der Fragen*, Frankfurt am Main 1989, S. 90.

106 In ihren Visionen müssen die Paradiessucher aller Zeiten auf ihrer Pilgerfahrt zum Licht unter Zittern und Beben, durch tiefste Dunkelheit, schwarze Landschaften, finstere Orte. Über die Erkundungen im höllischen Raum: Peter Sloterdijk, *Sphären II. Globen*, Frankfurt am Main 1999, S. 649; ferner Aldous Huxley, *Die Pforten der Wahrnehmung. Himmel und Hölle*, München 1996, S. 101f. Noch jede Kultur räumt ihren Wahnsinnigen einen Sonderstatus ein: »... diese Menschen werden weder ganz wie Kranke noch ganz wie Verbrecher noch ganz wie Zauberer noch auch ganz wie gewöhnliche Menschen behandelt.« Michel Foucault, *Psychologie und Geisteskrankheit*, Frankfurt am Main 1968, S. 116. Der Irre wird zum Bürger, zum Bewohner zweier Welten – selbst im heftigsten Halluzinieren bleiben die Verbindungen zum »Realen« des Nicht-Wahnhaften erhalten. (S. 78.)

107 In den Medien des Okkultismus findet Prinzhorn Begabungen, die zur Ausstattung des archaischen Menschen gehören, der bald in einem »künftigen Seelenmuseum« zu bestaunen ist, weil die letzten Exemplare seiner Art in unseren Tagen aussortiert werden. Sind Telepathie und Hellsehen für Prinzhorn unverzichtbare Fähigkeiten vergangener Zeiten, so beunruhigen ihn »jene völlig rätselhaften, ärgerlichen, unbehaglichen und etwas töricht anmutenden Drolerien, wie sie sich in den letzten Jahren besonders in den Sitzungen Schrenck-Notzings zeigen.« Hans Prinzhorn, *Der Okkultismus und das Okkulte*, Sonderdruck aus ETHOS, I. Jahrgang, 3. Heft, Karlsruhe 1925, S. 450.

108 Den unwiderstehlichen Drang zur Rhythmisierung von Worten, Bewegungen und Gesten erlebt Prinzhorn selbst, nachdem er sich eine »große Menge« Meskalin injiziert; noch während des Rausches wird ihm die Funktion der Ordnungstendenzen in der psychotischen Welt völlig klar. Hans Prinzhorn, »Entrückung durch Rauschgift«, in: Jochen Gartz (Hg.), *Halluzinogene in historischen Schriften*, Solothurn 1999, S. 29.

109 »Alles, was dem Menschlichen Auge sichtbahr oder unsichtbahr ist, kann mittelst fein gebildetem Menschensinn, guthem Willen, Fleiß und vorhandenem, geeigneten Matteriahl in Musik=Lieder=Text ver=wandelt werden und zwahr vom kleinsten bis zum größten Gegen=stand oder, Nichtgegenstand«, schreibt Adolf Wölfli in seinem Lebensroman. Elka Spoerri (Hg.), *Der Engel des Herrn im Küchenschurz*, Frankfurt am Main 1987, S. 164.

110 Foucault weist darauf hin, dass der Irre bis zum 18. Jahrhundert inmitten der Gemeinschaft leben durfte, dass man im Wahnsinn zunächst ein Trugbild, eine Täuschung sah; erst danach wird er als Abweichung vom Normalen, als eine Störung von Wollen und Fühlen verstanden und weggesperrt. Michel Foucault, »Die psychiatrische Macht«, in: Torsten Hahn, Jutta Person (Hg.), *Grenzgänge zwischen Wahn und Wissen*, Frankfurt am Main 2002, S. 99f. Zum Verstehen oder Nicht-Verstehen der Psychose siehe auch: Michel Foucault, *Der Wahnsinn, das abwesende Werk*, Frankfurt am Main 1988.

111 Hans Prinzhorn, *Bildnerei der Geisteskranken*, Berlin, Heidelberg, New York 1968, S. 349. Seine Sammlung wird bei einigen Künstlern Spuren hinterlassen: Arp, Klee, Kubin, Kirchner, Ernst, Schlemmer, Dalí, Picasso. Verschiedene Autoren stellen fest, dass Merkmale psychotischer Bildnerei geradewegs in die surrealen und dadaistischen Collagen auswandern; Peter Gorsen, *Kunst und Krankheit*, Frankfurt am Main 1980, S. 76.

112 Zu Bildern als Abwehrzauber, auch kombiniert mit magischen Formeln – Reimzwängen, rhythmischem Sprechen, Alliterationen – passen besonders die Arbeiten von Heinrich Welz (S. 249f.) und Karl Brendel (S. 122). Hans Prinzhorn, *Bildnerei der Geisteskranken*, Berlin, Heidelberg, New York 1968. Der Gedanke, dass manche Bilder Fetischcharakter, mit Kräften aufgeladen, Schutzfunktionen annehmen, ist ebenso in der Kunst zu Hause, gerade im Surrealismus, zentral zum Beispiel bei Victor Brauner (Rainer Zuch, *Die Surrealisten und C. G. Jung*, Weimar 2004, S. 180f.). Brauner lernt 1941 den Okkultisten Jean Marquès-Rivière kennen, der ihn in die Bereiche der (schwarzen) Magie einführt.

113 »O unbekanntes Nichts!« Siehe: Georges Bataille, *Die innere Erfahrung*, München 1999, S. 145. Er spricht aber auch davon, dass »die unerträgliche Entgrenzung unseres Seins nicht weniger unerträglich ist, als der Tod«. Georges Bataille, *Die Erotik*, München 1994, S. 261.

114 Der französische Psychiater Henri Ey vergleicht den Surrealismus mit der Kunst der Irren: Der Surrealist macht das Erstaunliche, während der psychotische Künstler erstaunlich ist.

## Epilog

1 Maxim Gorki beschreibt sein Erlebnis Lumière'scher Filmprojektionen im Jahr 1896: »Verwünschungen und Gespenster, die bösen Geister, die ganze Städte in ewigen Schlaf gebannt haben, fallen einem ein ...«. Und Artaud weiß: »Im Wesentlichen offenbart der Film eine okkulte Sphäre, mit der er uns direkt in Kontakt bringt.« Zitiert aus: Veit Loers (Hg.), *Okkultismus und Avantgarde*, Ostfildern 1995, S. 560. – Dabei ist das Kino »öffentlicher«: erreicht mehr Menschen als jede Séance. Auch der Medienkünstler Raymond Salvatore Harmon bringt Kinematografie und Okkultes zusammen: »Pushing the mind outward beyond the normal state of awareness, the transcendental (or occult) film possesses the ability to confront our ideas of reality and to alter our perceptions of the now«. Raymond Salvatore Harmon, »On the Nature of Light. The Cinematic Experience as Occult Ritual«, in: *A Journal of Performance and Art* 31, (2009), S. 92.

# Abbildungsverzeichnis

Frontispiz, Aleister Crowley, circa 1938 © Picture Post / Freier Fotograf via Getty Images.

S. 23, Hyacinth Freiherr von Wieser (Heinrich Welz), *Willenskurven* (Bleistift 20,5 × 16,3 cm) © Sammlung Prinzhorn, Inventurnummer 2443, Fotografie: Medienzentrum Universitätsklinikum Heidelberg.

S. 49, *Mr William Jeffrey & daughter showing ectoplasmatic bag* (a). *The ectoplasmic veiling now contains an excellent likeness (slightly distorted) of Mr Jeffrey's deceased wife* (b), aus: Bernd Stiegler (Hg.), *Arthur Conan Doyle, Spurensicherungen, Schriften zur Photographie*, Paderborn 2014.

S. 56, William Crookes, *Phantom Katie King*, 1874, aus: Bernd Stiegler, *Spuren, Elfen und andere Erscheinungen*, Frankfurt am Main 2014.

S. 63, Mary Evans, *The Goligher Circle*, circa 1916, aus: Bernd Stiegler (Hg.), *Arthur Conan Doyle, Spurensicherungen, Schriften zur Photographie*, Paderborn 2014.

S. 79, Gabriel von Max, *The Seeress of Prevorst in High Sleep (Friederike Hauffe)*, Öl auf Leinwand, 1892 © National Gallery Prague, O 689. sbirky.ngprague.cz.

S. 82, *Metaphysische Moulagen*, entstanden während einer Sitzung Franek-Kluskis, aus: Gustave Geley, *Materialisations-Experimente mit M. Franek-Kluski*, Leipzig 1922.

S. 84, Miss d'Espérance, Fotografie der sog. »goldenen Lilie«, aus: *Illustrations-Beilage Uebersinnliche Welt*, Heft 13, 1901.

S. 91, Ada Deanes, *Reverend W. S. Irving mit sich ausbildendem Ektoplasma*, aus: Bernd Stiegler (Hg.), *Arthur Conan Doyle, Spurensicherungen, Schriften zur Photographie*, Paderborn 2014.

S. 94, Albert von Schrenck-Notzing, *Materialisations-Phänomen des Mediums Eva C.*, St. Jean de Luz, 1911, aus: Albert von Schrenck-Notzing, *Materialisations-Phänomene*, München 1914.

S. 97, Eric Dingwall, *Margery Crandon*, 1925, aus: Bernd Stiegler, *Spuren, Elfen und andere Erscheinungen*, Frankfurt am Main 2014.

S. 145, Portrait Madame Blavatsky, Fotostudio Enrico Resta, Januar 1889.

S. 158, Aleister Crowley, *Porträt von Hanni Jaeger*, circa 1930.

S. 176, Joseph Schneller (Sell), *Naturaltar* (Bleistift und Buntstift 22,0 × 14,5 cm) © Sammlung Prinzhorn, Inventurnummer 2303, Fotografie: Medienzentrum Universitätsklinikum Heidelberg.

S. 201, Louis Darget, *Fluidalfotografie.*

S. 202, Hippolyte Baraduc, *Tod seiner Frau Nadine*, (aufgenommen etwa 20 Minuten und eine Stunde nach ihrem Tod), Oktober 1907.

S. 204, Madge Donohoe, *Skotograph*, circa 1930, aus: Bernd Stiegler, *Spuren, Elfen und andere Erscheinungen*, Frankfurt am Main 2014.

S. 206, William Hope, Gelantin Silver Print, England, circa 1925.

S. 253, Pessoa-Faksimile, circa 1916, Original aufbewahrt im Nachlass Fernando Pessoas in der Portugiesischen Nationalbibliothek, bnp/e3, 113d-48.

S. 254, Pessoa-Faksimile, circa 1916, Original aufbewahrt im Nachlass Fernando Pessoas in der Portugiesischen Nationalbibliothek, bnp/e3, 113d-18v.

S. 274, Victorien Sardou, *Quartier des animaux chez Zaroustre*, (38,5 × 48,5 cm), circa 1860.

S. 276, Victor Hugo, *Spiritus malus*, Album spirite, circa 1853, Bibliothèque nationale de France.

S. 278, Augustin Lesage, *Inspirational Drawing*, 1929, blind stamp: D. Appourchaux, Lillers (Pas de Calais), aus: Bernd Stiegler, *Spuren, Elfen und andere Erscheinungen*, Frankfurt am Main 2014.

S. 287, Adolf Wölfli, *Zweitter Foliantten=Marsch*, 1913, A 9253 – 04 (XII/p.27), Bleistift und Farbstift auf Papier (99,7 × 70,3 / 72,2 cm), Adolf Wölfli-Stiftung, Kunstmuseum Bern.

# Inhalt

**Die Lebenden und die Toten – 5**

I **Unendliche Wirbel der Liebe – Die Invasion der Toten – 39**

Das Klopfen der Geister – Die Fox-Schwestern – Andrew Jackson Davis: Der »Seher von Poughkeepsie« – Allan Kardec und das Stelldichein mit den Toten – Spiritisten im Deutschen Bund – »Sommerland«: Das Paradies auf Erden

II **»A whitish vapory substance like smoke« – Experimentelle Metaphysik – 47**

»Psychologische Gesellschaft« München – Albert Freiherr von Schrenck-Notzing und Carl du Prel – Das Okkulte im Experiment – Licht und Dunkelheit – »Psychische Infektionen« – Intellektuelle Handgemenge – Sir William Crookes und Florence Cook – Zöllners spiritistische Eskapaden – Henry Slade und die vierte Dimension – Die »psychic rods« der Kathleen Goligher – Cesare Lombroso: Ein Irrenarzt kann nicht irren

III **Von Möchtegernmagiern und Schwarzkünstlern – Unter Verdacht – 67**

Das Blumenmedium Anna Rothe – *Monomania religiosa* – »Krimineller Aberglaube der Geisteradepten« – Spuk in Resau – Somnambule

Medien – Die »Seherin von Prevorst« – Levitationen und Leuchtphänomene – Musikalische Séancen – Robert Schumanns Visionen – Okkulte Schausteller auf der Bühne – Schrencks »Materialisations-Phänomene« – Die untoten Toten – Vorsicht: Ektoplasma! – Eva C. (Carrière) – Houdini als »Detector of Fraud« – Ira Erastus und William Henry Davenports Raumflüge – Königin der Medien: Eusapia Palladino – *colonnes flottantes* oder Durvilles astrale Ebenbilder – *présence acousmatique* – Lichtspiele: Heller als Sonnen – »rapping mania«: die somnambulen Tische

IV **Ein Chor von Stimmen – Animismus und Spiritismus** – 113

Das Medium als Medium und das Medium als Autor – Diverse Entrückungen – Dämonologie: Die jenseitigen Parasiten – Behexungen der Neuzeit – *A maleficis infectus* – Die Bräute Christi – »Memoiren einer Besessenen« – Inkuben und Sukkuben – »Hystero-Epilepsien« und andere Seelenzustände – »Kraftmaschinen« und »feinfühlige Apparate« – Postume Wunder – *Discretio Spirituum* – Heilige Häretiker – Kollektive Experimente: »Wir alle waren das Medium«

V **»Jeder Mann und jede Frau ist ein Stern« – Strategien der Selbsterfindung** – 143

Madame Blavatsky und die »Wesen mit den großen Seelen« – Okkulte Höhenflüge – Fiktionen und Fakten – Die Akasha-Chronik – »Maha Atma«: Ein weiblicher Messias – Aleister Crowleys »Thelema« – Das »Große Tier 666« – Sexualmagie – Der Magier als »Trickster« – Maskentheater – »Boca do Inferno«: Crowleys gespielter Selbstmord – »Samsara ist gleich Nirwana«

VI **Astrale Femmes fatales – Wahnsinnige Okkultisten** – 163

Ludwig Staudenmaiers »Magie als experimentelle Naturwissenschaft« – Die Koitushalluzinationen Strindbergs – Infernojahre – »Wahnsinn und Hexerei« – Die »Entmannungswunder« des Daniel Paul Schreber – Strahlen und »mediumistische Nervenkräfte« – Krankengeschichten: Paranoia und »criminelle Suggestionen«

VII **Die Macht der Verführung – Libido auf Abwegen** – 181

Verführte Verführer – Eva Carrières erotische Avancen – Hysterische Krisen – »Die Suggestionstherapie bei krankhaften Erscheinungen des Geschlechtssinns« – Libido und Übersinnliches – Postmortaler Eros – Teleenergetische Entäußerungen – Über die »Dämonie« des Weiblichen – Eusapia Palladinos Erotomanie – »Phalloide Gebilde und flüssige Ejakulate«

VIII **Und die Toten lieben die Fotografie – Technik als Nekromantie** – 199

Fluidale Fotografie: Dargets Leuchtspuren – Die »Psychikonen« Baraducs – »Lichtschwingungen und elektrische Winde« – Geister im Bild: William H. Mumler und John Beattie – Konkurrenz der Sinne – Auge versus Ohr – Von Gott gesandt: *Acheiropoíeton* – Okkultisten als Ingenieure – Technische Televisionen – Der Telegraf und die Toten

IX Posen, Attacken, Delirien – Unfreiwillige Kunst – 215

Varietés und »Kabinett«-Stückchen im Hause Schrencks – Thomas Manns okkulte Leidenschaften – Gustav Meyrink und das Unheimliche – »L'Hysterie et l'Art« – Die Frauen der Salpêtrière – *Chorea germanorum* und *Morbus daemonicus* – Madeleine Le Bouc: Heilige oder Hysterikerin? – Somnambule Gebärdenkunst – Hypnotische Experimente – Verlegung der Sinne – Sigmund Freud und das Okkulte

X Unter Diktat: »Ich werde geschrieben« – Die Geister der Avantgarde – 235

Der Archeometer Joseph Alexandre Saint-Yves – Hilma af Klints Abstraktionen – Kupkas kosmische Felder – Strahlen, mentale Ausdünstungen, Gedankenwolken – Kandinsky: Botschafter des Mediums Malerei – »Meine Hand: ganz Werkzeug eines fremden Willens« – Kinder des Neuen: Die Futuristen – Ideoplastische Visionen – *écriture automatique* – Die »Übermittler« des William Butler Yeats – Oscar Wilde aus dem Purgatorium – Rilke und die Geister: Séancen auf Schloss Duino – Pessoas »höhere Wesen« – Heteronyme: Der Autor als Plural – Psychografen und Automatisten – Kafkas Trancen – Kabbalistische Welten – Der »ewige Jude im Buch« – Zungenreden und Sprechgesänge – Die Mars-Sprache der Catherine-Élise Müller – Victor Hugos okkulte Skizzen – Das Wunderbare André Bretons – Surreale Träume – »Entrée des médiums« – Bildnerei der Geisteskranken: Prinzhorns Sammlung – Sternenlos leuchtende Leere

**Epilog** – 291
Lichtspieltheater – Eine Epoche geht zu Ende

Anmerkungen – 295 Abbildungsverzeichnis – 393

Erste Auflage Berlin 2019

MSB Matthes & Seitz Berlin Verlagsgesellschaft mbH
Göhrener Straße 7, 10437 Berlin
info@matthes-seitz-berlin.de



Umschlaggestaltung: Dirk Lebahn, Berlin
Satz: Tom Mrazauskas, Berlin
Druck und Bindung: Pustet, Regensburg

Printed in Germany

ISBN 978-3-95757-788-7

www.matthes-seitz-berlin.de